Alain Decaux

Né à Lille en 1925, Alain Decaux poursuit des études à la Faculté de droit et à la Sorbonne. Dès les années cinquante, il fait partager son goût de l'Histoire à la radio et sur le petit écran, d'abord avec *La tribune de l'Histoire,* rediffusée jusqu'en 1997 sur France Inter, puis avec *La caméra explore le temps* (1956-1966), et *Alain Decaux raconte* (1969-1988) où, seul à l'image, il narre un épisode ou un personnage de l'Histoire. Génie de la vulgarisation, il s'est attiré l'audience du public le plus large, notamment celle des enfants auxquels il a adressé *L'Histoire de France* (1987), *La Révolution française* (1988), *Jésus* (1991), *La Bible* (1996). Il se bat pour des grandes causes : la défense de la langue française ; la restitution de l'Histoire obligatoire – elle ne l'était plus – dans le cycle élémentaire, et, en tant que président de la Société des Auteurs, la reconnaissance de droits élargis pour l'audiovisuel. Il est ministre de la Francophonie de 1988 à 1991. Ses best-sellers, *L'Histoire des Françaises* (1972), *L'Histoire de la France et des Français* (1970-1974), *Victor Hugo* (1984) et *Tapis rouge* (1992) ont marqué une génération de lecteurs. Membre de l'Académie française depuis 1979, Alain Decaux a également écrit pour le théâtre et le cinéma.

MORTS POUR VICHY

DARLAN. PUCHEU. PÉTAIN. LAVAL

DU MÊME AUTEUR
CHEZ POCKET

C'ÉTAIT LE XXe SIÈCLE
1. DE LA BELLE ÉPOQUE AUX ANNÉES FOLLES
2. LA COURSE À L'ABÎME
3. LA GUERRE ABSOLUE
4. DE STALINE À KENNEDY

TAPIS ROUGE

ALAIN DECAUX
de l'Académie française

MORTS POUR VICHY

DARLAN. PUCHEU. PÉTAIN. LAVAL

PERRIN

ISBN 2-266-11452-2

A Jean-Denis Bredin

Quatre hommes, sous le signe du régime de Vichy, ont occupé le plus haut rang. A l'exception du maréchal Pétain, condamné à la peine capitale mais réservé à une longue agonie, les trois autres ont connu une mort violente : Darlan assassiné à Alger ; Pucheu fusillé à Alger ; Laval exécuté à Paris.

Si je choisis aujourd'hui d'évoquer l'ultime étape de leurs destins, ce n'est pas pour analyser — ce que d'autres ont parfaitement réussi — les raisons politiques qui les y ont précipités. A l'occasion d'enquêtes personnelles, nécessitées par les émissions de télévision que j'ai préparées et présentées durant vingt ans, j'ai réuni une foule d'informations provenant de témoins directs et dont je n'ai pu utiliser qu'une part. Je parviens à l'âge où l'on s'interroge quant au sort qui sera réservé, après soi, à de telles archives. Peut-être les jugera-t-on utiles pour la connaissance de notre siècle.

C'est donc au public que je confie le soin de les transmettre aux historiens.

A.D.

CHAPITRE I

FRANÇOIS DARLAN
VICE-PRÉSIDENT DU CONSEIL

Alger, 24 décembre 1942. A la veille de Noël, un soleil de printemps baigne la « Ville blanche ». Qui, sous le bleu cru du ciel, pourrait croire que le monde est en feu ? Dans la cour du palais d'Été, siège du Haut-Commissariat, une voiture s'arrête peu après 15 heures. L'amiral François Darlan — soixante et un ans, petite taille, crâne dénudé, nez busqué, yeux bleus sous d'épais sourcils — en descend. Suivi du capitaine de frégate Hourcade, son chef d'état-major, il se dirige vers l'entrée du pavillon où sont installés ses services. Les deux hommes s'engagent dans le corridor qui permet d'accéder à leurs bureaux respectifs.

Dans l'antichambre, un jeune homme attend, mince et d'allure presque enfantine. Bizarrement, par ce jour de grand soleil, il tient en main un parapluie soigneusement roulé. Laissant l'Amiral entrer dans son bureau, Hourcade gagne le sien. Tout à coup, derrière lui, il entend un coup de feu. A peine a-t-il le temps de faire volte-face et un second coup part. Hourcade se rue dans le bureau de l'Amiral et le voit, laissant échapper un faible gémissement, glisser vers le sol. Déjà, l'on accourt : l'aspirant Albert Maury, le capitaine de corvette Robert Montagne, futur professeur au Collège de France, et bientôt l'amiral Battet [1].

1. La présence de l'aspirant Albert Maury m'est attestée par une lettre de M. André Duchemin (29 mai 1979). Celle du capitaine de corvette Robert Montagne par un témoignage du général Spillmann (28 juin 1979). Et celle de l'amiral Battet par une lettre de M. Jacques Raphaël Leygues (6 juin 1979).

Le jeune homme de l'antichambre est là, debout, figé, le revolver à la main. Hourcade bondit vers lui. Le jeune homme se dérobe, saute par-dessus le corps de Darlan. Hourcade le poursuit, le saisit à la gorge et au poignet. Les voilà accrochés l'un à l'autre, mêlant leurs forces et leurs souffles. Le jeune homme parvient encore à tirer. La balle effleure la joue du capitaine de frégate. Echappant à l'étreinte, le meurtrier se projette lui-même dans un angle de la pièce. Il tire sur Hourcade, le frappe en haut d'une cuisse. Surgissent le chauffeur de l'Amiral, des gardes. Le jeune homme s'élance vers la fenêtre, curieusement laissée grande ouverte. Il cherche à bondir dans le jardin. On ne lui en laisse pas le temps. L'aspirant Maury le saisit par une jambe, l'immobilise. On le frappe. A demi évanoui, Hourcade entend pour la première fois la voix du meurtrier, une voix jeune, suppliante :

— Ne me tuez pas !

Dans une immobilité qui laisse présager le pire, l'amiral Darlan gît sur le dallage. Ses yeux sont ouverts, un filet de sang coule de sa bouche. Emporté à l'hôpital, il mourra sans avoir repris connaissance.

L'antichambre est pleine de policiers ; on pousse le jeune homme dans le bureau des plantons, juste au-dessous du bureau de Darlan. On le presse de questions : il prétend s'appeler Morand. De fait, la carte d'identité que l'on trouve sur lui, ainsi qu'un passeport parfaitement en règle portent son nom. Il ne faudra guère de temps pour que l'on sache qu'il se nomme Fernand Bonnier de La Chapelle.

Pourquoi a-t-il tué l'Amiral ?

François Darlan était fils d'un notaire devenu député de Lot-et-Garonne, sénateur-maire de Nérac, ministre de la Justice [1]. Son grand-père, Sabin Darlan, était capitaine au long cours. Son arrière-grand-père, Antoine Darlan, quartier-maître canon-

1. On a appelé parfois le futur amiral : François-Xavier. Ses prénoms à l'état civil étaient : Jean-Louis-Xavier-François. Il signait F. Darlan, démontrant ainsi qu'il avait choisi de ne porter que le dernier de ses prénoms. (Communication de M. E. Piquet, contrôleur général de la Marine.)

nier, avait connu les pontons britanniques après avoir, à Trafalgar, survécu à la perte du *Redoutable*. Le père d'Antoine, Jean Darlan, capitaine au long cours, commandait en 1792 un voilier dénommé *Le Fils unique* [1]. L'Amiral aimait à rappeler que c'est du *Redoutable* qu'était partie la balle qui tua Nelson.

Dès son entrée à Navale, la carrière de François se révèle exemplaire. Combattant courageux de 1914-1918, il sort premier, en 1925, des Hautes Etudes navales avec ce satisfecit : « Un des chefs de la Marine de demain. » Tantôt commandant à la mer, tantôt appartenant à des cabinets ministériels, contre-amiral à quarante-huit ans, il ne ressent bientôt qu'une ambition : redonner à la France une primauté maritime qu'elle a perdue au cours des âges. Poursuivant ce but avec acharnement auprès des différents gouvernements et responsables de la Marine, remarquablement soutenu par un ministre tel que Georges Leygues, préconisant sans cesse la mise en chantier de nouvelles unités, travaillant littéralement « au corps » parlementaires et journalistes, appuyé par la franc-maçonnerie dont il est dignitaire, il sera le principal artisan de cette nouvelle Marine qui, en 1939, fera l'admiration du monde et suscitera la jalousie des Anglais, nos éternels rivaux sur mer. A la suite d'un autre grand serviteur de notre flotte, l'amiral Durand-Viel, il est promu en 1937, par le gouvernement du Front populaire, chef d'état-major général de la Marine puis amiral de la Flotte, titre que la République ressuscite pour lui.

En 1939-1940, il commande en chef les forces navales françaises, mène à bien la difficile retraite de Dunkerque et devient, le 16 juin 1940, ministre de la Marine dans le gouvernement Pétain. A Churchill, inquiet du sort qui peut attendre la Marine française après un éventuel armistice franco-allemand, il a donné sa parole d'honneur que jamais la flotte française ne tomberait aux mains de Hitler. En outre, il a transmis à la flotte l'ordre de se saborder plutôt que de

1. Alain Darlan : *L'amiral Darlan parle* (1952).

passer aux mains de l'ennemi. Il a spécifié que cet ordre *n'était pas révocable*.

Une tragédie va changer en haine l'antipathie traditionnelle que le chef de la « Royale » porte à la marine anglaise. Le 3 juillet 1940, une imposante flotte britannique comptant, entre autres bâtiments, le fameux *Hood*, 42 000 tonnes, et le plus rapide des porte-avions anglais, l'*Arc royal*, se présente devant la rade algérienne de Mers el-Kébir où s'abritent, sous le commandement de l'amiral Gensoul, quelques-unes des plus belles unités de la marine française, dont le *Strasbourg*, 27 500 tonnes, et le *Dunkerque*, 26 500 tonnes. Un ultimatum est présenté par l'amiral James Somerville au nom du gouvernement de Sa Majesté britannique : afin d'éviter que ces bateaux puissent passer sous contrôle allemand ou italien, l'amiral Gensoul doit accepter l'une ou l'autre des propositions suivantes :

« A. Appareiller avec nous et continuer à se battre pour la victoire contre les Allemands et les Italiens.

« B. Appareiller pour un port britannique avec équipages réduits sous notre contrôle. Ces équipages seront rapatriés le plus tôt possible...

« C. ... Appareiller avec nous, avec équipages réduits pour un port français des Antilles... »

Gensoul juge non fondée l'argumentation des alliés de la veille. Il dispose de l'ordre secret signé « Xavier 377 » — Darlan — spécifiant à tous les navires de guerre français qu'ils ne devront jamais tomber aux mains des vainqueurs : « en aucun cas, ils ne doivent être laissés intacts à l'ennemi ». S'il ne leur reste plus d'autre solution, les dispositions doivent être prises sur-le-champ pour qu'ils puissent se saborder.

Gensoul veut transmettre à Darlan un condensé de l'ultimatum. Impossible. C'est le temps où le nouveau gouvernement et ses services achèvent, au milieu de mille difficultés, de se transporter de Bordeaux à Vichy. Darlan vient à peine d'arriver dans la ville thermale. L'état-major de la flotte se trouve à Nérac sous les ordres de l'amiral Le Luc. C'est à ce dernier que parvient le message de Gensoul : « Ultimatum envoyé : " Coulez vos bâtiments délai six heures ou nous vous y contraindrons par la force. " Réponse : " Bâtiments français répondront par la force. " » Le Luc bondit, tente de contacter Darlan, n'y parvient pas et confirme l'ordre de « répondre à la force par la force ».

A 16 h 56, la flotte britannique ouvre le feu. Bilan français : 1 297 tués, 351 blessés.

Le lendemain matin, à 8 h 30, Darlan hors de lui fera irruption dans le bureau du Maréchal :

— J'ai été trahi par mes frères d'armes ! Ils n'ont pas cru à la parole que je leur donnais !

Le 13 décembre 1940, le maréchal Pétain renvoie Laval, trop favorable à l'Allemagne. Après l'intermède de Pierre-Étienne Flandin récusé par les Allemands, Darlan devient vice-président du conseil et héritier désigné du Maréchal. S'il poursuit la politique de collaboration inaugurée par Laval, on doit noter cependant de sensibles différences entre l'une et l'autre. Darlan n'éprouve aucune sympathie pour Hitler et pour son régime. Cependant, dès juin 1940, il a acquis la conviction que l'Allemagne gagnerait la guerre. Les documents publiés par son fils ne laissent aucun doute à cet égard. Tout en conservant à la France le maximum de liberté d'action, il s'agit donc de ne pas mécontenter le futur vainqueur. Par deux fois, il rencontre Hitler et négocie, en mai 1941, un protocole ouvrant aux Allemands les ports français d'Afrique, qui sera repoussé par le Maréchal.

La fidélité absolue de Darlan au régime de Vichy n'exclut pas un évident pragmatisme. En juin 1941, il déclare à l'amiral Leahy, ambassadeur des USA à Vichy : « Si les Etats-Unis sont à même de débarquer à Marseille 500 000 hommes, 3 000 chars et 3 000 avions, moi, Darlan, je suis prêt à marcher avec vous. » En juillet de la même année, au cours d'une visite à Toulon, il déclare en privé à des officiers (capitaine de vaisseau Lacaille-Desse, commandant de l'Ecole navale ; capitaine de frégate Rousseau, commandant en second ; capitaine de corvette Lachèse, chef du service intérieur et d'autres, dont le lieutenant de vaisseau Labory) : « Quant à notre politique extérieure, elle doit tenir compte de ce qu'un jour ou l'autre les Américains entreront dans la guerre et que les Anglo-Saxons gagneront la guerre. Toute notre politique extérieure doit être basée sur une victoire anglo-saxonne. Je vous demande de ne répéter à personne ce que je viens de vous dire en camarade. N'en parlez même pas dans vos familles [1]. »

Lors de l'entrée des troupes allemandes en Russie, Jean Jardin, directeur du cabinet de Pierre Laval, l'entend s'écrier : « Alors l'Allemagne a perdu la guerre ! Il va falloir dès maintenant amorcer le virage de notre politique [2]. »

En mai 1942, Darlan se rend à Pau pour inspecter les entrepôts de l'armée de l'air. Il déclare à Henri Saut, président de la Légion, résistant et mort en déportation :

— Saut, dans la position que vous occupez et pour interpréter les ordres que vous recevrez, vous devez savoir que nous sommes assurés d'ores et déjà que les Allemands seront vaincus.

Ces propos révélateurs ont été rapportés par Saut lui-même à M. Plasteig qui a bien voulu m'en faire part [3].

Peu à peu, Darlan renouvelle le personnel de son état-major, remplace les officiers trop « collaborationnistes » par d'autres plus favorables aux Alliés. Quand, en avril 1942, sous la pression allemande, Pétain rappelle Laval, il abandonne toutes ses fonctions gouvernementales. Il reste commandant en chef des armées de terre, de mer et de l'air.

Question essentielle : quand Darlan a-t-il eu vent des

---

1. Lettre du capitaine de vaisseau Labory (23 septembre 1979). Le commandant Labory ajoutait : « Ces paroles de l'Amiral, prononcées en juillet 1941, alors que les Allemands pénétraient rapidement en Russie et que les Américains n'étaient pas encore en guerre, m'avaient naturellement beaucoup frappé. »

2. Pierre Ordioni : *Tout commence à Alger 40-44* (1972).

3. Lettre du 27 mai 1979.

contacts pris, en Afrique du Nord, par certaines personnalités françaises avec Robert Murphy ?

On ne rappellera jamais assez le rôle capital joué par ce diplomate américain lors des événements qui précédèrent et suivirent le débarquement du 8 novembre 1942. Ancien avocat, il a bifurqué vers la diplomatie. En juin 1940, seul conseiller demeuré à l'ambassade américaine de Paris, Murphy a pu voir les troupes allemandes victorieuses entrer dans la capitale française. Nommé chargé d'affaires à Vichy puis conseiller auprès de l'amiral Leahy, ambassadeur des Etats-Unis auprès du Maréchal, il s'est trouvé mieux à même que quiconque de percevoir les difficultés — voire les contradictions — de la politique vichyste. Murphy incarne l'observateur type. Il ne juge pas, il ne condamne pas, il tente de comprendre. En ces années troubles, quels choix les Etats-Unis doivent-ils adopter ? Sur quels hommes doivent-ils miser ? Assez vite, Murphy a regardé du côté de l'Afrique du Nord. Sur les territoires qui relèvent de l'obédience française — deux protectorats : le Maroc et la Tunisie ; les trois départements de l'Algérie — les Allemands et les Italiens n'exercent pratiquement aucune influence. Là, un Américain aux yeux grands ouverts pourra « voir venir ». Certes, pour le moment, aucun projet politique ni stratégique américain ne concerne l'Afrique du Nord, mais le propre de la haute politique n'est-il pas de savoir prévoir à longue échéance ? Tout en conservant son titre de simple conseiller de l'ambassade des USA en France, Murphy, le 24 avril 1941, se fait donc envoyer à Alger. S'il se présente comme un simple agent d'information pour l'Afrique française, il n'est rien de moins que le représentant personnel du président Roosevelt. Il a reçu licence de rencontrer qui il voulait et de prendre tous les engagements qu'il estimerait nécessaires. Bref, sur ce qu'on a appelé l'« échiquier d'Alger », Murphy est libre de pousser les pions qu'il jugera les meilleurs.

Au mois de septembre 1942, Alain Darlan, alors à Alger,

sollicite de lui un rendez-vous afin de lui transmettre « quelque chose de la part de son père ». Or, à cette époque, Murphy participe aux Etats-Unis aux préparatifs du futur débarquement en Afrique du Nord. C'est donc Félix Cole, consul général américain à Alger, qui reçoit la demande d'Alain Darlan et constate qu'elle dépasse ses compétences. Il s'en ouvre à Jean Rigault, Français qui, pour se soustraire aux Allemands, a gagné l'Algérie et dont il ne peut ignorer les sympathies pour les Américains. La réponse ne se fait pas attendre :

— On ne rompt pas les contacts avec Darlan. Mais il est bien tard pour causer avec lui. Il demandera des précisions, ce qui ne semble pas très indiqué alors que le terme approche. Faites dire à Alain Darlan que Murphy n'est pas à Alger et que celui-ci fixera un rendez-vous à son retour. Ne refusez pas le contact. Contentez-vous de le différer. Le principal est de gagner du temps [1].

Cole suit le conseil de point en point.

Darlan n'en va pas moins — même indirectement — se trouver mêlé aux préparatifs du débarquement américain.

Le 13 octobre 1942, le jeune commandant Dorange, chef du cabinet du général Juin, se présente au consulat des Etats-Unis à Alger et questionne Robert Murphy sur les intentions américaines. Juin, commandant en chef des forces françaises en Afrique du Nord, a approuvé sa démarche. Un mémorandum de l'entrevue Murphy-Dorange va être rédigé :

« Le gouvernement des Etats-Unis désire traiter uniquement avec le gouvernement français ou avec toute personne déléguée par lui, soit officiellement, soit secrètement. Les Etats-Unis n'envisagent nullement d'engager une action hostile sur le territoire français et n'interviendront que sur la requête française et dans les conditions fixées par la France. Dans l'éventualité où les Français feraient appel à leur aide, les Etats-Unis seraient prêts à leur fournir non seulement du

1. Témoignage inédit de Jean Rigault à l'auteur. Comme le lecteur pourra le constater, ce chapitre doit beaucoup à Jean Rigault dont les confidences se sont révélées d'un prix exceptionnel.

matériel de guerre, mais également l'appui de leurs forces armées. »

Quand Juin prend connaissance de ce texte, il fait savoir à Murphy qu'il souhaite lui-même le rencontrer. L'envoyé de Roosevelt se plie à ce désir. Si Juin adhérait à la cause alliée, un pas immense serait franchi !

Pourtant, Juin n'entend pas aller aussi loin. Il sait que des tractations se sont engagées entre certains Français et Murphy. Il cherche à déceler, si faire se peut, la vérité. Sa préoccupation dominante : s'assurer que les Américains n'entreprendront rien sans l'accord du gouvernement français.

Découvrant un jeu particulièrement subtil, Murphy affirme que les Français seront prévenus. Juin veut comprendre qu'il s'agit du *gouvernement français* de Vichy mais, pour Murphy, cela peut concerner simplement des personnalités françaises qui, aux yeux des Américains, auraient qualité pour représenter la France [1]. Quand s'achève l'entrevue, Juin demande à l'Américain :

— Ce que vous m'avez dit là, puis-je le répéter à un membre du gouvernement ?

Murphy déclare qu'il ne peut, pour le moment, lui donner son assentiment sur ce point. Il souhaite disposer de quelques jours avant de se prononcer. En fait, il profite de ce délai pour solliciter l'avis de Jean Rigault. Celui-ci n'hésite pas :

— Renvoyez ça à Darlan. N'oubliez pas qu'il a essayé déjà de prendre contact avec vous.

Réponse de Murphy à Juin :

— Oui, vous pouvez faire état de mes propos, mais seulement auprès de l'amiral Darlan [2].

---

1. Le mémorandum Murphy-Dorange parle expressément de « toute personne déléguée par lui, *soit officiellement, soit secrètement* ». Il a été publié intégralement par Albert Kammerer : *Du débarquement africain au meurtre de Darlan* (1948). Dorange a explicité sa démarche dans une note rédigée en mai 1943 et que l'on trouve dans Arnaud de Chantérac : *L'assassinat de Darlan* (1995).

2. Témoignage de Jean Rigault.

A Vichy, Darlan sent se rapprocher l'échéance. Il convoque le capitaine de Beaufort dont il connaît parfaitement les liaisons clandestines entre les réseaux qui, en Afrique du Nord, complotent avec les Américains. Il va droit au but :

— Je sais quelles sont vos activités et je connais vos « contacts ». J'aimerais que vous informiez ceux qui vous ont envoyé que je suis disposé à être l'homme qu'ils réclament [1].

C'est le temps où les Américains misent entièrement sur le général Giraud. Le 17 octobre, Murphy câble à Londres et à Washington pour préconiser une solution qui établirait « entre Giraud et Darlan une fructueuse collaboration ». L'historiographe officiel de l'armée des Etats-Unis, Samuel Eliot Morison, rapporte que cette note suscita, dans les capitales alliées, « un intérêt des plus vifs et une activité intense ». William Langer, autre historien américain, témoigne que les avances de Darlan furent accueillies à Washington avec beaucoup de sérieux et que, tout laissant prévoir « que la principale opposition à un débarquement américain viendrait de la flotte française, le ralliement de Darlan était d'une importance cruciale [2] ».

S'agit-il vraiment d'un ralliement ?

Le 15 octobre 1942, Alain Darlan, qui voyage en Afrique du Nord depuis deux mois, est hospitalisé pour poliomyélite à l'hôpital militaire Maillot, à Alger.

Son état est jugé si grave que l'on avertit aussitôt ses parents. Le 17, Mme Darlan arrive par avion à Alger. Une tournée d'inspection prévue depuis longtemps conduit son mari en Afrique du Nord quelques jours plus tard. Les 28 et 29 octobre, il peut se rendre au chevet de son fils. Juin saisit l'occasion pour lui annoncer sa rencontre avec Murphy et lui

1. Peter Tompkins : *Le meurtre de l'Amiral Darlan* (1966).
2. William Langer : *Le jeu américain à Vichy* (1948).

faire lire le mémorandum Murphy-Dorange. Darlan acquiert la conviction que l'événement se rapproche. Le 30, rassuré sur l'état de son fils, il n'en repart pas moins pour Vichy.

Le 3 novembre, l'état d'Alain Darlan s'aggrave : une complication cardio-pulmonaire. Les médecins déclarent que le malade est perdu. On télégraphie à l'Amiral qui, le 5, regagne Alger par avion. Il ne reste aux parents angoissés qu'à suivre l'évolution de la maladie.

Comment François Darlan se douterait-il, à l'heure même où il arrive à Alger, qu'une puissante armada américaine vogue vers l'Afrique du Nord ? Que le débarquement allié tant attendu est à la veille de se réaliser et que celui-ci a été préparé, depuis des mois, avec le concours de Français d'Afrique du Nord ?

A l'origine, on trouve cinq hommes d'opinions et de milieux différents, mais tous unis dans la volonté de reprendre la guerre contre l'Allemagne. Le premier qui décide de « faire quelque chose » est le colonel Sylvestre Van Hecke, officier d'active. Ce colosse roux d'une cinquantaine d'années peut exciper d'états de service exceptionnels : engagé volontaire à la Légion étrangère en 1909 — il a dix-huit ans —, il participe deux ans plus tard à la conquête du Maroc et reçoit la Médaille militaire. Officier en 1914, il se bat pendant toute la guerre, est blessé quatre fois, cité cinq fois et reçoit la Légion d'honneur sur le champ de bataille en 1918. La paix revenue, on le voit sur tous les lieux où l'on court des risques : au Levant où il est blessé en 1923 ; en AOF et au Tonkin où il promu officier de la Légion d'honneur pour faits de guerre. Affecté de 1934 à la fin de 1939 au 2e Bureau français, il dirige le service d'espionnage en Belgique. A ce titre, le 5 février 1940, il est condamné à mort par contumace par le Tribunal militaire allemand de Trèves. Chef de bataillon en 1940, il se bat sur la Loire à la tête d'une demi-brigade de Sénégalais. De son propre aveu, l'armistice le « foudroie ». Il tente de rejoindre Londres mais n'y parvient pas. Nommé à la direction des Chantiers de jeunesse de toute l'Afrique du Nord française, il se fixe un but, a-t-il écrit : « faire des hommes capables, le moment venu, de se lancer dans la lutte pour que la France revive ». Au Maroc, en Algérie, en Tunisie, on incorpore successivement les classes 1942 et 1943. « Dans chaque groupement et par contingent, j'organisais des groupes de choc, animés d'un esprit de résistance le plus pur, capables d'intervenir n'importe où et à n'importe quel moment selon les instructions du chef. Les Chantiers d'Afrique constituaient donc un élément de résistance de tout premier plan qui, vers le mois de novembre 1942, comportait 38 000 hommes dont 1 700 chefs ayant rang d'officiers [1]. »

Dès le début de 1941, Van Hecke estime que c'est en Afrique du Nord que reprendront les hostilités et que, de ce territoire, s'élanceront les armées qui attaqueront et libéreront l'Europe du joug de Hitler : « Pour arriver à ce que l'Afrique entre en guerre, il était absolument nécessaire d'obtenir l'appui effectif des Alliés. Il fallait que l'armée d'Afrique soit réarmée. Il fallait surtout que l'esprit " Vichy " qui régnait partout soit remplacé par un esprit de résistance opiniâtre. » Il s'ouvre de son grand projet à plusieurs chefs de l'armée française et prend contact avec Murphy qui, conscient de l'importance représentée par les Chantiers de jeunesse, fait rapport à Roosevelt. Dans la province d'Oran, Van Hecke prend contact avec un réseau déjà formé qui, à « l'instigation du père dominicain Théry, finit par se ranger sous ma bannière ». C'est dans l'orbite de Théry que milite un certain Henri d'Astier de la Vigerie. Ce baron est l'enfant terrible de sa famille. Un mousquetaire, « grand, mince, le teint mat et les yeux noirs ». Un mot le caractérise : séduction. Il a fasciné ses contemporains. Dès l'été de 1940, il crée un groupe de résistance en métropole. Dénoncé, il doit fuir en Algérie, où le rejoignent sa femme, son fils et ses trois filles. En mars 1941, il crée la première organisation de résistance d'Oranie.

1. Lettre à l'auteur, 9 avril 1980.

Henri d'Astier est monarchiste, farouchement anti-allemand, mais peu séduit à l'origine par la résistance gaulliste dans laquelle milite son frère Emmanuel et que rejoindra son autre frère, le général d'aviation François. Pour faciliter l'action d'Henri d'Astier, Van Hecke va faire de lui son adjoint aux Chantiers de jeunesse, en résidence à Alger. Ainsi d'Astier jouira-t-il d'une pleine liberté de mouvement.

Les ralliements se multiplient. Van Hecke estime, à la fin de 1941, qu'il a déjà « mis sur pied toute l'ossature de la résistance nord-africaine qui devait maintenant se parachever, mais dont les Chantiers (jeunes et anciens) avec leurs troupes de choc, capables d'intervenir sur l'heure à la moindre alerte, constituaient la base ». Le 7 décembre 1941, à l'annonce du drame de Pearl Harbour, Van Hecke et Murphy sabrent ensemble le champagne : « Je pouvais maintenant absolument compter sur les Alliés pour pousser mon projet de rentrer en guerre en Afrique du Nord, car notre cause était devenue commune. »

C'est vers cette époque que Van Hecke rencontre Jean Rigault et, un peu plus tard, Jacques Lemaigre-Dubreuil. Ce dernier, glorieux combattant de 1914-1918 — l'un des derniers cavaliers français ayant chargé à la lance —, a épousé la fille de Georges Lesieur, fabricant d'une huile pas encore célèbre. Sous l'impulsion du gendre, celle-ci a pris une importance nationale. Passionné aussi bien par la conquête des marchés que par le cheval et la chasse à courre, Lemaigre-Dubreuil — grand, massif, sûr de lui —, ressent avec une particulière amertume, après le 6 février 1934, l'amoindrissement de l'autorité et la montée du « désordre ». Il en est convaincu, l'Etat glisse vers l'abîme. A éviter une telle perspective, il consacrera dès lors son temps et son argent. Il prend la présidence de la Fédération nationale des contribuables dont le but avoué est d'exercer un contrôle étroit et efficace sur les finances publiques. Il noue des liens avec la Cagoule, dont il réprouve néanmoins l'action terroriste. Il subventionne un hebdomadaire d'extrême droite, *L'Insurgé*. En 1939, il répond à Marcel Déat, qui se refuse à

« mourir pour Dantzig », par des affiches placardées sur les murs de Paris : « Les frontières de la France sont à Dantzig. » A quarante-cinq ans, il s'engage, se bat. Fait prisonnier, il s'évade. Dès le premier jour, il refuse la défaite. Il faut plus vite reprendre le combat. Mais où, et quand ?

Alors intervient Jean Rigault. Depuis plusieurs années, Lemaigre-Dubreuil et Jean Rigault travaillent ensemble. Dès leur première rencontre, Lemaigre-Dubreuil a été séduit par l'extraordinaire personnalité de Rigault. Maigre, avec un visage très blanc, des yeux très pâles, Rigault est monarchiste. Pour restaurer la grandeur de l'Etat, il est prêt à se jeter dans tous les combats, à fomenter tous les complots. Lemaigre-Dubreuil a fait de lui le secrétaire général de la Fédération nationale des contribuables. Au début de la guerre, Rigault a conseillé à Lemaigre-Dubreuil de racheter *Le Jour-Echo de Paris*, le journal de Bailby. Après l'armistice, *Le Jour-Echo de Paris* sera muselé par la censure, mais Rigault, crucifié par la défaite, pense déjà à l'après-guerre. Quand il retrouve Lemaigre-Dubreuil, les deux hommes se sentent à l'unisson. Ils ne divergent que sur un point : Lemaigre-Dubreuil veut faire de la résistance en métropole et Rigault estime que la seule entreprise valable doit se situer en Afrique du Nord. Le départ d'Afrique du général Weygand, limogé sur l'ordre des Allemands, rapproche leurs points de vue. D'évidence, c'est là qu'il faut agir.

En décembre 1941, Rigault s'installe définitivement en Afrique du Nord. Sous le prétexte de diriger ses affaires des deux côtés de la Méditerranée, Lemaigre-Dubreuil — qui possède des usines à Dunkerque aussi bien qu'à Casablanca — se déplace sans cesse entre les deux continents. L'analyse des deux amis est claire ; il y a 125 000 soldats français en Afrique du Nord. Conclusion : c'est là qu'il faut recruter.

On peut imaginer que la rencontre de Lemaigre-Dubreuil et Rigault avec Van Hecke n'a pas dû manquer de provoquer de part et d'autre une surprise mêlée de quelque suspicion. On poursuit les même buts, on travaille séparément. Lemaigre-Dubreuil et Rigault découvrent la réalité des forces mises sur pied par Van Hecke : un groupement au Maroc, trois groupements de Français de souche et un groupement de musulmans en Algérie, un groupement en Tunisie. Aux 38 000 hommes des Chantiers on peut ajouter une cinquantaine de milliers d'anciens prêts à répondre au premier appel. Le commissariat régional comprend une trentaine d'officiers d'active ou de réserve de grade supérieur. Tous sont liés par serment à Van Hecke dans son travail clandestin. Celui-ci a droit de réquisitionner directement les chemins de fer et l'aviation. Il dispose sans contrôle d'un contingent de carburant et peut à volonté délivrer des laissez-passer portant sa signature, ayant force de loi aussi bien au Maroc, en Algérie et en Tunisie.

Ce que vont découvrir Lemaigre-Dubreuil et Rigault, c'est qu'avant eux, un jeune officier, le capitaine Beaufre, a également envisagé le réarmement clandestin de l'armée française d'Afrique du Nord. Sur ordre de Vichy, Beaufre a été arrêté et condamné à un an de prison. Voilà qui peut faire une excellente recrue. Qui plus est, on entre en contact avec un jeune officier de police d'origine basque, André Achiary, qui, à l'aide d'un émetteur clandestin, est entré en liaison avec les services secrets britanniques de Gibraltar. Achiary propose de s'assurer le concours du colonel Jousse, attaché au quartier général d'Alger, un républicain convaincu qui brûle de reprendre le combat. Sans hésiter, il donne son accord.

A eux seuls, Lemaigre-Dubreuil et Rigault ne peuvent assurer tous les contacts nécessaires à leur difficile projet. Ils vont donc s'adresser à Jacques Tarbé de Saint-Hardouin que Lemaigre-Dubreuil a connu comme l'un des collaborateurs principaux de Weygand. Saint-Hardouin, diplomate spécialisé dans les questions économiques, épicurien plein d'humour et de subtilité, présente un avantage incontestable : il peut rencontrer à tout instant Robert Murphy.

Van Hecke, Lemaigre-Dubreuil, Rigault, Henri d'Astier, Saint-Hardouin : cela fait cinq. On les appellera tout naturellement les Cinq. C'est avec eux que Murphy va préparer le débarquement en Afrique du Nord.

Entre l'Américain et les Français, un accord parfait s'est établi sur un point essentiel : il faudra disposer, au jour dit, d'un chef français à l'appel de qui le Maghreb tout entier pourra se soulever. De Gaulle ? Pas question. Depuis Mers el-Kébir et Dakar, il est haï en Afrique du Nord. L'armée prendrait comme une provocation un appel qui lui serait adressé en son nom. Certes, il existe en Algérie un petit mouvement gaulliste clandestin — animé notamment par le professeur de droit René Capitant — mais son autorité apparaît nulle.

Chaque fois que d'Astier et Rigault tentent de recruter dans les rangs de l'armée et de l'administration, la question leur est posée :

— Avez-vous un chef ?

Ce qui frappe d'Astier et Rigault, c'est que, la plupart du temps, l'interlocuteur répond de lui-même :

— Ah ! si vous aviez un type comme Giraud !

Il est de fait que beaucoup d'officiers, en Afrique du Nord, ont servi sous les ordres de Giraud. Ce qui rend l'hypothèse irrecevable, c'est que le général Giraud est, depuis 1940, prisonnier en Allemagne. Un coup de théâtre change tout : Giraud s'évade de sa forteresse allemande, il gagne la zone libre.

Soixante ans, cinq étoiles, 1,90 mètre, une jambe raide, une belle moustache, le général Giraud, qui a fait publiquement allégeance au maréchal Pétain, devient désormais une vedette de l'actualité. Aux yeux des Cinq, il est l'homme de la situation [1].

Lemaigre-Dubreuil s'envole pour la France et rencontre

1. Pour toute cette partie du récit, l'auteur se réfère essentiellement aux confidences que lui a livrées Jacques Rigault.

Giraud. Le général accepte-t-il de se mettre à la tête des Français d'Afrique du Nord pour accueillir les Américains et reprendre la guerre ? Réponse catégorique : c'est non. Giraud souhaite, lui aussi, reprendre les armes mais il estime que l'opération doit se faire en métropole en prenant pour base les 100 000 hommes de l'armée d'armistice soutenus, éventuellement, par un débarquement américain en Provence. Il ne veut pas entendre parler de l'Afrique du Nord.

Rentré à Alger, Lemaigre-Dubreuil annonce aux conjurés qu'on ne peut compter sur Giraud. En incidente, il signale pourtant que le général a souhaité connaître les noms des officiers déjà ralliés au complot des Cinq. Est-ce une esquisse d'ouverture ? Lemaigre-Dubreuil, qui n'avait pas ces noms en tête, a répondu au grand soldat qu'il lui enverrait le responsable du recrutement.

Le lecteur ne s'en étonnera pas : le « responsable » sera Rigault. A son tour, il rencontre Giraud. De nouveau, le général développe son plan. C'est tout juste s'il ne se voit pas entrer dans Berlin à la tête de l'armée d'armistice. Rigault écoute tout cela avec une respectueuse admiration. Il commente :

— Votre plan est magnifique, mon général. Mais ne pensez-vous pas qu'il ne serait pas mauvais de posséder parallèlement une base en Afrique du Nord, pour faciliter le ravitaillement par exemple ?

Giraud se montre frappé par l'argument. Il veut bien prendre l'Afrique du Nord par-dessus le marché. Rigault ne laisse pas au général le temps de changer d'avis :

— Pouvez-vous me donner quelques lettres d'introduction pour un certain nombre de chefs militaires que vous connaissez en Afrique du Nord ?

Giraud consent.

De retour à Alger, Rigault éprouve malgré tout beaucoup de mal à convaincre les Cinq de continuer à jouer la carte Giraud. Il rappelle combien est grand, auprès des chefs militaires, son prestige. Sans joie, les Cinq décident de s'accommoder du glorieux évadé.

Juin 1942. Rigault, accompagné cette fois par Van Hecke, rend une nouvelle visite à Giraud. Après des entretiens particulièrement laborieux, le général finit par se rallier au plan américain d'un débarquement en Afrique du Nord. Le moment venu, il se rendra donc en Algérie où il entend prendre le commandement de toutes les forces alliées, américaines et britanniques comprises. Nul n'ose le détromper sur ce point.

Parmi les chefs militaires présents à Alger, Giraud désigne comme son représentant personnel le général Mast.

A la fin du mois d'août, Murphy est appelé à Washington. Le président Roosevelt en personne lui apprend que le débarquement en Afrique du Nord s'accomplira à la fin d'octobre. La plus gigantesque opération amphibie jusque-là entreprise se prépare dans la fièvre. Washington autorise Murphy à avertir les Cinq que le débarquement ne saurait tarder. De retour à Alger, il ira plus loin et laissera entendre à Lemaigre-Dubreuil que la grande affaire se produira avant la fin de l'année.

Dans un état d'esprit que l'on imagine aisément, les Cinq redoublent d'activité. Des généraux se rallient secrètement : Béthouart au Maroc, Montsabert en Algérie. On étudie dans le détail les opérations à prévoir pour paralyser la défense vichyste. Minutieusement, on met au point un quadrillage d'Alger qui doit placer tous les points cruciaux sous le contrôle de la Résistance.

L'heure d'une promesse de gloire sonne, pour les conjurés, quand le général américain Eisenhower désigné comme commandant de toute l'opération de débarquement, leur envoie, à bord d'un sous-marin, son collaborateur et ami, le général Clark. Le submersible émerge en pleine nuit, sur la côte algérienne, devant Cherchell. Dans une demeure à l'abri des indiscrétions, Clark retrouve Murphy, Rigault, Jousse et Mast. Des spécialistes accompagnent les têtes de file : le commandant Bargeot pour la Marine, le commandant

Dartois pour l'Aviation. Van Hecke et Henri d'Astier veillent à la sécurité de la rencontre. Les pourparlers vont bon train. Clark annonçant que les Américains ne débarqueront qu'au Maroc et en Oranie, Rigault lui répond vertement :

— Dans ce cas, nous ne marchons pas !

Jousse plaide pour Alger, seule ville que les conjurés sont sûrs de pouvoir neutraliser. L'argument ébranle Clark. Pour finir, les Français rappellent la promesse qui leur a été faite de ne pas fixer le jour J sans l'accord de Giraud. Clark affirme qu'il s'en souviendra.

Il se garde bien de révéler que les convois alliés seront là quelques jours plus tard.

Le 28 octobre, sur l'ordre de Washington, Murphy informe les Cinq que le débarquement se produira le 8 novembre. Aussitôt Lemaigre-Dubreuil s'envole pour en apporter la nouvelle à Giraud. Furieux, le général déclare qu'il ne peut pas quitter la France avant le 20. Il faut discuter, implorer. Finalement, Giraud se laisse convaincre et dans la nuit du 5 au 6 novembre, devant le Lavandou, s'embarque à bord du sous-marin *Seraph* qui met le cap sur Gibraltar. Eisenhower l'y attend. Il faut à « Ike » déployer des prodiges de diplomatie pour convaincre le général qu'il commandera uniquement les forces françaises. Ces palabres font perdre de nombreuses heures. Giraud consent enfin à gagner l'avion qui doit le conduire à Blida dont l'aérodrome va être « libéré » par un commando de résistants.

Le 7 novembre au matin, le programme français de la BBC diffuse ce message : « Allô Robert, Franklin arrive. » Ainsi Roosevelt annonce-t-il à Robert Murphy le débarquement.

Tout au long de cette journée douce et tiède, les conjurés se mobilisent à Alger et dans les environs. Ils arrivent par petits groupes, 26 rue Michelet, chez le docteur Henri

Aboulker, président du parti radical-socialiste d'Alger. Le colonel Jousse leur fait distribuer des brassards portant noir sur blanc les initiales VP (volontaire de place). Certes, les troupes sont moins nombreuses que prévu. Malgré tout, on est assez pour paralyser Alger.

Dès 23 h 30, l'action s'engage : partout l'effet de surprise est total. Avec l'accord sans réserve du commissaire principal Esquerré, José Aboulker et vingt hommes s'emparent du commissariat central. Les commissariats de quartier sont occupés et, l'un après l'autre, se rangent docilement aux ordres d'Esquerré. Suivent l'hôtel du 19e corps d'armée et le bureau d'état-major de la place. Un jeune lieutenant, ecclésiastique dans le civil, l'abbé Cordier, se charge de trancher les lignes de la centrale militaire protégée. Bientôt les insurgés contrôlent le standard principal, les réseaux téléphoniques de la poste, Radio-Alger, le centre et le poste d'écoute. On a investi la préfecture d'Alger, mis la main sur le préfet et arrêté les principales personnalités vichystes.

Si parfaite se révèle la réussite que Rigault se demande tout à coup si l'instant n'est pas venu de contacter le général Juin. Ce soldat serait enchanté — il ne le cache pas — de reprendre les armes. Nul n'ignore pourtant qu'il ne le fera que sur ordre.

Juin a 54 ans. Sa carrière symbolise parfaitement les aléas qu'ont eu à traverser les militaires de son âge. Fils d'un gendarme et né à Bône — donc pied-noir —, il est sorti major de Saint-Cyr. Blessé pendant la Première Guerre mondiale — un bras infirme en garde la trace —, il participe à la répression du soulèvement marocain d'Abd el-Krim, commande en 1940 la 15e division motorisée avant d'être fait prisonnier. Libéré en 1941 à la demande de Weygand, il lui succède à la tête des Forces françaises d'Afrique du Nord.

Rigault s'adresse à Saint-Hardouin :

— Qui pourrait contacter Juin ?

— J'ai quelqu'un : le colonel Chrétien.

Chrétien est chef de la Sécurité militaire. Ses opinions

anticollaborationnistes sont connues. Il a mis hors d'état de nuire un agent envoyé par Laval qui avait « senti » la conspiration.

Quand, une demi-heure plus tard, Saint-Hardouin ramène Chrétien, Rigault lui tient ce langage :

— Mon colonel, les bâtiments rassemblés à Gibraltar sont en route. Les Américains vont occuper l'Afrique du Nord. Le succès est certain. Une seule question se pose : allons-nous nous laisser convaincre par la force ou participer à l'action ? La décision ne peut être prise que par le général Juin. Il est actuellement à la villa des Oliviers. Voulez-vous le joindre ?

Chrétien accepte la mission sans hésiter. Il objecte cependant que Juin peut parfaitement ne pas croire au débarquement, ni à l'annonce du contrôle d'Alger par les conjurés. Dans ce cas, tout est perdu. Si Chrétien se réclame des Cinq, leurs noms étant totalement ignorés de lui, on ne sera pas plus avancé.

Une nouvelle idée vient à Rigault : il faut s'adresser à Murphy. Depuis le début de la soirée, le diplomate américain se trouve au 26 de la rue Michelet en compagnie de l'état-major des conjurés. En quelques mots, Rigault lui résume la situation :

— Si vous, Murphy, délégué du président Roosevelt, allez voir Juin avec Chrétien, la situation sera très différente.

Convaincu, l'Américain, se rend, entre minuit et minuit et demi, à la villa des Oliviers sur les hauteurs d'Alger.

Tiré de son lit, Juin reçoit Murphy et Chrétien en pyjama. Ils le voient devant eux, solide, trapu, intrigué. Sans ambages, Murphy l'informe que le débarquement va se faire dans la nuit avec l'accord du général Giraud, attendu d'un instant à l'autre. Murphy invite Juin à se rallier, avec toutes les forces sous ses ordres, au mouvement.

Terrible minute pour Juin. Quelques jours auparavant, il aurait accepté sans hésiter. Il ne le peut plus. Pourquoi ? Parce que l'amiral Darlan est à Alger. Lui, Juin, commande les forces d'Afrique du Nord mais Darlan est à la tête de *toutes* les forces françaises. Il détient le pouvoir de casser immédiatement les ordres de Juin.

Murphy n'hésite pas :

— Dans ce cas, il ne nous reste plus qu'à consulter Darlan.

Arrivé le 5 novembre à Alger et aussitôt conduit au chevet de son fils, l'Amiral a passé la nuit à l'hôpital Maillot. Le 6, le général Bergeret, inspecteur de la défense aérienne du territoire, qui vient d'être prévenu par deux sources sûres, accourt à l'hôpital pour lui annoncer que le débarquement était imminent. L'Amiral refuse de le croire ; il est informé de l'approche en Méditerranée d'un convoi allié mais Murphy lui en a expliqué la destination :

— Il m'a certifié que ce convoi ne nous intéressait aucunement et que l'AFN n'était pas menacée par lui ; il envisageait comme destination possible, soit la Sicile, soit Tripoli [1].

Sa conviction est si assurée que, le 7 novembre au matin, Darlan adresse un message à l'Amirauté française en des termes assurés :

« 1° Je ne pense pas qu'une action délibérée contre territoire français soit actuellement envisagée par Anglo-Saxons.

« 2° Nature et force combat britannique me fait plutôt penser que Anglo-Saxons envisagent action contre bases Axe de Tripolitaine ou de Cyrénaïque pour empêcher renforts Afrikacorps et prendre celui-ci à revers.

« 3° Ma présence à Alger est encore indispensable pour trois ou quatre jours. Stop. Je suis au courant situation et peux prendre décision.

« 4° En cas de nécessité, je suis toujours paré à revenir. »

Le 7, à 17 heures, l'amiral Moreau rejoint Darlan à l'hôtel Saint-Georges et lui confirme que les dernières informations recueillies ne permettent plus de doutes :

— Nous allons être attaqués dans un délai maximum de vingt-quatre à trente-six heures.

1. Amiral Moreau : *Les derniers jours de Darlan* (1985).

Selon Moreau, « le premier mot de Darlan fut pour me manifester sa surprise et me dire à peu près textuellement : " Ce n'est pas cela qu'on m'avait annoncé... " Il ajoute — ce qui met fin au débat qui s'est longtemps instauré sur les raisons réelles du retour de l'amiral à Alger : " Ce qui est incontestable, c'est qu'il ignorait, en revenant en Afrique voir son fils mourant, à quels événements formidables il allait avoir aussitôt à faire face [1] ". »

Dans la nuit du 7 au 8, Darlan dort profondément quand le téléphone le réveille. En une minute, il apprend que le débarquement a commencé, que la ville d'Alger se trouve sous le contrôle des insurgés et que le général Juin ainsi que Robert Murphy souhaitent qu'il les rejoigne à la villa des Oliviers. S'il en est d'accord, le colonel Chrétien va venir le chercher. C'est un homme littéralement abasourdi qui répond — et accepte.

Un peu plus tard, rouge de colère, il fait son entrée dans le salon où attendaient Juin et Murphy. Il éclate :

— J'avais toujours pensé que les Anglais étaient idiots ! Je croyais les Américains plus intelligents, mais je vois que vous êtes aussi doués que les Anglais pour accumuler les gaffes monstres !

Il va et vient dans la pièce, vêtu d'un complet veston croisé, bien campé dans sa petite taille, nerveux, ses yeux bleus enfoncés jetant à ses interlocuteurs des regards furieux.

Murphy plaide avec éloquence. Il faut absolument que l'Amiral, dans l'intérêt de la France, saisisse « l'occasion en or qui s'offre à lui ».

Quand on lit le récit de cette entrevue, on sent que, dès l'abord, Darlan est partagé [2]. Il ne peut manquer d'être frappé quand Murphy lui rappelle sa déclaration à l'amiral Leahy et sa promesse de se ranger aux côtés des Américains s'ils arrivent avec 500 000 hommes. « Justement, s'écrie Murphy, ils vont débarquer, ces 500 000 hommes ! »

Dire oui, sur-le-champ : quelle tentation pour Darlan !

---

1. Amiral Moreau : *op. cit.*
2. L'entrevue est remarquablement narrée dans l'ouvrage de Robert Murphy : *Un diplomate parmi les guerriers* (1965).

Mais aussitôt, le doute domine. Quelques mois plus tôt, les Alliés ont débarqué à Dieppe. Ils ont été massacrés et rejetés à la mer. On a su plus tard que ce débarquement était une répétition. Et si l'opération africaine se révélait, elle aussi, une simple diversion ? Dans ce cas, en se ralliant aux Alliés au nom du Maréchal, il aurait — lui, Darlan — abattu toutes ses cartes et compromis le gouvernement de Vichy, courant ainsi le risque d'une terrible réaction allemande !

Murphy plaide toujours. Darlan refuse de l'entendre. Il a prêté serment au Maréchal. Il ne fera rien sans l'accord de Pétain.

Murphy lui propose de télégraphier au Maréchal. Darlan griffonne aussitôt un texte qui annonce le débarquement, l'arrivée de Giraud et la demande que lui présente Murphy de se rallier au mouvement. « Je lui ai répondu que la France avait signé une convention d'armistice et que je ne pouvais que me conformer aux ordres du Maréchal de défendre nos territoires. »

A peine le diplomate américain chargé d'envoyer le télégramme a-t-il quitté le palais qu'il est intercepté par les conjurés ; on saisit le message de Darlan ; Saint-Hardouin tend le texte à Rigault qui le lit et le fourre dans sa poche :

— Ce serait donner des armes à l'adversaire.

La nuit s'avance. L'heure fatidique — 2 heures du matin — est dépassée depuis longtemps. Parmi les conjurés, l'angoisse monte. Aucun doute : dès que le jour se lèvera, leurs positions risquent de devenir rapidement intenables.

Vers 5 heures, Rigault remonte aux Oliviers, où Murphy se trouve toujours. Une seule question :

— Vous croyez vraiment que c'est pour cette année ?

Regagnant la rue Michelet, Rigault va voir accourir, très excité, Woodruff, un adjoint de Murphy. Au consulat général, on vient de recevoir un message annonçant que *quelqu'un* — on ne dit pas qui — *a vu* — on ne dit pas où — *un Américain*. Ils auraient donc débarqué ?

Il faut en avoir le cœur net :

— Je pars avec vous, dit Rigault à Woodruff.

Il est 6 heures. En voiture, les deux hommes prennent aussitôt la route d'Oran. Tout à coup, là, devant eux, une patrouille américaine. C'est donc vrai ! Woodruff jaillit de la voiture, s'adresse à un sous-lieutenant, demande où il pourra trouver un officier supérieur. Le sous-lieutenant désigne les crêtes :

— Allez voir par là.

De fait, les Américains, débarqués à l'est et à l'ouest d'Alger, ont aussitôt effectué un mouvement tournant. Ils encerclent littéralement la ville. Rigault et Woodruff rencontrent enfin un colonel américain qui se montre formel : il n'est pas question de pénétrer dans Alger pour le moment. Woodruff proteste violemment :

— La ville est entièrement aux mains de la Résistance. Si vous attaquez immédiatement, pas un coup de feu ne sera tiré. Il n'en sera pas de même dans deux heures.

Visiblement impressionné, le colonel affirme qu'il va demander des ordres.

Rigault repart pour les Oliviers. Il faut prévenir Murphy que ses compatriotes ont pris position tout près de là, sur les crêtes, à trois cents mètres à vol d'oiseau ! Approchant de la ville, il s'aperçoit alors que des gardes mobiles et une automitrailleuse entourent la résidence. Dès que les gardes le voient, ils se précipitent sur lui et l'arrêtent. Comme Rigault le redoutait, les forces vichystes ont repris possession de la ville dès le lever du jour. Un peloton de gardes mobiles a investi les Oliviers, libéré Darlan et Juin — on les croit prisonniers — et capturé Murphy. Avoir investi Alger en moins de trois heures et en être là !

Pour ajouter à la confusion, au petit jour, deux navires américains pénètrent à vive allure dans le port [1]. Aussitôt, les

1. Le bruit a couru qu'il s'agissait de bateaux britanniques mais un témoin, le docteur Le Minor, médecin au 2e régiment de Tirailleurs sénégalais, en poste au bastion XV sur le port d'Alger, m'informe que deux commandos rangers furent en effet débarqués tout à côté, mais ils étaient *américains*. Ils furent sérieusement accrochés par une compagnie du 13e RTS, commandée par le capitaine Touzet (lettre du 7 décembre 1979).

batteries vichystes ouvrent le feu, déchaînant la panique à travers la ville.

La rage au cœur, les conjurés doivent partout se rendre aux forces officielles qui les submergent. Un lieutenant de réserve, Jean Dreyfus, est tué à la Grande Porte par des éléments du 5e chasseurs. Un magnifique soldat, le capitaine Pilafort, rallié de longue date aux conjurés, est abattu par un colonel de l'armée régulière cependant que, dans un dernier effort, il tue son adversaire. Ici et là, on compte les blessés. A partir de midi, la résistance se voit presque partout annihilée. Toujours pas le moindre Américain dans Alger.

Darlan ? Dans le courant de la matinée, il a enfin pu communiquer, par fil direct ignoré des Allemands, avec le Maréchal. Pétain a répondu : « Vous savez que vous avez toute ma confiance. » Darlan a pris cela pour une sorte de blanc-seing signifiant : faites au mieux. Dès lors qu'il tient désormais la situation parfaitement en main, il considère qu'il peut traiter avec les Américains, au moins en ce qui concerne la ville d'Alger. Il ne se sent pas autorisé à faire davantage. L'éventualité, en métropole, de représailles allemandes l'obsède toujours.

Au début de l'après-midi, Juin confirme que les Américains débarquent bien sur les côtes d'Algérie et du Maroc et qu'« il s'agit d'une opération à grande échelle ». Les informations en provenance du Maroc indiquent que, là-bas, entre Américains et Français, les combats font rage. Pour le moment, Darlan est résolu à ne rien entreprendre pour y mettre fin. Murphy, toujours prisonnier, fait penser à un lion en cage : va-t-il être empêché de prendre les contacts qui, seuls, peuvent éviter des combats meurtriers ? Vers 15 heures, Darlan reparaît aux Oliviers. Il vient de recevoir des informations selon lesquelles le major général W. Ryder, commandant la Force opérationnelle (*Task Force*) de l'Est, se trouve sur une plage à une quinzaine de kilomètres d'Alger. Bon prince, l'Amiral propose une voiture à Murphy pour qu'il parte au-devant de ce général Ryder.

Il n'est que temps. A quelques centaines de mètres de là, Murphy se trouve nez à nez avec une section de soldats américains qui lui tirent dessus ! Arrêt, palabres et l'on repart pour la plage désignée où l'on trouve en effet le général Ryder, épuisé par plusieurs nuits sans sommeil et apparemment incapable de prendre aucune décision. Murphy le saisit paternellement par un bras, le fait monter en voiture et le conduit au Fort-l'Empereur où, derrière une table couverte d'un tapis vert, attendent Darlan et Juin, entourés par une cinquantaine d'officiers français.

Cependant que Murphy fait les présentations, un avion américain survole le fort et lâche un chapelet de bombes qui éclatent à cent mètres de là. Du coup Ryder retrouve toute sa présence d'esprit et s'écrie joyeusement :

— Merveilleux ! C'est mon nouveau baptême du feu depuis la Première Guerre mondiale !

Les Français restent de glace. Murphy accomplit des prodiges pour dégeler l'atmosphère. Finalement Juin et Ryder signent l'acte du cessez-le-feu. Vers 17 heures, les premiers détachements américains pénètrent dans la ville et, sous de formidables vivats, descendent le boulevard Gallieni. Un peu plus tard, Ryder, accompagné par Murphy, rencontre de nouveau Darlan et propose que la suspension d'armes soit étendue à tous les théâtres d'opérations. Darlan répond une fois de plus qu'il ne peut rien accorder sans avoir consulté le Maréchal. C'est alors que surgissent quatre statues de commandeur : Lemaigre-Dubreuil, Saint-Hardouin, d'Astier de La Vigerie et Rigault, à la fois heureux — un général américain à Alger, c'est ce dont ils rêvent depuis si longtemps ! — et recrus d'amertume au spectacle de cet Américain occupé à négocier avec ce Darlan, incarnation de tout ce qu'ils haïssent.

Lemaigre-Dubreuil parle le premier : il demande où se trouve Giraud. La question jette un froid. C'est vrai, il y a Giraud. On l'a attendu à l'aérodrome de Blida toute la journée et il n'a donné aucun signe de vie. Quand la radio des conjurés a diffusé sur les ondes de la radio son message appelant l'armée et les fonctionnaires à s'insurger, nul ne l'a pris au sérieux. Murphy ne peut s'empêcher d'observer que les choses sont bien assez compliquées comme cela ! Il n'est pas loin de penser que le retard du général Giraud est providentiel.

Le 9, le général Clark rejoint Alger, se rend dans la soirée auprès de Darlan, lui déclare que 150 000 hommes ont déjà débarqué — ce qui est parfaitement faux — et le presse de signer aussitôt un armistice qui mettra fin à tous les combats en Afrique du Nord. Darlan hésite toujours. Il consulte le Maréchal par la ligne télégraphique secrète inconnue des Allemands. Pétain fait répondre qu'il ne peut donner d'instructions définitives.

Toujours le 9 au soir, paraît enfin Giraud, furieux d'ailleurs : on a égaré ses valises et son uniforme. Il ne doute pas de pouvoir accomplir la mission que lui a confiée Eisenhower à Gibraltar. Les Cinq le rejoignent aussitôt à Dar-Mahieddine, chez Lemaigre-Dubreuil et lui apprennent que l'on n'en est plus là. Il faut tenir compte de l'hypothèque Darlan ; impossible d'entreprendre quoi que ce soit sans lui. Giraud annonce qu'il va réfléchir. Vers minuit, le commandant Dorange demande à être reçu par lui et, tout à trac, lui déclare que « l'armée avait le plus grand respect pour un Giraud légal, mais qu'elle n'en aurait aucun pour un Giraud rebelle ». Noblement, Giraud rétorque qu'il est venu pour se battre et qu'il veut s'entendre avec Juin.

Dans la nuit, l'Amiral envoie un nouveau télégramme à Pétain spécifiant que l'ensemble des officiers de son entourage estiment que, face aux Américains, il faut cesser le combat.

Le 10 novembre, à 10 heures du matin, nouvelle rencontre Darlan-Clark. Orageuse, celle-ci. Le ton de Clark est devenu tranchant. Il n'admet plus de tergiversations. Il faut traiter pour toute l'Afrique du Nord et faire cesser les combats au Maroc. Darlan propose d'envoyer un nouveau message à Vichy. Murphy, qui accompagne Clark, lui signifie qu'il faut se passer de Vichy. Que l'Amiral le comprenne bien : on lui donne une demi-heure pour se décider. Pas une minute de plus. Au-delà, il sera mis en état d'arrestation.

Darlan est écarlate.

— Je m'en fous ! cria-t-il.

Très ému, Juin demande en anglais à Clark de lui accorder cinq minutes de plus.

— D'accord, dit Clark. Cinq minutes.

Les Américains sortent. On entend à travers la porte les Français discuter passionnément entre eux. La porte s'ouvre et l'on invite les Américains à rentrer dans la pièce. Un lourd silence plane. Puis Darlan fait traduire par Murphy un mot, un seul :

— J'accepte.

L'Amiral a franchi le Rubicon.

Le même 10 novembre, à 13 heures, le commandant Dorange reparaît chez Lemaigre-Dubreuil. Il informe Giraud que les Américains traitent avec Darlan et que celui-ci incarne désormais l'autorité suprême en Afrique du Nord. Il serait bon que Giraud en tire les conséquences.

Le lecteur doit savoir que, tout au long de cette journée, se sont déroulées, à l'insu des Américains, des négociations parallèles entre Darlan et Vichy. Tantôt par la voie officielle, tantôt en usant du code secret inconnu des Allemands. Darlan a déjà accepté de traiter pour toute l'Afrique du Nord quand il reçoit ce message de Pétain : « J'avais donné l'ordre de se défendre contre l'agresseur. Je maintiens mon ordre. » Réponse de Darlan, à 15 h 35, par le code secret : « J'annule mon ordre et me constitue prisonnier. » Annonce qui se croise avec un message de l'amiral Auphan qui, entre-temps, a révélé l'existence du fil secret au Maréchal. Celui-ci l'autorise à transmettre, à 15 h 30, une précision qui modifie tout :

« Comprenez que cet ordre était nécessaire pour la négociation en cours. » En effet, Laval se trouve toujours à Munich, où il rencontre Hitler. On se trouve devant l'un de ces incroyables paradoxes qui émaillent toute l'histoire de Vichy et dont les protagonistes ont fini par ne plus se rendre compte eux-mêmes. La décision de Darlan de traiter avec les Alliés, même si Vichy est prêt à l'approuver, ne doit pas contrecarrer la réussite des pourparlers avec Hitler !

La réaction de Darlan est immédiate : « Reçu et bien compris. »

Le voilà conforté dans la position qu'il a dû adopter.

A 17 heures, Murphy et Clark se présentent chez Giraud. Ils veulent savoir quelle est sa position :

— La question du pouvoir reste posée. Ce pouvoir, l'acceptez-vous ?

Tristement, Giraud secoue la tête :

— Non. Je ne suis pas un homme politique. Je suis ici seulement pour me battre.

La carte Giraud s'est évanouie. Il se contentera de commander l'armée. C'est à partir de ce moment seulement que Darlan, aux yeux des Américains, sera investi de l'autorité politique en Afrique du Nord française. Dès lors, l'Amiral est captif de son choix. Mais les Américains le sont du leur.

De cette double prison va naître la tragédie.

Les messages continuent à se presser sur les ondes. Le 11 novembre, le Maréchal proclame que le général Noguès résident général au Maroc, est désormais son seul représentant en AFN. Un peu plus tard, par le code secret, Pétain tient à expliquer à Darlan : « C'est uniquement parce que vous êtes prisonnier que je ne vous ai pas désigné comme représentant en Afrique. »

Le 12, le général Noguès confirme au Maréchal que « Darlan jouit de son entière liberté » et invite Pétain à lui rendre sa confiance : « Pour maintenir l'armature militaire, politique et administrative actuelle, vous devez charger à nouveau Darlan de vous représenter en Afrique. » Ce qu'il confirme lui-même par une proclamation solennelle : « Au nom du Maréchal et en accord avec lui, je remets mon pouvoir entre les mains de l'amiral Darlan. »

Le 13, l'imbroglio télégraphique trouve sa conclusion par ce message de l'amiral Auphan (par le code secret) à Darlan : « *Accord intime du Maréchal* et du Président [Laval] mais, avant de vous répondre, on consulte les Autorités d'occupation ». Le paradoxe continue. Darlan ne voudra retenir que les quatre premiers mots. On le comprend.

Pour que le lecteur ne se perde pas dans ce que l'on a appelé, à juste titre, l'échiquier d'Alger, il me paraît utile de placer ici sous ses yeux les principaux passages du rapport que le général Eisenhower va, le 14 novembre, adresser à Washington : « Le sentiment existant en Afrique du Nord française ne ressemble pas, même de loin, à ce que nous avions imaginé antérieurement, et il est de la plus grande importance de ne prendre aucune décision précipitée qui bouleverserait l'équilibre que nous avons pu établir.

« Le nom du maréchal Pétain est un mot magique en Afrique du Nord. Du haut en bas de l'échelle, chacun s'efforce de donner l'impression que le Maréchal inspire tous ses actes et, en fait, toute sa vie. Les chefs militaires et navals, de même que les gouverneurs civils, sont d'accord pour considérer qu'un seul homme a le droit indiscutable de parler au nom de Pétain : l'amiral Darlan. Même le général Giraud reconnaît nettement toute l'importance de cette considération, et il a modifié ses propres ambitions et ses propres intentions en conséquence.

« [...] La résistance initiale à notre débarquement a été due à la croyance de tous les intéressés que cette résistance était conforme au vœu du Maréchal. Le général Giraud est jugé coupable d'au moins une pointe de trahison, pour avoir demandé de ne pas résister au débarquement allié. Cependant, tous les intéressés se déclarent maintenant prêts à appuyer les Alliés, à la condition que Darlan leur en donne l'ordre. Le général Noguès a arrêté la lutte au Maroc sur l'ordre de Darlan ; l'amiral Estéva, à Tunis déclare qu'il obéira à Darlan. Nous ne pouvons méconnaître l'autorité de Darlan.

« En substance, l'accord actuel prévoit que les Français d'Afrique du Nord feront immédiatement ce qu'ils pourront pour nous aider à prendre la Tunisie.

« Le général Giraud, pleinement conscient de ne pouvoir faire quoi que ce soit par lui-même, même avec l'aide morale et matérielle des Alliés, a accepté de bon gré le poste de chef militaire dans le groupe de Darlan [...].

« L'amiral Cunningham et le général Clark, ainsi que mon état-major tout entier, m'ont aidé à faire ce que nous considérons comme le seul arrangement pratique en vue d'obtenir des avantages et d'éviter des inconvénients.

« [...] On doit comprendre nettement que l'empressement avec lequel le général Giraud participe à cet arrangement en démontre la nécessité. »

Tout conforte l'autorité de Darlan. Washington joue officiellement l'Amiral. Londres proteste mais, en définitive, ce sont les soldats américains qui occupent très majoritairement l'Afrique du Nord. Le comble est que Darlan confirme chaque jour dans les faits qu'il agit au nom du Maréchal. Certains jeunes gaullistes ont été emprisonnés après le 8 novembre. Les journaux sous censure reçoivent l'interdiction de citer le nom du général Giraud. En même temps, l'astucieux Darlan demande aux Cinq d'entrer dans le conseil de gouvernement qu'il forme ; ainsi assure-t-il sa liaison avec les Américains. Les Cinq hésitent puis considèrent qu'il seront plus utiles à l'intérieur qu'à l'extérieur. Ainsi Saint-Hardouin reçoit-il les Affaires étrangères ; Rigault l'Intérieur et l'Information ; Henri d'Astier, adjoint de Rigault, le commandement de toute la police d'Afrique du Nord. Lemaigre-Dubreuil préfère se faire attacher au cabinet du général Giraud. Seul Van Hecke n'a pas été pourvu. Le secrétariat pour les affaires économiques sera confié, un peu plus tard, à Alfred Pose, directeur général de la BNCI [1].

1. Banque nationale pour le commerce et l'industrie.

En métropole, les choses sont allées très vite. Les troupes allemandes ont franchi la ligne de démarcation et envahi la zone libre. Conscient du risque que courait la flotte mouillée à Toulon, Darlan lui a ordonné de gagner Dakar. L'amiral de Laborde a refusé d'obtempérer mais, à l'approche des Allemands, a donné l'ordre à la flotte de se saborder. Ce qu'elle a fait. Ainsi les ordres de l'amiral Darlan, exprimés en juin 1940, sont-ils réalisés : la flotte française n'est pas tombée aux mains des Allemands. Que de désespoir, néanmoins, chez les patriotes ! Le ralliement de la flotte française à la cause des Alliés eût permis aux Français de parler plus clair et plus haut.

Quoi qu'il en soit, la rupture de l'armistice par l'Allemagne et la protestation solennelle du Maréchal donnent définitivement les mains libres en Afrique du Nord à Darlan. Dorénavant, il va parler au nom du Maréchal *prisonnier*. C'est en son nom qu'il annonce que les Français d'Afrique rentrent dans la guerre. Déjà, les forces françaises combattent en Tunisie contre les Allemands. On se prépare à mobiliser tous les hommes valides, européens et musulmans. Darlan a parachevé son virage à 180 degrés. Eisenhower le désigne publiquement comme le meilleur ami des USA.

La presse britannique continue à se déchaîner. Elle accuse les Américains d'avoir enfreint les règles élémentaires de la morale en mettant en place, en Afrique, le tenant de la collaboration avec Hitler. Immense se révèle l'amertume du général de Gaulle que l'on n'a même pas averti du débarquement en Afrique du Nord. Elle n'a d'égale que celle des combattants de la France libre. Seuls, depuis 1940, ils estiment avoir sauvé l'honneur de la France et on les considère comme quantité négligeable. On les a tenus à l'écart de tout et l'on officialise en Afrique le personnel de Vichy ! On n'a même pas demandé de garanties à Darlan sur l'abrogation des lois raciales. Les officiers ralliés aux Cinq sont tenus à l'écart. Bien plus, au Maroc, le général Noguès a été à deux doigts de faire fusiller Béthouart et quelques autres, pour « rébellion et trahison ». En métropole, la réaction des mouvements de résistance se révèle plus violente encore. Ces gens risquent chaque jour leur vie, ils sont traqués par Vichy et, en Afrique, Vichy triomphe grâce aux Américains.

Aux Etats-Unis, néanmoins, la presse manifeste quelque gêne et parfois de l'hostilité. Jamais les Américains n'ont porté une grande sympathie à de Gaulle. De là à traiter avec un Darlan ! Roosevelt sent le moment venu de justifier les accords Darlan-Clark par la nécessité de la situation militaire. Il déclare publiquement que Darlan n'est autre qu'un « expédient provisoire ». Ce qui évidemment ne fait guère plaisir à l'Amiral. Au fil des jours, celui-ci ne cesse de plaider sa cause dans des lettres à Roosevelt, à l'amiral Leahy, à Winston Churchill, à d'autres. Il affirme n'avoir été porté par aucune ambition personnelle ; son seul désir, une fois la victoire acquise, sera de rentrer dans la vie privée « avec la satisfaction d'avoir fait mon devoir en servant mon pays de mon mieux ». Ce qui n'empêche pas Winston Churchill, le 10 décembre 1942 à la Chambre des communes, de tenir à son encontre des propos parfaitement injurieux.

Plus s'écoulent les semaines et moins, à Alger, la position de Darlan apparaît confortable. Un nombre grandissant de ceux qui se sont rangés derrière lui pendant les heures troubles qui ont suivi le débarquement voient croître leur désarroi. Le chef des gaullistes d'Algérie, René Capitant, orchestre sans relâche une campagne violente. Sur les murs, on lit : « Darlan est un traître », ou bien : « Tuez Darlan ». Ou encore — l'humour ne perd jamais ses droits — « L'Amiral à la flotte ».

Si la majorité des Français d'Algérie admet encore l'autorité de l'Amiral, une minorité de plus en plus agissante estime que tous les problèmes seraient résolus si Darlan quittait le pouvoir. A cette évidence, s'opposent deux obstacles. Le premier : Darlan ne manifeste aucun désir de céder la place ; le second : si on l'y force, par qui le remplacera-t-on ?

Malgré l'activité quelque peu brouillonne de Capitant, la popularité de De Gaulle n'a guère grandi en Afrique du Nord. Peut-être est-il un recours pour l'avenir. Assurément pas pour l'instant. Giraud ? Lui-même répète à qui veut l'entendre que l'autorité légale est incarnée par Darlan et que le devoir de chacun est d'obéir à l'autorité légale. Pour remplacer l'Amiral, on ne trouve que le vide.

C'est alors que certains croient avoir découvert la solution de tous les problèmes. Que nombre de gens aient pu y croire montre assez bien que tout a semblé possible, en Afrique du Nord, en décembre 1942.

Tout se résume en une phrase : pourquoi ne pas faire appel au comte de Paris ?

Depuis la mort du duc de Guise survenue en 1940, le comte de Paris, son fils, est prétendant à la couronne de France. Héritier, selon la formule célèbre, des « quarante rois qui ont fait la France », il a grandi en exil, la plupart du temps en Belgique. Très ouvert à la vie moderne, il s'est employé à démarquer la cause royale du conservatisme politique traditionnel auquel on l'associait souvent. Il s'est séparé avec éclat de l'Action française, il a condamné Munich, donné la priorité aux problèmes sociaux. Il s'est engagé en 1940 dans la Légion étrangère. Bref, il s'est forgé une image de marque et celle-ci est plutôt sympathique. Après sa démobilisation, le prince a regagné sa propriété de Larache au Maroc. Dès lors, et pendant deux années consécutives, le prince n'a cessé de vouloir participer au maintien de « l'intégrité de la France et de son empire [1] ».

Jusqu'au bout, il semble qu'il ait escompté que le Maréchal ferait appel à lui. Il n'en a rien été. Pendant l'été 1942, il s'est rendu à Vichy « dans des conditions stupéfiantes d'improvisation [2] ».

De l'entrevue du prétendant et du maréchal Pétain, de l'entretien qui a suivi avec Pierre Laval, le prince a conservé un souvenir apparemment amer. C'est du moins ce qui paraît

1. *Réminiscences 1940-1942*, article d'Henri Billecocq, fonctionnaire des Affaires étrangères (1942) à Rabat avec la qualité de consul général.

2. Henri du Moulin de Labarthète : *Le temps des illusions* (1946).

dans une lettre, restée inédite, à son représentant en France, le comte de La Rocque de Sévérac : « Quant au Maréchal, vous ne devez pas paraître comme ayant des rapports étroits qui vous lieraient avec lui ; inutile de lui jeter la pierre, votre attitude doit être digne et indépendante. Quant à Laval, vous pouvez marcher contre lui dans la mesure où vous ne serez pas inquiété par lui, car je l'ai quitté en très mauvais termes et au cours de notre entretien qui fut violent, je lui ai riposté à une de ses menaces que je trouverais parmi mes partisans des hommes assez dévoués pour exécuter l'ordre de lui loger trois balles dans le cœur [1]. Vous voyez le ton... Par contre avec le Maréchal, sans atteindre ce diapason, notre entretien porta sur les événements et je ne lui cachai pas ma façon de juger son gouvernement. Le ton fut cordial, mais le fond était sévère. S'il y a lieu, je pourrai reprendre avec lui un entretien, tandis qu'avec Laval, jamais [2]. »

La chronique a retenu la phrase d'accueil du Maréchal au prétendant :

— Alors, il paraît que vous voulez ma place ?

Et la boutade de Laval au prince qui sollicitait un emploi, quel qu'il fût :

— Et si je vous donnais le ministère du Ravitaillement, Monseigneur ? Vous seriez bien em...

Après une escale au Vatican où Pie XII lui avait paru sceptique et amer quant à l'issue des hostilités (« rien de bon ne pourra sortir, ni de l'Axe, ni des Alliés qui ont, eux, partie liée avec Moscou »), le comte de Paris avait regagné le Maroc, « très préoccupé et en proie à des inquiétudes, hélas ! motivées, quant à l'ombre qui descendait, inéluctablement, sur l'unité française [3] ».

Après le débarquement allié en Afrique du Nord, il paraît avoir été profondément troublé. Malgré l'issue totalement défavorable de son voyage à Vichy, il semble, dans une lettre

1. A rapprocher d'une phrase des *Mémoires* du comte de Paris : « Mon tempérament, tout au long de mon existence, m'a tenu éloigné des illégalités et des actes de violence » (page 219).

2. Lettre du 8 juillet 1942.

3. Henri, comte de Paris : *Mémoires d'exil et de combats* (1979).

postérieure d'une semaine au débarquement allié, s'être ouvert à Pierre Laval de son inquiétude persistante. Au cours d'une conférence de presse, tenue à Vichy à l'hôtel du Parc le 13 décembre 1942, Laval a présenté à trois douzaines de journalistes une lettre du prétendant.

— Tenez, Marion me rappelle que j'ai dans ma poche une lettre du comte de Paris. Il est loyal, le comte de Paris. On va dire que je me compromets avec lui. Je vais vous lire sa lettre tout de même...

Laval approche de ses yeux le papier armorié :

— Et puis il a de jolies armes...

Picot de Plédran, de *L'Action française* — qui rapportera cette scène — observe :

— Ce sont les armes de France.

— C'est pour cela, rétorque Laval, que j'aime les caresser.

Et Laval lit la lettre, datée du 16 novembre, dans laquelle le comte de Paris lui fait part du désarroi où se trouvent, depuis le 11 novembre, les Français d'Afrique du Nord. Il précise que les « dissidents » coupent l'électricité pendant les heures d'émission de la radio de Vichy, de façon que l'on ne puisse entendre les ordres du Maréchal. Il comprend mal que ce soit l'amiral Darlan qui ait donné l'ordre de cesser le feu. « Je compte sur vous, monsieur le président, conclut-il, pour nous donner des certitudes que nous n'attendons plus de personne ici. »

Remettant la lettre dans sa poche, Laval commente :

— Il sera répondu à cette lettre [1].

Progressivement, tout rentre dans l'ordre en Afrique du Nord. Les Alliés règnent. Darlan gouverne. Il ne reste au comte de Paris que d'observer et d'attendre : le pain quotidien d'un prétendant en exil. De ce fait, on doit être assuré que l'appel téléphonique qu'il reçoit, le 20 novembre, va le plonger dans une stupeur sans borne. Un correspondant de

1. Renée Pierre-Gosset : *Expédients provisoires* (1945).

Rabat l'avertit qu'un certain Marc Jacquet souhaite le rencontrer, se déclarant porteur d'une communication très urgente d'Alfred Pose, commissaire aux Finances du gouvernement d'Alger. Le prince connaît Alfred Pose, directeur général de la BNCI. Grand financier, expert économique de premier ordre, Pose a abandonné sa chaire d'agrégé de droit pour faire d'une banque relativement modeste, la BNC, un établissement bancaire de première importance.

Fils d'instituteur, Pose, au lycée comme à la faculté, s'est toujours voulu le premier. Le poste qu'il a conquis dans le monde de la Bourse s'est révélé un remarquable tremplin pour observer un monde sur lequel il a jeté un regard de plus en plus critique. De taille moyenne — 1,70 mètre —, élégant sans être coquet, il agite, au milieu des discussions, des mains fort belles pour crier son mépris au régime en place. Dans sa jeunesse, m'écrit son épouse, il s'est senti proche « d'Auguste Champetier de Ribes au groupe démocrate populaire. Ayant occupé à trente-deux ans le rôle bien ingrat et bien dangereux de directeur général de la BNCI après la chute de la BNC, il est arrivé à devenir monarchiste, beaucoup plus par philosophie politique que par sentiment [1] ».

Plus on avance dans l'analyse des motifs qui ont fait agir les conjurés du 8 novembre 1942, et plus l'on constate un point commun : ils détestent la république. Rigault et d'Astier sont monarchistes. Van Hecke adopte les idées de la Révolution Nationale prônées par Vichy, tout en se séparant de Vichy dès qu'il est question de collaboration. Lemaigre-Dubreuil œuvre, depuis 1934, pour un « Etat fort ». Le scepticisme de Saint-Hardouin l'éloigne des positions tranchées, mais il n'éprouve aucune sympathie pour le personnel républicain qui a conduit la France à la défaite. Si les Cinq ont, dès l'abord, répudié l'éventualité d'un appel à de Gaulle, c'est avant tout — on l'a dit — parce qu'ils le savent impopulaire en Afrique du Nord, mais aussi parce qu'ils croient discerner, dans l'entourage du chef de la France libre, des

1. Lettre du 6 décembre 1979.

personnalités toutes prêtes à revenir à cette république honnie, morte au Casino de Vichy en juillet 1940.

Au début de 1942, Alfred Pose se trouve en métropole. Sa personnalité, son entregent, le haut niveau de ses relations semblent le désigner pour jouer un rôle dans un camp ou l'autre. Jusque-là il semble s'être en quelque sorte tenu en réserve, en gardant grands ouverts les yeux et les oreilles. Averti que « quelque chose » se prépare en AFN, il attend, pour y accourir, le télégramme dont le texte a été convenu avec l'un de ses jeunes amis résistants, Marc Jacquet. Vers le 1er novembre, il le reçoit et Pose, juste avant le débarquement, arrive à Casablanca. Avant de quitter le Maroc pour gagner Alger, il tient à rencontrer le comte de Paris [1].

Cette arrivée tardive explique pourquoi Darlan, en constituant son gouvernement, n'a pas choisi Pose pour administrer les Finances mais, assez curieusement, un marin, l'amiral Fénard. Très vite, les problèmes économiques se sont révélés inextricables. Coupée de la métropole, l'Afrique du Nord doit vivre en autarcie. La masse monétaire en circulation ne suffit pas à assurer des dépenses que la rentrée dans la guerre alourdissent chaque jour. Les Américains inondent le Maroc et l'Algérie de dollars d'occupation dont la valeur se découvre fictive et gonflée.

Un seul, en Afrique du Nord, peut faire face : Alfred Pose. Une mission américaine opportunément attribuée à l'amiral Fénard libère le poste de commissaire aux Finances. Voici Pose en place. Décidé à trouver des solutions à une économie à la dérive mais, par ailleurs, à jouer la carte dont il rêve depuis des années : une restauration monarchique.

On a souvent affirmé que l'appel au comte de Paris fut l'œuvre de Jean Rigault ; que des collaborateurs directs de

1. Témoignage de Marc Jacquet à l'auteur.

Darlan, tels que Bergeret ou Chatel, l'ont appuyée ; que les présidents des trois conseils généraux d'Algérie ont eux-mêmes fait appel au prétendant à la couronne de France. La publication des *Mémoires* du comte de Paris aurait dû apporter une version plus claire, au moins cohérente de tous ces événements. Il n'en a rien été.

C'est là qu'intervient la télévision. Je ne pensais pas, en évoquant l'épisode dramatique de l'assassinat de l'amiral Darlan, susciter tant d'émotion et, surtout, un si grand nombre de témoignages. Alors que les passions me semblaient rester vives à l'égard d'hommes comme le maréchal Pétain ou Pierre Laval, j'imaginais que les années avaient presque totalement estompé le souvenir de l'amiral Darlan. J'avais tort. D'anciens collaborateurs de l'Amiral m'écrivaient pour souligner tel trait de son caractère, tel épisode de sa carrière. Un grand nombre de survivants des événements de 1942 tenaient à rectifier des idées qui, pour être généralement répandues, n'en étaient pas moins fausses. Les correspondances ou entretiens qui s'en sont suivis m'ont permis, je crois, de serrer la vérité de plus près. Parmi mes correspondants, se trouvait M. Albert-Jean Voituriez. Celui-ci n'était autre que le juge d'instruction chargé, en son temps, de l'instruction du complot ayant eu pour but et résultat l'assassinat de l'amiral Darlan. Mû par le seul désir de voir établie la vérité historique, M. Voituriez me proposait de me communiquer ses notes et les comptes rendus d'interrogatoires des personnages entendus par lui à l'époque. J'ai naturellement accepté et salué son libéralisme confraternel. Que le lecteur sache que le déroulement des faits tels qu'ils vont lui être exposés ne peut plus guère être mis en discussion. Il repose sur des témoignages indubitables, confirmés par des pièces d'archives restées inconnues [1].

1. Postérieurement à nos rencontres, M. Voituriez a publié *l'Affaire Darlan* (1980) avec une remarquable présentation de François Bluche.

Donc, à l'origine : Alfred Pose. Affirmer que des conjurés, appartenant au gouvernement de l'amiral Darlan, se soient assemblés pour envisager de faire appel au comte de Paris « relève de la plus haute fantaisie » : tels sont les propres termes employés devant moi par M. Jean Rigault. Les hommes qui entourent Darlan ne sont pas précisément des enfants de chœur. Ils savent qu'un putsch dont le but serait de porter le comte de Paris au pouvoir en Algérie doit être exclu ; jamais les Américains ne l'accepteraient. En outre, un tel coup de force ne pourrait être envisagé qu'avec le concours de l'armée. Or les événements récents ont démontré la cohésion totale de cette armée — forces de terre, de l'air et de mer — autour de l'amiral Darlan. Reste l'hypothèse d'un appel légal au comte de Paris. Dans ce cas, il faudrait que le Conseil d'Empire, mis en place par Darlan, exige en premier lieu la démission de l'Amiral et se prononce ensuite pour que le comte de Paris lui soit substitué. Encore faudrait-il être assuré de trouver au Conseil l'assentiment de la majorité de ses membres. Qu'y trouvons-nous ? D'abord, le général Giraud, traumatisé par les aventures tragi-comiques qu'il vient de traverser et renforcé par elles dans sa haine et sa crainte de la politique. S'il confie volontiers à ses intimes qu'il était un ancien lecteur de *L'Action française*, il tient en horreur la seule idée d'être mêlé à un complot monarchiste. Aux yeux du général Noguès qui occupe la seconde place au Conseil, le comte de Paris ne représente qu'une quantité négligeable. Quand — très tard — on lui parlera d'une candidature possible du prince, il répondra par une boutade :

— Sa mère, à la rigueur. Le fils, jamais.

Restent le général Bergeret et les gouverneurs généraux Chatel (Alger) et Boisson (Dakar). Bergeret vit dans l'ombre de Darlan. Chef intelligent et énergique, il joue à fond la carte de l'Amiral. Quant à Pierre Boisson, fils d'instituteur, instituteur lui-même, ayant perdu une jambe à Verdun et passé son baccalauréat à vingt-quatre ans pour entrer à l'Ecole coloniale — il en est sorti premier —, sa vie entière a été consacrée au service de la République. Si, en septembre 1940, Boisson s'est opposé à l'offensive anglo-gaulliste contre Dakar, c'est qu'il prévoyait, au cas où les Alliés se seraient emparés de l'AOF, l'occupation immédiate de l'Afrique du Nord par les forces de l'Axe ; tout espoir de libération et de revanche aurait alors été anéanti. Dès le 16 novembre 1942, Boisson a rallié l'AOF à la cause alliée. Le 23, ayant rencontré Eisenhower à Alger, il a ouvert le jour même l'aérodrome de Dakar à l'aviation américaine, lui procurant une escale qui va jouer un rôle capital dans l'acheminement des hommes et du matériel américains. Que le vieux républicain Boisson pût envisager d'appeler le comte de Paris au pouvoir est une éventualité qui susciterait l'hilarité de ses amis. La prudence bien connue de Chatel — m'a-t-on affirmé — l'eût à elle seule empêché de s'engager dans une opération qui pouvait comporter des risques certains. Il résulte de cette revue rapide des conseillers de Darlan que l'éventualité d'un vote du Conseil d'Empire en faveur du comte de Paris doit être exclue. D'ailleurs aucune des personnalités de ce Conseil n'a été consultée, ni même alertée.

Qu'un homme d'une intelligence hors ligne, tel qu'Alfred Pose, ait délibérément fui ces réalités, qu'il ait totalement négligé de prendre des garanties, qu'il se soit lancé dans cette action comme un joueur de poker, voilà qui tendrait à démontrer à l'historien que, trop souvent, la passion politique, quand elle est portée à son paroxysme, parvient à obscurcir totalement le jugement. On a écrit que Pose avait sollicité et obtenu l'accord de Rigault. Le comte de Paris, dans ses *Mémoires*, a repris cette assertion. Je tiens de Jean Rigault lui-même que s'il avait été consulté — ce qui n'a pas été le cas —, il eût aussitôt déconseillé toute tentative de ce genre parce que, monarchiste lui-même, il se serait refusé à exposer l'héritier de nos rois à se déconsidérer.

Pendant les longues heures d'entretien que Jean Rigault a bien voulu m'accorder, je me souviens de l'avoir écouté, fasciné. Je me disais que l'Histoire, à de certains moments, s'égare. Jean Rigault était fait pour être l'un de ces grands serviteurs dont, après la guerre, l'Etat aurait pu tirer profit. Le destin ne l'a pas voulu. L'homme âgé qui me parlait ne m'apparaissait pas si différent de celui que Pierre Ordioni vit en 1942 : « Un beau visage dont les traits fins et accusés ont été taillés dans le bouleau de Carélie. Toujours nu-tête et ses cheveux blonds et rares soigneusement lissés, son corps élancé pris dans son long manteau chiné au col relevé, jamais boutonné, il arrive sans hâte, ses deux mains intelligentes, longues et pâles pressant sur sa poitrine des dossiers d'où sortent en tous sens des pelures multicolores. Quand vous lui parlez, ses yeux fendus laissent filtrer un regard bleu acier, calme et si pénétrant qu'*a contrario* l'homme vous paraît impénétrable. Sa bouche, aux lèvres minces, que tient entrouverte une cigarette curieusement d'une longueur toujours égale, est avare de paroles, et son sourire, imperceptible et ironique, vite effacé. La première fois, on croit l'avoir déjà vu. C'est vrai, à Chantilly, dessiné par Clouet. »

Pour expliquer l'appel adressé au comte de Paris, on a évoqué des contacts pris au préalable avec les présidents des conseils généraux d'Algérie. A leur intention, on aurait sorti des oubliettes la loi Tréveneuc. Celle-ci datait de février 1872 et prévoyait que, si l'Assemblée nationale venait à être légalement dissoute ou empêchée de se réunir, les conseillers généraux devraient s'assembler immédiatement, au chef-lieu de chaque département. Pour pallier la défaillance de l'Assemblée, chaque conseil général devrait pourvoir au maintien de la tranquillité publique et de l'ordre légal. Si plusieurs conseils généraux se trouvaient, en certains points du territoire, libres de leur action, ils éliraient des délégués qui formeraient une nouvelle assemblée. Celle-ci prendrait provisoirement la responsabilité de l'administration générale du pays.

L'ensemble du territoire étant désormais occupé par les Allemands et l'Assemblée nationale se trouvant dans l'incapacité de se réunir, seuls les départements d'Algérie peuvent se réclamer des dispositions prévues par la loi Tréveneuc. Considérant l'autorité de Darlan comme un simple pouvoir de fait, les trois conseils généraux d'Algérie ont donc le droit, par l'organe de leurs présidents, de se présenter comme la seule incarnation légale du pouvoir. On a dit, on a écrit que le comte de Paris ne s'était rendu en Algérie que parce qu'il se savait fort de l'approbation des conseils généraux. Là encore, nous sommes en présence d'une inexactitude flagrante.

J'ai eu le privilège de m'entretenir longuement avec M. Paul Saurin, député d'Oran depuis 1934 et président du conseil général depuis 1935. En tant que parlementaire, Paul Saurin a suivi, en juin 1940, le gouvernement à Bordeaux. Appelé à Vichy pour le vote de l'Assemblée nationale, il a fait escale à La Bourboule où il a retrouvé un diplomate américain déjà rencontré à Paris : Robert Murphy. On a sympathisé, on s'est apitoyé sur les malheurs de la France et interrogé sur l'avenir sombre qui se dessinait. Trois mois après, ayant regagné l'Algérie, Paul Saurin aura la surprise d'y retrouver Robert Murphy. Très vite, il subodore que sa présence en Afrique du Nord n'est nullement fortuite. Murphy se met à rechercher sa compagnie. Leur goût commun du golf devient prétexte à des rencontres de plus en plus fréquentes.

Un jour — qui se situe, selon les souvenirs de Saurin, soit à la fin de 1940, soit au début de 1941 — Murphy se confie enfin :

— Il est hors de doute que les Etats-Unis entreront un jour ou l'autre dans la guerre. Quand ils y seront, l'Afrique du Nord jouera un rôle de premier plan. Nous avons déjà signé des accords avec Weygand, mais nous savons que les Allemands obtiendront de Pétain son rappel. Il nous faut une autre personnalité en Afrique du Nord, une personnalité sur laquelle nous puissions compter. Que pensez-vous de Noguès ?

Saurin répond qu'il connaît bien Noguès mais qu'à son avis une personnalité civile serait préférable.

— Quelle personnalité ? demande Murphy.

— Pourquoi pas Pierre-Etienne Flandin ?

Flandin a été l'un des présidents du Conseil les plus notoires de l'entre-deux-guerres. A l'écart de toute vie politique, il réside, loin du monde, dans sa villa du Cap-Ferrat. Extrêmement intéressé par l'hypothèse Flandin, Robert Murphy demande à Saurin de prendre contact avec lui. Le député d'Oran s'embarque donc pour la métropole, se rend chez Flandin et lui conseille de gagner l'Afrique du Nord. Flandin demande un délai de réflexion. Un mois et demi plus tard, il débarque à Alger. Pour donner une raison plausible à ce séjour, il s'associe avec Saurin et un ami musulman pour acheter avec lui une propriété agricole, « La Grande Plage », près de Philippeville. Paul Saurin assure le contact Flandin-Murphy. L'Américain paraît séduit.

Arrêtons-nous un instant pour apprécier à sa valeur le jeu de Robert Murphy. Dans le même temps, il traite avec les Cinq, approuve l'appel à Giraud mais, parallèlement et sans avertir ses premiers interlocuteurs, il pose les jalons d'une solution Flandin, sans d'ailleurs dire un mot à l'ancien président du Conseil de ses autres tractations. Murphy n'étant pas homme à s'engager sans munitions, il a demandé l'accord de Washington avant de traiter avec Flandin. Washington a donné le feu vert.

Pendant une année, Flandin reviendra plusieurs fois en Algérie. Il achètera une nouvelle affaire, en association avec Saurin et Pierre Forgeot. En octobre 1942, Murphy annonce à Saurin que les événements peuvent se précipiter :

— J'aimerais bien que M. Flandin soit ici fin octobre, début novembre.

Saurin, décidément promu agent de liaison, s'en va prévenir Flandin au Cap-Ferrat. Flandin débarque, le 6 novembre, à Philippeville. Le 7, il est à Alger, où il descend à l'hôtel

Aletti. Dans l'après-midi du 8, Murphy rencontre Saurin et Flandin. Il est visible que, pour l'Américain, Flandin est « en réserve de la République ». Le plus pragmatique des diplomates tirera, au bon moment, la carte qui conviendra le mieux aux intérêts américains. Nous savons déjà que cette carte s'appellera Darlan.

Evoquer ici l'épisode Flandin permet d'éclairer un aspect trop négligé de l'« échiquier d'Alger ». Jusqu'ici, nous avons rencontré des officiers et des fonctionnaires fidèles au Maréchal, puis soumis à Darlan. Nous en avons découvert d'autres hostiles à Vichy mais qui, désireux de rentrer dans la guerre, se sont ralliés par force à Darlan. Notre projecteur s'est arrêté sur une petite minorité de partisans du général de Gaulle, furieux de voir le mouvement de libération détourné de son vrai sens. Nous avons omis de parler des fidèles de la République. Ils existent, plus nombreux qu'on pourrait le penser. Parmi eux, on trouve notamment la nombreuse et agissante communauté israélite d'Alger, outrée de voir avec quelle lenteur et pusillanimité Darlan et son gouvernement tardent à la rétablir dans ses droits. Par essence, ces républicains se méfient des militaires. Il leur est désagréable de voir tant de généraux et d'amiraux tenir le haut du pavé. Ils voudraient que le peuple retrouve au plus vite ses droits incarnés par le suffrage universel.

A mesure que s'accroît le malaise qui monte autour de Darlan, ces républicains s'impatientent. C'est alors seulement que l'on pense à la loi Tréveneuc qui permettrait de revenir à la légalité républicaine et d'obtenir le départ de Darlan. Paul Saurin rédige une lettre à l'amiral Darlan que ses collègues Froger (pour Alger) et Deyron (pour Constantine) signeront avec lui. La lettre se veut à la fois respectueuse et ferme. Les trois présidents déclarent à l'Amiral : « En vous plaçant vous-même sous l'autorité du gouvernement du Maréchal dont, cependant, vous avez reconnu qu'elle n'était plus libre de s'exercer, et en limitant vos fonctions à celles d'un délégué de ce gouvernement en Afrique du Nord, vous ne remplissez actuellement aucune des conditions qui vous confèrent les pouvoirs d'un gouvernement légal et indépendant. » Les présidents déclarent ne pouvoir « accepter même la fiction d'une subordination quelconque à un gouvernement prisonnier ». Ils réclament la constitution d'un « gouvernement qui fondra dans un seul élan toutes les forces nationales pour la libération de tous les Français ». Ils concluent par une constatation qui pourrait paraître un ultimatum si elle n'était très mesurée dans ses termes : « Il vous appartient, à la lumière de vos réflexions et à l'examen de vos actes et de vos responsabilités, d'apprécier si, pour obéir au destin de la France, d'autres hommes et d'autres méthodes ne doivent pas la guider [1]. »

A cette sommation qui n'en est pas une — tout simplement mise à la poste — Darlan ne donnera aucune suite. Nous savons seulement qu'il l'a reçue, qu'il l'a lue, qu'il l'a commentée devant le Conseil d'Empire par une phrase lapidaire :

— Cette lettre n'est pas de circonstance.

Voilà donc toute l'affaire de la loi Tréveneuc, à laquelle certains donneront plus tard d'incroyables proportions. A aucun moment, dans l'esprit des signataires, il n'a été question du comte de Paris. M. Saurin m'a formellement assuré que nul émissaire n'était venu lui parler à cette époque de l'éventualité d'appliquer la loi Tréveneuc à une restauration monarchique.

J'ajouterai que l'interrogatoire du président du conseil général d'Alger, Amédée Froger, par le juge d'instruction Voituriez confirme parfaitement le récit de M. Paul Saurin. M. Froger déclare :

— Il est bien exact que j'ai reçu à plusieurs reprises, quelque temps avant la mort de l'Amiral, la visite de M. Pose. Lors de sa première visite, environ huit jours avant le crime, il n'a été nullement question du comte de Paris. Il m'a simplement et amicalement exposé qu'il était probable

1. Chamine : *La conjuration d'Alger. La querelle des généraux* (1952).

que l'Amiral allait abandonner son poste et qu'il était souhaitable de rechercher une personnalité d'envergure capable de faire l'union des Français. Il m'expliqua alors que mon intervention à la tête du conseil général d'Alger était indispensable car, d'après lui, cette personnalité devait avoir l'approbation populaire que seuls les conseils généraux élus par le peuple, pouvaient donner, en vertu de la loi Tréveneuc. Il m'invitait à trouver un nom correspondant aux critères d'envergure et de non-engagement politique. M. Pose est revenu me voir le lendemain ou le surlendemain ; là, sans donner de nom, il était plus précis. La personne ainsi désignée à l'avance aurait l'appui des conseils généraux discrètement consultés et, forte de cet appui, elle se présenterait lors d'une séance exceptionnelle des conseils généraux, ceux-ci l'acclameraient. Ce serait une manière plus démocratique de donner un successeur à l'Amiral que le moyen prévu : le Conseil d'Empire. Le 22 décembre, il revint à nouveau. Comme je n'avais pas trouvé la personnalité qu'il recherchait — disait-il — je lui ai demandé si, lui, en connaissait une. Il me répondit : « Mais oui, il y en a une, elle est d'ailleurs à Alger depuis quelques jours, c'est le comte de Paris. » Et de me faire l'éloge du comte, le rassembleur, comme il disait. Je lui ai dit alors que j'étais un vieux républicain et que son histoire était une tentative de restauration déguisée et que je doutais que mes collègues acceptent un pareil candidat [1].

Alfred Pose est donc venu parler du comte de Paris à M. Froger une semaine seulement avant l'assassinat de l'amiral Darlan. Ce qui confirme que les présidents de conseils généraux n'avaient nullement été abordés au moment où, à la fin de novembre, on affirmait au prétendant que le terrain, à Alger, était déblayé devant lui.

Tâchons de nous mettre à la place du comte de Paris. On lui affirme que des contacts ont été pris à Alger auprès de nombreuses personnalités. C'est faux, mais pourquoi ne le croirait-il pas ? On lui jure que les présidents des conseils généraux sont favorables à son retour. C'est faux, mais pour-

1. Extrait de l'instruction menée par Albert-Jean Voituriez.

quoi en douterait-il ? Il a lui-même exprimé son état d'esprit : « Il n'était pas si fréquent, depuis le refus par le comte de Chambord du drapeau tricolore, qu'un membre d'une famille ayant régné sur la France et dûment exilé par elle, se voie appelé à la servir alors qu'elle était dans le malheur de la division. A quoi pouvais-je m'attendre ? Sur le plan militaire, mon appel pouvait être entendu par les deux factions qui partageaient l'armée : le courant majoritaire qui avait donné son allégeance à Pétain, et le petit noyau qui avait placé ses espérances en dehors. N'étant compromis avec aucune, je ne devais pas avoir d'adversaires irréductibles. Sur le plan politique, les choses me paraissaient moins sûres. Les élus de la République, même s'ils se résignaient, par souci du bien public, à recourir à un prince, ne pouvaient l'envisager que pour une action provisoire et limitée. Ils ignoraient comment la France occupée, et encore incapable de faire entendre sa voix, jugerait leur initiative. Elle seule, libre et rétablie dans tous ses droits, pourrait décider de son sort et de ses institutions. »

Un seul responsable investi d'une autorité à Alger a répondu aux ordres de Pose par un assentiment sans réserve, voire enthousiaste : Henri d'Astier. Le résistant de 1940 ne se résigne pas à subir l'autorité, pour lui usurpée, de Darlan. Ses préventions à l'égard de de Gaulle tombent une à une. Peu à peu, il rejoint sa femme qui m'a dit :

— J'ai été la première et longtemps la seule gaulliste de la famille.

Ceux qui se rendent chez lui trouvent maintenant, en bonne place, un portrait du général de Gaulle. Son frère, le général François d'Astier, le lui a apporté [1]. Ils découvrent aussi, d'ailleurs, une photographie de la comtesse de Paris entourée de ses enfants. Ce monarchiste de toujours en est venu à se dire, l'hypothèque Darlan levée — et il faudra bien qu'elle le soit — que seule une personnalité située par

1. Lettre de M. Jean Boulbès (11 octobre 1979).

essence au-dessus des partis, pourrait réconcilier les factions en présence et unir — enfin — les fidèles de De Gaulle et ceux de Giraud. Pour Henri d'Astier, cet homme-là existe : c'est le comte de Paris. Désormais, Pose et d'Astier marcheront la main dans la main.

Un troisième homme va entrer en scène : l'abbé Cordier. On ne comprendra rien de la politique française en Afrique du Nord, en ces mois de novembre et décembre 1942, si l'on néglige le rôle de l'abbé Cordier. Mince, ardent, évoquant vaguement à cette époque — m'a dit quelqu'un qui l'a bien connu — l'acteur Sami Frey, Cordier aurait pu, en d'autres temps, devenir l'un de ces moines ligueurs qui, sans rien abandonner de leur foi, se sont mêlés si étroitement à la vie temporelle. Né en 1913 à Givet, il a été ordonné prêtre, la guerre venue, à Soissons, après avoir obtenu sa licence en théologie à Rome. Nommé vicaire à la cathédrale de Laon, il a été mobilisé comme sous-lieutenant et affecté au 91e régiment d'infanterie. Décoré de la croix de guerre avec palmes en décembre 1939, il a été blessé le 15 mai 1940 et évacué. Démobilisé en juillet de la même année, il a servi en septembre et octobre comme aumônier des Chantiers de jeunesse dans l'Hérault. Rappelé à Laon par son évêque, il y a organisé l'évasion de prisonniers de son régiment. Dénoncé, il a gagné la zone libre et a contracté un engagement de six mois renouvelables pour servir en AFN. Affecté à l'état-major de la division d'Oran au printemps 1941, il a aussitôt collaboré étroitement avec Henri d'Astier chez qui il finira par habiter à Alger au 2, rue de La Fayette. Un détail essentiel : Cordier, lui aussi, est farouchement monarchiste. Sans hésiter, il va se rallier à la solution préconisée par Pose et d'Astier. Il fera tout pour parvenir au but.

Un résistant plein de vie et de passion, Marc Jacquet, va s'associer au complot. Agé d'une trentaine d'années, il a, dès septembre 1940, fondé le réseau « Hector ». Arrêté par les Allemands en 1941, évadé trois semaines plus tard, il est passé, le 23 décembre 1941, en Afrique du Nord. Il est de ceux qui ont préparé l'opération du 8 novembre 1942. Quand

Pose devient commissaire aux Finances, il engage Marc Jacquet comme chef de cabinet. Bien que son collaborateur professe des opinions gaullistes, Pose semble n'avoir pas eu de mal à le convertir à la cause du comte de Paris. L'héritier de nos rois ouvrant la voie au général de Gaulle, cela ne peut qu'enchanter le jeune homme.

Marc Jacquet a évoqué pour moi cette réunion chez Henri d'Astier où, pour la première fois, il a entendu évoquer la possibilité d'un recours au comte de Paris. Pose se trouvait là, bien sûr, mais un avocat d'Alger, Me Jacques Brunel, défendait également avec fougue les chances de la tentative. Selon Marc Jacquet, le rôle de Jacques Brunel, dans cette affaire, s'est révélé beaucoup plus important que les historiens ne l'ont signalé jusqu'ici.

En janvier 1943, Marc Jacquet confiera au juge Voituriez qu'Alfred Pose, son « patron », lui avait confié un message adressé au comte de Paris et à porter au Maroc :

— Il s'agissait de convaincre Monseigneur que la situation de Darlan devenait intenable et que, sous la pression de l'opinion publique, il allait quitter le pouvoir ; qu'en conséquence, il semblait que c'était le moment pour lui, qui n'avait jamais été mêlé à aucune intrigue politique, de se présenter pour lui succéder. Mais attention ! Pas comme prétendant, mais comme rassembleur de toutes les opinions.

Jacquet repart pour Alger mais revient à Larache quelques jours plus tard. Selon le comte de Paris, « son diagnostic était plus réservé. Il avait vu Henri d'Astier. En dépit de cette invitation sans équivoque, il demeurait hésitant. Alger était une poudrière, un carrefour insensé d'intrigues et de complots. Il craignait que l'on ne pût rien tenter ou y réussir de tout à fait sérieux. Cependant, l'attitude de Rigault, l'homme fort du moment, l'avait impressionné. Par son intermédiaire, il était entré en contact avec les présidents des conseils généraux et bien d'autres personnalités algéroises. Tous ces gens, et Rigault lui-même, l'avaient chargé de me dire qu'on m'attendait. » Voilà ce dont s'est souvenu le comte de Paris. Ou ce dont il a cru se souvenir. Ou plutôt ce qui, peut-être, lui a été affirmé à l'époque. Interrogés par moi en 1979, Jean Rigault et Paul Saurin se sont montrés catégoriques : ils n'ont pas été consultés, ils n'ont donné aucun accord. Cependant que je lisais le passage précité des *Mémoires* du prince à Jean Rigault, j'entends encore ses exclamations de stupeur et d'incrédulité :

— Mais il n'y a pas un mot de vrai dans tout ça ! Pas un mot !

J'entends la même réaction, tout aussi vive, de Paul Saurin :

— Personne, je dis bien personne, n'est venu nous parler du comte de Paris ! Nous n'avons appris sa présence à Alger que quelques jours avant l'assassinat de Darlan !

Reste l'homme qui aurait affirmé au comte de Paris avoir été « impressionné » par l'attitude de Rigault et être « entré en contact avec les présidents des conseils généraux » : Marc Jacquet. Celui-ci m'a déclaré expressément ne vouloir ouvrir aucune polémique avec le comte de Paris auquel le lie une ancienne et fidèle amitié. Néanmoins, sur ce point précis, il convient volontiers que les souvenirs du prince l'égarent. Il n'a été, antérieurement à l'arrivée du comte de Paris en Algérie, chargé d'aucune démarche auprès de Jean Rigault et des présidents des conseils généraux, et n'en a accompli aucune.

Le comte de Paris s'inquiète surtout de l'attitude des Américains. Rien ne peut être tenté en Afrique du Nord sans leur assentiment. Il s'en ouvre à ses correspondants qui, interrogés, répondent que Rigault a pris langue avec Murphy et que tous les espoirs sont permis. Une fois de plus, *c'est faux*.

Voilà le comte de Paris rassuré. Assurément — et il ne faut pas négliger cet aspect de l'affaire — l'aventure le tente. Il accepte. Il quitte Rabat en voiture pour Oujda, poste frontière, où une autre voiture l'attend. Il y trouve un homme qu'il va désormais rencontrer quotidiennement : le lieutenant-abbé Cordier. Présence qui se révélera bientôt lourde de sens.

Selon le témoignage de Pierre de Bérard, secrétaire et garde du corps du comte de Paris — il l'a accompagné pendant tout son voyage — c'est aussitôt après leur arrivée à Alger, le 10 décembre 1942, entre midi et une heure, qu'ils ont été conduits directement rue La Fayette, chez Henri d'Astier, « où nous fut servie une collation rapidement préparée par Madame d'Astier. Alfred Pose, alors commissaire aux Finances, vint nous rejoindre au cours de l'après-midi pour saluer le prince, l'informer des principaux et indispensables contacts à prendre et nous annoncer que nous logions provisoirement dans l'appartement de M. et Mme Jouvet, situé boulevard Saint-Saëns. » Les Jouvet sont des amis de Pose. Comme le sera Gérard Prohom qui accueillera le prince à la fin de son séjour.

Dès lors, chaque jour, le prince se rendra chez les d'Astier. Pour venir du boulevard Saint-Saëns, il n'a que quelques pas à parcourir. L'atmosphère est chaleureuse, amicale. Presque pas de meubles, seulement quelques tables et chaises de cuisine. Tout le monde couche sur des sommiers et des matelas : Henri d'Astier et sa femme, leur fils Jean-Bernard engagé récemment dans le corps franc qui s'organise au Cap Matifou, les deux filles, blondes et charmantes. Et l'abbé Cordier. Chaque matin, au moment où le prétendant arrive rue La Fayette, ce dernier célèbre pour lui une messe sur un petit autel portatif.

Les contacts annoncés ? Il faut bien reconnaître qu'ils se situent à un stade trop souvent subalterne. Si l'engagement d'un commissaire Achiary présente une véritable valeur, pour les autres on se nourrit d'illusions. En ce qui concerne Saint-Hardouin, des réponses courtoises mais évasives ont été tenues pour un accord sans réticence. L'affaire des contacts avec Murphy permet d'entrer plus avant dans la psychologie si curieusement optimiste des conjurés. Henri d'Astier a abordé l'Américain en se gardant bien de lui révéler que le prétendant était à Alger. Tout à trac, il lui a posé cette question :

— Supposons que l'Amiral quitte le pouvoir, vous, Américains, verriez-vous un inconvénient à ce qu'on le remplace par une personnalité qui, en France, représente l'union et la concorde ?

— Evidemment non, lui a répondu Murphy, mais en voyez-vous une ?

— Mais oui ! Elle est toute trouvée. C'est le comte de Paris.

Etonnement compréhensible de Murphy, « Bob » comme l'appellent ses amis :

— Alors, vous voulez rétablir un roi en France ? Moi, je n'y vois aucun inconvénient !

— Mais non, réplique vivement d'Astier, nous voulons une personnalité indiscutée qui n'a jamais été mêlée à la politique partisane, donc qui serait susceptible de rassembler les fervents de de Gaulle, ceux de Pétain et coifferait l'Afrique du Nord elle-même, cela provisoirement. Ce serait un « rassembleur », si vous voulez et, comme rassembleur, il nous paraît être le seul possible [1] !

Le silence perplexe de Murphy, Henri d'Astier l'interprète auprès de ses amis comme un acquiescement. Comme les autres conjurés, le commissaire Achiary a donc cru au ralliement inconditionnel de Murphy à la cause du comte de Paris. Le commentaire livré par lui au juge Voituriez résume assez bien ce qu'il faut penser : « Il est certain qu'Henri d'Astier s'est contenté d'une simple conversation avec Robert Murphy pour dire à ses conjurés qu'il avait l'accord complet des USA et qu'en conséquence on pouvait y aller sans crainte. Les conjurés l'ont cru et, à la dernière minute, leur atout principal Murphy s'est effondré ! »

Et ce Rigault dont le comte de Paris imagine que, dans la coulisse, il milite haut et fort en faveur de sa cause ? Tout se résume à une tentative avortée de d'Astier auprès de lui. Un

1. Dossier du juge Voituriez.

soir, à 22 heures, vers le 15 décembre, Henri d'Astier se présente au bureau de Rigault qui, accablé de travail, ne quitte le commissariat à l'Intérieur que tard dans la nuit. Il n'est pas dans les habitudes de d'Astier de venir converser de la sorte avec Rigault. Les deux hommes s'apprécient mais ne se sont pas vus depuis quelque temps. Peut-être d'Astier reproche-t-il à Rigault de jouer trop à fond la carte Darlan.

Rigault offre un verre. On bavarde. Mollement. Henri d'Astier laisse échapper :

— Travailler avec Darlan...

Un silence.

— Décidément, c'est bien emm...

— Bien sûr, rétorque Rigault, mais la question Darlan a été réglée. Une fois pour toutes.

Nouveaux propos vagues, décousus, d'Henri d'Astier. Assurément, il a envie de dire quelque chose à Rigault. Et il se borne à tourner autour du pot. Rigault, impatienté, lance :

— De toute façon, il n'y a rien à faire contre Darlan. Un coup d'Etat ? Qui nous suivrait ? L'armée n'est pas pour un pronunciamiento. Vous êtes le premier à le savoir. Après tout, si quelqu'un devrait se plaindre, c'est moi. C'est parce que vous l'avez voulu que je suis ici [1].

D'Astier reprend ses lamentations : qu'aurions-nous dit si, il y a un an, on nous avait annoncé que nous travaillerions avec l'ex-dauphin de Pétain ?

Rigault s'impatiente. Sur son bureau, un gros dossier l'attend. Il dit à d'Astier qu'il regrette, qu'il lui faut reprendre son travail s'il ne veut pas y passer la nuit. D'Astier se lève. Les deux hommes se serrent la main, se séparent.

Peut-être eût-il fallu à Rigault, pour pousser d'Astier dans ses retranchements, lui poser une simple question :

— Vous avez quelque chose à me dire ? Dites-le.

Il ne l'a pas fait.

1. Quand Darlan avait proposé le commissariat à l'Intérieur à Rigault, celui-ci avait d'abord refusé. Les Cinq réunis l'avaient incité à accepter la proposition.

Au dernier moment, on convient de différer une opération qui n'a même pas comporté de commencement d'exécution. La raison de ce recul ? L'arrivée à Alger du général François d'Astier de la Vigerie, frère d'Emmanuel et d'Henri. Episode capital : en expédiant à Alger l'un de ses collaborateurs immédiats, le général de Gaulle fait connaître officiellement qu'il entend bien être partie prenante du grand jeu qui s'est engagé à Alger.

Si le général d'Astier est à Alger, c'est à la suite d'une méprise dont on peut penser qu'elle a été mûrement délibérée. Depuis longtemps, certaines personnalités d'Alger conviennent qu'il faudra bien en arriver au rassemblement de tous les Français décidés à continuer ou à reprendre la guerre contre Hitler. Avant même le débarquement du 8 novembre, un homme comme Jean Rigault portait à la personne de Charles de Gaulle une curiosité grandissante. Il jugeait indispensable qu'entre Français d'Alger et Français de Londres l'on se mît au moins à « parler ».

Six semaines avant le débarquement, il a fait savoir à Londres qu'il souhaitait recevoir un officier qu'il désignait, l'un des premiers à s'être rallié en 1940 à de Gaulle. Londres a donné son accord. Quelques jours plus tard, Murphy l'informe que l'avion portant l'envoyé gaulliste s'est abîmé dans la mer au large de Cadix. Il n'y a pas de survivant.

Le débarquement une fois réussi, l'obstiné Rigault revient à son idée d'un contact avec la France libre. Il en reparle à Murphy.

— Qui voulez-vous ? demande l'Américain.

— Emmanuel d'Astier.

Pourquoi lui ? Parce que Rigault le connaît personnellement. Il ne partage pas ses options politiques — Emmanuel d'Astier se situe très à gauche — mais, parmi le personnel gaulliste, il le sait l'un des plus ouverts, le plus apte à comprendre les contradictions d'Alger.

De nouveau, Londres donne son accord. On annonce la prochaine arrivée de d'Astier de La Vigerie. C'est François qui apparaît. Nul doute que certains services de la France libre ont dû se frotter les mains en imaginant la « bonne blague » que l'on avait réservée aux gens d'Alger.

François d'Astier a commandé l'armée de l'Air française au nord de la France en 1939-1940. Il n'a jamais accepté l'armistice et s'est jeté dans la résistance intérieure. En décembre 42, il vient tout juste de rejoindre de Gaulle à Londres. Au banquet de la presse anglo-américaine du 10 décembre 1942, il a tenu à expliquer la raison d'une arrivée apparemment tardive :

— Aujourd'hui, il existe vraiment une armée de l'Intérieur qui, si on fait appel à elle au moment venu, pourra jouer un rôle très important dans la Bataille de France. C'est cela que j'ai voulu venir dire au général de Gaulle après deux ans de séjour en France. Je dois vous rappeler que cette réunion de l'opinion et des énergies françaises s'est faite autour de l'idée de résistance et c'est lorsqu'elle a été réalisée que les chefs de ces groupements ont voulu trouver un chef digne d'en prendre la direction... Ils ont tout naturellement pensé au général de Gaulle, d'abord parce qu'il était le premier Français à avoir ouvertement dénoncé l'armistice et à rechercher la victoire dans le combat. Ils voulaient un chef qui fût à l'abri de toute compromission, un chef aux mains pures.

Le 1er décembre 1942, François d'Astier est nommé « adjoint au général de Gaulle, commandant en chef des Forces françaises libres ». Sur la raison exacte de sa mission à Alger du 18 décembre 1942, un document inédit permet d'apporter quelque lumière. Lorsqu'il s'installera à Alger, le 30 mai 1943, le général de Gaulle laissera délibérément François d'Astier à Londres en raison de l'importance des missions que l'on y mène toujours. François ne le rejoindra qu'en octobre, à Alger. Il souhaite en effet « obtenir le contrôle de la Résistance dont il avait contribué, avec son frère Emmanuel, à créer les premiers mouvements clandestins, quand il était encore en France [1]. » Henri d'Astier vient seulement de sortir de la prison où l'a fait jeter Giraud. De Gaulle refuse de le recevoir. François d'Astier, qui ne le

1. Lettre de M. Geoffroy d'Astier de la Vigerie, 12 septembre 1982.

comprend pas, va demander au chef de la France libre les raisons de cet ostracisme. Il a noté lui-même l'essentiel de l'entretien : « Vendredi 1er octobre. Entretien avec de Gaulle : je lui demande pourquoi il n'a pas voulu recevoir Henri. Il me fait cette réponse stupéfiante : « 1° Henri n'a pas travaillé pour moi mais pour Giraud, pour le comte de Paris et les Américains. Il aurait dû prendre mes ordres plus tôt. 2° Il a accepté un poste sous le régime Darlan-Giraud, il est vrai dans l'intention d'éliminer Darlan ; mais c'est un procédé florentin. »

« Je lui fais remarquer que ce n'est pas ainsi *qu'il jugeait les choses au mois de décembre 1942* ; qu'avant mon voyage à Alger les liaisons avec Londres étaient impossibles ; qu'il ne pouvait être question pour quiconque à Alger de recevoir des ordres de de Gaulle ; que, depuis mon passage à Alger, la documentation réunie par Soustelle prouvait qu'Henri a travaillé loyalement pour de Gaulle. [...] J'ajoute : “ Je ne considère pas personnellement le fait d'avoir accepté un poste levier-de-commande chez Darlan comme un procédé florentin, mais comme un acte courageux dans la ligne nationale. Enfin, personne aujourd'hui, même parmi ses ennemis, ne conteste qu'Henri ait été un des principaux artisans de la résistance en Afrique du Nord. Comment se fait-il que de Gaulle — qui se réclame à chaque instant de la France et prétend parler et agir en son nom — parle ici en partisan ? ” De Gaulle, de mauvaise humeur, reste sur sa position. » Autre extrait : « Lundi 11 octobre. Pendant le déjeuner, de Gaulle, détendu, s'intéresse amicalement à Henri [1]. »

La souplesse n'est pas précisément la qualité dominante de François d'Astier. Dès son arrivée à Alger, il déclare qu'il n'est là que pour étudier avec le général Eisenhower l'utilisation militaire des forces de la France libre. Reçu par Giraud et Darlan, il affecte, sans daigner porter un regard vers Darlan, de ne parler qu'au seul Giraud. Démontrant que son programme va bien au-delà d'une mission militaire, il multiplie les rencontres, notamment avec la poignée de gaul-

1. Document communiqué par M. Geoffroy d'Astier de la Vigerie.

listes d'Alger. La véritable raison de sa présence en Algérie devient évidente : il est là pour s'informer sur les conditions d'un transfert du pouvoir, en Afrique du Nord, au général de Gaulle. Rassurer aussi. Promettre. Son entrevue avec Paul Saurin est révélatrice.

Le 19 décembre, Henri d'Astier annonce à Saurin que son frère François vient d'arriver à Alger et qu'il souhaite le rencontrer. Le 20, à 15 heures, Saurin se rend à l'Aletti où le général le reçoit. François d'Astier parle du général de Gaulle, fait son éloge, assure qu'il ne faut pas voir en lui un dictateur. Bref, il peint de Gaulle sous des couleurs propres à rassurer le républicain qu'est Paul Saurin. Conclusion du général :

— Je vous invite à vous rallier au général de Gaulle.

— Pour qu'il y ait ralliement de qui que ce soit à Alger, il faut tenir compte de deux réalités qui semblent vous échapper : *primo* les Américains ne veulent pas de de Gaulle, *secundo* Darlan est en place. Il n'a nulle envie de s'en aller. Qu'est-ce que vous faites de Darlan ?

La réponse du général d'Astier claque, claire et sèche :

— Darlan va disparaître.

Question de Saurin :

— Politiquement ou physiquement ?

— Physiquement.

Ainsi, quatre jours avant que l'amiral Darlan ne tombe sous les balles de Bonnier de La Chapelle, l'envoyé de de Gaulle à Alger annonce comme une certitude les événements qui vont se produire [1].

Le même 19 décembre, le général d'Astier rencontre le comte de Paris chez son frère Henri. « J'eus l'impression, écrira le prince, qu'il avait la mission multiple de se renseigner sur ce que j'entreprenais et, beaucoup plus encore, de préparer la venue de de Gaulle après avoir pris soin de rassurer les uns et les autres sur ses intentions. »

Ecoutant attentivement l'expression du désir du prince

1. Quand M. Paul Saurin m'a relaté, avec tous les détails que lui avait conservés sa remarquable mémoire, cet entretien qui constitue une révélation historique de premier ordre, je lui ai naturellement demandé s'il m'autorisait à en faire état. Sans la moindre hésitation, il m'a répondu affirmativement.

« de constituer entre les partisans de de Gaulle et ceux de Pétain un arbitrage conduisant à la réconciliation active des Français de bonne volonté », François d'Astier semble avoir apprécié l'initiative, du moment que celle-ci avait pour but de préparer la venue de de Gaulle. Il aurait ajouté qu'il convenait, le plus tôt possible, « *d'écarter l'amiral Darlan d'un pouvoir illégitime* ».

Si l'on rapproche cette dernière phrase de la déclaration sans ambiguïté que le général a faite à Paul Saurin, il devient évident que l'élimination de Darlan a été évoquée explicitement, trois fois au moins ce jour-là, par l'envoyé du général de Gaulle. François, parlant à son frère Henri, ne va pas davantage s'attarder à des circonlocutions.

Le jeune Mario Faivre, vingt ans, ami intime de Jean-Bernard d'Astier et que l'on traite comme l'enfant de la maison, verra Henri d'Astier rentrer de cet entretien ultime entre les deux frères à l'hôtel Aletti. Henri d'Astier « a son allure des jours difficiles, il est un peu voûté, la tête légèrement penchée en avant. Cette fois, c'est encore plus manifeste, il a l'air las, soucieux. Nous nous asseyons autour de la table, Mme d'Astier est dans la cuisine. Nous sommes seuls, il fait sombre, les sirènes d'alerte aérienne viennent de mugir, l'électricité est coupée.

« — Mon frère François a apporté de Londres l'instruction formelle d'éliminer Darlan, me dit Henri d'Astier à voix presque basse [1] ».

Le général d'Astier de La Vigerie quittera Alger après avoir laissé entre les mains de son frère Henri une somme de 40 000 dollars. Au domicile d'Henri d'Astier, après l'assassinat de Darlan, la police saisira 38 000 dollars. Les 2 000 dollars manquants seront retrouvés sur... Fernand Bonnier de La Chapelle, lorsque celui-ci sera arrêté au palais d'Eté.

Il sera démontré que ces dollars avaient été remis aux services financiers de la France libre par les autorités britanniques [2]. Ils étaient destinés officiellement à activer la propa-

1. Mario Faivre : *Nous avons tué Darlan* (1975).
2. Paul Paillole : *Services spéciaux* (1975).

gande gaulliste en Afrique du Nord, celle-ci ne pouvant véritablement prendre son élan que du jour où Darlan serait passé de vie à trépas.

Exit le général d'Astier. Il a donné le feu vert. Le comte de Paris, lui, est toujours à Alger. Il attend. Il sait que, désormais, les conjurés qui l'ont attiré en Algérie sont décidés à tuer Darlan. Il sait que la mort de l'Amiral peut représenter pour lui la chance d'une réussite dont il sent, chaque jour, qu'elle lui échappe davantage.

Va-t-il, nouveau Ponce Pilate, affecter d'ignorer ce qui se trame à toute heure du jour autour de lui ? Va-t-il, au contraire, approuver l'exécution de Darlan ? Va-t-il aller plus loin et en presser l'accomplissement ?

En 1975, a paru l'ouvrage de Mario Faivre : *Nous avons tué Darlan*. Il trace de ces événements un récit singulièrement évocateur. Recruté bien avant le débarquement, Mario s'est préparé à l'action dans la clandestinité et s'est montré l'un des éléments les plus actifs de la prise d'Alger pendant la nuit du 7 au 8 novembre. Avec Jean-Bernard d'Astier, il est l'un des premiers inscrits au Commando français n° 1 du cap Matifou. Plus tard, il participera, au premier rang, aux combats glorieux de la Libération, et sera fait chevalier de la Légion d'honneur à vingt-trois ans.

Ce que rapporte Mario Faivre, c'est le récit — il le tient directement de la famille d'Astier — de ce qui s'est passé, le 21 décembre dans la chambre occupée provisoirement par le comte de Paris, terrassé la veille par une crise de paludisme. Henri d'Astier, Cordier et Mme d'Astier ont été appelés à 10 heures du matin, à son chevet. Il semblait plein de détermination. Selon Mario Faivre, voici les paroles qu'il aurait prononcées :

— J'ai maintenant la certitude que Darlan est un traître. Son maintien au pouvoir empêche toute solution. Je vous donne l'ordre de l'éliminer sans délai. Tout doit être terminé pour le 24.

Interloqué, Henri d'Astier a demandé au prince ce qu'il entendait par « éliminer ». Le comte de Paris a répondu :

— Le faire disparaître.

— Par tous les moyens ? a interrogé Henri d'Astier.

— Oui, c'est cela, le faire disparaître par tous les moyens.

Ajoutons que l'ouvrage de Mario Faivre a été préfacé par Jean-Bernard d'Astier de La Vigerie, lequel confirme en tout point les propos rapportés par Mario Faivre.

Grave affirmation, en vérité. Lors de la publication du livre, le comte de Paris ne l'a nullement démentie. Recevant communication, en 1976, du manuscrit d'un beau livre de Georges Poisson : *Cette curieuse famille d'Orléans,* il proposera à l'auteur un certain nombre de corrections, mais ne demandera aucune modification quant aux paroles qui lui étaient attribuées — les mêmes que citait Mario Faivre — relativement à l'élimination de l'amiral Darlan [1].

Cependant, dans ses *Mémoires*, le comte de Paris nie avoir tenu les propos que lui prête Mario Faivre : « La calomnie, consciente ou non, est odieuse. Mon tempérament, tout au long de mon existence, m'a tenu éloigné des illégalités et des actes de violence. En outre, le simple bon sens aurait interdit, à cette date, même à un exalté qui se serait trouvé à ma place, de comploter et de réaliser l'assassinat de l'Amiral. Je savais, en effet, en sortant de ma conversation avec Murphy le 21 décembre, que l'élimination de Darlan n'ouvrait pas, aux yeux des Américains, la voie à une solution qui me concernât [2]. »

Il appartenait à l'historien, pour tenter de déceler la vérité, de poursuivre son enquête. J'ai donc voulu entendre — longuement et successivement — Mario Faivre et Jean-Bernard d'Astier de La Vigerie. J'ai pu constater que leurs souvenirs étaient précis et concordaient jusque dans les plus petits détails. Cependant, ils reconnaissaient tous deux n'avoir pas été témoins auriculaires et n'avoir connu les propos du

1. Témoignage de Georges Poisson à l'auteur.
2. Cette entrevue a-t-elle eu lieu ? Murphy déclarera expressément n'avoir eu vent de la présence du comte de Paris à Alger que le 22. (Témoignage d'André Achiary. *Dossier Voituriez*).

comte de Paris que par le récit qu'ils tenaient de M. et Mme Henri d'Astier ainsi que par l'abbé Cordier.

L'un de mes amis, qui se trouvait à l'époque parmi les engagés du cap Matifou, m'a mis en garde : « Attention ! C'étaient des gamins. Ils avaient vingt ans. C'était amusant, à l'époque, de révéler à tout un chacun que le comte de Paris avait condamné à mort Darlan. Et puis, quand on a raconté ça, on est peu à peu prisonnier de ses vantardises. Et il arrive qu'on finisse par y croire... et par l'écrire, quand on est parvenu à l'âge mur ! »

C'est alors que je me suis entretenu avec Me Jean-Baptiste Biaggi, combattant valeureux, lui aussi, de la Seconde Guerre mondiale. Il m'a fait la déclaration que voici :

— J'ai eu la chance de recueillir les confidences de trois hommes que j'ai beaucoup aimés. En septembre 1944, j'ai été l'officier de renseignements d'Henri d'Astier de La Vigerie. De 1956 à 1958, j'ai été très lié avec François d'Astier de La Vigerie. Les deux frères m'ont souvent parlé de l'affaire. Enfin, j'ai bien connu l'abbé Cordier. Nous avons vécu ensemble à Pino, en Corse, au couvent des franciscains. C'était le temps de l'OAS et je n'en dirai pas davantage. Dans de telles conditions, loin de tout, on va jusqu'au bout de ses confidences. L'abbé Cordier était lieutenant dans l'armée. Il a obéi parce que son supérieur, Henri d'Astier, lui en a donné l'ordre, obéissant lui-même à de Gaulle et au comte de Paris.

— Mais pourquoi les frères d'Astier, pas plus que l'abbé Cordier n'ont-ils rien dit de leur vivant ?

— Les frères d'Astier de La Vigerie étaient tenus à une évidente discrétion, lancés qu'ils étaient, après la Libération, dans un combat politique ayant pour but de porter de nouveau le général de Gaulle au pouvoir. Quant à l'abbé Cordier, sa qualité d'ecclésiastique faisait qu'il ne tenait nullement à évoquer son rôle. Il savait que celui-ci pouvait être critiqué par ses supérieurs. Il suppliait même ses amis de passer ce rôle sous silence, voire d'en nier la réalité.

— Donc, si nous résumons ?...

— François d'Astier m'a dit formellement qu'il avait apporté à Alger l'ordre d'éliminer Darlan. Henri d'Astier m'a précisé sans la moindre ambiguïté qu'après avoir reçu le feu vert de Londres — transmis par son frère —, le comte de Paris, au moment où celui-ci habitait chez lui, a confirmé l'ordre d'exécution. Porté au pouvoir, le prince se serait entouré de deux collaborateurs : de Gaulle, pour la politique ; Giraud, pour le militaire.

Il me restait une démarche à accomplir. Par chance, Mme Henri d'Astier de La Vigerie était alors (1979) de ce monde. J'ai admiré la vivacité de ses souvenirs. Il semblait, quand on l'entendait, que tous ces événements, vieux de trente-sept ans, s'étaient déroulés la veille. Mme d'Astier évoquait le comte de Paris dans son lit de la rue La Fayette. Elle précisait que le prince avait revêtu un pyjama appartenant à Henri d'Astier. Elle me dépeignait la chambre, les meubles, les places où se trouvaient son mari, elle-même et l'abbé Cordier. Enfin, elle a bien voulu rédiger à mon intention le texte que voici :

« Je, soussignée, Mme Henri d'Astier, atteste avoir assisté, le 21 décembre 1942, à un entretien entre le comte de Paris, l'abbé Cordier et mon mari, dans l'appartement que nous habitions, 2 rue La Fayette, à Alger.

« Le comte de Paris, alité avec une crise de paludisme, avait à sa droite mon mari, à sa gauche l'abbé Cordier, et en face moi, accoudée à un petit meuble sur lequel se trouvait un portrait de la comtesse avec ses enfants. J'atteste que le comte de Paris nous fit la déclaration suivante : “ L'amiral Darlan doit être éliminé, il faut le faire disparaître ! ” Mon mari ayant posé la question : “ Par tous les moyens ? ” le comte de Paris répéta : “ Par tous les moyens. ” Mon mari, après un silence, s'adressant à l'abbé, lui dit : “ Alors, l'abbé, à vous de jouer. ”

« Fait à Paris le 1er mai 1979.

« L. Henri d'Astier. »

Détail de petite histoire : le comte de Paris oublia son foulard jaune rue La Fayette. Il était toujours entre les mains de Mme Henri d'Astier qui a bien voulu me le montrer.

Le surlendemain de l'émission au cours de laquelle j'avais, pour la première fois, présenté le témoignage de Mme Henri d'Astier de La Vigerie, le secrétariat du comte de Paris faisait paraître un communiqué annonçant qu'un démenti serait publié dans la journée du mardi 29 mai 1979 : le comte de Paris préparait une lettre à moi destinée et dont il adresserait un double à M. Maurice Ulrich, président de la Société Antenne 2, en invoquant son droit à répondre [1].

Le lendemain, le comte de Paris faisait savoir qu'il avait finalement décidé de ne pas répliquer. « S'il maintient n'avoir jamais ordonné à Alger, où il se trouvait alors, d'« éliminer » Darlan « sans délai » et « par tous les moyens », il a jugé que ce serait pour lui « s'abaisser que d'opposer spécialement un démenti à l'exposé de M. Decaux et aux témoignages dont ce dernier a fait état lors de l'émission du lundi 26 mai [2] ».

Néanmoins, au cours d'une émission diffusée, le 3 janvier 1980, sur la chaîne de télévision Antenne 2, le comte de Paris, interrogé par Jacques Chancel, a repris ce sujet. Alors s'est engagé ce dialogue :

J. C. — C'est une accusation délibérée.

C. de P. — Oui, c'est une phrase horrible et terrible. Celle qui ordonne la mort d'un homme. Je ne l'ai jamais prononcée.

J. C. — Et vous l'affirmez ?

C. de P. — Je l'affirme. Cette scène qui est décrite n'a jamais eu lieu. Nous aurions été quatre à la vivre.

J. C. — Alors, quels quatre ?

C. de P. — Mme d'Astier, son mari, l'abbé Cordier et moi-même. Nous ne restons plus que deux. Combien il est regret-

1. *Le Monde*, 29 mai 1979.
2. *Le Monde*, 30 mai 1979.

table que Mme d'Astier ait attendu plus de trente ans pour se rappeler ce qui se serait passé chez elle...

J. C. — Vous dites bien « se serait passé » ?

C. de P. — Oui, oui, qui se serait passé chez elle le 21 décembre 1942. J'affirme solennellement n'avoir jamais ordonné la mort de l'amiral Darlan. Il s'est toujours agi de l'évincer du pouvoir politique pour le bien de la France, et en aucun cas de l'éliminer physiquement, du moins en ce qui me concerne.

Face à Jacques Chancel, Pierre de Bérard prend le relais. Il affirme que, le 21 décembre 1942, le comte de Paris ne logeait pas chez les d'Astier, ayant résidé sans interruption à partir du 13 décembre chez M. et Mme Prohom. En preuve que des calomniateurs se sont associés pour accabler le prince, il rappelle que le témoignage de Mme d'Astier a été révélé pour la première fois par Mario Faivre. Ce dernier rapporte la conversation qu'il aurait eue, le 10 décembre 1942, avec l'abbé Cordier, lequel lui aurait appris la présence du comte de Paris à Alger. Bérard poursuit :

— Ayant à ses côtés l'abbé Cordier, Mario Faivre pilotait la traction avant envoyée d'Alger à Oujda qui, le 9 décembre, venait nous chercher, le comte de Paris et moi à la frontière marocaine. C'est Mario Faivre qui nous conduisit du Maroc à Alger.

Faivre ne pouvait donc « découvrir » la présence du comte de Paris le 10 décembre alors qu'il l'avait piloté le 9. Dans ces conditions, Faivre perdait toute crédibilité.

Comme les mémoires peuvent être faillibles ! Ce n'est pas Mario Faivre qui est venu chercher le comte de Paris à Oujda. Des témoins se sont révélés, qui sont de premier ordre. D'abord, M. Joseph Loffredo, commissaire divisionnaire honoraire de la Police nationale, chevalier de la Légion d'honneur, médaillé de la Résistance, Médaille militaire, Croix de guerre, Medal of Freedom : « J'étais à Alger fin 1942 commissaire à la Surveillance du territoire, adjoint d'André Achiary et, de par mes fonctions, j'eus à organiser la surveillance des activités du comte de Paris. Je chargeais de cette mission les inspecteurs Marcel et Joseph Schmit... M. Mario Faivre n'a en rien été mêlé ni participé à ce voyage [1]. »

Voici maintenant André Achiary, chef de la Sécurité du territoire en Algérie, chevalier de la Légion d'honneur, rosette de la Résistance : « Effectivement une voiture des Chantiers est allée chercher le comte de Paris au Maroc. Au départ d'Alger, il y avait un seul voyageur, l'abbé Cordier. Au retour, il y avait en plus le comte de Paris et un de ses amis, banquier je crois. Pas de trace de Mario Faivre. Cette auto était conduite par Charles Ponchon, le chauffeur de confiance du général Van Hecke [2]. »

Le témoignage qui coupe court à tout débat émane de M. Charles Ponchon : « Le 7 décembre 1942, dans la soirée, je reçois un permis de circuler avec consigne de me rendre le lendemain matin rue La Fayette pour y prendre l'abbé " lieutenant " Cordier qui doit me donner la destination et l'objet de notre mission. Le 8 décembre 1942, en fin de matinée, nous prenons au passage rue d'Isly une deuxième voiture occupée par deux personnes et nous partons en direction de l'Oranie. Tard le soir, nous sommes à Saint-Denis-du-Sig, à la base américaine pour un ravitaillement en carburant ; nous quittons nos accompagnateurs et nous continuons avec l'abbé Cordier en direction de Sidi-Bel-Abbès où nous serons hébergés par des amis. Le lendemain nous reprenons la route pour Oujda — Frontière. Après attente, nous sommes rejoints par le comte de Paris — manteau de poil de chameau, chapeau, lunettes noires — et par son chambellan, tous deux très heureux d'avoir passé les contrôles de police sans ennui. Aussitôt, nous reprenons le chemin du retour [...] Au cours de la nuit, mon gicleur se bouche ; étant donné la grosse circulation, nous sommes obligés de pousser la voiture pour nous garer sur un tronçon de route embourbée, chacun pataugeant dans la boue. Je démonte le gicleur qui m'échappe, recherche collective et après un quart d'heure,

1. Lettre du 19 janvier 1980.
2. Lettre du 16 janvier 1980.

nous repartons, tout crottés. A la première heure du jour, nous faisons un arrêt à Orléansville pour prendre un café. Monseigneur profite de ce répit pour faire nettoyer ses chaussures. [...] C'est en fin d'après-midi que nous arrivons rue La Fayette à Alger [1]. » A sa lettre, M. Charles Ponchon a joint la photocopie du permis de circuler qui lui avait été accordé.

De ce fait, la force de l'argumentation de M. Pierre de Bérard se trouve singulièrement amenuisée. Il en est de même de son autre affirmation selon laquelle le comte de Paris a sans cesse habité chez M. et Mme Gérard Prohom. De nouveau les hauts policiers responsables à l'époque s'expriment. M. Loffredo : « Dès son arrivée à Alger, le comte de Paris s'est rendu 2, rue La Fayette au domicile d'Henri d'Astier. Les jours suivants, il y a pris souvent ses repas et y a reçu beaucoup de personnalités. Dans les jours précédant la Noël 1942, le comte de Paris, souffrant de paludisme, est resté alité au domicile d'Henri d'Astier. » M. Achiary : « Il paraît que le comte de Paris affirme n'avoir jamais couché chez Henri d'Astier alors que tous les témoins de l'époque connaissent l'épisode de sa crise de paludisme subite et l'histoire du pyjama qu'Henri d'Astier avait dû lui prêter. » Enfin la fille d'Henri d'Astier, Mme Marie-Béatrice Blancpain, particulièrement concernée : « Je peux témoigner formellement que le comte de Paris, qui était à Alger dans le courant du mois de décembre 1942, passait ses journées à la maison, rue La Fayette, où il recevait diverses personnalités. Etant atteint de paludisme, mes parents lui ont donné leur chambre pour éviter les allées et venues quotidiennes. Je pense qu'il a couché trois ou quatre nuits à la maison. Durant cette période, mes parents allaient coucher chez des amis boulevard Saint-Saëns [2]. »

La question est réglée.

1. Lettre du 15 janvier 1980.
2. Lettre du 8 janvier 1980.

Dans les jours qui ont suivi mon émission d'Antenne 2, un flot de lettres n'a cessé de déferler. Sur le sujet qui nous occupe, la plus importante, sans doute, est celle que l'on va lire. Elle est signée de M. Robert Taquet et nous apporte le témoignage de l'un de ceux qui ont participé à l'entretien du 21 décembre 1942 au domicile de M. et Mme Henri d'Astier : l'abbé Cordier. Certes, ce n'est pas l'intéressé qui s'exprime directement, mais les termes de la lettre ne peuvent qu'entraîner une conviction. D'emblée, M. Taquet s'affirme « scandalisé ainsi que bon nombre de camarades de la Résistance de notre secteur du Nouvion, des propos du comte de Paris concernant l'exécution de Darlan ». Il semble en effet que le comte de Paris « n'ait plus de mémoire ».

« Nous avons eu ici, [au Nouvion-en-Thiérache] après la Libération, donc en 1945, un repas avec l'abbé Cordier (il venait d'être nommé curé au Nouvion-en-Thiérache) chez M. Robert Degon, maire du Nouvion-en-Thiérache et chef de la Résistance (mouvement OCM-BOA pour notre région). Il y avait quatre personnes : Mme et M. Robert Degon, l'abbé Cordier et moi-même.

« Nous avons été subjugués par le récit de l'abbé Cordier qui nous a relaté : " Le comte de Paris nous fit la déclaration suivante : Darlan doit être éliminé, il faut le faire disparaître. "

« En lisant la déclaration faite à Paris, le 1er mai 1979 (L. Henri d'Astier), parution dans Télé 7 jours, n° 1 025 du 19 janvier 1980, j'avais l'impression de me retrouver chez mon ami Degon, il y a trente-quatre ans.

« Hélas, depuis, il ne reste plus que Mme Degon et moi-même. Pour être certain de ces souvenirs, je viens de rencontrer Mme Robert Degon (elle est âgée de 82 ans et est dans une maison de retraite). Dès que nous nous sommes rencontrés, elle m'a dit : " Avez-vous entendu les mémoires du comte de Paris... mais il a perdu la mémoire ! "

« Elle m'a dit : " En mémoire de l'abbé Cordier et de mon mari, dites à M. Alain Decaux que tout ce qu'il a dit et écrit sur le comte de Paris est tout à fait exact. " Elle m'a confirmé également les dires de Jean-Bernard d'Astier, ami intime de l'abbé Cordier. Ce dernier nous avait raconté tout cela car Fernand Bonnier de La Chapelle était aussi l'ami de Cordier et de Jean-Bernard d'Astier, c'étaient des " gosses de 20 ans ", me dit Mme Degon, et elle me raconte la remise du revolver à Fernand Bonnier telle que nous l'avait raconté l'abbé Cordier il y a trente-cinq ans.

« Bien entendu l'abbé Cordier est mort en 1975. Mais Mme Degon et moi-même ne pouvons laisser passer ces témoignages sans apporter les nôtres, afin que l'histoire soit respectée [1]. »

Nombre de mes correspondants se voulaient explicites. M. Emmanuel Temple, ancien garde des Sceaux et, à l'époque, préfet d'Alger, m'écrivait : « Votre conclusion était, dans sa concision et sa clarté, l'expression de l'honnêteté et du courage. » M. le professeur Bergeret voulait bien me préciser : « Mon frère, le général d'aviation Bergeret, m'avait fait lui-même un récit concordant assez exactement avec la relation que vous en donnez vous-même, particulièrement en ce qui concerne la participation du comte de Paris à la décision de cet assassinat. »

M. Jacques Teissier m'écrivait que, se trouvant à l'époque de l'attentat dans les montagnes de Rovigo où il enseignait le maniement des armes américaines à de nouveaux appelés, il avait gagné Alger, en permission, quarante-huit heures avant l'assassinat : « J'ai rencontré Henri d'Astier de La Vigerie, accompagné de son fidèle lieutenant l'abbé Cordier. Tous deux connaissaient les rapports que j'entretenais avec les Américains, notamment avec Robert Murphy. Ils m'entretinrent donc de leur volonté de faire disparaître l'amiral Darlan et me demandèrent si je voulais personnellement " participer activement " à cette opération... Bien entendu, je refusai catégoriquement et leur signalai qu'ils allaient commettre une très grave erreur politique. C'est à ce moment-là qu'ils me signalèrent que le comte de Paris, qui se trouvait à Alger, était au courant et qu'il était d'accord. Ils m'indiquèrent que

1. Lettre du 23 janvier 1980.

" Londres " était également informé de cette opération. A mon avis, il semblerait que le général François d'Astier de La Vigerie, venu tout spécialement de Londres, se soit à ce moment-là entretenu avec le comte de Paris et lui ait fait comprendre que cette " opération " était nécessaire et surtout bénéfique concernant son avenir. C'est la raison pour laquelle je crois, et j'en suis même certain, que le comte de Paris a en quelque sorte donné le " feu vert ". Pour ma part, j'avais signalé à Henri d'Astier qu'étant opposé à cette opération, je ferais mon possible pour la faire échouer. C'est ainsi que j'ai rencontré Son Excellence Robert Murphy. Je lui ai signalé que, dans les quarante-huit heures suivant notre entretien, il y aurait un attentat contre l'amiral Darlan. Je peux vous affirmer qu'à ce moment-là, les Américains n'ont pas cru ce que je leur annonçais. Et qu'ils ont été, en quelque sorte, " dépassés " par les événements qui se sont précipités [1]. »

L'un des témoignages essentiels enregistrés par le juge d'instruction Voituriez est celui du commissaire Achiary. Depuis que Darlan régnait, Achiary avait la haute main sur la sécurité du territoire. Le 9 janvier 1943, Achiary déclare :

« J'accuse deux personnes d'être les instigateurs directs du meurtre de l'amiral Darlan. Ces deux personnes sont : l'abbé Cordier, demeurant à Alger, 2, rue La Fayette, Henri d'Astier de La Vigerie, demeurant au même endroit, secrétaire adjoint aux affaires politiques au Haut-Commissariat en Afrique française.

« Ces deux personnes ont assassiné l'amiral Darlan pour le compte et au profit du comte de Paris qui, d'après une conversation entre l'abbé Cordier et Me Jacques Brunel, conversation qui m'a été rapportée par ce dernier à Laghouat le 7 janvier 1943, a instamment prié ses deux disciples de hâter le crime. »

Cette déclaration d'Achiary a été publiée pour la première

1. Lettre à l'auteur du 28 mai 1979.

fois par Chamine en 1952. Le dossier Voituriez, lui, est beaucoup plus explicite. Une conversation s'instaure entre le juge militaire et Achiary :

« — D'abord, qui est l'instigateur du complot ayant pour but l'assassinat de l'Amiral ? Qui a donné l'ordre de tuer ?

« — Oh ! Il n'y a aucun doute, l'instigateur est sans conteste Henri d'Astier de La Vigerie, l'agent d'exécution : l'abbé Cordier. Ils habitent d'ailleurs ensemble 2, rue La Fayette, à Alger. Mais, à mon avis, au-dessus d'eux, il existe *une tête que je n'ai pas pu identifier sûrement*. Ce pauvre Bonnier de La Chapelle est une victime dans cette affaire. Ce qui est certain également, c'est que le personnage au profit duquel ces gens-là ont agi est le comte de Paris, prétendant au trône de France.

« Ce que je sais aussi, c'est que le comte de Paris, qui demeure à Larache, au Maroc espagnol, était arrivé mystérieusement à Alger, quelques jours avant le crime. Il avait eu de nombreux contacts avec Henri d'Astier au domicile de celui-ci.

« Est-ce le comte de Paris qui a fixé la date de l'attentat ? Ou a donné l'ordre d'assassiner ? C'est peu probable. Les seuls renseignements que je puis vous donner à ce sujet sont ceux-ci : mon camarade Brunel m'a dit à Laghouat qu'il savait, par d'Astier je suppose, que le comte de Paris, s'impatientant à Alger, leur avait dit (à d'Astier et Cordier) de presser l'exécution. Il ne m'a pas dit que c'était le comte qui avait organisé l'attentat, non. J'ai compris de la conversation que le comte avait été mis au courant de ce que les comploteurs avaient prévu. »

Ajoutons que cette *tête que je n'ai pas pu identifier*, Achiary finira, dans un autre interrogatoire, par la nommer : il s'agit d'Alfred Pose. Je l'ai cru longtemps moi-même. Je n'en suis plus sûr.

L'un des témoignages les plus surprenants que j'ai pu découvrir dans cette histoire aux ramifications aussi nombreuses qu'entremêlées est celui de M. le chanoine Julien Salaün, archiprêtre. Celui-ci s'est trouvé associé à toutes les opérations qui ont précédé et suivi le débarquement des Alliés en Afrique du Nord. Avec son groupe du Chantier de jeunesse de Blida, il a, le 8 novembre, occupé le commissariat central puis, le débarquement accompli, assuré la garde du palais d'Eté. Voici les lignes qu'il m'a adressées :

« Achiary [déclare] au juge militaire qui lui demande : " Qui est l'instigateur du complot ? Qui a donné l'ordre de tuer ? " " L'instigateur est sans conteste Henri d'Astier de la Vigerie, l'agent d'exécution : l'abbé Cordier. Mais, à mon avis, au-dessus d'eux, il existe une tête que je n'ai pas pu identifier sûrement. " Cette tête est tout simplement le père Théry, dominicain, spécialiste de la philosophie du Moyen Age [...] Le père Théry appartenait à l'Intelligence Service. Il méditait depuis longtemps cet assassinat. Un mois plus tôt, à Mouzaïavillle, j'ai essayé pendant toute une soirée de l'en dissuader. Mais, pour lui, seul de Gaulle pourrait établir à Alger un gouvernement qui serait reconnu par les Alliés. Jamais les Anglais ne reconnaîtraient un gouvernement présidé par Darlan. Quant à Giraud, il n'a aucun sens politique et s'est ridiculisé aux yeux des Anglais par ses exigences au cours de son passage à Gibraltar. En réalité, le général Giraud était très fatigué. Plus tard, au cours de l'une de ses visites aux troupes qui combattaient en Italie, le général Juin me confiait : " Il ne sait même plus lire une carte. "

« De Gaulle couvrira d'honneurs le père Théry et en fera l'un des Compagnons de la Libération. Le poids des honneurs étouffera ses remords. Il n'en fut pas de même de Henri d'Astier qui sera toujours hanté par le souvenir de ce crime et en mourra désespéré.

« Bonnier de La Chapelle avait appartenu aux Chantiers de jeunesse de Blida et au groupe cantonné au camp des Chênes, au-dessus de la vallée des Singes, sur la route de Blida à Medéa. Il avait été rayé des cadres au mois de juillet précédent, manquant totalement d'équilibre. Il fut facile pour Henri d'Astier, dans leur réunion chez le docteur Aboulker, la veille du crime, de le convaincre qu'il serait demain le héros de la France. [...] L'abbé Cordier a été un Eliacin dans cette histoire ; il était jeune, déplacé par la guerre de son milieu et tout abasourdi par la science du père Théry et la confiance que celui-ci lui témoignait. »

Nous voici donc sollicités par une nouvelle piste. Le rôle du père Théry ne saurait être mésestimé aux yeux de ceux qui ont traversé cette époque en Afrique du Nord et l'ont connu. Souvenons-nous de la place que Van Hecke lui a déjà assignée. Comment néanmoins tisser des liens entre les protagonistes cités ? Jusqu'ici, nous pouvons nous persuader que l'influence du père Théry a lourdement pesé sur l'abbé Cordier. Déjà, l'information est importante.

Pour resserrer les fils de la trame, c'est à un autre témoignage nouveau que je vais recourir. Il émane du colonel Louis Pagès. En 1941 et 1942, il servait à l'état-major d'Oran, en qualité de chef du 4e bureau puis de sous-chef d'état-major. Il se souvenait, quand il m'a écrit, de « l'existence de deux clans ». L'un fidèle à Vichy, l'autre nourrissant d'autres ambitions. Trois officiers de l'Etat-Major étaient manifestement de ce bord. « Le plus âgé, celui qui paraissait exercer sur le groupe son influence, était un officier de réserve, le lieutenant Henri d'Astier de la Vigerie. [...] Agé à l'époque (1940) de quarante ans, c'était un homme d'excellente tenue, fort aimable et bon camarade. Il était chargé du 2e bureau, s'occupait donc des armées étrangères et veillait particulièrement à soustraire ce qui nous restait d'armée, son personnel, ses installations, à la propagande ou à l'action directe des Allemands, des Italiens et aussi des Alliés anglo-saxons, ainsi que des gaullistes. Autant dire qu'il était fort au courant de la politique respective des belligérants vis-à-vis de la France désarmée et aux trois quarts envahie.

« Son adjoint au 2e bureau était également un officier de réserve, venu de France après la débâcle, le lieutenant Cordier. Beaucoup plus jeune, c'était un ecclésiastique ; il était abbé mais rien, dans son aspect extérieur, ne le laissait supposer. De taille moyenne, de tournure agréable, de bonne tenue, il s'intégrait peu à peu au milieu militaire. C'était un officier très sérieux et un excellent camarade. [...] Incontestablement, c'est d'Astier qui s'était imposé comme chef. Il ne paraissait pas cependant d'une nature extrêmement énergique mais était-il le cerveau ? J'ai l'impression que les instructions étaient données par un religieux, le révérend père Théry, qui appartenait à l'ordre des Franciscains. Arrivé de France après l'armistice, il exerçait en ville, donc à Oran, des fonctions ecclésiastiques dont j'ignore la nature. Mais je le voyais fréquemment au Château-Neuf où il venait faire visite au colonel Tostaint, notre chef d'état-major ou à des officiers.

« Personnellement, ce n'est qu'après la guerre que j'ai eu la conviction qu'il était le chef pour l'Oranie d'une organisation ayant pour but d'ouvrir toutes grandes les voies à un débarquement américain en AFN. Je l'ai en effet rencontré à Paris, bien après la guerre, de façon fortuite. Il m'a dit : " Quel dommage que vous n'ayez pas alors été des nôtres ! " J'ai fait l'innocent. Il m'a déclaré combien il aurait voulu que je sois embrigadé dans ce noyau d'officiers prêts à " ouvrir la voie aux Alliés ". Le R.P. Théry est à l'heure actuelle décédé (1971). »

Une autre pierre à l'édifice m'est apportée par M. Georges Berdolet : « Je suis moi-même un ancien membre du Réseau de Résistance Henri d'Astier de la Vigerie (agent P1 et chef de groupe) et était lié d'amitié avec mon chef de réseau et l'abbé Gabriel Cordier, inséparable de d'Astier et qui avait chez lui, à Oran, 57, boulevard Sébastopol, gîte et couvert. Quand j'ai été admis au Réseau (parmi les premiers), Henri d'Astier venait d'être affecté au 2e bureau de la division d'Oran en qualité de lieutenant, l'abbé Cordier comme sous-lieutenant au même service. [...] C'est le révérend père Théry qui m'avait présenté à Henri d'Astier, fin 1940, au café Riche d'Oran, boulevard Clemenceau. »

Etablissant la liste de « tous ceux qui de près ou de loin ont pu être renseignés sur le meurtre de l'amiral Darlan ou y ont participé dans une certaine mesure », il place le révérend père Théry au premier rang.

J'interroge le lecteur. Ne lui semble-t-il pas que c'est à Oran que s'est nouée, sous l'impulsion du père Théry, l'association d'Astier de la Vigerie et Cordier qui allait aboutir à la mort de Darlan ? Dès lors, le témoignage du chanoine Salaün prend toute sa valeur.

De témoignage en témoignage, d'interrogatoire en interrogatoire, la chronologie implacable des faits se recompose sous nos yeux.

Très tôt, vers la mi-novembre 1942, Alfred Pose décide qu'il faut se débarrasser de Darlan. Il se confie à Henri d'Astier et à l'abbé Cordier, déjà psychologiquement préparés par le père Théry. A l'aide de promesses fallacieuses, on fait venir à Alger le comte de Paris. Henri d'Astier sait pouvoir disposer du Corps franc qu'il a fondé. Malgré cette appellation, il s'agit d'un organisme sans statut officiel dont seul l'adjoint au commissaire à l'Intérieur — donc lui-même — a la responsabilité. Les jeunes gens qui y sont entrés sont des patriotes, exaspérés par les lenteurs et les ambiguïtés de l'administration militaire Giraud. Ils « en veulent » et ne tiennent plus en place. Ils exigent de recevoir sans tarder des armes et de partir pour le front de Tunisie. Dès leur engagement, ces jeunes gens ont fait le sacrifice de leur vie. Henri d'Astier le sait. A une date indéterminée, mais certainement antérieure au début du mois de décembre, Henri d'Astier cherche à découvrir dans ce Corps franc un garçon à qui pourrait être confiée une mission exceptionnelle et dangereuse. Il résulte du témoignage de Van Hecke, recueilli par le juge Voituriez, que d'Astier s'est très tôt adressé à lui pour que soit désigné un agent de liaison entre le Corps Franc et le service qu'il dirigeait à Alger. Van Hecke affirme qu'il a désigné Fernand Bonnier de La Chapelle, qu'il connaissait bien pour l'avoir eu sous ses ordres aux Chantiers de jeunesse.

Cette mission explique que Bonnier, contrairement à ses camarades qui, les uns après les autres, partent pour la Tunisie, demeure à Alger. Chaque soir, Bonnier de La Chapelle se rend, non pas au bureau de son chef, mais au domicile de celui-ci, 2, rue La Fayette. Il y passe une heure ou deux.

Quoiqu'il s'en soit défendu par la suite, un homme suit de très près ces préparatifs : André Achiary. Il demeure en rapport direct avec Londres grâce au lieutenant L'Hostis qui, par radio et sous le contrôle de René Capitant, communique à la France libre un état quotidien de la situation. La justice saisira au domicile d'Henri d'Astier un document extrêmement curieux. Il s'agit de la maquette de la première page d'un journal. On y annonce la mort de Darlan et la prise du pouvoir par le comte de Paris. Au milieu, une grande photo du prince. L'encadrent, mais à un niveau plus bas, la photo de de Gaulle à sa droite et la photo de Giraud à sa gauche. Dans une proclamation, le comte de Paris annonce qu'il ne vient pas en prétendant mais en « fédérateur ». Au bas de la maquette se trouve la liste des membres du nouveau gouvernement. Parmi ceux-ci, « ministre d'Etat, adjoint au comte de Paris : général de Gaulle ; ministre de l'Intérieur : Henri d'Astier de la Vigerie ; ministre de la Guerre : général Giraud ; ministre des Finances : Alfred Pose ; ministre de la Justice : Marc Jacquet. » Ainsi se confirme que, dans l'esprit des conjurés, l'accession du comte de Paris au pouvoir doit avoir pour corollaire l'appel au général de Gaulle. Le principal pour eux, c'est que le chef de la France libre vienne prendre sa place à Alger. Il sera toujours temps, ensuite, de renvoyer le comte de Paris à Larache et de cantonner le général Giraud dans ses fonctions militaires.

Poursuivons notre simple chronologie. Le général François d'Astier, dès son arrivée à Alger, donne le feu vert. Il faut tuer Darlan. Il s'en entretient avec le comte de Paris qui, pour la première fois, est confronté à une éventualité à laquelle, jusque-là, il n'a pas voulu s'attacher. Le 21, au matin, il laisse échapper devant Henri d'Astier, l'épouse de celui-ci et l'abbé Cordier, non pas un ordre — l'ordre a déjà été donné par le général d'Astier — mais un consentement.

Ici encore, peu à peu, sous les yeux de l'historien, la vérité se recompose. Le comte de Paris hanté, depuis son entretien avec le général d'Astier, par la perspective d'une élimination définitive de Darlan et peu à peu convaincu que cette solution seule peut lui ouvrir la voie du pouvoir, se tait pendant quarante-huit heures. Le 21, affaibli par la maladie, il se libère tout à coup de son obsession. Le contraire eût été illogique.

Cet accord donné n'a-t-il été que l'affaire d'un instant ? Une parole lancée sur laquelle on ne veut pas revenir ? Rappelons seulement que le commissaire Achiary, dans sa déposition devant le juge Voituriez, a évoqué, selon le récit que lui en avait fait Me Jacques Brunel, l'« impatience » exprimée entre le 22 et le 24 décembre par le comte de Paris de « presser l'exécution ».

Désormais Pose, Henri d'Astier et Cordier sont couverts : Londres a dit oui. Le comte de Paris a dit oui. Une seule question se pose : quand tuera-t-on Darlan ?

Jusqu'ici, nous sommes restés du côté des organisateurs. Episodiquement, nous avons vu apparaître le jeune Bonnier de La Chapelle. Il nous faut maintenant braquer notre projecteur du côté du cap Matifou. Il s'agit d'un important domaine agricole qui appartient à M. Yves de Mangeat-Mens. C'est là, à Mour Laïn, que M. de Mangeat-Mens abrite deux cent cinquante à trois cents volontaires, groupe paramilitaire parfaitement illégal et approvisionné clandestinement par l'Intelligence Corps de la 1re Armée britannique. M. de Mangeat-Mens ne se souvient naturellement pas de tous ces volontaires. Mais l'un d'entre eux l'a frappé. Il s'agit de Fernand Bonnier de La Chapelle. M. de Mangeat-Mens avait une fille, Liliane, et Fernand Bonnier de La Chapelle aimait s'entretenir avec elle [1].

Il faut dire que, parmi ces jeunes gens, la colère gronde

1. Témoignage de M. de Mangeat-Mens à l'auteur, 18 juin 1979.

contre Darlan. Darlan au pouvoir, c'est pour eux l'insupportable.

L'un d'eux s'appelle Philippe Ragueneau. Il m'a confirmé les souvenirs qu'il a publiés dans son attachant ouvrage : *Julien ou la route à l'envers* [1]. Au cap Matifou, un soir — le 18 novembre 1942 — ils sont quatre qui communient dans la même foi et la même fureur : ils s'appelent Ragueneau, Tournier, Gross, Bonnier de La Chapelle. Tout à coup, ce soir-là, Ragueneau lance :

— Il faut descendre Darlan. Et très vite.

Les trois autres approuvent sans hésitation. Pas un qui ait dit non.

Ragueneau propose :

— On tire à la courte paille. Celui qui hérite du brin le plus court fait le nécessaire. D'accord ?

Dans les bottes de paille qui les entourent, Ragueneau se saisit de quelques tiges qu'il tend à la ronde. Celle de Ragueneau est très courte. Pas de doute, c'est lui que le sort a désigné. Mais Bonnier montre sa tige, mesure et s'écrie :

— Non, c'est moi !

Deux jours plus tard, à la demande de l'état-major britannique, les jeunes de Matifou partent au combat. Philippe Ragueneau avec eux. Bonnier de La Chapelle reste à Alger « pour faire le nécessaire ».

Ici, un problème. L'instruction du juge Voituriez a montré que Bonnier de La Chapelle avait été désigné à Henri d'Astier par le colonel Van Hecke. Apparemment, il y a contradiction entre ce témoignage et le récit de Philippe Ragueneau. Alors, simple hasard ? Peut-être [2].

Ce qui a frappé ceux qui ont rencontré Fernand Bonnier de

---

1. 1976.

2. Le général Van Hecke m'a écrit : « Je n'ai à aucun moment, à cette époque, eu connaissance du fameux tirage à la courte paille d'où Bonnier est sorti comme mandaté par ses amis pour tuer Darlan, ce qui laisserait supposer que j'étais au courant du complot qui se tramait en vue de supprimer l'amiral... Bonnier de La Chapelle était nommément demandé par d'Astier pour assumer la liaison entre le corps franc et son propre service. Il n'y avait aucune raison de refuser. » (Lettre du 9 avril 1980.)

La Chapelle, c'est sa juvénilité, sa franchise, son don de sympathie. Il est le fils d'Eugène Bonnier de La Chapelle, journaliste depuis vingt ans et collaborateur de *La Dépêche algérienne*. On a dit que Bonnier avait ajouté à son nom *de La Chapelle* en souvenir de sa mère italienne, divorcée, qui se nommait *della Cappella*. Pure invention. Bonnier de La Chapelle est son nom légal, comme il l'a été de son père, de son oncle, de son grand-père, de toute la famille.

Il n'a pas toujours habité Alger. Au cours de ses études dans la région parisienne, un oncle dont il portait le prénom l'a accueilli. L'un de ses anciens camarades, Joseph Flitz, m'a écrit : « Je n'ai connu Fernand que pendant une année scolaire (39-40) ; nous étions tous deux pensionnaires au collège Stanislas, en math-élem, et formions, avec deux autres élèves, un petit groupe d'amis inséparables, partageant les mêmes opinions sur toutes sortes de questions. Je puis vous affirmer qu'à l'époque (au printemps 1940), il affichait résolument, vis-à-vis du groupe des " Action Française " particulièrement, son attachement à la République. Je le vois encore, dressé sur une table, proclamant " Je suis républicain ! "[1] »

Ainsi traverse-t-il la « drôle de guerre » de 39-40, l'attaque éclair des Allemands, la défaite. Il en sort très éprouvé et brûlant de coopérer à une revanche. Un détail, inconnu jusqu'ici, le démontre : avec ses camarades lycéens et étudiants, il participe à la manifestation du 11 novembre 1940 sur les Champs-Elysées[2]. A l'âge de dix-huit ans, il regagne l'Algérie et y obtient son baccalauréat. Peu à peu, il en vient à nourrir une obsession : rejoindre de Gaulle et la France libre. Comment y parvenir ? Il a l'idée de s'engager dans l'aviation de l'Armée d'armistice, intégrée à la base aérienne de Blida, à quarante kilomètres d'Alger. Pour la réalisation de son grand dessein, il semble s'être associé avec trois pilotes brevetés sortis de l'Ecole de pilotage en 1940 et

1. Lettre du 17 novembre 1979.
2. Je tiens cette information de M. Pierre Raynaud, ami de Bonnier, qui a pour son compte rassemblé, pour la même manifestation, les élèves du lycée Louis-le-Grand.

repliés comme nombre d'autres navigants en Afrique du Nord, en mai-juin 40 [1]. Un témoin, Jean Dutrey, ancien de la base aérienne de Blida, y a connu Bonnier. Selon lui, il était « un peu farfelu, précieux, maniéré... Il n'avait pas beaucoup de camarades et se plaisait surtout en compagnie d'officiers ». On a raconté que Bonnier avait, sous un hangar, repéré un avion de tourisme facile à piloter et que, bidon par bidon, il aurait récupéré de l'essence. La nuit choisie pour son envol vers Gibraltar, il se serait glissé sous le hangar et mis en devoir de faire le plein du réservoir. Pour ne pas attirer l'attention, il n'aurait pas allumé l'électricité ne disposant, pour se guider, que d'une bougie. Faire le plein d'essence, une bougie à la main, n'est évidemment pas recommandé. Une énorme flamme, l'appareil s'embrase, puis le hangar entier. Miraculeusement, Bonnier est sauvé. Pour Jean Dutrey, ce n'est pas Bonnier qui a mis le feu à un avion de tourisme dans le hangar de l'aéroclub : « Ce sont les caporaux et caporaux-chefs Marre, Guérin et Saint-Yves. Guérin était le plus atteint par l'incendie de l'avion et il a été arrêté presque aussitôt. Ses compagnons d'évasion peu après... Marre, Guérin et Saint-Yves ont été traduits devant le Conseil de guerre d'Alger et condamnés, si mes souvenirs sont exacts et selon le barème habituel, à quinze ans de travaux forcés. » Selon les souvenirs de M. Dutrey, Bonnier de La Chapelle n'aurait eu aucune part dans cette aventure. Cependant, d'après le commissaire Achiary, il en aurait été l'acteur principal. Arrêté, on l'aurait jeté en prison et prévenu qu'il allait passer en Conseil de guerre. Tentative de désertion, incendie, son compte était bon. Par chance, le policier chargé de l'enquête s'appelait précisément Achiary. Ce dernier se rend chez le colonel et plaide : les sentiments de Bonnier sont nobles, le jeune homme se veut patriote, cela tranche avec la veulerie de trop de garçons de son âge. Du coup, voilà un colonel tout ému :

— Je vais suivre votre conseil, aurait-il dit à Achiary. Vous avez sauvé mon âme.

---

1. Lettre de Jean Dutrey, 5 novembre 1979.

Tout ce qu'il adviendra à Bonnier de La Chapelle, c'est d'être chassé de l'armée. Ce qui n'est évidemment pas la moindre des choses. On peut penser que les deux témoignages sont inconciliables : sans doute le rôle de Bonnier de La Chapelle a-t-il été si secondaire qu'il a pu passer inaperçu. Plus tard, quand le jeune homme sera devenu célèbre, on lui aura attribué l'entière responsabilité de l'aventure.

Toujours avec la même soif de servir, il s'engage dans les Chantiers de jeunesse. On l'envoie dans la forêt des Cèdres, en Haute-Kabylie. Là, il traverse une période dont il dira qu'elle a été l'une des plus heureuses de sa vie. Il dirige un atelier de menuiserie et s'enchante de l'odeur du bois fraîchement coupé. Tout se gâte quand un supérieur le prend en grippe. Sa vie devient un enfer. Quand son contrat se termine. Il quitte les Chantiers. L'été 1942 s'achève, il décide de reprendre ses études.

Ici, nouvelle question. On découvrira, après l'assassinat de Darlan, que Fernand Bonnier de La Chapelle avait composé des odes en l'honneur du maréchal Pétain. Celles-ci ne semblent pas être datées. Je m'en suis entretenu avec Pierre Raynaud, ami intime de Bonnier de La Chapelle. Littéralement, celui-ci est tombé des nues. Il se souvenait des sentiments « résistants » sans cesse proclamés par Bonnier qui haïssait la collaboration et détestait le régime de Vichy. Pour Pierre Raynaud, une seule explication : ces poèmes devaient être très anciens, datés probablement de l'été 1940, époque à laquelle 90 % des Français vénéraient la personne du Maréchal.

Le vrai Fernand Bonnier est celui qui surgit de ses lettres inédites qui m'ont été communiquées. Les premières sont adressées à une certaine Simone, dont on ne sait rien. Il apparaît que cette jeune fille est restée en France métropolitaine. Les lettres ont dû probablement être conservées par Bonnier, en vue de les acheminer plus tard à la destinatrice quand les relations seraient redevenues normales entre l'Algérie et la métropole. Il n'y a pas eu de « plus tard ». Bonnier a remis les lettres, le 22 décembre 1942, à son camarade Pierre Raynaud, en l'informant qu'il allait tuer Darlan et en l'invitant, si l'affaire finissait mal, à disposer de ses papiers comme il l'entendrait.

La première lettre est datée du 23 juillet 1942. Elle fait état des sentiments profonds qui unissent Fernand et Simone : « C'est plus que de la confiance, c'est une grande amitié. Vois-tu, ma petite fille, c'est la deuxième fois dans ma vie que j'éprouve la même impression, le même sentiment. Cependant, il y a quelques différences. La première fois était la première fois. J'ignorais cette amitié. Je l'avais prise pour autre chose. J'étais parti sans réflexion, sans me modérer. Je ne le regrette pas. [...] Cette fois-ci, cette amitié qui naît entre nous deux me fait un énorme plaisir. Cependant, cette fois-ci, je la raisonne et la mûris. Pour l'instant, le destin semble avoir réuni nos deux esprits. Ce qu'il a fait est bien et j'en suis heureux. Profitons-en... » Bonnier évoque la façon dont il a quitté les Chantiers de jeunesse et étale son amertume : « On a envie de mourir quand on voit tout ce qu'il y a de vraiment laid dans la vie, tout ce qui fait que souvent on n'en voit que le laid, que le triste. Pour un rien, on a envie de mourir, parce qu'on craint de ne pouvoir réaliser le beau, le bien, le bon. Quelquefois, même, pour le réaliser tout de suite. Et puis la mort en elle-même est tentante. Le mystère est captivant. Cependant la vie est si belle. Ce qu'il y a de vraiment beau dans la vie, c'est les difficultés qu'on y rencontre. C'est la lutte perpétuelle qu'elle vous procure. C'est aussi la liberté que l'on peut y acquérir, liberté d'action comme liberté d'esprit. »

En cette fin de l'été 1942, Bonnier s'est inscrit, par correspondance, à la faculté de Lyon. Il annonce à Simone son retour en métropole, tout en regrettant de ne pouvoir se rendre à Paris : « Mon oncle s'y oppose. Mais rien n'est encore sûr. » Et puis, de nouveau, dans cette si longue lettre — onze pages très denses — Bonnier revient à l'idée de la mort. Cette fois, c'est Simone qui est en cause : « Je comprends très bien ton envie de mourir. La vie est si pleine, il y a tant de choses en elle, tant de choses si laides et tant de vilaines si proches. L'idéal est si difficile à atteindre et l'on est si seul, si perdu, que tout ce chaos, cet amas de désirs, d'idées, de réussites, de fautes nous étouffe. La vie nous environne de toutes parts et nous assaille de sa vigueur, de sa jeunesse. On n'a pas assez de têtes, assez de bras pour répondre à toutes les questions qu'elle nous pose, pour faire ce qu'elle nous suggère. Il faut, sans cesse, commencer une œuvre nouvelle et souvent on n'a pas le temps de la finir... On a envie de mourir pour arriver à un terme, à un refuge... »

La seconde lettre est du 6 août 1942. Bonnier a reçu plusieurs cartes de Simone. Il s'agit de ces cartes interzones autorisées par l'occupant et dont l'usage condamnait les correspondants à ne s'exprimer que de façon concise et souvent sibylline. Ces cartes, Bonnier dit les avoir lues et relues : « Depuis hier, je pense beaucoup à toi... Vois-tu, Simone, j'ai envie de te voir, et même je crois en avoir besoin. Tout cela est vraiment curieux et il faut s'en méfier. Cependant, l'idée que tu penses à moi, quelquefois, que je puis être pour toi plus qu'un autre me rend presque heureux... »

Le 6 septembre, nouvelle lettre. Elle ne comporte pas de suscription alors que les deux autres étaient adressées à « ma petite Simone ». Celle-ci est adressée à une autre correspondante, une certaine Christiane. D'évidence, le ton est différent. Avec Simone, il est question d'une vive amitié, d'une affection profonde quoique non dénuée de tendresse. Avec Christiane, il s'agit d'amour. Fernand a reçu une carte d'elle. Celle-ci comporte des mots lourds de sens : « A bientôt. Je t'aime. » Commentaire de Fernand : « Oui, ma foi, j'ai envie de dire moi aussi que je t'aime. Mais je t'aime sans fougue, sans cet emportement stupide qui fait que l'on se trompe si souvent avant de ne pas se tromper. Je t'aime mais avec beaucoup de crainte. Je crois t'avoir dit un jour qu'il m'est déjà arrivé de me tromper et j'ai une telle crainte maintenant que cela ne m'arrive, que cela ne nous arrive, que j'essaye de me raisonner, de me pénétrer, de me comprendre pleinement et définitivement. Pourtant, je suis certain que je t'aime.

Cependant, pour plus de sûreté, je vais dire comme toi : je suis certain que c'est toi que j'aime le plus. »

Certes, Fernand voudrait que Christiane fût près de lui : « Combien j'aimerais mettre mes deux mains sur tes épaules et te tenir là en face de moi, les yeux dans les yeux. Combien j'aimerais entendre la " Danse du feu " près de toi et voir ensuite si nous ressentons de la même façon. Combien il faudrait que nous sachions si nous nous manquons l'un à l'autre de la même façon, avec la même souffrance profonde, la même sérénité, la même confiance dans l'avenir, la même certitude que nous sommes faits pour nous entendre. [...]

« Dis-moi ce que tu penses de tout cela. Dis-moi si tu es contente, peinée ou gênée — ou indifférente. Dis-moi si tu crois que nous puissions envisager l'avenir comme étant à nous, pour nous.

« Il est 10 heures et j'ai encore à travailler ce soir. Je vais ranger ta carte qui est là devant moi. Je vais regarder encore une fois ta photo qui est là dans mon sous-main, puis je vais ranger ce bout de lettre avec les autres et je vais me mettre à travailler jusqu'au sommeil.

« Bonsoir, dors bien. Je t'aime. »

Le 7 novembre 1942 au matin, au domicile de ses parents, 52, rue d'Isly, Fernand fait ses adieux à sa belle-mère. Son père l'accompagne au bateau qui doit le conduire en métropole. Fernand s'embarque. Un dernier signe d'adieu et Eugène Bonnier de La Chapelle rentre chez lui. Un peu plus tard, on sonne à la porte. Avec stupeur, les parents voient devant eux leur fils, littéralement déchaîné. C'est à son père qu'il en veut le plus :

— Tu ne vas pas dire que toi, journaliste, tu ne le savais pas !

— Mais qu'est-ce que je ne savais pas ? interroge le père.

— Que les Américains arrivent, bien sûr ! A une heure près, je ratais la plus belle occasion de ma vie !

Fernand pose ses bagages dans le couloir et court rejoindre les jeunes gens insurgés, dont beaucoup sont de ses amis. Pendant trois jours, on ne le verra plus. Quand il revient, il est en tenue militaire [1]. Grâce aux communications que m'a adressées Pierre Raynaud, on peut aujourd'hui reconstituer l'itinéraire de Bonnier au cours des jours suivants : « Nous avons constitué le premier élément et la base d'un corps franc (désigné peu après corps franc d'Afrique) dont le capitaine Sabatier, assisté des lieutenants Gendron et Aynès, prit le commandement peu après, à la ferme Demangeat, cap Matifou. Fernand rejoignait la ferme Demangeat le jour suivant ou peu après. Par affinités, nous nous prîmes d'amitié et je regrettai qu'attaché au capitaine Sabatier, il demeurât peu au camp, préférant rester à Alger, proche de son ami Jean-Bernard d'Astier de la Vigerie. Lors de ses visites au camp (où j'étais instructeur), nous nous interrogions sur la situation dans laquelle nous nous trouvions, en marge de l'armée et — pour le moins — du nouveau régime dont nous ne pouvions comprendre ni la création ni le maintien. Il me rapportait les échos du restaurant Le Paris où se rencontraient les " conjurés " du débarquement. » De temps en temps, Fernand vient embrasser ses parents. Sa belle-mère l'a vu « content, heureux de vivre ».

Dans le tumulte de la libération d'Alger, il a rencontré une jeune fille. Coup de foudre. Amour partagé. Et Christiane ? Le lecteur, qui a eu vingt ans, se souviendra qu'à cet âge un clou, comme on dit, chasse l'autre. Cette fois, Fernand est si amoureux qu'il s'est fiancé. Il l'a confié à ses parents mais ceux-ci ne verront jamais la jeune fille et n'en connaîtront même pas le nom. Sans doute Fernand a-t-il pensé qu'il serait bien temps, plus tard, de la leur présenter. Pour le moment, c'est à tout autre chose qu'il pense.

M. et Mme Bonnier de La Chapelle sauront seulement que la fiancée habite au 2, rue La Fayette. L'adresse des d'Astier de la Vigerie ! Mario Faivre, l'ami intime de Jean-Bernard d'Astier, commensal des d'Astier pendant tous les jours cruciaux, confirme à propos du « grand et beau garçon » qu'est

1. Témoignage à l'auteur de la belle-mère de Fernand.

à ses yeux Bonnier : « Sa fiancée habite l'étage au-dessus des d'Astier. Il vient souvent la voir [1] ». Relisons les aveux livrés au commissaire Garidacci par Bonnier de La Chapelle après son arrestation :

« Je dois vous dire que j'allais tous les jours au domicile de M. Henri d'Astier, comme chargé de liaison du Corps franc. Dans ce Corps franc, nous avions formé entre nous un groupe de " durs " que nous appelions le " groupe Hydra ". M. d'Astier ignorait ce détail. C'est le colonel Van Hecke qui m'avait désigné pour cette liaison.

« M. d'Astier me recevait fort bien, parlait avec moi et m'avait présenté à ses deux filles qui étaient très gentilles. Je n'étais pas du tout monarchiste, je n'y pensais même pas. Au cours de nos conversations, M. d'Astier me montrait que la seule solution pour que la France voie s'ouvrir devant elle un avenir brillant était un retour à la monarchie, régime dont il me faisait l'éloge.

« Ces conversations ont duré environ un mois. M. d'Astier me laissait même entendre qu'avec le nom que je portais, j'aurais pu devenir un jour ambassadeur. Et puis ses filles étaient bien agréables... »

Ces filles si gentilles, ces filles bien agréables se nomment Eliane et Marie-Béatrice. Bientôt, au-delà du désespoir, elles pleureront leur ami.

Au cap Matifou, la situation perdure, toujours aussi paradoxale. Sur ordre de son chef Bernard Pauphilet, flanqué d'un officier irlandais, Raynaud a pu réquisitionner une partie du chargement de l'*Océan vétéran* , un cargo amarré dans le port d'Alger : des battle-dress, des casques, des chaussures de l'armée anglaise et surtout — rafle inespérée ! — 1 000 Stens, 500 fusils, 300 Lee Enfield, un million de cartouches et 4 000 grenades. Tout cela a été transporté en camionnette jusqu'à Mour-Laïn, à la ferme de M. de Mangeat. Les volontaires arrivés dans les jours suivants —

1. Mario Faivre : *Le chemin du palais d'Eté* (1982).

près de deux cents — ont été équipés d'uniformes anglais, ce qui ne gênera d'ailleurs personne. « Bonnier fut l'un des premiers à nous rejoindre avec Ragueneau », écrit Raynaud [1]. Pour tout document fondateur, on ne dispose que d'une photocopie du bordereau de l'armement saisi dont Raynaud écrira : « C'est un document important car, de ce jour, échappant à la répression et aux interdits, nous pouvions contracter un engagement de fait et nous entrions effectivement en guerre... Aucun de nous ne se préoccupait de porter l'uniforme anglais et d'être en marge, pour le moins, des autorités françaises que nous ne reconnaissions pas puisque c'était toujours Vichy. Bien au contraire, d'ailleurs, chacun avait pu trouver des uniformes à sa taille et des chaussures à son pied. Nous nous considérions comme en territoire libre, et en guerre... Cette armée avait un nom, officiel au moins pour les Anglais qui l'avaient dotée, c'était le *Special Detachment.* » Comme ce commando ne dispose pas de bons de réquisition, c'est l'uniforme qui en impose aux fournisseurs. Au départ, Raynaud signait *Free French Corps* « pour donner à croire à une unité débarquée et non à un " maquis habillé ". Pour faire plus anglais, nous avions tendance à exagérer pour impressionner par l'oreille nos fournisseurs et à prononcer CORPSE. J'y renonçai vite, sachant que corpse veut dire cadavre... Je préférai signer les bons à enlever *Free French Forces* 1re compagnie, puisqu'elle était encore unique. » Ces jeunes gens s'entraînent avec passion. Ils n'ont qu'un but : rejoindre la Tunisie et participer à la bataille qui s'y livre. Il faut aussi se ravitailler car la ferme ne peut nourrir tout ce monde. On se débrouille comme on peut. Alors on improvise : « Nous disposions de camionnettes et d'une voiture. Bonnier conduisait. Nous nous ravitaillions en essence au port d'Alger. Je me faisais livrer par centaines des moutons congelés depuis des dizaines d'années, disait-on, par le frigorifique de Maison Carrée et du vin. Sabatier me disait : " Démerdez-vous, je n'ai pas d'argent ". »

1. Lettre de Pierre Raynaud à Mario Faivre, communiquée par celui-ci.

On s'inquiète. Rien, politiquement, n'évolue comme on le souhaite. De temps à autre, Mario Faivre se rend au Cap et confirme que ses amis d'Alger s'exaspèrent. Cet amiral traître va-t-il longtemps prétendre présider à la libération de la France ?

M. Yves de Mangeat-Mens, qui abritait les volontaires, m'a confirmé que ceux-ci disposaient de plusieurs voitures. Il se souvient que Bonnier de La Chapelle empruntait l'une d'elles pour se rendre à Alger : vingt minutes seulement de trajet.

Depuis le départ du général d'Astier, Cordier cherche un bras. Tous les jeunes gens qui ont connu l'abbé l'ont aimé. Tous lui ont accordé une entière confiance. Tous ont souligné son don de persuasion. Bonnier comme les autres.

De prime abord, Cordier ne s'est pas intéressé à Fernand. Pitié pour cette si grande jeunesse, pour cet idéalisme si pur ? L'abbé a préféré charger Mario Faivre de s'assurer les services de deux hommes qui, dans les cafés d'Alger, clamaient à tout venant qu'ils étaient tout prêts à tuer Darlan. Mis au pied du mur, les deux fiers-à-bras se sont dérobés. Pour Cordier, une seule solution s'impose : utiliser Bonnier.

Un progrès pourtant : les *Free French Forces* sont officiellement reconnues. Sabatier revient, un soir, du restaurant Le Paris porteur de la bonne nouvelle. Désormais, les volontaires seront dénommés corps franc d'Afrique et devront coudre un ruban tricolore « à la distance de la hauteur d'une demi-boîte d'allumettes » sous la couture de l'épaule gauche du battledress. Le plus important est qu'ils reçoivent la promesse d'être incorporés dans les Forces françaises libres. Un émissaire gaulliste est venu les en assurer.

Pierre Raynaud se souviendra du jour où, revenant d'Alger, Bonnier de La Chapelle — qui porte désormais un galon de sous-lieutenant sur son uniforme — lui a confié un grand secret : le comte de Paris va gagner Alger. Bonnier parle aussi de sa fiancée, Monique Royer de Rasquinet [1], qui habite le même immeuble qu'Henri d'Astier de la Vigerie. Il évoque souvent ses rencontres avec J.B., le fils d'Henri — il ne dit jamais Jean-Bernard — avec qui il s'est lié naguère aux Chantiers de jeunesse.

Peu après le 10 décembre, la majeure partie des effectifs de Mour-Laïn sont dirigés vers le front. Ceux de l'origine restent très peu nombreux au cap Matifou ; ils sont bientôt renforcés par une cinquantaine de nouveaux volontaires, en majeure partie des israélites et des républicains espagnols. Ordre vient d'abandonner la ferme de M. de Mangeat : le corps franc doit s'établir dans l'ancienne gare d'Aïn Taya, à quelques kilomètres de là. Bonnier de La Chapelle n'a pas participé au transfert. Le mouvement s'achève avant le 20 décembre. Or ce jour-là, précisément — un dimanche —, Fernand rend visite à ses parents. Il dispose d'une voiture américaine et apporte des cadeaux. Toujours cet air heureux. Il s'explique :

— Je vais m'absenter. Je suis envoyé quelque part en-dehors d'Alger pendant une dizaine de jours [2].

Ses parents ne le reverront plus. De fait, pendant ces derniers jours, Bonnier n'a pas reparu au Corps franc. Depuis l'arrivée du général d'Astier — on ne peut qu'être frappé par la corrélation —, il reste caché à Alger en une retraite que très peu de ses amis connaissent : un studio qu'il a loué [3].

Le 23 décembre, Raynaud reçoit à Aïn Taya une lettre de Bonnier. La dernière qu'ait écrite Fernand :

« Mon vieux Raynaud,

« Je viens te demander de me rendre un service.

« Il s'agit d'abord de voir Chariot avec qui tu t'entendras

1. Je dois le nom de cette jeune fille à M. Jean Lugan (lettre du 4 octobre 1979).
2. Témoignage de Mme Eugène Bonnier de La Chapelle.
3. Arnaud de Chantérac : *op. cit.*

au sujet du panier de pommes de terre dont je lui ai parlé et qu'il doit me fournir. La quantité la + grande possible.

« Ensuite je compte sur toi pour être suffisamment diplomate avec Sabatier et obtenir de lui qu'il amène ces pommes de terre à Alger, avec la voiture, demain quand il descendra.

« Si tu réussis, tu me rendras un fier service et, de toute façon, merci.

« Ici tout va bien. Je rentrerai vraisemblablement demain soir. A midi, je dois avoir théoriquement Gendron au téléphone. Amitiés à vous tous.

« Bonnier de La Chapelle.

« P.S. je dois téléphoner demain matin vers 9 h au camp ».

Anxieux de savoir si son vœu pourra être réalisé, Bonnier appelle Raynaud au cours de l'après-midi du même jour. Raynaud lui confirme qu'un sac entier de pommes de terre lui sera apporté sans délai. Joie de Bonnier qui révèle alors que ce ravitaillement est destiné à sa fiancée. Le lecteur d'aujourd'hui se sentira déconcerté par un tel détail. Qu'il se persuade que l'Algérie, plus encore que la métropole, traverse un état de pénurie dont il est difficile de se figurer la gravité. Offrir à une jeune fille aimée un sac de pommes de terre vaut bien plus, en intention amoureuse, qu'un bracelet ou une bague. Fernand donne rendez-vous à Raynaud pour le lendemain 24 décembre, peu après 8 heures du matin « dans son studio de la rue Michelet ».

Le 24, à l'heure dite, Raynaud sonne à la porte du studio. Rassuré quant aux pommes de terre, Bonnier va tout révéler à Raynaud de la mise à mort à laquelle il doit procéder quelques heures plus tard : ahuri, Raynaud entend son ami dérouler les épisodes, parfaitement mis au point, de l'attentat.

Il montre à Raynaud une carte d'identité et un passeport, l'une et l'autre au nom de Morand. Ces faux ont été établis par l'inspecteur Schmit, de la sécurité du territoire, l'un des principaux collaborateurs d'Achiary[1]. Il montre aussi les 2 000 dollars qu'il a sur lui, prélevés sur ceux qu'a apportés le général d'Astier de la Vigerie.

— L'abbé a tout organisé, répète-t-il tranquillement. Une fenêtre du bureau de Darlan sera ouverte. Je sortirai par là.

— Tu ne t'en sortiras pas, s'exclame Raynaud, tu réussiras, mais tu ne t'en sortiras pas après.

Il lui offre d'aller chercher à Aïn-Taya une vingtaine de garçons qui couvriront sa sortie. Bonnier refuse : il ne se sent pas en droit de modifier d'un iota le plan de Cordier.

— Je n'ai rien à craindre, un échelon de police est avec nous.

Quand ils se séparent, la voix de Fernand change un peu.

— S'il devait m'arriver quelque chose, je te laisse tout. Mon père n'est pas au courant. Tu verras avec lui. Je ne reviendrai pas ici. Je te laisse la clef de mon appartement[2].

Ce qui frappe Raynaud, c'est l'extraordinaire tranquillité de Bonnier. Il me l'a écrit : « Les termes *calme* et *serein* sont superflus concernant Fernand. Il me décrivait l'action projetée sans la moindre exaltation. Il allait remplir une mission bien préparée. C'est tout. Et c'était très simple. »

Conscient que Pierre pourrait lui en vouloir de s'être tu jusque-là, Fernand explique qu'il était tenu par le secret qu'il avait juré de garder : « Il me décrivit longuement comment devait se dérouler sa mission, me répétant — au moins deux fois — son *briefing*. Il avait la certitude que l'opération se déroulerait comme prévu. L'affaire me paraissait surprenante, mais il montrait une confiance totale dans la manière dont elle avait été préparée. Naturellement, il répéta que Cordier — il disait Cordier, non l'abbé — avait tout prévu, avec Henri d'Astier, et que tout devait se passer “ comme

1. Quelques jours après la mort de Bonnier de La Chapelle, l'inspecteur Schmit s'engagera dans l'armée et trouvera une mort glorieuse devant Colmar.

2. Pierre Raynaud : lettre à Arnaud de Chantérac et *Journal of the British Institute in Paris*, n° 7, printemps 1989.

prévu ". Aussi fus-je surpris (j'en ai toujours conservé le souvenir) lorsqu'il ajouta : " Si le coup rate, j'en serai quitte pour passer la fin de la guerre en Amérique du Sud. " »

Bonnier de La Chapelle va laisser Pierre Raynaud à la fois désemparé par son calme et bouleversé par la perspective qu'il voit se dessiner. Avec un regret aussi : pourquoi n'est-ce pas lui, Raynaud, que l'on a désigné ? Perplexe enfin : Bonnier croit-il vraiment à cette perspective d'Amérique du Sud dont il parle si tranquillement ? « Je compris qu'il me disait cela pour me montrer, par amitié, qu'il me disait tout, y compris une éventualité considérée par rigueur d'esprit, mais qu'il était impensable de voir se produire. »

La veille, 23 décembre à 12 h 30, Darlan a offert un déjeuner en l'honneur d'Eisenhower, de Clark, de Murphy et de l'amiral de la flotte anglaise, sir Andrew Cunningham. On s'est entretenu de la santé d'Alain Darlan qui, à la suite d'une offre de Roosevelt, va poursuivre sa convalescence à Warm Springs (USA). Depuis quelque temps, on parle beaucoup d'une retraite de l'Amiral. Clark a sondé habilement Darlan :

— Je crois que si l'Amiral le désirait, il pourrait accompagner son fils en Amérique.

Désabusé, Darlan répond :

— Je serais ravi de passer les pouvoirs au général Giraud. Il se plaît ici et moi pas.

Le déjeuner se termine. Darlan emmène Murphy dans son bureau :

— Vous savez sans doute que, de quatre côtés différents, on complote de m'assassiner.

L'Amiral tend à Murphy une liste : celle des hommes qu'il estime pouvoir lui succéder. L'Américain y note les noms de de Gaulle, Giraud, Flandin, Paul Reynaud et Edouard Herriot.

Dans les papiers de l'Amiral on trouvera une curieuse note de sa main, datée du 23 décembre 1943 — deux jours avant sa mort ! — qui m'a été communiquée [1]. L'Amiral revient sur la même préoccupation. Le texte est titré : « Personnalités françaises en vue. » Il énumère d'abord, *côté légal* : « Amiral Darlan, général Giraud, général Noguès, gouverneur général Boisson, amiral Robert. » *Côté gaulliste* : « Général de Gaulle, général Catroux. » *Côté neutre* : « M. Chautemps, M. Pierre Cot. »

Suit le développement que voici : « Si, pour des raisons diverses, l'amiral Darlan, successeur légal du chef de l'Etat, ne pouvait continuer, qui pourrait le remplacer ? Les gaullistes doivent être éliminés, car ils ont contre eux la majorité des Français d'Afrique, la presque totalité de l'armée de terre et de l'air, la totalité de l'armée de mer.

« En outre, de Gaulle est " noble ". Lui et Catroux sont considérés comme des réactionnaires.

« Du côté légal, le général Noguès ne paraît pas devoir obtenir l'adhésion des Américains. Le gouverneur général Boisson n'aurait pas l'adhésion des gaullistes. Le général Giraud aurait l'adhésion des Américains, on pourrait peut-être amener les gaullistes à l'admettre. Serait-il admis par les Français d'opinions radicales et socialistes, c'est peu probable. En tout cas, il est le commandant en chef qualifié de la totalité des forces françaises. Son devoir paraît être de faire la guerre et non de la politique. S'il commande effectivement les forces françaises, il ne pourra pas administrer.

« L'amiral Robert paraît avoir les sympathies américaines. Il est à peu près ignoré de tous les Français.

« Parmi les neutres, M. Pierre Cot doit être éliminé. Toute l'armée de l'air serait à rebrousse-poil et tous les modérés français le renieraient. Il est un des grands responsables de la carence de l'aviation française. M. Camille Chautemps est un homme fin et cultivé. Il a été le premier président du Conseil du Maréchal [2]. Il est pro-américain. Certains Français d'Amérique l'ont rejeté parce qu'il faisait partie du gou-

1. Je dois cette communication à M. Jacques Raphaël-Leygues (lettre du 6 juin 1979).
2. Darlan entend par là que le Maréchal a été ministre pour la première fois dans le cabinet Chautemps de 1933.

vernement qui a signé l'armistice. Il est le parfait représentant de l'ancien parlement français qui a amené le pays à la défaite. Son nom a été mêlé à des scandales retentissants.

« Dans l'ancien parlement il n'y aurait eu sans doute que le président Herriot qui aurait pu être admis. Mais il est prisonnier et il y a peu de chances pour que nous le retrouvions avant la fin des hostilités. Dans quel état physique et moral le retrouverons-nous ? Il doit avoir près de 70 ans.

« Albert Sarraut ne paraît pas avoir été privé de sa liberté. Il est lui aussi l'un des grands représentants du parti radical. Aux dernières nouvelles, il était en bonne forme physique. Il faudrait le faire partir de France : il doit être très surveillé.

« Piétri, ambassadeur à Madrid, est un homme intelligent mais sans aucune volonté. Il n'a pas été capable de choisir une ligne de conduite depuis le 11 novembre. »

On notera que le nom de Pierre-Etienne Flandin ne figure pas dans ce document.

« Darlan, dira Murphy, semblait prendre au sérieux la menace qui pesait sur lui et, cependant, il en parlait avec détachement comme s'il s'agissait de la mort de quelqu'un d'autre et non de la sienne. »

Récit de Fernand Bonnier de La Chapelle recueilli par les commissaires Garidacci et Esquerré : « L'abbé Cordier me donna rendez-vous le 24 [décembre] au matin dans une petite rue, près de l'église Saint-Augustin, où il disait la messe. Je m'y rendis et il me dit qu'il était nécessaire que je me confesse avant d'agir. Et qu'au nom de Jésus-Christ il me donnerait l'absolution.

« Tout en marchant, il m'invita à faire ma confession. J'avais à peine esquissé un signe de croix que l'abbé me dit : " Voici les plans du palais d'Eté, où se trouvent les bureaux de l'Amiral. " Il m'expliqua le procédé à employer pour pénétrer dans les bureaux et l'endroit où je devais me poster. Il me remit un revolver de gros calibre, chargé, et m'invita à confesser ce que j'allais faire puis me donna l'absolution.

« Me sentant en règle avec Dieu, j'allais retrouver mes camarades du groupe d'Hydra, chargés de me conduire devant la grille du palais d'Eté. »

Veille de Noël. Le soleil. Les rues pleines de soldats américains et de gens affairés : les préparatifs de la Nativité.

Partant de la rue La Fayette dans la voiture de fonction d'Henri d'Astier, l'inspecteur Schmit et Jean-Bernard conduisent Bonnier jusqu'au palais d'Eté. Fernand est assis à côté de Jean-Bernard qui conduit. « Très calme, très décontracté, parlant peu » : c'est ainsi que Jean-Bernard d'Astier m'a décrit Bonnier de La Chapelle au cours du trajet. On s'arrête devant le palais. Jean-Bernard désigne à Bonnier un bistrot en face :

— Je t'attends là.

Sans hâte, Bonnier est entré dans le Palais. Il s'approche d'un garde qui lève à peine les yeux sur ce jeune homme tiré à quatre épingles, un parapluie au poignet. Le jeune homme s'explique :

— Je veux voir M. de La Tour du Pin.

— Il faut me remplir une fiche.

Bonnier sort un stylo de sa poche et obéit. Nom : Morand.

Le soi-disant Morand attend. Longtemps. Dehors, un bruit de moteur. Bonnier va à la fenêtre et distingue, derrière les vitres de la voiture qui démarre et l'Amiral quitte le palais.

Le garde s'approche :

— M. de La Tour du Pin ne viendra pas ce matin.

Bonnier a attendu pour rien. Il hausse les épaules et annonce qu'il reviendra l'après-midi. La voiture n'est plus là ; Jean-Bernard s'est lassé d'attendre. Il a laissé un petit mot au patron du bistrot : « Je suis au Paris. »

Tout le monde connaît Le Paris. C'est le restaurant à la mode où l'on côtoie tous ceux qui comptent à Alger. Tous ceux, aussi, qui complotent. Henri d'Astier y tient table ouverte.

Précisément, il déjeune là, Henri d'Astier, en compagnie

de sa femme et de Cordier. Un peu plus loin, à une autre table, sur la gauche, Jean-Bernard s'est installé avec Mario Faivre. Mario tourne le dos à la porte. Jean-Bernard fait face à cette porte. L'atmosphère est lourde, les visages sont tendus. Toujours pas de nouvelles du palais d'Eté.

On en est au dessert. Mario voit le regard de Jean-Bernard se faire très attentif :

— Bonnier est là.

Jean-Bernard se lève pour sortir. A l'autre table, Cordier se lève aussi. Mario n'a pas bougé. Il attend. Et voici que Jean-Bernard rentre et vient à lui :

— Cordier veut te voir.

Mario rejoint, sur le trottoir d'en face, l'abbé qui, en toute hâte, leur confie :

— Darlan n'était pas là ce matin. Bonnier va retourner au palais d'Eté. Il a vu ton auto en bas. Il demande si tu ne peux pas l'emmener pour essayer son arme.

Mario acquiesce, fait quelques pas vers la Peugeot rangée dans la petite rue Balay, située entre la rue Pasteur et le bas de la rue Michelet. Parapluie à la main, Bonnier de La Chapelle attend sagement, adossé à la portière arrière gauche. Mario ne l'a jamais rencontré. Bonnier, lui, le connaît de vue.

De la terrasse du Coq hardi, un café voisin, Roger Rosfelder, un camarade, les a suivis. D'autorité, il s'installe à l'arrière de la voiture où Bonnier le rejoint. Mario Faivre s'est mis au volant. Jean-Bernard est assis à sa droite.

A la terrasse du Coq hardi, il y a une soixantaine de personnes. La moitié savent que les occupants de la 302 vont tuer Darlan. C'est ainsi, à Alger, en décembre 1942.

On roule. Avec Rosfelder, Bonnier échange quelques mots. « Aucune excitation, ni émotion, dira Mario Faivre. Nous irions jouer au tennis, il ne serait pas différent. »

L'auto s'arrête dans un chemin creux bordé d'oliviers. A deux mètres, un talus. Bonnier baisse la vitre, sort un revolver et tire. Le premier coup rate. Le second et le troisième partent. N'importe, une arme qui rate un coup sur trois, c'est trop. Surtout quand on veut tuer Darlan. Bonnier demande une arme plus sûre. Jean-Bernard lui tend un 7,65 Rubis que Faivre lui a donné la veille. Bonnier tire plusieurs coups. Impeccable. Bonnier empoche le revolver et donne le sien à Jean-Bernard.

Une halte chez Faivre, au Mont-Hydra, pour prendre deux chargeurs pleins. On redescend vers le palais d'Eté. La voiture stoppe, Bonnier descend. Un mot, un seul :

— Adieu.

Il s'engouffre dans le palais. Cette fois, il demande à voir Louis Joxe. Ce nom, c'est Cordier qui le lui a indiqué, parce que précisément l'abbé sait que Joxe ne viendra pas au Palais cet après-midi là. On dit à Bonnier d'attendre. C'est tout ce qu'il veut.

C'est fait. L'Amiral est mort. Bonnier de La Chapelle est maintenu sous bonne garde dans le bureau situé au-dessous du cabinet de travail de Darlan. C'est là que Rigault, appelé téléphoniquement par le général Bergeret, va le trouver un peu plus tard. Le commissaire à l'Intérieur pénètre dans cette petite pièce, réservée en temps normal aux gardes de service. Il voit l'assassin assis sur une chaise, le visage très rouge, obstinément muet. Il est en manches de chemise, sans cravate, le col largement ouvert. A Rigault, il apparaît comme « sonné ». On le comprend si l'on sait que le commissaire Garidacci, à la fin de l'après-midi, verra le prisonnier se remettre « progressivement des coups reçus lors de son arrestation ». Derrière une table, en face de Bonnier, le commissaire Esquerré hurle. Rigault regarde le jeune homme une minute ou deux. Il se convainc qu'il ne résistera pas au moindre interrogatoire un peu « poussé ». Et s'en va.

Le préfet Muscatelli, accouru sur les lieux, prend la décision de faire transférer Bonnier au commissariat central. Nouvelle faille dans le plan des conjurés. Si l'on avait conduit Bonnier à la Sécurité du territoire, Achiary l'aurait pris en charge. L'évasion était assurée. C'est à la police judiciaire qu'on a remis Bonnier. Au cours du transfert, quelqu'un a reconnu le meurtrier :

— Mais c'est le fils de Bonnier de La Chapelle, le journaliste !

Vers 20 heures, Edmond Ricard, gardien de la paix, cycliste de la brigade C de la Police d'Etat d'Alger, et son collègue Delpuget se voient appelés, par leur chef de brigade, à se rendre à la Police judiciaire pour s'y mettre à la disposition du commissaire Esquerré. Grande est leur surprise. Edmond Ricard me l'écrira : « En vingt-cinq ans de présence à la Police d'Etat d'Alger, c'est la seule fois que j'ai vu la Police judiciaire faire appel à des agents [1]. »

L'historien peut se réjouir qu'une telle mission ait été assignée à ces deux gardiens de la paix : sans elle nous n'aurions rien su du comportement de Bonnier de La Chapelle entre le moment de son arrivée à la Police judiciaire et sa comparution devant ses juges.

A l'arrivée des deux gardiens de la paix à la PJ, un inspecteur « d'un âge assez mûr » que Ricard ne connaît pas, les accueille. « Il semblait être là à nous attendre, debout au bas des escaliers menant aux étages supérieurs, une main sur le pommeau de la rampe. “ Ah ! vous voilà ”, c'est les trois mots qu'il nous dit. Nous nous avancions vers lui lorsque, au même moment, descendaient de l'étage supérieur le Secrétaire général des polices au Gouvernement général, Bringard, et le commissaire chef de la police judiciaire d'Alger, Esquerré. Au bas des escaliers, tous deux marquent un temps d'arrêt. Esquerré dit alors à Bringard : “ Le gosse est là. Veux-tu le voir ? ” Et Bringard de répondre, levant la main d'un geste nonchalant : “ Bah ! j'ai bien le temps demain matin. ” »

Poignée de main entre Bringard et Esquerré. Exit Bringard. Esquerré s'engage dans l'escalier sans rien dire aux

1. Lettre du 10 septembre 1979.

deux agents. L'inspecteur qui les a reçus s'adresse à Delpuget :

— Vous, restez ici.

Il fait signe à Ricard de le suivre et, s'engageant dans un couloir, le conduit jusqu'à la porte du bureau du commissaire. Au moment de l'ouvrir, il marque un temps d'arrêt :

— Vous allez surveiller le jeune homme qui est dans ce bureau. Défense de lui parler. On viendra vous le prendre dans la soirée.

« Il ouvre la porte, écrit Ricard, me laisse pénétrer dans le bureau et s'éclipse en refermant derrière lui le battant. C'est alors que je me trouve face à face avec un jeune homme très correctement vêtu, il me regarde en souriant ; il était assis sur le fauteuil du commissaire *et à sa place*. Il ne me restait plus qu'à prendre une chaise et m'asseoir face à lui.

« Défense de lui parler. Je sortais un petit cigare et l'allumais. C'est lui qui, le premier, prend la parole en me demandant :

« — Il y a longtemps que vous avez vu mon père, ce gros... et son légendaire cigare [1] ?

« Ignorant qui j'avais face à moi, et les gens fumant le cigare étant si nombreux, je ne puis que lui répondre :

« — Oh ! non, il y a à peine deux ou trois jours...

« Et lui de continuer :

« — Avec sa chronique de chiens crevés, il n'y a pas de quoi être si fier !

« Ils étaient trois qui, chaque soir, venaient au Gouvernement général pour leur rubrique de faits divers : celui d'*Alger républicain*, celui de *L'Echo d'Alger* et celui de *La Dépêche algérienne*. Sur les trois il en était un seul gros. Ayant perpétuellement à la bouche un mégot de beau cigare, souvent éteint, il s'appelait Bonnier. C'était donc son fils que j'avais face à moi. Mais pourquoi était-il là, lui ? J'étais toujours dans l'ignorance.

« Mais la glace était rompue et ce gosse que je surveillais, éprouvant peut-être le besoin de parler, m'apprit lui-même

1. Ricard a laissé en pointillés le qualificatif.

qu'il était l'assassin de Darlan, et de me narrer les principaux moments de l'action. »

Rien de nouveau pour nous dans ce récit, sinon que Bonnier confirme : au cap Matifou, « ils se trouvaient à cinq pour exécuter le complot contre Darlan, et de tirer à la paille la plus longue pour désigner qui aurait cet honneur [1] :

« — Ce n'est pas moi qui ai tiré la plus longue. Celui qui l'a eue s'est dégonflé, alors je me suis porté volontaire. »

A la fin, Ricard interroge :

« — Pourquoi faire ça la veille de Noël ?

« — J'avais cinq jours de permission qui se terminent ce soir, demain ma compagnie doit partir direction frontière tunisienne [2]. »

Ricard s'étonne : comment Bonnier a-t-il pu rentrer si facilement au Palais d'Eté ? Réponse :

« — Ce n'était pas pour Darlan que j'avais une convocation, mais elle était en règle.

« — Et pour le pétard, comment l'avez-vous eu ?

« — C'est le même que celui qui pend à votre baudrier.

« — C'est par le... que vous l'avez eu [3] ?

« Alors Bonnier me regarde de son air franc, incline légèrement la tête vers l'avant et je vois sa bouche s'ouvrir pour prononcer le mot *oui*. »

Ricard poursuit : « A ce moment, la porte du bureau s'ouvre, l'inspecteur qui nous avait reçus rentre portant un plateau qu'il dépose sur le bureau :

« — Mange, petit, tu as besoin de te remplir la panse.

« Et de ressortir aussitôt. Il y avait là quelques moules décortiquées, une cuisse de petite dinde ou de gros poulet, un morceau de brioche, une grosse pomme rouge et une bouteille de mascara aux trois quarts pleine. C'est en gobant ses moules et en mangeant sa cuisse de petite dinde, ou gros poulet, qu'il me raconte sa vie familiale. Son nom est Fernand Bonnier de La Chapelle. Bonnier le nom de famille

---

1. En contradiction avec Philippe Ragueneau qui parle de la plus courte.
2. Ceci ne cadre pas avec le témoignage de Pierre Raynaud sur la présence quasiment continuelle de Bonnier à Alger ainsi que la location par lui d'un studio en ville.
3. Ici encore les pointillés sont de Ricard.

du père. De La Chapelle celui de la mère d'origine italienne [1]. Le couple vivant séparé depuis fort longtemps, lui vivait avec sa mère et sa sœur. Sa mère gérait une petite boutique de librairie rue Michelet, proche de la brasserie Renaissance. Je lui dis alors que j'ai souvent causé avec son père. Et que souvent j'ai vu, sur le pas de la porte du magasin, sa mère ou sa sœur, une belle et grande jeune fille blonde.

« Son repas terminé, il restait un peu de vin dans la bouteille. Il insista avec tant de ferveur que je n'osai lui refuser un demi-verre qu'il me servit à même le sien...

« Le temps passait plus lentement, sûrement, pour mon collège Delpuget, qui était bien tout seul à tourner en rond dans ce hall mal éclairé. Il se décide à venir nous rendre visite et il nous trouve en train de causer tranquillement, non pas du meurtre, mais de la vie des militaires du Corps franc d'Afrique. Bonnier tenait dans sa main la grosse pomme rouge. Au moment de la croquer, il gémit un « aïe » douloureux, et sa main libre de se porter sur ses incisives supérieures, en disant :

« — Ce salaud, avec sa crosse de revolver, il m'a ébranlé trois ou quatre dents » et, devant Delpuget, de nous raconter la scène du coup de crosse.

« — Quand j'ai pu m'approcher de Darlan, il ouvrait la porte de son bureau, c'est à cet instant que je l'ai abattu, il s'est écroulé en plein travers de la porte, m'empêchant de rentrer dans le bureau. L'officier qui accompagnait l'Amiral m'a alors ceinturé. C'est en me débattant que mon revolver a percuté et que j'ai blessé cet officier à la jambe, ce que je regrette car à aucun moment je n'ai voulu le blesser.

« Mon collègue, qui écoutait ce récit, en restait tout ébahi, car il venait d'apprendre, en cet instant, qu'il avait face à lui l'assassin de Darlan. Il lui demande alors s'il veut bien lui signer un autographe, et Bonnier de lui répondre :

« — Il n'y a pas de raison que je refuse.

« Mon collègue lui présente alors son carnet de service et

1. Faux (voir plus haut).

son stylo, mais en cet instant Bonnier se ravise en s'excusant :

« — Je regrette, mais on m'a fait jurer de ne rien signer. »

« C'était presque l'heure de la relève. Delpuget nous quitte pour être dans le vestibule lorsque la relève arrivera. Il revient presque aussitôt accompagné d'un flic que je ne connaissais pas, je lui passe les consignes qui étaient bien courtes : " Défense de lui parler. " »

« Je m'approche de Bonnier, lui donne une poignée de main et lui dis merde. Il me répond de son gracieux sourire en me disant merci.

« Je rejoins Delpuget qui se trouvait déjà sur le pas de la porte de sortie de la PJ. Nous remontons ensemble les quelques mètres pour arriver sur le boulevard Baudin et nous nous quittons, lui en direction de la Grande Poste, moi carrefour de l'Agha. Il était alors minuit. La rue était complètement déserte. »

Au commissariat central, c'est Garidacci qui a interrogé Bonnier. Encore une étrange histoire que celle de cette entrevue. Il faudra au commandant Voituriez, nommé un peu plus d'une semaine après la mort de Darlan, le 9 janvier 1943, « provisoirement » juge d'instruction au tribunal militaire, des efforts acharnés pour reconstituer toute l'histoire.

A peine désigné, Voituriez a demandé audience au général Giraud qui, en présence du général Bergeret, l'a reçu aussitôt. L'ordre est venu, clair et net : le magistrat doit faire la lumière sur la mort de l'Amiral. Ceci pour des raisons de haute politique que Giraud expose : les Américains considèrent que l'assassinat est le fait des services secrets français. Le général Eisenhower a signifié son verdict au nouveau Conseil d'Empire : « Si, dans un délai très bref, vous n'arrivez pas à faire cesser l'atmosphère de complot permanent qui règne à Alger, l'administration américaine prendra elle-même le commandement civil et militaire de l'Afrique du Nord. » Conclusion de Giraud à Voituriez :

— Je viens de signer un ordre d'informer en blanc, non nominatif, contre toute personne ayant de près ou de loin participé soit au complot, soit à l'assassinat de l'amiral Darlan. Vous inculperez qui vous jugerez utile sans avoir à m'en référer.

Voituriez connaît son métier. Il ne peut méconnaître que l'irrégularité, ici, est flagrante car « les juges d'instruction militaire, à l'inverse des juges civils, ne peuvent pas inculper les personnes qu'ils jugent coupables. C'est l'autorité militaire qui leur donne cet « ordre d'informer », document signé par le général compétent. Cet « ordre d'informer » doit être nominatif ; il indique les personnes que l'autorité militaire défère devant les tribunaux [1] ». En l'occurrence le juge sera responsable de ses inculpations en se substituant à l'autorité militaire ! Cela ne dit rien qui vaille à Voituriez mais comment ne pas s'incliner ?

— Mon général, j'obéirai. Je vous demanderai donc de bien vouloir me faire parvenir le dossier qui a dû être établi par les autorités compétentes. Je vais l'étudier immédiatement et j'instrumenterai aussitôt.

Réplique inattendue de Bergeret.

— C'est la difficulté. Votre dossier est entièrement vide.

L'interrogatoire mené par les commissaires Garidacci et Esquerré a en effet disparu. Jean Rigault m'a confié qu'il s'en était très tôt rendu compte. Vers 3 heures du matin, le 25 décembre, il a voulu savoir où en étaient les choses. Il s'est rendu au commissariat central. Tout le monde dormait. Rigault a fait réveiller le commissaire Esquerré, exigé qu'on lui montre le procès-verbal de l'interrogatoire de Bonnier. On le lui a apporté : ce sont les quelques lignes reproduites ci-dessus par lesquelles Bonnier reconnaît son acte, affirme que, s'il a tiré sur Darlan, c'est pour faire son devoir de Français et de patriote. Avec mépris, Rigault jette la feuille de papier sur la table :

— C'est un procès-verbal d'accident de la route. Pour-

1. Albert Jean Voituriez : *op. cit.*

suivez l'enquête toute la nuit s'il le faut. Je veux un interrogatoire concluant demain matin à 9 heures.

Le lendemain, à 9 heures, quand Rigault reviendra, il trouvera le commissaire Esquerré tout réjoui. Avec un respect trop prononcé pour être authentique, il dira :

— Le juge d'instruction vient de passer et il a emporté le dossier.

Ce juge d'instruction — il s'agit du commandant Rondreux, Voituriez lui succédera — Rigault le rencontrera à la fin de la matinée. Ses conclusions sont celles d'un homme que n'effleure aucun doute :

— Un cas très simple. Un crime d'isolé, d'intellectuel... Un jeune étudiant exalté... Raskolnikoff...

Ce que Rigault ne sait pas — on le saura plus tard — c'est que, dans la nuit, Garidacci et Esquerré, comme le souhaitait le commissaire à l'Intérieur, ont repris l'interrogatoire de Bonnier. Bonnier a parlé. Et Garidacci a recueilli les aveux du meurtrier.

« Bonnier de La Chapelle, Fernand, étudiant, vingt ans, habitant à Alger, 56, rue Michelet, déclare :

« J'affirme avoir tué l'amiral Darlan, haut-commissaire en Afrique française, après en avoir référé à l'abbé Cordier, sous la forme d'une confession.

« C'est M. Cordier qui m'a remis le plan des bureaux du commissariat du cabinet de l'Amiral, et c'est par lui que j'ai pu me procurer le pistolet et les cartouches qui m'ont servi à exécuter la mission que je m'étais assignée et qui était de faire disparaître l'Amiral.

« Lorsque je me suis engagé dans les corps francs, j'ai recruté, de ma propre initiative, parmi les gradés et les hommes de troupe, des hommes de main dont M. d'Astier aurait pu avoir besoin. Mais M. d'Astier n'a jamais été mis au courant de mon action personnelle.

« Je sais que MM. Cordier et d'Astier ont rencontré récemment le comte de Paris, au même titre qu'ils rencontrèrent des personnalités.

« Enfin j'ai l'impression que M. d'Astier de La Vigerie ne

vit pas en excellents termes avec M. Rigault, dont l'action auprès de l'Amiral était gênante pour lui et ses amis.

« Lu, persiste et signe, Bonnier de La Chapelle. »

Ce second interrogatoire ne figure pas dans le dossier emporté par le juge d'instruction. Il ne sera jamais montré aux juges militaires. Pourquoi ? Parce que le commissaire Garidacci l'a conservé. Il expliquera à Voituriez : « C'est de ma propre autorité que j'ai gardé par-devers moi ce procès-verbal, car je me demandais s'il était opportun que les véritables coupables soient connus. Je me plaçais uniquement au point de vue supérieur de la France, car aucun autre mobile ne m'a poussé. Je ne connais, ni de près, ni de loin, Cordier, ni d'Astier. » Peut-être, mais comme l'a souligné Arnaud de Chantérac, « ce geste va conduire à la mort un enfant de vingt ans ».

Au cours de la nuit, Bonnier est allé plus loin. Il a confié à Garidacci et plus encore à Esquerré tous les détails du complot. Garidacci dira à Voituriez qu'Esquerré et lui ont su le mettre en confiance. Entre ce jeune homme pétri d'innocence et les policiers rompus aux roueries de leur métier, le jeu n'est pas égal. Garidacci gardera la trace de ces confidences. Plus tard, affolé par le tour que prenait l'enquête de Voituriez, il lui avouera tout.

Lentement, la nouvelle de la mort de l'Amiral gagne Alger. Tous les témoins s'accordent à dire que la population exprime peu de regrets. Reste à désigner le nouveau haut commissaire. Darlan avait réglé la procédure : le Conseil d'Empire doit procéder à l'élection du successeur.

C'est alors que le comte de Paris sort de l'ombre. Pour lui, la mort de Darlan change tout. Dans son entourage, l'espoir renaît. Il suffit de convaincre, l'un après l'autre, les cinq membres du Conseil d'Empire et le tour sera joué : le comte de Paris sera porté au pouvoir. Pour éviter d'autres intrigues, il faut faire vite. Il faut aussi que le nouveau Haut-Commissaire soit rapidement en mesure de sauver Bonnier de La Chapelle.

Le 25 décembre au matin, Rigault voit arriver dans son bureau le général Bergeret. Surprise du commissaire à l'Intérieur. Leurs rapports sont courtois, mais assez froids. Logiquement, c'eût été à lui d'aller au général. La surprise de Rigault s'accroît en constatant que le général, pour la première fois, lui parle à cœur ouvert. Bergeret offre l'image d'un honnête homme, très frappé, très sincère :

— Je n'arrive pas à me remettre de la mort de l'Amiral. Il est abominable, après tout ce que nous avons vu depuis deux ans, que des Français en soient encore à s'entre-tuer.

Il continue sur ce thème pendant cinq bonnes minutes. Soudainement, il enchaîne :

— Vous savez que le comte de Paris est à Alger ?

— Oui.

— Il m'a dit qu'il se faisait fort de mettre fin à toutes ces querelles, de réconcilier Alger et Londres. Je ne suis pas monarchiste, mais je me demande si nous devons refuser d'entendre quelqu'un qui peut mettre fin à ces dissensions insupportables. Qu'en pensez-vous ?

Aucune hésitation dans la réponse de Rigault :

— Mon général, je suis très bien placé pour vous répondre. Je suis monarchiste. Je connais depuis plusieurs années le comte de Paris. Mon sentiment serait favorable si l'affaire pouvait réussir. Mais elle ne peut pas réussir. Ceci pour trois raisons. D'abord, l'opération a été montée en dépit du bon sens. Ensuite, une histoire comme celle-là ne pourra que braquer la métropole contre nous. Enfin, il me paraît difficile de ne pas tenir compte de l'avis des Américains. Je puis déjà vous dire qu'Eisenhower sera horrifié. On lui a déjà tellement reproché à Washington d'avoir traité avec Darlan, vous l'imaginez proposer le comte de Paris à Roosevelt ?

Bergeret a écouté Rigault avec la plus vive attention. Une question encore :

— Tout ce que vous venez de me dire, êtes-vous prêt à le répéter au comte de Paris ?

— Sûrement.

— Bon. Soyez chez moi cet après-midi à 15 heures.

A l'heure dite, Rigault pénètre dans la villa qu'occupe Bergeret. Il y trouve le prétendant, mais aussi Pose et d'Astier. Comme il l'a promis à Bergeret, le commissaire à l'Intérieur énumère de nouveau les trois arguments qui, selon lui, s'opposent à l'accession du comte de Paris au pouvoir. Comme il était prévisible, son discours jette un froid. D'un seul coup, toutes les illusions quecaressait le prétendant sur « l'homme fort » du régime s'effondrent.

Le prince évite de répondre sur les deux premiers points, mais s'attarde, avec une certaine nervosité, sur le troisième :

— Il faut que vous sachiez que le Vatican me soutient. Vous devez savoir aussi que Franco m'est favorable. Et que je compte voir incessamment Murphy.

Rigault s'incline :

— Monseigneur, je me défends personnellement de mon mieux des intrusions américaines. Si j'apprends que Murphy vous donne une réponse favorable, soyez sûr que j'en serai le premier satisfait.

S'élève alors une petite altercation avec d'Astier qui lance à l'adresse de Rigault :

— *Audaces fortuna juvat.*

— Oui, le 8 novembre, nous avons osé, dit Rigault. Mais nous étions prêts [1].

D'ores et déjà, on peut prévoir que Bergeret, au Conseil d'Empire, se dérobera. Chatel, toujours prudent, se gardera bien de faire aucune promesse. Quant à Boisson et Noguès, tout au long de la journée, ils préféreront rester introuvables. Reste Murphy que le comte de Paris rencontrera dans l'après-midi. Sa réponse sera aussi brève que sans appel :

— J'ai monté une opération avec Giraud. Il m'a claqué entre les doigts. J'ai joué Darlan, on l'a tué. L'opinion américaine ne comprendrait pas, après les deux échecs, que je soutienne le comte de Paris. Dans ces conditions, j'en reviens à la solution initiale et j'appuie Giraud [2].

1. Témoignage de Rigault à l'auteur.
2. Comte de Paris : *op. cit.*

A la police judiciaire, le bâtiment est littéralement investi par des gardes mobiles. Impossible de hasarder le coup de main auquel les camarades de Bonnier ont pensé aussitôt. Dans la matinée du 25, les jeunes du corps franc sont prêts à tout, comme me le révèle le témoignage de Pierre Raynaud : « Après réflexion avec des amis d'Alger (docteur de Limouze) je me persuadai qu'étant au courant, je devais intervenir et décidai d'en faire part à Henri d'Astier de La Vigerie. Je comptais lui proposer d'intervenir avec les cinquante hommes du Corps franc. Nous étions armés, j'avais un moyen de transport. J'étais sûr qu'ils me suivraient et que nous pourrions prendre la prison de Barberousse. Je voulais peut-être plus encore demander à Henri d'Astier si c'était bien de Barberousse qu'il s'agissait, plus encore peut-être que l'ordre d'action. A ma très grande surprise, Jean-Bernard me refusa l'entrée de l'appartement, mais fit ma communication à son père qui s'entretenait avec des personnalités importantes (il devait être 20 heures ou 21 heures). La réponse fut catégorique. Ne rien faire pour ne pas compromettre l'action engagée sur un autre terrain : *tout va s'arranger*. Je dis à Jean-Bernard que je passerais la nuit à attendre un ordre par téléphone au camp d'Aïn Taya, mais la réponse fut si décevante que je ne tins pas le camp en alerte ! Naturellement, je ne reçus pas d'appel. »

Le *tout va s'arranger* d'Henri d'Astier s'explique. A cette heure-là, les conjurés peuvent encore espérer que Bonnier sera gracié. Une opération de commando pourrait annuler des chances qui, à leurs yeux, restent sérieuses. Rue La Fayette, un véritable conseil de guerre s'est réuni. Henri d'Astier élève la voix :

— Avant tout, il faut absolument sauver cet enfant.

Or, à l'heure où se réunit ce « conseil de guerre », Bonnier de la Chapelle a déjà été condamné à mort.

Dans la matinée du 25, le commissaire du gouvernement, — un capitaine — est venu interroger Bonnier. Celui-ci a réitéré sa déposition de la veille. Il a agi seul. Délibérément, il a passé sous silence les autres aveux livrés pendant la nuit à Garidacci. Ceux qui mettent en cause d'Astier et Cordier. De toute façon, il reconnaît son acte, il y a flagrant délit. Voilà qui suffit amplement au commissaire du gouvernement pour étayer son acte d'accusation.

A cette heure-là, les parents du meurtrier ne savent toujours rien. Eugène Bonnier de La Chapelle s'est rendu professionnellement à la chapelle ardente où repose le corps de l'amiral Darlan et devant laquelle défilent les personnalités. Il doit rédiger le reportage de l'événement pour *La Dépêche algérienne*. Il prend des notes quand une personnalité se détache, embarrassée :

— Est-ce qu'on vous a dit, Bonnier... ? Il paraît que c'est votre fils qui a fait le coup.

Le journaliste, très calme, sûr de lui, rectifie :

— C'est un faux bruit. Mon fils est loin d'Alger pour dix jours.

Le défilé continue. Une autre personnalité s'approche :

— Il faut que vous sachiez, Bonnier, c'est votre fils.

Cette fois, le ton est si assuré qu'Eugène Bonnier de La Chapelle ne doute plus. Il balbutie, une sueur glacée lui inonde tout le corps. Il quitte la chapelle ardente, court téléphoner au journal pour se faire remplacer. « Un avocat, il faut à mon fils un avocat ! » Il parvient à joindre le bâtonnier Sansonetti. Ensemble, ils se présentent à la police judiciaire. On les conduit à la cellule de Fernand. L'infortuné père constate que son fils a la lèvre fendue. Il ne peut cacher son angoisse. Affectueusement, son fils plaisante :

— Alors, papa, tu es plus dégonflé que moi ? Tu as tort. Il faut que tu saches que j'attends du secours de gens très haut placés.

— Mais, Fernand, tu ne sais donc pas ce que tu risques ?

La voix de Fernand est pleine d'assurance :

— Ceux qui vont m'aider, ce sont d'Astier de La Vigerie et le comte de Paris. C'est pour eux que j'ai agi [1].

La visite s'achève. On informe le père que le procès de son fils aura lieu au tribunal militaire, rue de Constantine, à 18 heures.

Au début de l'après-midi, Mario Faivre a conduit Henri d'Astier chez Giraud. En ressortant de la résidence du général, d'Astier affirme au jeune homme qu'il a plaidé la cause de Bonnier de La Chapelle. Il a même affirmé porter lui-même l'entière responsabilité de tout. Giraud l'a écouté, puis :

— Partez tranquille, je ne ferai rien pour le moment.

Du Maroc, Noguès est arrivé en avion. Légalement, en attendant l'élection du successeur de Darlan par le Conseil d'Empire — elle n'aura lieu que le lendemain 26 — le résident général exerce la totalité des pouvoirs. Tout au long de mon enquête, j'ai interrogé les survivants : qui a exigé ce jugement si rapide ? Les réponses se sont révélées identiques :

— C'est Noguès.

La mort de Darlan pose déjà en elle-même de graves problèmes politiques. Si l'on attend pour juger Bonnier, si l'on ouvre un procès régulier, quantité de responsabilités peuvent surgir au grand jour et aggraver encore les difficultés du moment. C'est d'ailleurs ce qui se produira plus tard, lorsque la seconde instruction sera confiée au juge Voituriez : des hommes comme Henri d'Astier, Cordier, Achiary seront arrêtés ; le comte de Paris sera mis aux arrêts ; Alfred Pose ne sera sauvé d'une inculpation que par une intervention personnelle du général Giraud.

Donc, pas de vague. Après tout, ce Bonnier a tué. Il est défendu de tuer. Que la question soit réglée et qu'on n'en parle plus. Rigault comprend mal cette hâte. Il insiste auprès de Bergeret :

— Ne vous pressez pas trop. Moi, je pense au contraire qu'il serait intéressant que le petit parle.

Ce sont là des subtilités qui échappent au général Noguès.

1. Témoignage à l'auteur de Mme Eugène Bonnier de La Chapelle.

Tout ce que peut obtenir Rigault, c'est que le procès, fixé d'abord à 15 heures, soit reporté à 18 heures. De toute façon, le résultat est acquis d'avance. Je retiens à cet égard l'éloquent témoignage qu'a bien voulu m'adresser le docteur Le Minor. Il dit tout : « En décembre 1942, j'étais médecin chef du 27e train à Alger. Dans l'après-midi du 25, je reçus un coup de téléphone du médecin colonel Lauzeral, médecin chef de la place d'Alger, disant : “ Vous avez été désigné pour une désagréable corvée, puisque demain, à l'aube, vous assisterez à une exécution capitale à Hussein-Dey. On viendra vous chercher en voiture... ” Ainsi donc, AVANT que le “ procès ” de Bonnier ait eu lieu, les dispositions avaient été prises, en vue de son exécution, par l'autorité en place à Alger ».

A 18 heures 30, la cour martiale se réunit. D'emblée, le bâtonnier Sansonetti demande un supplément d'enquête. Le colonel Eloi, président, répond que c'est inutile : l'assassin a reconnu son crime, avoué qu'il l'a prémédité et qu'il est seul responsable.

D'une voix qui ne tremble pas, Fernand Bonnier de La Chapelle confirme. Il a voulu « faire justice d'un traître qui était un obstacle à l'union de tous les Français ». Me Sansonetti plaide pendant une heure et quart.

Bien courte, la délibération : avec le prononcé du jugement, un quart d'heure. Le tribunal de la XIXe région militaire condamne Fernand Bonnier de la Chapelle à la dégradation militaire et à la mort. Sentence qui doit être exécutée le lendemain à l'aube.

On conduit Bonnier dans une cellule située dans le même bâtiment que le tribunal. Le père, qui n'a pas été admis à assister à l'audience, attend dans une antichambre sans que personne vienne lui dire que son fils est jugé. Il reste là toute la soirée. Quand finalement on lui annonce la nouvelle, hors de lui il s'enfuit et, tout au long de la nuit, en compagnie du bâtonnier Sansonetti, tente de joindre les personnalités qui pourraient sauver son fils.

Il n'est pas le seul. Les conjurés multiplient leurs interventions. On frappe à toutes les portes. On appelle militaires et fonctionnaires. Les écoutes téléphoniques de cette nuit-là, quand on les consulte, rendent un son de tragédie.

Avant minuit, on espère encore que Noguès graciera le condamné. D'Astier a couru dans l'après-midi chez Saint-Hardouin qui, lui, garde quelque espoir. Dans la soirée, d'Astier reparaît chez Saint-Hardouin, accompagné cette fois de Pose. Ils sont hors d'eux « blêmes, décomposés, vieux de fatigue ». On ne parle plus que d'un recours en grâce.

On téléphone, on téléphone...

1 heure du matin. Marc Jacquet appelle chez d'Astier l'abbé Cordier :

— On vient de là-haut. Le colonel Piat a dit qu'il faut faire un recours en grâce...

— Il faut toucher Noguès, répond l'abbé.

— Oui, et faire un recours en grâce très motivé, car vous n'ignorez pas que, tant qu'on n'a pas statué sur le recours en grâce, on ne peut exécuter la sentence.

— Oui. Mais c'est la cour martiale : ça peut aller plus vite. Chaque minute compte. Chaque minute que nous perdons nous rapproche de l'échéance et nous enlève une chance. Il faut toucher le général.

1 heure 35. Me Sansonetti appelle l'abbé Cordier, l'informe qu'on a alerté l'état-major, que Bergeret et Giraud ont donné leur accord sur le recours en grâce.

Mais Noguès ?

1 heure 40. Alfred Pose entre en jeu. Lui, le responsable numéro 1, lui, le « cerveau », craque. L'homme du secret se dévoile en pleine lumière. Il appelle le cabinet de Darlan. Un officier lui répond. Pose ne se contient plus :

— Il paraît que l'on va exécuter très rapidement, aujourd'hui même, l'assassin de l'amiral Darlan. Est-ce exact ?

— Oui, si le recours en grâce est rejeté, comme cela semble probable.

— C'est très grave ! Il faut, à tout prix, obtenir un sursis !... J'étais en contact ce soir avec certains milieux qui sont décidés au pire si l'exécution a lieu. Il faut l'expliquer au général Bergeret ! Il ne faut pas que l'exécution ait lieu ce matin !

— Je ferai part de ce que vous me dites au général Bergeret, mais je serais bien étonné qu'il intervienne. Personne de bonne foi ne pourrait comprendre une démarche en faveur d'un assassin.

Pas de doute que l'officier sous-entend : une démarche d'un membre du gouvernement. La démarche du commissaire aux Finances Alfred Pose. Celui-ci n'en est plus aux précautions. Sa voix devient suraiguë :

— Ce serait une erreur formidable que de procéder à cette exécution ! Les milieux dont je vous parle sont décidés à rendre la vie impossible au gouvernement qui succéderait à Darlan ! Ils rendront la vie impossible à Giraud ! Il faut faire un geste politique. Sans cela, un gouvernement Giraud aura la vie impossible et il se passera des choses terribles !

L'officier en a trop entendu. Sèchement, il coupe court :

— Dites à vos amis que nous avons la liste des vingt ou trente personnes à mettre sous clé pour avoir la paix.

3 heures 03. Eugène Bonnier de La Chapelle appelle l'abbé Cordier :

— On vient de téléphoner au colonel Piat. Il nous renvoie à 4 heures 30. *Il n'y a rien de fait.*

— Je vais voir Baufre, dit l'abbé.

La voix haletante du père :

— Il serait bon de voir Bergeret et Giraud, afin qu'ils voient directement Noguès. Il est déjà 3 heures.

— Je m'occupe de cela tout de suite.

3 heures 08. L'abbé Cordier appelle Marc Jacquet qui dit que l'on peut se fier à l'intelligence politique du général Noguès.

— Il n'y a plus qu'à attendre demain.

— C'est entendu, merci, Marc.

3 heures 12. L'abbé Cordier appelle Me Sansonetti pour lui dire qu'« il y a une espèce de certitude que ce sera fait dans le bon sens ».

A côté de l'avocat qui prend acte — mais on sent qu'il n'y croit guère —, on sent la présence du père au comble de l'angoisse. Question de Me Sansonetti :

— De La Chapelle me prie de vous demander si vous avez de l'espoir ?

— Mais certainement.

— Eh bien, attendons.

— On va bien prier aussi, de notre côté.

4 heures 48. Sansonetti avertit l'abbé Cordier qu'Eugène Bonnier s'est rendu à la villa des Oliviers et que le colonel Piat lui-même lui a fait savoir qu'il n'y avait plus rien à faire : le général Giraud et le général Bergeret ont répondu négativement.

— Alors, le père est là, complètement affolé. Il est 5 heures. Nous avons jusqu'à 6 heures. Je vous demande de tenter une ultime démarche.

— Je m'en occupe tout de suite et je vous téléphone.

4 heures 55. L'abbé Cordier appelle Me Sansonetti, conseille une dernière intervention du père auprès du général Giraud. L'avocat se déclare assuré que Giraud ne recevra pas Bonnier. Sansonetti préconise une démarche d'Alfred Pose.

L'abbé Cordier :

— Je vais voir... Attendez, attendez... Je rappelle M. Pose.

5 heures 01. Le téléphone sonne chez l'abbé Cordier. On décroche. Eugène Bonnier de La Chapelle se nomme, demande à parler au « patron ». C'est-à-dire à Henri d'Astier de La Vigerie.

Un silence. On raccroche. Bonnier appelle de nouveau. Personne ne répond.

Cette nuit-là, Fernand ne sera jamais seul. En premier lieu, le commissaire Esquerré vient lui tenir compagnie. Deux officiers de la garde mobile prendront sa place, le capitaine Gaulard et le lieutenant Schilling. Et Bonnier de La Chapelle parle. Il n'arrête pas de parler. Et les autres écoutent. Ils sont là pour cela : écouter. Extraordinaires, les propos de Bonnier qu'ils recueillent. Au début, le prisonnier se montre calme, très calme. Il annonce qu'une mystérieuse personnalité viendra, cette nuit même, le libérer. Un peu plus tard, il confirme : « Je suis tranquille, Londres a été prévenu. » La nuit s'avance et il s'inquiète de savoir si des troubles ne se sont pas produits en ville. Certains de ses propos semblent indiquer qu'il est persuadé que l'exécution, si l'on va jusque-là, sera un simulacre.

« On m'a dit qu'après l'affaire, je serai pris, condamné à mort et gracié », déclare-t-il au capitaine Gaulard qui ajoute : « Il parlait beaucoup du comte de Paris. »

La nuit s'avance, implacablement. Voici que la belle tranquillité de Bonnier de La Chapelle semble l'abandonner. Et ces promesses qu'on lui a faites ? Sur une carte de visite, il griffonne ces lignes : *Intervenez tout de suite. Je crois que c'est absolument nécessaire. J'ai pleinement confiance en vous. Mais il faut agir vite, très vite.* Il signe de ses initiales, demande une enveloppe, trace le nom et l'adresse du destinataire : Abbé Cordier, 2, rue La Fayette. La police ne fera jamais parvenir cet appel déchirant. J'en ai la photographie sous les yeux au moment où j'écris. La carte de visite date de l'époque où Fernand habitait encore la région parisienne. L'adresse est là, en bas à droite : *7, rue Giraud.*

C'est fait. Le général Noguès a rejeté officiellement le recours en grâce de Bonnier de La Chapelle. Le général Roubertie décide : « Le condamné sera conduit au champ de tir de Hussein-Dey, le 26 décembre 1942, à 7 heures 30 du matin, pour y être exécuté. »

L'aube. La porte de la cellule de Bonnier s'ouvre. Un aumônier entre. Adieu, la vie. Adieu, l'espoir. On emmène le condamné.

Témoignage inédit du docteur Le Minor : « J'ai assisté à la messe pour le condamné, lequel (au moins au début de la cérémonie) m'a paru très " décontracté " comme s'il attendait " quelque chose " en sa faveur... Le reste ? Je fis le trajet Alger-Hussein-Dey en compagnie de Me Sansonetti. L'exécution fut faite rapidement, si l'on peut employer un terme pareil dans une circonstance aussi sinistre, " proprement ". »

On va prévenir les parents. Quoi ! Fernand est mort ! On les conduit à Hussein-Dey. On les introduit dans la chapelle ardente installée en toute hâte dans une salle vide. Un rideau la sépare en deux parties. Devant, le cercueil de leur fils. Derrière, des policiers que les parents entendent chuchoter [1].

Un peu plus tard dans la matinée, le comte de Paris est reçu par Giraud. Instamment, il demande la grâce de Bonnier. Le fusiller après un jugement escamoté serait « une erreur politique énorme ».

Giraud est très froid :

— Inutile, jeune homme. Bonnier a été fusillé ce matin. L'affaire est close.

On propose au comte de Paris de partir pour le front de Tunisie avec le grade de lieutenant. Il refuse. On lui demande une lettre par laquelle il affirmera solennellement : 1) que, lorsqu'il est venu en Algérie, on ne lui a pas dit qu'il était question, éventuellement, de faire disparaître Darlan ;

1. Témoignage à l'auteur de Mme Eugène Bonnier de La Chapelle.

2) qu'il désavoue formellement ceux qui, en son nom, ont fomenté cette action criminelle. Le comte de Paris écrit cette lettre [1]. Il est autorisé à regagner le Maroc.

Elu, le 26 décembre, par le Conseil d'Empire, le général Giraud règne à Alger. Bientôt le général de Gaulle le rejoindra, puis l'évincera. L'Histoire poursuit sa course.

Sur la tombe de François Darlan, on a inscrit : mort pour la France. La mention a été retirée en 1947 [2].

Celle de Fernand Bonnier de La Chapelle, réhabilité, porte toujours : mort pour la France.

1. Dossier Voituriez.

2. Après l'indépendance de l'Algérie, le cercueil a été transporté au cimetière de Mers el-Kébir au milieu des restes des victimes de la tragédie de juillet 1940. La pierre tombale porte désormais cette inscription : « François Darlan, Amiral de la Flotte. Nérac 1881-Alger 1942 ».

CHAPITRE II

PIERRE PUCHEU, MINISTRE DE L'INTÉRIEUR

Venant d'Oran, trois automobiles roulent en cortège, le 26 octobre 1943 au soir, sur la route d'Alger. Les premières demeures de la « Ville blanche », devenue capitale de la France combattante, pourraient déjà se découvrir si la nuit qui tombe et les lumières masquées des véhicules — état de guerre oblige — n'interdisaient pratiquement toute visibilité. D'ailleurs, l'homme qui, entre deux gendarmes, replie sa haute taille à l'arrière de la deuxième voiture n'y songe pas. Pour lui, Alger ne représente que la perspective d'un péril immédiat.

Sur son costume croisé, il a endossé un pardessus bleu : l'automne algérien n'est pas chaud cette année-là. Ce prisonnier est âgé de quarante-quatre ans. Avec des traits fortement accusés, des cheveux noirs plaqués, des lunettes d'écaille rondes, il évoque assez bien, poussé jusqu'à la caricature, l'aspect du technocrate selon Vichy.

Il s'appelle Pierre Pucheu.

Ministre de l'Intérieur dans le gouvernement Darlan, il a quitté son poste, en avril 1942, lorsque le Maréchal a rappelé Pierre Laval au pouvoir. Après le débarquement allié en Afrique, il s'est adressé au général Giraud, successeur de Darlan, pour lui annoncer son désir de rejoindre l'armée de libération qui se formait sous ses ordres. La lettre qu'il a reçue en réponse a comblé ses espoirs. Giraud se déclarait favorable à son arrivée et à son insertion dans l'armée.

Comment, dans la voiture qui l'emporte vers Alger, le prisonnier ne se remémorerait-il pas la lettre qui a décidé de son destin et les événements qui ont suivi : son débarquement à Casablanca, son internement quelques jours plus tard dans le sud marocain, son transfert à la prison civile de Meknès, son inculpation devant le tribunal militaire, l'annonce qu'il sera jugé à Alger ?

Ce qui va commencer, c'est le premier procès de l'épuration [1].

Né le 27 juin 1899, Pierre Pucheu semble avoir été mis au monde pour accompagner les soubresauts — et les tragédies — d'un demi-siècle d'histoire. Celui que la gauche ne cessera de dénoncer comme « l'homme des trusts » est, à l'instar de Maurice Thorez, un « fils du peuple ». Son père, petit paysan des Pyrénées, apprend le métier de tailleur avant de s'expatrier en Argentine. Rentré en France, il travaille chez un patron puis s'installe à Beaumont-sur-Oise où il épouse une comptable. Pour que leurs deux fils puissent entreprendre des études, les Pucheu se saignent aux quatre veines.

Pierre, l'aîné, se révèle le plus brillant. De la sixième à la seconde, il est interne au lycée de Beauvais. De son propre aveu, « les premiers mois furent assez durs ». Ses parents ont par économie affublé ce garçon plus jeune que la plupart de ses camarades, grand mais malingre, plutôt que de la capote habituelle des collégiens, d'une grande pèlerine bleue toute neuve. L'enfance déteste ce qui sort de l'uniformité. L'élève Pucheu se voit la risée du collège. Il souffre en silence jusqu'au jour où il décide de se battre chaque fois qu'on s'en prendra à lui. « Au bout de quelques semaines, j'avais récolté pas mal de mauvais coups et beaucoup de punitions, mais les plus forts craignaient de rencontrer un adversaire aussi coriace. J'y gagnai une solide considération et, en quelques mois, je ne connus plus que d'excellents camarades [2] ».

Il a compris deux choses : 1° la vie est un combat ;

1. Robert Aron : *Histoire de l'épuration*, I (1967).
2. Pierre Pucheu : *Ma vie* (1948).

2° pour le gagner, il faut être armé moralement et physiquement. Il fera donc du sport. Beaucoup. On le verra même capitaine de l'équipe de football de Louis-le-Grand et champion de France universitaire. Comme sa marraine lui a fait cadeau d'une bicyclette, dès que viennent les vacances il traverse la France de part en part pour rejoindre, au Béarn, ses grands-parents paysans. Nul n'a plus de cœur à la moisson. Ce qui chaque année le désespère, c'est que la rentrée le force à rater les vendanges.

En 1914, son père part pour la guerre. Sa mère trouve du travail à Paris. On doit habiter chez une tante qui ne dispose que d'une pièce et d'une cuisine. Les deux sœurs se partagent le lit, Pierre et son frère couchent par terre sur un matelas. A quinze ans, Pierre entre comme boursier au lycée Carnot. Il découvre en même temps « le riche quartier du boulevard Malesherbes et de la plaine Monceau » et son « atmosphère très particulière » : les élèves, dit-il, « étaient à peu près tous de familles extrêmement aisées. Ils se différenciaient surtout, sans bagarres ouvertes dans les grandes classes, mais avec une animosité perceptible sous la courtoisie des bonnes manières de la grande bourgeoisie, entre les israélites, très nombreux dans le quartier, et les autres ». Le jeune Pucheu est trop pauvre pour fréquenter ces garçons-là mais il observe.

A l'armée, son père tombe gravement malade. Il va traîner — longuement — dans les hôpitaux militaires. Sa dernière satisfaction sera de voir son fils Pierre décrocher, à la fin de l'année scolaire 1916, le baccalauréat avec mention bien, le prix de philosophie et le prix d'excellence. Muni d'une bourse d'internat pour Louis-le-Grand — véritable bouillon de culture des forts en thème — il va préparer Normale, ambition de toutes les futures élites. La mort de son père le renforce dans la nécessité où il se sent d'aider cette mère qui s'épuise au travail. A dix-neuf ans, il est licencié ès lettres. La guerre n'est pas finie, il est appelé mais ne connaîtra pas les derniers combats et ira quelque temps occuper la Rhénanie. En octobre 1919, reçu second à l'Ecole normale supérieure, il choisit le demi-pensionnat, ce qui lui laisse trois cents francs par mois. Cette somme, et celles que lui procurent des leçons particulières bien rémunérées, lui permettent de louer pour sa mère et sa tante un appartement enfin décent. Une chambre pour chacun : merveille ! Un peu plus tard, Pierre aidera sa mère à acheter, dans le village pyrénéen de son père, une petite maison où — avec sa sœur — elle finira ses jours sans souci matériel.

Alors que tant d'anciens de Normale ont chanté les louanges de l'Ecole, Pucheu s'y ennuie. Il juge les professeurs médiocres, les trois quarts de l'enseignement sans intérêt. Ce qui le retient, c'est l'ambiance, le contraste inégalé de fantaisie et de gravité, mais aussi le contact de camarades prématurément mûris : beaucoup ont connu la guerre et le front.

De moins en moins il envisage d'enseigner. A des amis, il lance un jour en guise de plaisanterie :

— Je viens de me vendre au grand capital !

Rencontré par hasard, le président de la Société de Pont-à-Mousson, séduit par sa vivacité d'esprit, son intelligence brillante, son goût du combat, l'a engagé. D'emblée, voilà Pucheu mêlé aux grandes affaires. Très vite, on le tiendra pour un des meilleurs spécialistes de la métallurgie française. Il passe, en 1925, au Comptoir de l'industrie sidérurgique, en devient, à vingt-sept ans, le directeur des exportations, bientôt le principal animateur. Dès lors, il sillonne l'Europe, traite d'égal à égal avec les magnats de la Ruhr, les industriels suédois d'avant-garde, les doctrinaires soviétiques de l'acier. Le monde prend pour lui un sens neuf. A chacun de ses retours, il s'afflige à retrouver une France comme figée dans un XIXe siècle qui n'en finit pas de mourir. Pucheu, homme de l'audace, ne comprend pas que les Français se ferment frileusement à tout esprit de conquête tout en accordant une place qu'il juge démesurée aux jeux stériles de la politique.

Le 6 février 1934 va changer tout cela. Devant le spectacle

de cette foule qui, place de la Concorde, marche sur le Palais-Bourbon en criant « A bas les voleurs ! » et d'où l'on emporte des cadavres, il se sent bouleversé. Ne pourrait-on malgré tout refaire quelque chose de cette France qui garde au fond d'elle-même — il en est maintenant persuadé — d'éclatantes ressources ?

Aux yeux de Pucheu, si les Français se sont mis à douter d'eux-mêmes, c'est parce que le système en soi est vicieux. Ailleurs — Pucheu l'a vu — on met les bouchées doubles : Hitler est en train de faire du IIIe Reich le plus redoutable instrument de guerre que peut-être l'on ait jamais vu ; en quinze années, dans un total mépris de l'humain mais avec une efficacité indéniable, l'Union soviétique a parcouru un siècle.

Au sein de ce concert paradoxal, les démocrates se sentent bien seuls. Ils songent soit à renforcer la démocratie, soit à la réformer. D'aucuns rêvent d'un « Etat fort » qui ne devrait rien aux exemples de Rome, Berlin ou Moscou. C'est le cas du colonel de La Rocque qui fonde les Volontaires nationaux. Pucheu y adhère. Dans cette ligue — c'en est une — il croira trouver « enthousiasme, abnégation et volonté de bien faire ». Comme une sorte de logique le conduit à être le premier partout, il appartient bientôt à l'état-major du mouvement. Il s'y sent mal à l'aise. Pucheu, meneur d'industries, estime que le vrai problème du XXe siècle est celui du travail et non du profit. Il voit les travailleurs exilés de l'Etat et pense qu'il faut les y faire rentrer, restaurer leur dignité en leur procurant sécurité et garanties. Ainsi tuera-t-on dans l'œuf cette lutte des classes prônée par Marx et qui n'apporte rien à l'Etat. A plusieurs reprises, Pucheu a sollicité de La Rocque, quant aux problèmes prioritaires à ses yeux, une réponse précise. Rien n'est venu. Il soumet au colonel un manifeste qui « rejetant marxisme et capitalisme, pose le problème de la dignité humaine » et propose de nouvelles formes de rémunération des travailleurs. La Rocque, qui recrute largement au centre mais ne peut méconnaître son importante aile droite, redoute de choquer cette dernière. Il refuse le projet. Alors, Pucheu rompt avec celui dont il dira qu'il « stérilisait par sa médiocrité ce qui aurait pu être un grand renouveau [1] ».

C'est le temps où Pucheu se sent en parfait accord avec des hommes de son âge tels le polytechnicien Robert Loustau et d'autres. Ensemble, on jette les bases d'une économie nouvelle, divisée entre secteur libre et secteur planifié. Pucheu écrit : « Un minimum devrait être assuré à tous... Le syndicalisme sera unifié, rendu obligatoire, cantonné à la profession. Dans toute firme de plus de cinquante ouvriers sera créé un conseil d'entreprise tripartite. Les grandes entreprises seront divisées en ateliers autonomes, gérés par des ouvriers devenus petits patrons... Un enseignement sera créé pour permettre aux travailleurs de perfectionner leurs connaissances en dehors des heures de travail... »

La droite aurait-elle évolué en France ? Pucheu est-il un homme de droite ? Ce à quoi il rêve surtout — il n'est pas le seul — c'est à un socialisme national. Déçu par La Rocque, il est séduit par Jacques Doriot. Ce communiste en rupture de ban, ancien membre de l'exécutif du Komintern, idole de Saint-Denis, brûle aujourd'hui ce qu'il a adoré. Orateur né, il électrise les foules par un verbe enflammé et des idées trop simples. Au Parti populaire français, Pucheu retrouve, entre

1. C'est du moins ce que raconte Pucheu dans ses *Mémoires*. M. Gilles de La Rocque, fils du colonel, s'inscrit en faux contre une telle affirmation. Il m'a écrit : « Les Croix-de-Feu se démarquaient déjà de l'extrême droite par l'affirmation mille fois répétée du slogan " Social d'abord " qui s'opposait au " Politique d'abord " de Maurras. Pucheu n'a pu songer un instant à reprocher à La Rocque l'absence de son programme social (paradoxalement assez proche du Front populaire) ; ce n'est donc pas à la suite d'un différend sur ce problème que Pucheu et ses amis " les maréchaux " l'ont quitté, mais bien au refus de La Rocque d'associer les Croix-de-Feu à un projet corporatiste et fascisant " pour la prise du pouvoir ". D'autre part, La Rocque avait exprimé les plus grandes réserves sur la " Synarchie " (que l'on retrouvera bien installée plus tard, dans les allées du pouvoir à Vichy) dont Pucheu était l'émanation par le truchement de la banque Worms. Mon père a écrit à ce sujet, à son retour de déportation, des notes révélatrices. L'analyse du différend La Rocque-Pucheu a été développée par l'historien Philippe Machefer dans *L'Information historique* de janvier-février 1972. Cette analyse explique bien la véritable origine de la divergence La Rocque-Pucheu lequel, en dernier ressort, souhaitait avec ses amis prendre le contrôle d'une organisation en pleine expansion et éliminer par la suite mon père... » (lettre du 24 janvier 1983).

cent mille adhérents ayant en moyenne trente-quatre ans, Drieu La Rochelle, Bertrand de Maud'huy, Bertrand de Jouvenel. D'où le nouveau parti tire-t-il ses fonds ? L'industrie et la banque, par l'intermédiaire de Pierre Pucheu et de Gabriel Leroy-Ladurie, en fournissent une partie. Le capitalisme français, même si le PPF l'inquiète, joue Doriot contre Thorez. La banque comme l'industrie ont pris l'habitude d'écouter Pucheu. Elles ont peut-être tort. En politique, nul n'est à l'abri de l'erreur. A propos de Doriot, Pucheu écrira : « Je n'ai pas connu, dans notre génération, d'homme ayant reçu à tel point du ciel des qualités d'homme d'Etat. » Ce qui, pour le moins, apparaît inapproprié.

Pucheu se préoccupera d'organiser le parti comme il l'a fait si souvent d'affaires industrielles. Il tente de mettre de l'ordre dans la plus anarchique des trésoreries. Tout à coup, à l'automne de 1938, alors que la guerre menace, il s'aperçoit que Doriot reçoit d'importantes subventions de Mussolini. C'est plus qu'il n'en peut supporter. Il part en claquant la porte. Avec une amertume non exempte de naïveté, il dira encore, évoquant Doriot : « Ce que nous ignorions de lui, c'était son absence de toute loi, son total cynisme qui n'avait gardé du communisme que les procédés tactiques les plus odieux, et sa volonté de s'adonner à une vie crapuleuse, aux frais des gogos, loin de toute grande et véritable ambition. » Au reste, est-ce là la véritable raison du départ de Pucheu ? Maurice-Yvan Sicard, un ancien du PPF, affirme : « Le Comptoir sidérurgique que représentait Pucheu voulait la guerre contre l'Allemagne. Doriot et le PPF ne la voulaient point... Les établissements représentés par Pucheu avaient de gros intérêts en Tchécoslovaquie [1]. » On se serait davantage attendu à lire un tel raisonnement dans les colonnes d'un périodique marxiste que sous la plume d'un néo-fasciste.

Les ligues et les partis ont déçu Pucheu. Il préfère se réunir avec des hommes qui veulent, pour construire un ave-

1. Maurice-Yvan Sicard : *Histoire de la collaboration* (1964).

nir, échanger des idées. C'est le temps des *Nouveaux cahiers*, lancés par Jacques Barnaud, l'un des associés de la banque Worms. Vont s'y retrouver Pucheu, Gabriel Leroy-Ladurie, Paul Baudouin, Jacques Maritain, Jacques Copeau, Jean Giono, Gaston Tessier, Robert Lacoste, René Belin — qui sera à Vichy —, René Cassin — qui sera à Londres —, Denis de Rougemont, Raoul Dautry, Christian Pineau... Un beau générique. Leur programme ? Rendre à la France sa vérité. Combattre pour retrouver « par la force de l'intelligence, par la justice, la liberté, par le goût, par la pensée... le rang qui nous revient, que l'illusion de la force nous a fait perdre : le premier... ».

Assurément, Giraudoux a dû prendre du plaisir à lire la prose des *Nouveaux Cahiers* où volontiers *l'Apollon de Bellac* affrontait *Siegfried*. Le dernier numéro de la revue paraît en avril 1940. L'équipe se disperse. Voici le jour des choix. Toute une part de l'équipe des *Nouveaux Cahiers* choisit Vichy car, à travers Vichy, elle croit enfin venu le temps de cette France renouvelée à quoi elle rêvait. Le syndicaliste René Belin, nommé secrétaire d'Etat au travail, force le premier la place. Il choisit aussitôt Barnaud comme directeur de cabinet lequel, le 22 février 1941, conseille à Darlan d'appeler au gouvernement Benoist-Méchin, Marion, Lehideux et Pucheu. On les appellerait aujourd'hui des jeunes loups. Pour Darlan, ce sont les « nouveaux ». Il estime que ces « types jeunes et dessalés s'entendront à merveille avec les Fritz et nous ferons bouillir de la bonne marmite ». Ce sont des postes de premier plan que l'amiral confie aux « nouveaux » : les rapports politiques franco-allemands à Benoist-Méchin, les Relations économiques avec les occupants à Barnaud, l'Information à Marion, l'Equipement à Lehideux, la Production industrielle à Pucheu.

Les « nouveaux » forment un noyau solide : « le Groupe » comme ils disent. A Berlin, le 6 mars 1941, Benoist-Méchin affirme que le Groupe n'est entré au gouvernement que pour « mener la collaboration la plus étroite avec l'Allemagne ». Il souhaite que l'Allemagne lui accorde « l'appui dont il a besoin s'il veut s'imposer en France ». Le 4 avril, le Groupe remettra à Otto Abetz, ambassadeur d'Allemagne à Paris, le *Plan d'un Ordre nouveau en France.* Tout se résume en l'une des premières phrases : « Nous sommes convaincus qu'il est de notre devoir de faire découler de la défaite de la France la victoire de l'Europe... » Le Groupe veut faire de la rencontre de Montoire, restée symbolique, « une réalité ». Et encore : « Nous nous sommes engagés à réaliser ce but, sans renoncer à ce dont nous sommes fiers, en tant que Français, et sans pactiser avec ce qui a conduit notre pays à l'abîme. Nous voulons commencer cette tâche sans hésitation. Nous voulons sauver la France. *Nous prions le Führer de nous faire confiance.* »

Pas de doute, Pucheu — au sein du Groupe — répudie une collaboration tactique, un donnant-donnant à la petite semaine comme la voit le Maréchal, au profit d'une collaboration idéologique, un engagement absolu. Pourtant, quand il se préparera à comparaître devant les juges d'Alger, Pucheu osera énumérer les ministres « résistants » de Vichy, dont « l'occupant savait qu'il ne pouvait compter sur eux pour ce que lui-même considérait comme la *vraie collaboration.* C'était le cas de Caziot, de Carcopino, de Bergeret, de Serge Huard, alors respectivement ministres de l'Agriculture, de l'Education nationale, de l'Aviation, de la Santé publique. C'était aussi mon cas personnel. »

Son cas personnel ? Il précisera qu'à la Production industrielle, il s'est « appliqué à limiter le plus possible les commandes allemandes de la zone occupée à des produits non militaires ». La preuve ? Il a réitéré aux industriels « le conseil de faire traîner le plus possible les délais de livraison et d'utiliser leur fabrication, au maximum et en priorité, pour les besoins de la consommation française ». De cette action, dans sa prison africaine, Pucheu se glorifiera en ces termes : « Cette tactique eut, dans l'ensemble, un plein succès puisque les retards de livraison de la moyenne des commandes allemandes ne furent guère inférieurs à quinze mois, au dire même de l'occupant. »

Telle est, vue d'Alger par Pucheu, sa politique de 1941. Vue de Paris, celle-ci n'avait pas précisément le même air. Avant son arrivée au ministère, la France n'a pas encore fabriqué de matériel de guerre pour l'Allemagne. Sous l'impulsion de Pucheu, elle s'y lance à fond. Les seules fabrications de 1941 permettront d'armer dix-huit divisions blindées et quarante divisions d'infanterie allemandes. Les deux tiers des équipements divers utilisés par la Wehrmacht sur le front de l'Est durant l'hiver 1941-1942 sont d'origine française [1]. Le postulat de Pierre Pucheu : l'inéluctabilité de la victoire allemande. Son collègue François Lehideux a déclaré à l'historien Hervé Villeré : « Pierre Pucheu a jugé en septembre-octobre 1940 que l'Europe serait allemande et qu'il fallait que la France y marque sa place. Il a cru qu'il fallait mériter cette place, et si possible disposer non pas d'une chaise, mais d'un bon fauteuil devant la table... »

En 1950, Otto Abetz pourra constater que jamais l'Allemagne n'aurait obtenu par la force, « même très partiellement, les fournitures que lui livrait le gouvernement français ». Les techniciens allemands vont découvrir avec stupeur que les entreprises françaises dénoncées pour sabotage ou travail ralenti ont en fait un rendement « égal ou supérieur à celui des usines allemandes du secteur comparatif ».

Cet effort gigantesque comporte pour certains Français de non moins gigantesques profits. Ce ne sera jamais le cas de Pucheu. Au sein de la grande industrie, il ne possède aucune fortune. Tous ses biens se résument en un appartement porte d'Orléans, qu'il habite avec sa femme et ses enfants, et une résidence secondaire à Fontainebleau dotée d'un jardin de 2 000 mètres carrés. Devenu ministre, il entend ne tirer aucun avantage personnel de la charge qu'il occupe : il arbore des costumes en fibrane et, puisque le cuir manque, il se contente, comme beaucoup d'autres Français, de chaussures à semelles de bois.

La vérité, c'est que Pucheu réussit avec éclat. Nul n'en

1. Hervé Villeré : *L'affaire de la Section spéciale* (1973). Ces chiffres sont tirés d'archives allemandes indiscutables.

doute à Vichy. Darlan le sait qui ressent l'essentiel besoin d'un ministre de l'Intérieur à poigne. A l'homme de la situation, c'est ce portefeuille que l'on va donc proposer.

Pucheu dira à son procès qu'en acceptant, il a accompli un véritable sacrifice. Il s'agissait de barrer la route à Laval, évincé depuis le 13 décembre 1940 :

— Je fus transféré sur ordre du Maréchal au ministère de l'Intérieur. Pour prévenir un retour de Laval, le Maréchal me demanda de prendre le ministère de l'Intérieur jusque-là cumulé par Darlan avec d'autres portefeuilles.

Dans sa plaidoirie, le bâtonnier Buttin s'étendra sur les hésitations de Pucheu qui ne se serait décidé à accepter que sur les sollicitations réitérées du Maréchal et de Darlan « pour faire échec aux propositions d'Abetz et de Laval ».

Une telle version, en 1944, a pu faire illusion à Alger. Après la guerre des témoignages ont surgi qui démentent les dires de Pucheu. Du Moulin de Labarthète, directeur du cabinet civil du Maréchal, révèle : « Vers la fin de juillet 1941, accablé par la gestion de trois départements, l'Amiral me demanda de le remplacer au ministère de l'Intérieur. Je l'en remerciai et refusai. Darlan fit appel à Pucheu... qui se rua littéralement sur le poste [1]. » La suite du témoignage est éloquente : « J'ai gardé de ces journées quelques souvenirs précis. Je revois encore la hâte avec laquelle Pucheu épiait la signature du décret de nomination. Le Maréchal ne se pressant pas, la signature dura trois jours. “ Mais bousculez-le donc ! Qu'attendez-vous ? me criait Pucheu. Nous perdons un temps précieux ” ! »

Le confident de Darlan, l'amiral Docteur, confirme tout cela, l'offre à Du Moulin, le refus de celui-ci, le recours à Pucheu qui « saute sur le poste [2] ».

Une simple remarque : au moment où Pucheu devient ministre secrétaire d'Etat à l'Intérieur, les armées hitlériennes sont entrées en Russie. Certes elles remportent victoire sur victoire, mais un homme de l'intelligence de Pucheu ne

1. H. Du Moulin de Labarthète : *Le temps des illusions* (1946).
2. Amiral Docteur : *La grande énigme de la guerre : Darlan, amiral de la Flotte* (1949).

peut-il voir au-delà ? En ce même mois de juillet 1941, à Brazzaville, Charles de Gaulle déclare :

« Cette campagne dont l'ennemi s'imaginait qu'elle serait facile et rapide, prend au contraire l'allure d'un de ces romans russes qu'on croit à chaque chapitre sur le point de finir et qui recommence toujours. Dans l'Atlantique, les Etats-Unis ont commencé la marche d'approche. Leur immense flotte, leur aviation en plein essor, leur armée déjà puissante, avancent vers l'Europe et vers l'Afrique.[...] Aujourd'hui l'Allemagne, soutenant l'Italie défaillante, voit se dresser devant elle un empire britannique puissamment armé, une Russie décidée à vaincre, une Amérique aux colossales ressources, des forces françaises grandissantes, et d'importants contingents alliés. Certes, nous ne méconnaissons pas la puissance de l'ennemi, nous savons de quoi demeure capable Hitler, nous mesurons l'étendue de ce qui nous reste à faire. Mais le chemin que nous autres, les Français libres, avions pris d'abord comme le seul honorable, nous constatons aujourd'hui qu'il est aussi le plus sûr. »

Telle n'est pas l'analyse de Pierre Pucheu. Mais combien sont-ils, à l'époque, les Français qui ont partagé la lucidité prophétique d'un de Gaulle ?

Ouvrons les *Mémoires* que Pucheu écrivit en Afrique du Nord. Comment relate-t-il le rôle joué par lui à l'Intérieur ? Il déclare avoir voulu progressivement rétablir l'autorité de son ministère en zone occupée où, jusque-là, il ne se manifestait guère que par une carence quasi totale. Il se fait gloire d'avoir pu parcourir les départements de la zone interdite — le Nord, le Pas-de-Calais, la Somme, l'Aisne, les Ardennes — « parlant partout de *l'unité française,* jamais de la *collaboration* ». Jusque-là les préfets régionaux de la zone occupée se trouvaient presque entièrement dans la main des autorités allemandes. Selon Pucheu, après ses interventions, ils le furent beaucoup moins. Ce qui ne semble pas inexact.

De même s'est-il énergiquement employé à transformer en

police d'Etat les anciennes polices municipales des villes importantes de province. Ainsi a-t-il pu libérer peu à peu les polices régionales de zone occupée de la seule autorité des SS. « Cela ne se fit pas sans incidents violents, qui m'obligèrent plusieurs fois à ramener en zone libre certains fonctionnaires qui se trouvaient en danger d'arrestation allemande, ou dont l'expulsion de zone occupée avait été décidée malgré mes protestations. Je rencontrai aussi un certain nombre d'échecs là où des fonctionnaires indignes s'étaient placés à la botte de l'occupant et je dus, plusieurs fois, la rage au ventre, renoncer à des sanctions interdites par l'ennemi. »

Pucheu s'étend longuement sur ses difficultés avec les SS, surtout après qu'il eut décidé d'annihiler leur action en zone libre. Il évoque ses rapports, difficiles d'abord, puis de plus en plus tendus avec l'ambassade d'Otto Abetz. Il rappelle son voyage en Afrique du Nord, au cours duquel il avait affirmé « le refus de toute annexion dans la France ou dans l'Empire, le refus de toute pression et de toute influence étrangère dans la refonte de nos institutions, enfin la restitution de l'indépendance et de la souveraineté françaises comme condition préalable à toute reconstruction européenne ».

Bref, Pucheu se présente comme un ministre modéré, luttant avant tout pour l'indépendance française, attendant avec impatience l'heure où l'on pourrait se débarrasser du joug hitlérien. C'est très exactement ainsi que le peindra, au procès d'Alger, son défenseur, le bâtonnier Buttin.

L'observateur de premier ordre que fut Du Moulin de Labarthète apporte à cette peinture idyllique des retouches qui, même si elles sont de parti pris, en modifient singulièrement les couleurs. Selon lui, à peine installé au ministère de l'Intérieur, Pucheu « commence à s'y comporter en dictateur ». Brutalement, il en renouvelle les cadres policiers et administratifs. Il annonce à ceux qu'il rencontre — au colonel de La Rocque notamment — que « le régime de la bonne grâce a pris fin, qu'il est là, lui Pucheu, pour vingt ans et qu'*on verra ce qu'on verra* ». Dans cette volonté fracassante d'affirmer son autorité, Du Moulin de Labarthète décèle une réaction contre les méthodes démagogiques de Darlan, une sorte de mirage ou de vertige d'autodidacte de la politique : « Il y eut un peu de tout cela dans le *cas Pucheu*. Et sans doute, aussi, une timidité refoulée, un désir sincère de restaurer l'ordre, un étalonnage assez naïf de la vie nuancée de nos provinces à la mesure du double mètre de l'arpenteur. Mais, avant tout, une griserie. Une griserie qui lui fut tragiquement funeste... »

Le 17 août, paraît à *L'Officiel* un décret aggravant les mesures déjà prises contre les juifs. Le 18 août, Pierre Pucheu donne ordre à l'amiral Bard, préfet de police à Paris, de faire apposer partout une affiche qui offre une prime d'un million de francs à toute personne qui fournirait des informations pouvant permettre d'arrêter les auteurs d'une tentative de déraillement d'un train allemand près d'Argenteuil.

Trois jours plus tôt, une autre affiche, signée du général von Stülpnagel, a été placardée sur les murs de Paris : « Le parti communiste étant dissous, toute activité communiste est interdite en France. Toute personne qui se livre à une activité communiste, qui fait de la propagande ou qui tente d'en faire, bref qui soutient, en quelque sorte que ce soit, des agissements communistes, aide les ennemis de l'Allemagne. Le coupable devra s'attendre à être condamné à mort par une Cour martiale allemande. » Or, depuis que Hitler est entré en Russie, les communistes français se sont jetés en masse dans la Résistance. Les attentats, restés peu nombreux depuis l'armistice, se multiplient. Jusque-là, le commandement allemand en France s'était toujours montré hostile au système des otages. Depuis quelques semaines, la situation nouvelle le porte à s'interroger. Les chiffres sont éloquents. Du 1er janvier au 30 juin 1941, on a constaté vingt-deux sabotages de voie ferrée ; du 30 juin au 15 août, trente-cinq ! Comment ne pas voir, dans cette accélération, la main des communistes ? Comment ne pas y découvrir une corrélation avec la guerre engagée contre l'URSS ? Qui plus est, la Cour martiale allemande vient de condamner à mort sept jeunes gens, arrêtés à Paris au cours de manifestations publiques contre l'armée allemande.

Le 19 août, le général von Stüpnagel convoque au Majestic, avenue Kléber, l'ambassadeur de France en zone occupée, Fernand de Brinon. Il lui fait part de la profonde préoccupation des autorités allemandes. A la prochaine affaire grave, le commandement en chef se verra obligé de prendre des « sanctions rigoureuses ». Stülpnagel fait connaître à Brinon qu'il appartient au gouvernement français d'arrêter les mesures nécessaires.

Brinon avertit aussitôt Vichy : un rapport au Maréchal, une copie pour Darlan, une autre pour Pucheu. Ce qui frappe ce dernier, c'est l'évidence soulignée par Stülpnagel d'une action communiste en profondeur. Il partage si totalement cette opinion que, sur son ordre, la police multiplie à Paris, depuis plus d'une semaine, vérifications d'identité et arrestations. On arrête ceux que l'on appelle, faute de pouvoir les désigner plus clairement, des anarchistes ; on arrête les familles des militants communistes déjà incarcérés ; on arrête les juifs étrangers et, pour faire bonne mesure, les juifs français que l'on soupçonne d'avoir pu manifester.

Aux yeux de Pucheu, tout cela n'est qu'un début. Dès son accession à l'Intérieur, il a pris contact à Paris avec le commandement militaire allemand, notamment le colonel Speidel, chef d'état-major de Stülpnagel. Il lui a annoncé la promulgation rapide d'une loi qui permettra d'en finir avec les communistes et les anarchistes. Théoriquement, elle existe : au lendemain même de l'entrée des Allemands en Russie, Darlan en a pris l'initiative mais elle est restée à l'état de projet. Pucheu décide de précipiter les choses. A Paris comme en province, on va donc créer des *Sections spéciales*, tribunaux qui auront autorité pour juger toutes les menées communistes ou anarchistes. Pour ceux que l'on arrêtera en flagrant délit, point d'instruction. L'inculpé sera assisté d'un défenseur nommé d'office et le jugement sera immédiat. S'il n'y a pas eu de flagrant délit, la procédure sera instruite dans les huit jours. Les verdicts des Sections spéciales, rendus dans les deux jours et immédiatement exécutables, ne sont susceptibles d'aucun appel, d'aucun recours, d'aucun pourvoi. Pour les militaires ou fonctionnaires reconnus coupables, une seule sanction : la mort.

De cette loi sans précédent dans notre législation — si ce n'est l'indéfendable loi de Prairial, cause en partie de la chute de Robespierre —, Pucheu compte bien se faire une arme formidable. Avant tout il faut s'assurer qu'elle contentera les Allemands. Pucheu en fait transmettre le texte à Stülpnagel. Il lui est remis par le major Boemelburg, suivi du commentaire que voici : « L'analyse des termes de cette loi prouve que le ministre Pucheu est déterminé à attaquer avec la plus extrême vigueur les anarchistes et les communistes et que, pour parvenir à ce but, il est même prêt à abandonner les sacro-saintes conceptions françaises du droit traditionnel. » Tout est dit par cet Allemand.

Interrogé à son procès sur les Sections spéciales, Pucheu déclarera que ces tribunaux d'exception ont été institués uniquement pour combattre les attentats commis par les communistes :

— Il était criminel de mettre la France occupée en état de guérilla. A l'époque, la radio gaulliste elle-même déclarait que la guérilla n'avait aucune valeur militaire... C'est la brusque éruption patriotique des éléments communistes en France que je suspecte !

Comme le président lui fait remarquer que ces Cours spéciales « dirigées exclusivement contre les communistes, condamnaient des gens qui étaient simplement des résistants », Pucheu s'écrie :

— Je démens de la manière la plus formelle qu'il y ait jamais eu un gaulliste ou un résistant traduit devant un tribunal d'exception. D'ailleurs, ce n'est pas le ministre de l'Intérieur qui a institué lui-même les Sections spéciales !

Le Président — Vous avez signé les textes.

Pucheu — Assurément *(mouvements divers dans la salle)*. Mais tous les ministres aussi. Je n'ai été pour rien dans l'exécution de ces lois. Je n'ai jamais choisi ni les juges ni les inculpés. D'ailleurs, à part trois communistes qui étaient en prison avant mon arrivée, il n'a été déféré que des spéculateurs.

Dans sa plaidoirie, le bâtonnier Buttin reprendra cette argumentation. Il dira que la loi incriminée est du 14 août 1941 et qu'elle est signée non seulement par le maréchal Pétain, mais également par M. Barthélémy en sa qualité de ministre de la Justice, l'amiral Darlan en sa qualité de ministre de la Défense nationale et de la Marine, M. Pucheu en sa qualité de secrétaire d'Etat à l'Intérieur, le général Huntziger en sa qualité de secrétaire d'Etat à la Guerre, par le général Bergeret en sa qualité de secrétaire d'Etat à l'Aviation.

— Le simple énoncé de ces différentes signatures montre qu'il s'agit là essentiellement d'un *acte du gouvernement tout entier* et non pas d'un acte imputable à M. Pucheu [1].

A l'encontre de cette défense — qui n'a pas laissé d'impressionner le public, des journalistes, voire des historiens —, ce qui vient s'inscrire en faux, ce ne sont pas de simples arguments, mais une brassée de documents révélés par M. Hervé Villeré [2].

Puisque les Allemands ont approuvé la loi proposée par Pucheu, on va pouvoir l'appliquer. Ceci à l'occasion de cette « prochaine affaire grave » à laquelle le général Stülpnagel a fait allusion. Il ne faudra que quelques jours.

Alfons Moser était, avant la guerre, employé à la Caisse d'épargne de Baden-Baden. En tant qu'assistant d'intendance — autrement dit aspirant — il est arrivé à Paris, le 4 août 1941, pour être affecté aux Magasins généraux

1. Général Schmitt : *Toute la vérité sur le procès Pucheu, par un des juges* (1963).

2. Enquêtant sur la Section spéciale de Paris, M. Hervé Villeré, non content de retrouver et d'interroger les protagonistes survivants, a pu consulter en Allemagne les volumineux rapports concernant l'un des épisodes les plus tragiques de l'histoire de l'Occupation. Hervé Villeré : *op. cit.*

d'habillement de la Marine. Il lui a été signalé qu'il logerait à l'hôtel Carlton, 55, boulevard de Rochechouart. Le 21 août 1941 — un jeudi —, l'aspirant Moser quitte, à 7 h 55, son hôtel et se dirige vers la station de métro Barbès-Rochechouart. Il est 8 h 5 quand il gagne le quai de la ligne n° 4, direction : porte d'Orléans. Sous sa casquette blanche, dans son uniforme bleu marine éclairé par des épaulettes, il attend.

Précédée de son habituel grondement, une rame entre en gare. Elle glisse, s'arrête. L'aspirant Moser s'avance vers une porte déjà ouverte de la voiture de première classe. Il va pénétrer dans le wagon quand derrière lui, à moins d'un mètre, un homme, brandissant un revolver, bondit. Deux coups partent. En titubant, Moser pivote sur lui-même, fait trois pas. Un témoin dira qu'il y avait sur son visage « un étonnement extrême ». Alfons Moser s'abat. Quand on le transportera à l'hôpital, il sera mort.

Quant à l'homme qui a tué, il s'est rué vers la sortie, en hurlant :

— Arrêtez-le ! Arrêtez-le !

Lui, personne ne l'arrêtera. Il s'appelle Pierre Georges, dit Frédo. A dix-huit ans, il s'est battu en Espagne dans les Brigades internationales. Après l'armistice, chef des Jeunesses communistes de Provence, il a réorganisé le parti à Marseille. En août 1941, ce même parti va le charger de mener les Jeunesses communistes au combat. Il gagne Paris. Son but : tuer. Tuer des Allemands.

Pourquoi ? Pour semer la peur parmi les rangs de l'armée d'occupation. Pour atteindre son moral. Pour réveiller les Français, épouvanter les collaborateurs et, quand la guérilla sera généralisée, immobiliser des divisions entières que Hitler ne pourra plus envoyer sur le front de l'Est. Au métro Barbès, trois camarades ont accompagné Frédo : Gilbert Brustlein, Fernand Zalkinov, Robert Guesquin. Tous ils ont fui sur les pas de Frédo. Tous ils sont saufs.

Pierre Georges, dit Frédo, deviendra le légendaire colonel

Fabien, tué à vingt-six ans, d'une explosion accidentelle, à son poste de commandement sur le front d'Alsace [1].

Le même jour, à 15 h 30, Pucheu fait transmettre aux autorités allemandes les condoléances du gouvernement français. Il annonce que tout sera fait pour retrouver les coupables et que des mesures de représailles seront prises. Du côté allemand, le silence. Les autorités d'occupation ne réclament pour le moment *aucune sanction*. Une enquête a été prescrite ; les investigations de la police secrète de campagne vont commencer à 18 heures. Rien de moins. Rien de plus.

Il faut le souligner, car on a surabondamment expliqué que la première réaction allemande avait été « effroyable ». Que Stülpnagel avait sur-le-champ déclaré que cinquante otages français allaient être fusillés, cent peut-être. L'historien peut affirmer aujourd'hui en toute certitude que cela est faux.

Il n'a pas été question d'exécution d'otages quand, à 18 heures précisément, va s'ouvrir à Vichy, à l'hôtel du Parc, sous la présidence du maréchal Pétain, un Conseil des ministres extraordinaire. Dans le silence, Pierre Pucheu prend la parole. Il évoque l'assassinat du métro Barbès, la mort de l'aspirant Moser. Il rappelle que le nombre de sabotages s'est considérablement accru depuis la guerre germano-russe. Pas de doute : les communistes sont entrés en lutte ouverte, non seulement avec les Allemands mais avec le gouvernement du Maréchal. Certes, les chefs sont en fuite ou prisonniers mais leurs troupes veillent. Il faut sévir, terroriser ceux qui veulent

1. Le général Maurice Deforge a bien voulu m'adresser le témoignage que voici : « Le colonel Fabien, héros incontesté de la Résistance intérieure, n'a pas eu la mort glorieuse qu'il méritait et que lui attribuent la légende et... l'Histoire. Il est mort, hélas, stupidement, victime de sa folle imprudence. Il avait rapporté de son inspection aux premières lignes, en forêt de la Hardt, où son régiment (le 152e RI) était engagé, une mine allemande. Il s'employait à la démonter, assis à son PC au premier étage de la mairie de Rixheim, au sud-est de Mulhouse, lorsque l'engin a explosé tuant non seulement Fabien, mais également sa secrétaire et amie AFAT, et deux officiers de liaison d'artillerie détachés par moi. Seul rescapé, le capitaine Delaporte, mon adjoint qui, flairant le danger, avait décampé. Mon groupe (où, capitaine, j'en étais le commandant en second) avait la responsabilité de l'appui direct du régiment du colonel Fabien et coordonnait les tirs deux autres groupes d'artillerie, dont un de 155, ce qui explique la présence de trois artilleurs au PC du 152e RI. »

terroriser. Il faut créer, sans perdre une heure, les juridictions spéciales prévues par le projet de loi qu'il a lui-même soumis au général Stülpnagel. Il faut que comparaissent sans délai, devant les Sections spéciales, les principaux chefs communistes présentement arrêtés. Après un certain nombre de condamnations à mort, après les exécutions qui s'imposent, les autres réfléchiront.

Une discussion s'engage. Le garde des Sceaux Barthélémy se souvient qu'il est professeur de droit. Il proteste contre la rétroactivité de la loi — mais pourquoi y a-t-il mis la main ? — contraire à tout le droit français. Pucheu consulte l'Amiral. Qui approuve. Il consulte le Maréchal. Qui approuve. De ce Conseil des ministres, le procès-verbal dira seulement : « La propagande communiste qui a fait l'objet d'une partie des délibérations ministérielles, sera réprimée avec une énergie encore accrue. Les agitateurs seront passibles de peines pouvant aller jusqu'à la mort. »

Le lendemain, 22 août, l'amiral Saalwachter, saisi de l'affaire de l'aspirant Moser — membre de la Kriegsmarine — et évoquant le précédent d'un Français fusillé pour avoir bousculé un sergent de la Wehrmacht, fait connaître que la compensation logique pour l'assassinat d'un membre de la Marine devrait être de six fusillés. Encore s'inquiète-t-il : ces exécutions ne pourraient-elles être génératrices de représailles soviétiques contre les prisonniers allemands en Russie ?

Il est 11 h 15 quand le major Boemelburg appelle l'ambassadeur de Brinon : les autorités allemandes désirent connaître, quant aux sanctions envisagées, la position du gouvernement français. A 12 h 50, Boemelburg rencontre Brinon et Jean-Pierre Ingrand, maître des requêtes au Conseil d'Etat, représentant de Pucheu en zone occupée. Ingrand tend à Boemelburg une note intitulée : *Attentat contre un officier de marine allemand. Position du gouvernement français.* Posément, Boemelburg la lit. Le gouvernement français se dit persuadé que l'attentat est d'origine communiste. Il estime qu'« il serait injuste et regrettable de faire porter à l'ensemble de la population parisienne la responsabilité d'un attentat qui incombe aux seuls communistes. » Par conséquent, il a décidé de faire comparaître devant la Cour spéciale qui vient d'être créée six des principaux chefs communistes actuellement internés. La sentence sera exécutée immédiatement

Six était le nombre proposé par l'amiral Saalwachter et communiqué à Brinon, une heure et demie plus tôt. Six est le chiffre retenu par Vichy. On a fait vite pour *s'aligner*.

Sur une question de Boemelburg, Ingrand précise que l'exécution aura lieu par guillotine sur une place publique. Le major Boemelburg prend acte. Les autres se retirent. En conclusion du rapport qu'il dicte immédiatement, Boemelburg constate : « Ce texte est une véritable révolution dans les principes juridiques en vigueur en France. La rétroactivité d'une loi pénale a pour conséquence d'annuler le sacro-saint principe libéral *nulla poena sine lege*, " nulle peine sans loi ".

« Le fait que le gouvernement français soit décidé à donner des ordres à un tribunal consomme la rupture de la séparation des pouvoirs et ébranle les conceptions sacrées de Montesquieu et de la Révolution française. La France est en train, probablement sous l'influence du nouveau ministre de l'Intérieur, Pucheu, de tracer les voies d'un nouvel ordre d'Etat. »

Dès lors, tout ira très vite. Le 23 août, la loi paraît à *l'Officiel*. Les Sections spéciales sont créées, les magistrats qui doivent siéger à Paris désignés. Avant même que l'audience ait été ouverte, on annonce qu'il y aura « au moins six » condamnés. Un seul magistrat refuse de siéger.

Où va-t-on les trouver, ces six ? Des prisons de Paris, on va extraire une fournée de communistes. Tous arrêtés depuis plus ou moins longtemps. Tous *déjà condamnés* à des peines relativement légères. Effarés, ils vont comparaître de nouveau devant ce tribunal dont ils ne savent rien.

Abraham Trzebrucki, cinquante-sept ans, ouvrier chapelier, Juif polonais, a récolté précédemment cinq ans de prison pour avoir « souscrit et collecté diverses sommes d'argent en faveur d'organismes contrôlés par la IIIe Internationale ». Il s'entend, sans y croire, envoyé à la mort par la Section spéciale. André Bréchet, quarante-deux ans, employé à la Compagnie parisienne d'électricité à qui, le 18 août, on a infligé quinze mois de prison pour propagande communiste, ouvre des yeux stupéfaits quand il découvre que la Section spéciale le condamne à mort. Emile Bastard, quarante-cinq ans, chômeur, condamné le 8 mars 1941, purge depuis quatre mois et demi une peine de deux ans pour « propagation d'idées et détention d'écrits en faveur de la IIIe Internationale ». Il écoute avec le même effarement incrédule l'énoncé de la sentence : la mort.

Cela fait trois. On a demandé six têtes aux magistrats. Trop, c'est trop. Ils ne se supportent plus eux-mêmes. Les peines de prison continueront à pleuvoir. Sans motif, rétroactives, illégales mais les juges ne voteront plus la mort.

Hors d'eux, proches des larmes, les avocats commis d'office ne songent plus qu'à la grâce. Ils courent place Vendôme où les reçoit le secrétaire général du ministère, Georges Vayras. C'est lui qui va transmettre à Vichy la demande de grâce. Au Maréchal ? Non. Pour les condamnés de la Section spéciale, le Maréchal a expressément délégué à Pucheu le soin de « régler toute l'affaire ». Maurice Gabolde, procureur de l'Etat français en 1941, garde des Sceaux jusqu'en 1944, l'a confirmé [1].

C'est donc au ministre de l'Intérieur que Vayras adresse la demande en grâce. Pucheu la rejette. A l'aube du lendemain, Bastard, Bréchet, Trzebrucki — dans l'ordre — seront guillotinés. Non pas sur une place publique, car les Allemands ont jugé que cela ferait « mauvais effet », mais dans la cour de la Santé.

A Alger, devant ses juges, Pucheu dira : « Je n'ai été pour rien dans l'exécution de ces lois, je n'ai jamais choisi ni les juges ni les inculpés. »

1. Témoignage recueilli par Hervé Villeré, le 11 novembre 1971, à Barcelone.

La condamnation de trois communistes au lieu de six a démontré à Pucheu que la soumission de certains magistrats pouvait connaître des bornes. Aussi le ministre sera-t-il l'initiateur d'une nouvelle loi, celle du 7 septembre, qui institue le Tribunal d'Etat, lequel ne comprend plus qu'*un seul magistrat* « en activité ou en retraite ». Les autres juges et le commissaire du gouvernement peuvent être des citoyens quelconques, en tout cas des gens dont on sera sûr. Le Tribunal d'Etat se réunit le 20 septembre. Il répond parfaitement à l'espoir qu'on a mis en lui : trois communistes sont encore condamnés à mort. On rend compte à Stülpnagel que « les trois condamnés ont été guillotinés le 24 septembre ». Cela n'a pas été sans mal, mais la promesse a été tenue : trois plus trois, cela fait six.

Pour lutter contre ces communistes qui l'obsèdent — mais en fait contre tous ceux qui résistent — Pucheu va créer des forces nouvelles de police, les « brigades spéciales ». Il leur donne pour instructions d'agir avec « des méthodes spécialement adaptées à cette lutte ». Décidément il aime le mot spécial. Et ces brigades se révèlent d'une efficacité redoutable.

Loin de diminuer, le nombre des attentats s'accroît. Dans une rue de Nantes, au cours de la nuit du 20 octobre 1941, le colonel allemand Holtz est abattu d'un coup de revolver. L'autorité militaire allemande décide d'appliquer un ordre du Feldmarschall Keitel, édicté un mois plus tôt. En conséquence, cinquante otages seront fusillés, choisis parmi les résistants détenus, à Châteaubriant, au camp de Choisel, ou dans les prisons de Nantes.

C'est en avril et mai que les premiers « internés politiques » sont arrivés à Choisel. Parmi eux, le communiste Fernand Grenier, à qui nous devons une émouvante évocation de la vie et de la mort des prisonniers de ce camp [1]. Ces

1. Fernand Grenier : *Ceux de Châteaubriant* (1971).

internés ont tous été arrêtés par des policiers français. Quoique le camp soit situé en zone occupée, ce sont des gendarmes français qui les gardent.

Cinquante otages ! Dès le 20 octobre, Pucheu est en possession d'une liste de *fusillables*. On y trouve les noms d'une dizaine de communistes. Les autres sont ceux de personnalités non communistes, parmi lesquelles de nombreux anciens combattants. Cette liste, Pucheu la rejette. Le préfet refuse de désigner d'autres otages. Alors, en toute hâte, on expédie deux cents dossiers à Paris. A la préfecture de police, une seconde liste est établie : y dominent les communistes et un certain nombre de syndicalistes. On soumet cette liste au ministre de l'Intérieur. Pucheu laisse faire.

Le 22, à 13 h 30, le sous-préfet de Châteaubriant, Bernard Lecornu, flanqué d'un lieutenant de gendarmerie français et d'un officier allemand, pénètrent dans le camp de Choisel et font sortir des baraques les otages désignés. Des gendarmes français les fouillent, d'autres gendarmes leur attachent les mains et les conduisent jusqu'aux trois camions dans lesquels on les entasse.

Dans une clairière, non loin du camp, neuf poteaux ont été plantés. Une centaine de soldats allemands vont fusiller les vingt-sept otages. En trois fois.

Dans le même temps, vingt-deux autres otages ont été exécutés à Nantes. Ainsi a-t-on mis à mort quarante-neuf otages et non cinquante. Au dernier moment, on s'est aperçu que le nom d'une femme figurait sur la liste.

A Alger, Pucheu a nié toute responsabilité dans cette abominable affaire. Il a proclamé que les Allemands — après l'assassinat, à Bordeaux, d'un autre officier — exigeaient non plus cinquante mais cent otages :

— J'appris avec le Maréchal, un matin à Vichy, que cinquante otages avaient été fusillés et que cette exécution devait être suivie d'une autre, également de cinquante otages. Le Maréchal envisagea de se présenter lui-même à la ligne de démarcation. Puis il me demanda d'intervenir auprès des Allemands. Je vais à Paris et, pendant trois heures, je me débats avec le général von Stülpnagel. Je lui déclare que « si ces représailles continuent, le Maréchal et ses ministres se présenteront à la ligne de démarcation comme otages ». Par la suite, à chaque attentat, j'ai livré le même combat. Je puis dire ici, la tête haute, devant vous, que j'ai sauvé des centaines d'otages. Comment aurais-je pu livrer de la main gauche ceux que je faisais épargner de la main droite ?

Cette déclaration solennelle a si fort impressionné les juges d'Alger que leur verdict ne fera pas état, parmi les charges retenues, d'un rôle personnel joué par Pucheu dans l'affaire des otages de Châteaubriant. D'ailleurs, l'instruction, faute de documents décisifs, a abandonné ce chef d'accusation.

Par malchance pour la mémoire du ministre de l'Intérieur, on pourra, après la Libération, mettre la main sur les archives de la Kommandantur de Châteaubriant. On y découvrira une lettre adressée aux autorités allemandes, le 20 octobre 1941, par le sous-préfet Bernard Lecornu. Elle est ainsi conçue :

« Comme suite à notre entretien de ce jour, j'ai l'honneur de vous confirmer que M. le ministre de l'Intérieur a pris contact avec le général von Stülpnagel afin de lui désigner les internés communistes les plus dangereux parmi ceux qui sont actuellement concentrés à Châteaubriant. Vous voudrez bien trouver ci-dessous la liste de soixante individus fournie à ce jour.

« P.S. Après examen plus approfondi de nos listes d'internés, l'état ci-joint sera révisé et une nouvelle liste définitive vous sera adressée. »

Ainsi, dès le 20 octobre, Pucheu a pris contact avec Stülpnagel. Dans le dessein de *lui désigner des internés communistes les plus dangereux*.

Le pire est que Pucheu ne semble pas avoir senti que le seul fait, pour un ministre français, de choisir entre des Français, était une faute que rien ne pouvait excuser. Le 23 au soir, à Vichy, il répéta que, sur la première liste, figuraient quarante anciens combattants, décorés de la croix de guerre ou de la médaille militaire. Devant ses collègues du gouvernement, Pucheu soliloqua :

— Je ne pouvais pas, je ne devais pas laisser fusiller quarante bons Français !

Lucien Romier, ce grand humaniste déjà compromis par tant d'abandons qu'expliquait sans doute la maladie, l'écoutait avec stupeur :

— Mais comment avez-vous mis le doigt dans l'engrenage, Pucheu ? Comment avez-vous pu désigner, vous-même, les otages ?

— Je ne les ai pas désignés... J'ai laissé, seulement, les Allemands substituer une seconde liste à la première.

— Vous n'en aviez pas le droit, mon pauvre ami. Anciens combattants ou communistes, c'étaient tous de bons Français. Vous n'aviez pas à faire un choix. Vous n'aviez pas à prendre parti. Il fallait laisser aux Allemands la responsabilité de ce massacre. Vous la partagez, maintenant, avec eux. Comment n'avez-vous pas senti tout cela ?

Du Moulin de Labarthète écoutait : « Pucheu parut tomber du ciel. A-t-il jamais compris le vrai sens des paroles de Romier ? »

Tel est probablement le vrai drame de Pucheu : n'avoir pas compris.

J'ai pu interroger le seul survivant des trois avocats de Pucheu à Alger, Me Trape. Il m'a apporté les précisions que voici :

— Je rappelle d'abord qu'il y a eu, à ce moment-là, un attentat à Nantes et un attentat à Bordeaux. Qu'il y a eu cinquante otages, sur lesquels on ne discute pas, qui ont été exécutés à Bordeaux et choisis par les Allemands. Mais pour le meurtre de l'officier allemand de Nantes, on parle toujours des vingt-sept otages communistes qui ont été pris dans le camp de Châteaubriant. Il faut se souvenir que quarante-neuf otages — en tout — ont été exécutés. On dit que Pierre Pucheu aurait substitué vingt et un communistes à des anciens combattants. Mais, parmi les otages fusillés à Nantes, on trouve le président des anciens combattants, et d'autres membres d'associations d'anciens combattants. Et même trois jeunes gens qui avaient planté un drapeau sur la cathédrale de Strasbourg, le 11 novembre. Parmi les vingt et un de Nantes, aucun n'était communiste. Je pense donc que, sur ce point, la preuve n'est pas vraiment rapportée que Pierre Pucheu a volontairement soumis une liste aux Allemands et substitué des communistes à d'autres otages. Enfin, au procès des collaborateurs de Pierre Pucheu, après le guerre, tous les officiers allemands qui ont participé à l'exécution des otages de Châteaubriant ont été entendus. Le général von Stülpnagel, en premier lieu, affirma que, ce jour-là, il avait reçu des ordres du quartier général de Hitler pour fusiller cinquante à cent otages, qu'il avait établi la liste, le jour même, sur des renseignements fournis par l'Abwehr de Nantes. En outre, d'autres officiers indiquent que l'Abwehr de Nantes possédait un dossier depuis plusieurs mois sur tous les détenus du camp de Châteaubriant. Et que, le matin même du 20 octobre, elle a saisi le registre du camp de Châteaubriant. Tous les officiers allemands entendus — bien qu'eux-mêmes eussent à rendre des comptes — ont revendiqué la responsabilité de la désignation des otages.

J'ai admiré la fidélité de cet avocat qui, quarante ans après le procès, défendait son client avec autant de conviction. J'ai voulu rencontrer aussi M. Bernard Lecornu. Pas plus que le préfet de Nantes, il ne se reconnaissait de responsabilité dans l'affaire. Certes on l'avait incarcéré à Fresnes après la Libération, mais son dossier avait été classé sur la proposition du procureur général Boissarie. La commission d'épuration du ministère avait considéré entre autres « que la responsabilité de M. Lecornu devait être définitivement écartée en ce qui concerne la désignation des otages de Châteaubriant ». Elle avait proposé sa réintégration en qualité de préfet. Bien mieux, sur proposition du Comité départemental de Libération de la Corrèze, M. Lecornu s'était vu attribuer la médaille de la Résistance avec rosette.

J'ai interrogé M. Lecornu sur les véritables responsables. Pucheu ou d'autres ? Voici ce qu'il m'a répondu : « Je ne conteste nullement avoir signé la lettre du 20 octobre 1941... Si vous voulez bien la relire, elle apporte la preuve que le ministre de l'Intérieur a remis au général von Stülpnagel une liste de communistes qu'il considère comme particulièrement dangereux, mais rien ne permet de conclure que c'est moi qui les ai désignés... La vérité est apparue au cours de l'instruction du procès qui a été intenté en cour de justice à la Libération. C'est un chargé de mission, homme de confiance de Pierre Pucheu, responsable de toutes les questions concernant les communistes et syndicalistes, aussi bien au ministère de la Production industrielle qu'à celui de l'Intérieur, qui, en application des instructions de son ministre, a établi la liste remise aux Allemands [1]. »

En application des instructions de son ministre.

Troisième personnage du gouvernement après le vice-président du Conseil Darlan et le garde des Sceaux Barthélémy, Pucheu agit en égal de l'Amiral, en porte-parole de la révolution nationale. Du Moulin de Labarthète le supporte de moins en moins : « Au Conseil des ministres, il intervenait à tout instant, à tout propos, coupant la parole à l'Amiral, s'attirant de cinglantes réparties de Joseph Barthélémy ou du général Bergeret. Mais il ne s'arrêtait pas en chemin. Le démon de l'assurance, de la riposte péremptoire semblait l'habiter. Ses voyages à Paris, ses entretiens avec le général von Stülpnagel ne lui donnaient-ils pas, d'ailleurs, sur les «autochtones», la supériorité d'un ministre qui sait ce qu'il veut, qui sait où il va, qui dispose d'un vaste échiquier, qui peut y déplacer les pions à sa guise ? »

Jusqu'au Maréchal qui en vient à ne plus supporter cette omnipotence. A Du Moulin, il lance :

1. Lettre du 15 mars 1983.

— Il tient tout, l'animal, l'Intérieur, la Police, la Jeunesse, la Légion, la Propagande par Marion, les Rapports politiques avec les Allemands par Benoist-Méchin, les Rapports économiques par Barnaud. Nous sommes coupés, coincés.

— Débarrassez-vous-en, monsieur le maréchal !

— C'est facile à dire, mais par qui le remplacerais-je ?

— Par qui vous voudrez, par Léon Noël, par Mistler, par Bouthillier lui-même, qui ne connaît rien à la police, mais qui a des idées sur l'administration.

— Croyez-vous qu'il ne soit pas déjà trop tard ?

Le Maréchal hésite. Il n'entreprendra rien.

A travers Pucheu, le Groupe a atteint son but : le pouvoir. Pucheu regarde bien au-delà. Dans l'un de ses rapports, l'amiral Leahy, ambassadeur des Etats-Unis à Vichy, écrit : « On dit Darlan et Pucheu également ambitieux de succéder au Maréchal. » Il est vrai que Pétain est vieux, très vieux. D'après l'acte constitutionnel signé par le chef de l'Etat, son successeur est Darlan. Nous découvrons donc, au travers de l'amiral Leahy, que Pucheu, en cas de disparition du Maréchal, est prêt à se poser en candidat. Simple on-dit ? Nullement. Sous la plume du général Serrigny, confident privilégié de Pétain, on peut lire :

« J'ai eu, le 5 décembre 1941, après le déjeuner, un entretien avec le Maréchal sur la mentalité de son équipe ministérielle qui a les dents longues. Les plus intelligents mais aussi les plus dangereux sont les ex-collaborateurs de M. H. Worms, ce sont MM. Pucheu, Barnaud, Lehideux, Benoist-Méchin, Marion. Ils ont de grandes ambitions, *le premier surtout*. Le Maréchal me montre une lettre privée de lui saisie à la censure, où il ne cache pas *son espoir de prendre prochainement sa place* [1]. »

Comment ne pas rapprocher une telle révélation des propos tenus quelques mois plus tard par Pucheu à Walter Stucki, ambassadeur de Suisse à Vichy :

— Je ne porte intérêt dans la vie qu'aux extrêmes. Je finirai au plus haut ou au plus bas, chef d'Etat ou de gouverne-

1. Général Serrigny : *Trente ans avec Pétain* (1959).

ment, ou bien de mort violente. Pour moi il n'y a pas d'autre issue [1].

C'est le temps où l'hebdomadaire *Toute la vie* imprime : « Tout le monde aperçoit en Pierre Pucheu la grande espérance de la France. » Voilà pourquoi Pucheu fonce. « Il avait toujours l'air d'avoir mangé du lion, et d'en vouloir encore... »

Il reçoit les préfets de zone occupée et leur lance brutalement :

— Il n'y a qu'un seul homme habilité à prendre contact avec les autorités d'occupation, c'est moi. J'ai trouvé le pays saucissonné par de petits lieutenants de Kommandantur. Cela a trop duré !...

Il ne faut pas s'y tromper :

— Je suis venu au ministère de l'Intérieur pour y faire non seulement de la bonne administration, mais aussi une politique !

Il s'emporte :

— Je veux en finir avec la maçonnerie, avec les influences juives, avec le terrorisme d'extrême droite et d'extrême gauche. Ma lutte contre le communisme sera sévère, implacable. C'est aux chefs qu'il faut remonter. Ensuite, le plus vite possible, il s'agira de reconstituer, entre le Maréchal et le peuple, le courant sentimental, sans lequel aucune œuvre durable n'est possible.

Sa voix se durcit :

— Un parti unique, valable, puisant ses forces dans toutes les classes de la nation, et d'abord chez les ouvriers et les paysans, sera nécessaire pour construire l'avenir.

Le 30 octobre 1941, dans le bureau du Maréchal, Pucheu est de ceux qui décident d'entamer une négociation avec les autorités allemandes sur l'éventualité d'un ravitaillement de l'armée de Rommel à travers la Tunisie et celle d'un combat commun aux côtés de l'Afrika Korps, au cas où celui-ci devrait refluer vers la Tunisie [2]. Pucheu s'affirme favorable

1. Walter Stucki : *La fin du régime de Vichy* (1947).
2. Rapport de Darlan à Pétain en date du 8 novembre 1941.

aux deux aspects que pourrait prendre l'aide française. Le général Juin ira le dire à Berlin, le 20 décembre, au maréchal Goering.

Quand, le 1er janvier 1942, le Maréchal, par un coup d'audace inattendu, prononce une allocution radiodiffusée dans laquelle il fait allusion à la « demi-liberté » qui lui est laissée, Pucheu laisse éclater sa colère. Comment a-t-on pu laisser passer cela ? Il n'est pas question que le texte soit publié ! Miracle : le Maréchal tient bon. Alors Pucheu fait de son mieux pour saboter la diffusion du message à la radio et sa publication au *Journal officiel*.

De notoriété publique, le général Weygand, proconsul en Afrique du Nord, anime la résistance aux menaces allemandes. Il met sur pied de guerre une armée qui, demain, pourra reprendre la lutte. Il faut donc que Weygand soit rappelé. Pucheu — avec Benoist-Méchin et Marion — s'y emploie. Il réussit.

Ici se place un bien étrange événement : Pucheu va prendre un contact direct avec le chef du mouvement *Combat*, Henri Frenay. En janvier et février 1942, une vague d'arrestations a décimé le réseau : un traître français, au service de l'Abwehr, en est en majeure partie responsable [1].

Frenay dispose d'amis sûrs parmi les membres de la Surveillance du Territoire (pétainiste) : rien n'est simple en ce temps-là. Pour obtenir la libération des militants arrêtés, il se résout à tenter de négocier. Il sollicite l'accord du Comité directeur de *Combat*. A la majorité, on décide que Frenay peut agir dans ce sens. Il va donc rencontrer à Vichy le commandant Rollin, directeur général de la Sûreté nationale. Dialogue courtois qui prouve à Frenay que l'on connaît parfaitement son mouvement et qui soudain s'achève sur cette proposition inattendue de Rollin :

1. Henri Devillers, imprudemment passé en zone libre, sera découvert par le Bureau des Menées antinationales de Vichy, arrêté en février 1942, jugé et condamné en mars, fusillé en avril.

— Je crois qu'il serait utile que cet entretien n'ait pas lieu seulement avec moi, mais que vous rencontriez l'amiral Darlan.

— Pourquoi pas ? réplique Frenay [1].

A l'instant même, le chef de *Combat* a compris : l'entrevue n'avait été acceptée que dans ce but. « Il a téléphoné, se souviendra-t-il, et on lui a dit que l'amiral Darlan était en voyage, je ne sais quoi exactement : bref, ce n'est pas possible. Alors il m'a demandé : *Que diriez-vous de voir Pucheu ?* Même réponse. Quelques instants plus tard, nous étions dans le bureau de Pucheu. »

Avant de découvrir la suite, le lecteur doit savoir que, jusque-là, Frenay n'a jamais écrit le nom de son interlocuteur sans le faire précéder du mot « traître ». Il doit savoir aussi que Pucheu est tellement haï dans les milieux de résistance que Aubry, l'une des têtes de *Combat*, a envisagé de le faire exécuter par des hommes de main du « milieu » marseillais.

Frenay découvre Pucheu entouré de ses principaux collaborateurs : outre Rollin, le secrétaire général Rivalland, prédécesseur de Rollin à la direction de la Sûreté, le commandant Johanna, chef de cabinet. Pucheu, dira Frenay « a d'abord tenté de me faire avaler un petit exposé dans lequel il expliquait et justifiait la politique de Vichy. Il parlait de l'action des Allemands en France, des préparatifs en AFN, bref tout le double jeu. »

— Pourquoi me racontez-vous tout cela ? interroge Frenay.

— Nous vous connaissons. Nous savons d'où vous venez et qui vous êtes. Nous sommes bien étonnés qu'un homme comme vous soit à la tête d'une organisation clandestine. Je voudrais, après ces explications, vous demander de réfléchir, pour savoir si votre comportement ne risque pas de se retourner contre le pays.

— Je ne le crois pas ! Je crois que c'est au contraire le vôtre, car vous venez de me faire la démonstration de ce qu'est la politique du double jeu... Par définition elle ne peut

1. Henri Noguères : *Histoire de la Résistance en France*, II (1969).

être rendue officielle. Vous ne montrez à la population française que le côté de la collaboration. L'autre, vous le gardez pour vous, vous ne pouvez pas le montrer au grand jour, sinon vous iriez en prison. Donc les braves gens qui vous écoutent, et qui sont l'unanimité moins une poignée, vous suivent et vous prenez sur ce plan-là une responsabilité écrasante... d'autant plus grande qu'elle est un leurre, puisque les Allemands perdront la guerre. A moi de vous retourner la balle : votre politique du double jeu consiste à attendre le bon moment pour tomber dans le camp des vainqueurs. Pourquoi, dès lors, foutez-vous mes gars en prison ?... Il faudrait harmoniser votre point de vue et votre action. Il n'y a pas de raison, si vous faites le double jeu, de foutre ces types en taule.

Les deux hommes discutent autour de ce thème dont l'actualité est si brûlante. Pucheu met fin au débat :

— Eh bien, je vais réfléchir à cette conversation.

— Je vous demande, en tout cas, une chose : c'est qu'il n'y ait pas de nouvelles arrestations.

— C'est d'accord, il n'y aura pas de nouvelles arrestations.

Pucheu se tourne vers Rollin :

— Débrouillez-vous pour que, si je veux de nouveau parler à M. Frenay, je puisse le voir.

Frenay sort de chez Pucheu muni d'un sauf-conduit qu'il pourra exhiber en cas d'arrestation. Il rendra compte de l'entrevue au Comité directeur de *Combat* qui élabore un mémorandum dans le sens des propos échangés à Vichy. Une deuxième rencontre Frenay-Pucheu a lieu le 14 février. Pucheu a reçu et lu le mémorandum qu'il juge « fort important ». Il déclare fort sérieusement que cela « demande réflexion ». Il prolonge le sauf-conduit jusqu'à une troisième entrevue projetée. Celle-ci n'aura jamais lieu.

Le résultat recherché sera cependant atteint. « Cet intermède avec Pucheu, reconnaîtra Frenay, avait quand même permis de faire sortir les gars emprisonnés. Est-ce par Pucheu ou parce que les affaires avaient suivi leur cours normal ? Je n'en sais trop rien mais, en tout cas, les types étaient sortis de taule [1]. »

Contradictoire Pucheu. Quel est le sens de ce *Kriegspiel* dans lequel il s'est lancé ? A-t-il déjà senti le vent tourner ?

Avril 1942. N'ayant pu résister à la pression allemande, le Maréchal appelle de nouveau Laval aux affaires. A son procès, Pucheu n'a cessé de répéter que ce retour au pouvoir d'un homme dont il réprouvait depuis longtemps la politique et dont on avait tout à craindre, l'avait indigné. Sans hésiter, il avait repoussé toute offre de collaboration avec lui. Ecoutons-le dans le prétoire :

— Les Allemands ne tardèrent pas à imposer Laval. Celui-ci m'offrit le portefeuille des Colonies. Je refusai. Une scène violente m'opposa au Maréchal. « Vous m'abandonnez, me dit celui-ci, au moment où je suis obligé de reprendre cet homme qui me répugne physiquement et moralement. J'avale des couleuvres énormes. Ne pourriez-vous pas en avaler de plus petites ? » Je répondis : « Malgré mon désaccord avec Darlan, j'ai accepté de rester, mais pas avec Laval, qui souhaite la victoire allemande », et je partis. Le retour de Laval fut un véritable désastre pour la France.

A-t-il oublié qu'il s'était targué, l'année précédente, de pratiquer — lui et son groupe — une « vraie collaboration » ? A-t-il relégué au oubliettes sa phrase : « Nous prions le Führer de nous faire confiance » ?

A ses assertions, quelqu'un va apporter le démenti le plus formel. Un ministre de Vichy mais resté, celui-là, à Vichy. Chaque jour, avec un véritable talent, Philippe Henriot prononce à la radio un éditorial où se mêlent fièvre et passions. Le 12 mars 1944, il s'exclame :

— Il affirmait hier être parti parce que le président Laval était revenu. Il cherchait à se désolidariser du chef du gouvernement, affirmant qu'il avait désavoué ce que celui-ci avait pu faire. Pucheu a-t-il oublié les requêtes qu'il adressa

1. Témoignage de Frenay dans Henri Noguères : *op. cit.*

au président Laval pour obtenir de lui soit le ministère de l'Intérieur, soit le ministère de la Production, soit une ambassade à Berne ? Et il ne peut être accusé de discrétion, puisque tout Vichy retentissait de ses déclarations, de ses espérances, de ses appétits [1].

C'est parce que Laval a voulu le reléguer dans un ministère qu'il jugeait indigne de lui — les Colonies — que Pucheu s'est brusquement détaché de lui. Walter Stucki témoigne que, dans un banquet officiel, Pucheu se laissa aller à « parler de Laval en termes pleins de mépris ». Le nouveau chef du gouvernement venait de le nommer à l'ambassade de Berne. « Furieux, il rapporta sa nomination. »

Dès lors, Pucheu n'a pour but que de discréditer Laval. Il dépose entre les mains du Maréchal un long rapport que ses avocats croiront pouvoir utiliser pour sa défense. Il s'agit du programme qu'il compte appliquer lorsqu'il aura succédé à Laval et qui se caractérisera par une plus grande indépendance de la France vis-à-vis de l'Allemagne pour, en définitive, obtenir une place plus avantageuse dans l'Europe allemande. Tout comme Laval, Pucheu ne redoute pas d'affirmer que la France « ne souhaite nullement, par principe, une défaite allemande à l'est » mais il ajoute qu'elle « ne souhaite pas, par principe, une défaite allemande devant les Anglo-Saxons ».

Le texte est daté du 15 octobre 1942. Trois semaines avant le débarquement anglo-américain en Afrique du Nord. Soudain, alors que rien, dans ce rapport, ne le laisse prévoir, Pucheu va tourner casaque. Il semble bien, à cette époque, que soient parvenues jusqu'à lui les rumeurs de ce débarquement. Il a affirmé, au fond de ses prisons, qu'il avait alors conçu un nouveau plan d'action en cinq points :

1) Négocier secrètement avec les Américains.

2) Dès que la date du débarquement des Alliés en Afrique du Nord serait certaine, transporter en Afrique le gouvernement de Vichy.

1. Général Schmitt : *op. cit.*

3) Grâce à l'intervention de l'aviation anglo-américaine, dégager la flotte française de Toulon.

4) Replier l'armée d'armistice sur l'Espagne pour l'y faire interner provisoirement. Transférer en Afrique les cadres de la métropole afin d'encadrer la nouvelle armée qui se créera au-delà de la Méditerranée.

5) Quand tous les préparatifs auraient été réalisés, renvoyer Laval, dénoncer les dépassements de l'armistice. Après la réaction allemande qui ne manquera pas de s'ensuivre, dénoncer l'armistice lui-même, partir pour l'Algérie et rentrer dans la guerre.

Cette fois, les historiens ne l'ont pas pris en flagrant délit de travestissement de la vérité.

Est-il imaginable que Pucheu ait pu effectuer si vite une telle volte-face ? Un précédent invite à le croire : son passage — aussi rapide — des Volontaires de La Rocque au PPF de Doriot. Pucheu affirmera avoir proposé ce nouveau plan à Pétain et l'avoir trouvé moins enclin que jamais aux « aventures ».

— Je vois que vous êtes un enfant, lui aurait dit le vieux soldat. Il faut prévoir des années d'attente avant la Libération.

De la part de Darlan, Pucheu a droit à une verte semonce :

— Vous allez trop vite ! Des opérations en Afrique du Nord sont impossibles avant l'automne 1943.

Rejeté par Vichy, Pucheu se décide, en septembre, à prendre contact avec le glorieux soldat qu'est le général Giraud. Celui-ci, prisonnier depuis la campagne de 1940, a pu s'évader de la forteresse de Koenigstein dans des conditions qui ont soulevé l'admiration. Depuis, il réside aux environs de Lyon. Pucheu lui remet le dernier mémoire qu'il vient de rédiger pour le Maréchal.

Du propre aveu du général, l'entrevue fut « des plus courtoises ». Après lui avoir remis son mémoire, Pucheu a conclu « qu'il était temps de jeter le masque et de s'allier ouvertement aux Anglo-Saxons pour battre l'Allemagne ». Conclusion du général Giraud : « Cette conception s'accordait trop bien avec la mienne pour que j'y fasse la moindre objection. Je demandai à l'auteur quelques précisions sur le rapport des forces en présence, et lui fis prévoir que, dans quelques mois, certainement, des faits nouveaux interviendraient qui forceraient tous les Français à se décider. Je ne lui cachai pas que, personnellement, je ne resterais pas inactif et que je prendrais ma place dans la bataille, quand j'estimerais l'occasion favorable. J'étais sûr que beaucoup de Français m'imiteraient. Nous nous séparâmes en excellents termes, sans que j'aie dévoilé un plan d'opérations qui n'était pas encore complètement arrêté [1]. »

Ainsi Pucheu découvre-t-il que Giraud s'apprête à participer à la rentrée de la France dans la guerre. Nous n'avons aucune peine à imaginer dans quel désarroi une telle information a dû jeter l'ancien ministre de l'Intérieur. Il a dû se sentir, à proprement parler, assis entre deux chaises. Position pour tous inconfortable et, pour un Pucheu, insupportable.

Dès lors, tout va très vite. Le 8 novembre 1942, les Alliés débarquent en Afrique du Nord en compagnie du général Giraud. Darlan se trouve là à point nommé pour traiter avec les Américains. Il assume tous les pouvoirs politiques en Afrique du Nord, cependant que Giraud commande les forces armées.

En métropole, Pucheu ronge son frein. Il ne doute plus que le camp du succès est là-bas, en Afrique du Nord. Le 15 octobre, il envisageait sans défaveur la victoire de l'Allemagne à l'est et à l'ouest. Un mois plus tard, il parie pour la victoire alliée.

Y prendre part serait s'assurer le grand avenir politique auquel Pucheu se croit toujours voué. Il se décide. Au fond, Giraud l'a fort bien reçu à Lyon. Pourquoi ne pas le rejoindre ? Avec l'allant d'un jeune homme, il franchit les Pyrénées dans des conditions dont le récit fournit l'un des chapitres les plus pittoresques de ses mémoires : ah ! les

1. Général Giraud : *Un seul but, la victoire* (1949).

semelles de bois dans la neige ! Arrivé à Barcelone, il adresse une lettre au général Giraud : il souhaite pouvoir gagner l'Afrique du Nord et servir dans l'armée avec son grade de capitaine de réserve.

Ouvrons de nouveau les souvenirs du général Giraud. Il ne nie nullement avoir reçu une lettre, mais ajoute : « J'avoue ne pas avoir été très empressé à répondre. Entre-temps, j'avais reçu certaines informations sur ce qui s'était passé en France de 40 à 42. Le rôle du ministre de l'Intérieur n'avait pas toujours été très net, ou plutôt pas très impartial. Sans l'accuser de soumission aux ordres allemands, on me faisait comprendre qu'il avait été obnubilé par sa passion anticommuniste et qu'il s'était laissé circonvenir par les occupants dans plusieurs circonstances. Personne ne me parla à ce moment de Châteaubriant. »

Le 4 février 1943,toujours en Espagne, Pucheu écrit de nouveau à Giraud. Cette fois, la réponse du général — manuscrite — lui parvient. Elle est trop importante pour ne pas être reproduite intégralement :

« Alger, le 15 février 1943.

« Mon cher ami,

« Je reçois aujourd'hui votre lettre du 4 février qui m'arrive par une voie discrète. Je ne puis que vous confirmer ma missive antérieure, au sujet de votre venue ici. Elle se heurte à des difficultés que vous ne pouvez ignorer et que je préfère, en toute amitié, vous exposer nettement. Vous avez appartenu au gouvernement de Vichy et, à tort ou à raison, accumulé contre vous beaucoup d'inimitiés de la part des éléments qui, en France, entendent résister à l'Allemand. Je tiens à souligner que cet état d'esprit n'est pas seulement le fait de gens qui entourent le général de Gaulle, mais également de la masse de l'opinion française. C'est un fait que je regrette, mais vous ne pouvez l'ignorer. Par ailleurs, j'estime que, pour mener actuellement la lutte contre l'ennemi, toutes les bonnes volontés doivent être utilisées ; je suis donc tout prêt à vous accueillir et à vous donner une place dans une unité combattante, *sous réserve que vous ne ferez aucune politique*. Je vous demande de passer ici sous un nom d'emprunt, pour éviter tout incident. Si vous êtes d'accord pour accepter ma proposition, je donnerai des instructions au colonel Malaise pour qu'il facilite votre venue ici. Ce ne sera pas, croyez-moi, chose facile, car je me heurterai à de grosses difficultés du côté anglais et américain. Avec de la persévérance, nous réussirons. A bientôt, j'espère, avec l'assurance de mes plus cordiaux sentiments. Henri Giraud. »

On découvre dans cette lettre bien des hésitations. Le principal ne se situe-t-il pas dans l'engagement que prend Giraud d'accueillir Pucheu et de lui accorder une place dans une unité combattante ? Comment le destinataire n'aurait-il pas perçu un engagement formel dans cette invite : « Je vous demande de passer ici sous un nom d'emprunt » ? Le « à bientôt » du général ne sonne-t-il pas comme un encouragement ?

Périodiquement, des convois amènent en Afrique du Nord les volontaires qui brûlent de se battre. C'est sur l'un de ces bateaux, le *Sidi-Brahim*, que Pucheu, le 1er mai 1943, va s'embarquer à Setubal (Portugal). A bord, se trouve un officier libéré depuis peu de la *Carcer Motelo*, le commandant Gambiez. L'importance de son témoignage ne saurait être assez soulignée : « Pucheu s'est fait immédiatement connaître en arrivant sur le bateau et a revendiqué des cabines pour lui et son entourage, ce qui a provoqué le déplacement de certains officiers à qui une cabine avait été affectée en priorité. Entouré de quatre ou cinq collaborateurs, il n'a nullement caché son identité et conversait à table, avec eux, de la façon la plus décontractée. “ Il cherche à s'imposer partout ”, note mon carnet de route de l'époque. C'est ainsi qu'il s'installera, de lui-même, avec son entourage, à la table des officiers supérieurs [1]. »

A bord du même *Sidi-Brahim* se trouve un autre volontaire

1. Cette lettre du général Gambiez (5 mars 1973) m'a été communiquée par le général Granger (20 décembre 1982).

qui a bien voulu me faire parvenir son témoignage : « Je crois que la mémoire du général Gambiez le trompe quand il parle de Pucheu " et quelques-uns de ses collaborateurs ", car les gens qui l'entouraient étaient en réalité des policiers français chargés de le surveiller et de le protéger (certains évadés auraient voulu le jeter par-dessus bord). Les défenseurs de Giraud disent que Pucheu n'a pas tenu sa promesse de garder l'anonymat : c'est vrai, puisque sur le bateau il cherchait à défendre sa politique avec ceux qu'il arrivait à aborder. Mais il fallait être aussi candide que l'était Giraud pour penser qu'un personnage tel que Pucheu pouvait, même s'il l'avait voulu, passer inaperçu et croire qu'il aurait pu servir dans l'armée sous un nom d'emprunt [1]. »

Ce qui ressort de ces deux récits, c'est que Pucheu n'a pas tenu ses engagements. Un troisième témoignage, cependant, rend un son quelque peu différent. Il m'a été adressé par Mme G. Vidal-Naquet : « Mon mari, évadé de France, après un séjour dans les prisons espagnoles de Figueras et Gerone s'est trouvé sur le même bateau allant au Maroc avec Pucheu. Celui-ci connaissant le frère de mon mari, Lucien Vidal-Naquet, avocat au barreau de Paris, a tenu à contacter mon mari — et à lui parler. Mon mari, ne voulant pas se compromettre avec un ministre de Vichy, a accepté de parler avec lui, mais devant témoin. Pucheu lui a montré les lettres de Giraud prêt à l'accueillir sous un autre nom (que j'ai oublié). Pucheu était déterminé à s'engager et à se battre avec l'armée française. Mon mari a été frappé de la détermination et du courage de l'ancien ministre de Vichy. La suite, on la connaît et ce traquenard, inutile de vous le dire, avait bouleversé et indigné mon époux [2]. »

A ces prises de position, j'ajouterai le témoignage d'un résistant, le docteur Hubert Chimènes, parvenu en Afrique du Nord à la même époque et qui éclaire fortement les réactions que provoque l'arrivée de Pucheu : « Je fais partie de ceux qui, après avoir résisté en France, après de longs mois de

1. Lettre de M. A. Daubos, 22 février 1983.
2. Lettre du 16 décembre 1982.

prison, ont pu rallier l'Afrique du Nord. A notre arrivée à Casablanca, nous avons été reçus par un général qui nous a, sous les huées, remerciés de « venir aider le général Giraud à délivrer le Maréchal (*sic*) ». Pour les résistants gaullistes, c'était là évidemment un affront. Nous pensions également inacceptable que, pour entrer dans une unité de FFL, il nous ait fallu *déserter* de l'armée que nous appelions vichyste, aidés par des officiers gaullistes qui, en vêtements civils, en secret, nous fournissaient les indications et les moyens nécessaires à la réalisation de notre désir. Pour nous, Giraud était le délégué de Pétain en Afrique du Nord ; il n'était pas le républicain que nous aurions voulu trouver ; nous ne contestions en rien sa qualité d'homme de guerre ; nous lui reprochions ses positions politiques et son opposition au général de Gaulle qu'il aurait dû rejoindre sans hésitation... L'idée que Giraud avait pu envisager que Pucheu pût un jour « se dédouaner » en combattant avec nous contre les nazis était une des raisons de notre peu de sympathie pour lui et de notre méfiance vis-à-vis des siens [1]. »

Le 6 mai 1943 Pucheu débarque à Casablanca. Or l'un des anciens officiers de Giraud a également pris place sur le *Sidi-Brahim*. « Dès son arrivée à Casablanca, écrit le général, cet officier me rejoint à Alger, comme je le lui avais prescrit. Et quelle n'est pas ma stupéfaction lorsqu'il me raconte qu'il a voyagé sur le bateau avec Pierre Pucheu, inscrit sous un nom d'emprunt, mais ne cachant à personne à bord sa véritable identité. Le lendemain ou le surlendemain, le commissaire à l'Intérieur, M. Couve de Murville, me présente un rapport de police du Maroc, indiquant que Pierre Pucheu a débarqué du deuxième convoi, et qu'il est immédiatement entré en contact avec les amis politiques qu'il a retrouvés à Casablanca, ne cachant pas ses opinions ni ses appréciations sur la politique présentement suivie. Cette arrivée et ces conciliabules, disait le rapport, causaient à Casablanca, dans cette

1. Lettre du 13 janvier 1983.

chaudière volontiers en ébullition, une émotion et un danger certains. »

Pucheu, lui, ne se doute de rien. Il s'est rendu à Rabat où on lui a annoncé sa prochaine affectation au commandement des canons antichars du 1er régiment de chasseurs d'Afrique. Tout va bien. Dans ses propres souvenirs, il ne fait naturellement aucune allusion aux contacts politiques que, selon Giraud, il a noués dès son arrivée.

Trois jours plus tard, en prenant son petit déjeuner, il parcourt machinalement le journal du matin. Il sursaute en lisant cet entrefilet :

« M. Pierre Pucheu, ancien ministre de l'Intérieur, vient d'arriver en Afrique du Nord. Il sera placé dans le Sud en résidence surveillée en attendant que sa situation ait pu être examinée. »

En toute hâte, Pucheu écrit à Giraud. Il lui rappelle leur accord. Aucune réponse. Comme annoncé, on le transfère dans le Sud, à Ksar-es-Souk. Là, dix jours plus tard, un officier vient l'informer que le général Giraud ne se souvient plus bien des conventions qu'il a conclues. Il demande à Pucheu de les lui rappeler confidentiellement. Ce que naturellement Pucheu fait aussitôt. Aucune réponse.

Quatre semaines plus tard, Pucheu écrit de nouveau à Giraud qui partage désormais avec de Gaulle, arrivé en Afrique du Nord, les responsabilités du pouvoir. Cette fois, Pucheu accuse : « Devant moi, devant ma famille, devant mes amis, c'est vous qui êtes responsable de mon sort et de mon honneur. Votre silence prolongé est une cruauté supplémentaire. Ce silence, mon général, vous avez devant votre conscience le devoir de le rompre... »

Aucune réponse. Alors, le 7 août 1943, Pucheu écrit à de Gaulle. Il l'informe que c'est avec l'accord de Giraud qu'il est entré en Afrique du Nord. Si de Gaulle répugne à l'employer dans son grade, il est prêt à servir comme sous-officier, voire comme simple soldat dans l'unité la plus exposée. Il poursuit :

« Je suis prêt à m'engager sur l'honneur : 1) à ne jamais

dire un mot de politique sous l'uniforme ; 2) à ne jamais faire ultérieurement aucun état de mes services qui resteront anonymes comme ceux d'un soldat de la Légion étrangère ; 3) à me mettre à la disposition de toute juridiction qui sera éventuellement chargée d'examiner mon action politique. Tout se passerait exactement comme si j'étais resté entre-temps prisonnier et je pourrais alors considérer la parole qui m'avait été donnée par le commandant en chef comme ayant été correctement tenue.

« Quelles que soient vos préventions à mon égard, je vous prie de peser avec équité ma demande... »

Pas de réponse. En revanche, Pucheu est transféré à la prison civile de Meknès et inculpé devant le tribunal militaire de cette ville marocaine.

Quelle explication le général Giraud donne-t-il quant à l'évolution de la situation de Pucheu ? Voici : « Le Comité de Libération nationale se forme au début de juin. Le 10 août, brusquement, la question Pucheu est mise par le général de Gaulle à l'ordre du jour, en même temps d'ailleurs que le cas Robe et le cas Derrien [1]. La discussion est très orageuse. Le général Georges, qui a tenu le journal fidèle de ces réunions, s'en souvient. J'explique comment Pierre Pucheu se trouve à Ksar-es-Souk et pourquoi. J'estime que les accusations portées contre lui ne reposent sur aucune preuve et qu'il est nécessaire d'attendre le retour en France pour l'instruction de semblables affaires. Autrement, on donne nettement l'impression de poursuivre un procès politique, pour des fins politiques, avec tous les dangers que cela représente, pour le présent et pour l'avenir. Les opinions sont partagées. Les arguments s'affrontent. Finalement, on vote et, à la majorité des voix, il est décidé que Pierre Pucheu sera arrêté, transféré à Alger, et que l'instruction de son procès sera ouverte immédiatement [2].

1. Eugène Robe, propriétaire de deux quotidiens à Alger, en a été pratiquement dépossédé quelque temps plus tôt. En Tunisie, l'amiral Derrien, appliquant les ordres de l'amiral Esteva, a abandonné aux Allemands trois torpilleurs, plusieurs petites unités ainsi que l'arsenal, acceptant également le désarmement de trois bataillons français.

2. Il faut souligner qu'il existe une « nuance » entre l'envoi en résidence surveillée dans le sud marocain et l'incarcération à Meknès.

Comme commandant en chef, j'étais désigné pour signer cet ordre d'incarcération. J'aurais pu évidemment m'y refuser. Cela n'eût rien changé à la décision prise. »

Comment le général de Gaulle évoque-t-il de son côté les conditions dans lesquelles Pucheu fut inculpé ? Dans ses *Mémoires de guerre*, il rappelle que Pucheu s'est rendu au Maroc avec l'autorisation de Giraud : « Mais, comme l'ancien ministre se montrait ostensiblement, Giraud l'avait fait mettre en résidence surveillée. Par la suite, le Comité de la Libération décidant d'assurer l'action de la justice à l'égard des membres du " gouvernement " de Vichy, Pierre Pucheu était emprisonné. A présent, se pose cette question : doit-il être, aussitôt, jugé ? A l'unanimité de ses membres, le gouvernement décide de faire ouvrir le procès [1]. Au point de vue des principes, il n'y a pas motif à le remettre. Surtout, la raison d'Etat exige un rapide exemple. C'est le moment où la Résistance va devenir, pour la prochaine bataille, un élément essentiel de la défense nationale. C'est le moment où le ministère Laval, dont Darnand fait partie comme «chargé du maintien de l'ordre», s'acharne à la briser de connivence avec les Allemands. Il faut que nos combattants, il faut que leurs adversaires aient, sans délai, la preuve que les coupables ont à répondre de leurs actes. Je le déclare à la tribune de l'Assemblée consultative en citant Georges Clemenceau : " La guerre ! Rien que la guerre ! La justice passe. Le pays connaîtra qu'il est défendu ". Pour juger Pucheu, le Comité de la Libération, faute de pouvoir réunir la Haute-Cour, fait traduire l'accusé devant le " tribunal d'armée ". »

Le 30 août 1943, le Comité central de la Résistance, réuni clandestinement à Paris, se prononce sur le cas Pucheu [2]. Il

1. Majorité, a dit Giraud. Unanimité, dit de Gaulle.

2. Le Comité central de la Résistance est un organisme parallèle au Conseil national de la Résistance, « composé, dira Pierre Villon, de membres déjà représentés au CNR, mais sans les différents partis ou plutôt sans les " familles spirituelles " qui étaient représentés au CNR. » Les communistes de la Résistance s'affronteront au Comité central, accusé par eux d'être un organe camouflé contre eux. (Henri Noguères : *op. cit.*, III).

faut lire le texte de cette décision : « Au 1er avril 1943, près de 400 000 Français avaient été emprisonnés et voués aux misères physiques ; près de 30 000 patriotes avaient été fusillés ou guillotinés par l'Allemand et ses complices de Vichy. Un de ces complices les plus notoires est aux mains de la justice française en Afrique du Nord. Le Comité Central des Mouvements de Résistance, dont les rangs ont été durement touchés par l'action criminelle de Pucheu, déclare :

« Pierre Pucheu, ancien ministre de l'Intérieur de Vichy, pourvoyeur des prisons et des fusillades, reconnu coupable de complicité d'assassinat, est condamné à mort par le Peuple français. »

Contre Pucheu « la haine se polarise [1] ». C'est sous son inspiration, rappelle-t-on, que Joseph Darnand a créé le Service d'Ordre Légionnaire (SOL) dont chaque volontaire jure de « lutter contre la démocratie, contre la dissidence gaulliste et contre la lèpre juive ». Du SOL naîtra la Milice. Sous la responsabilité de Pucheu, s'entassent toujours, dans les camps du Vernet, de La Noé, Gurs, Récébédou, les communistes, les républicains espagnols, les juifs étrangers. On lui reproche encore d'avoir favorisé la création de la Légion des volontaires français contre le bolchevisme (LVF).

Le 11 septembre 1943, l'hebdomadaire algérois *Liberté* publie un article du communiste Florimond Bonte qui félicite le Comité français de Libération nationale d'avoir jeté aux orties ses racines pétainistes : « Pour la première fois officiellement, le comité a proclamé sa volonté unanime d'assurer l'action de la justice à l'égard du sinistre Pétain et de ses odieux complices. Le grand drame en Afrique du Nord, c'était la persistance de l'équivoque Pétain. L'affaire Pétain est désormais réglée. Le mythe disparaît. Il s'agit maintenant, ici même, sur place, de tirer les conséquences logiques de la ferme attitude du comité. Il s'agit de procéder sans délai aux actions de justice contre les malfaiteurs résidants en Afrique qui ont fait partie des pseudo-gouvernements formés par Pétain, qui ont capitulé, porté atteinte à la constitution répu-

1. Fred Kupfermann : *Le procès de Vichy* (1980).

blicaine, livré des travailleurs français aux Allemands, fait combattre des forces françaises contre les Alliés ou contre des Français en lutte pour la liberté. Pucheu est dans ce cas. »

Dans sa prison, Pucheu lit tout cela. Il comprend peu à peu que, pour une certaine opinion, condamner Pucheu, c'est condamner Pétain. L'année précédente, on n'eût pas songé, à Alger, à soutenir un tel raisonnement. La fiction d'un Darlan, représentant d'un Pétain prisonnier, ne permettait de dire ni écrire, à l'exception de Laval chargé de tous les péchés du monde, aucun mal des ministres du Maréchal. Cette position a été abandonnée par Giraud mais son entourage reste en grande partie composé de dignitaires de Vichy. Le présence à Alger du général de Gaulle a, en un instant, modifié radicalement la situation. L'épuration demandée par la Résistance, il l'exige, lui aussi.

A cette volonté de réparation et de vengeance, de Gaulle ajoute sa sourde et longue colère à l'endroit de ceux qui, en 1940, n'ont pas suivi la voie nationale, c'est-à-dire la sienne. A Londres, il ne s'est guère, à cet égard, embarrassé de nuances. Un mois après l'armistice, il juge déjà que Vichy signifie « trahison et sénilité ». Le 9 septembre, il condamne « le soi-disant gouvernement de Vichy, agissant sous la chambrière de Hitler et le martinet de Mussolini ». Son jugement va se durcissant sans cesse. Le 3 décembre 1942, alors que Darlan règne à Alger, il déclare à Radio-Brazzaville : « La nation n'admet pas qu'un quarteron d'hommes qui symbolisent la capitulation, la collaboration et l'usurpation et qui ont usé et abusé, contre la libération, de la discipline des autres en usent et abusent maintenant pour singer l'honneur et le devoir. La nation n'admet pas que ces hommes, ayant failli dans la guerre étrangère et se sentant condamnés, puissent ménager leur destinée en créant les conditions d'où sortirait la guerre civile. La nation n'admet pas leur pouvoir, tiré d'une parodie grotesque de droit divin. M. Hitler voulait, a-t-il dit, " pourrir notre guerre ". La nation ne veut pas, elle, qu'on pourrisse notre libération [1]. »

1. Cité par Robert Aron : *op. cit.*

Deux positions sur ce qui sera « l'épuration », parfaitement tranchées l'une et l'autre, vont s'opposer : Giraud prêche le rachat par l'entrée, dans le combat national, de ceux qui ont erré ; pour de Gaulle la raison d'Etat impose la rigueur. A la table du Comité de Libération nationale, Giraud va tout de suite perdre pied. Les premiers épurés seront ses collaborateurs les plus proches : Peyrouton, Noguès, Boisson, Bergeret, tous ayant servi Vichy avant de se rallier aux Alliés. Le dosage savamment pratiqué entre gaullistes — largement majoritaires — et giraudistes balaye tout. Le général Giraud prononcera plus tard son autocritique d'une manière qui et nous porte à lui réserver notre estime posthume : « J'ai fait venir le général de Gaulle à Alger. Il m'en a chassé onze mois après. Cela prouve simplement que ni mon intelligence, ni mon caractère n'étaient à la hauteur des circonstances. »

Le 4 mars 1944, le procès Pucheu commence devant le tribunal d'Alger. Deux magistrats et trois militaires vont juger : Léon Vérin, président de la Cour d'appel d'Alger, et le conseiller à la cour d'appel d'Alger Fischer d'une part ; les généraux de division Chadebec de Lavalade, Cochet et Schmitt de l'autre. Le général d'aviation Weiss, a été désigné comme commissaire de gouvernement.

Une violente campagne de presse a précédé le procès. Elle l'accompagnera de bout en bout. Dès les premières minutes, un observateur impartial peut comprendre que les conceptions des magistrats et celles de l'accusé sont littéralement aux antipodes les unes des autres. Les juges se réclament d'un pouvoir né de l'impulsion de l'homme du 18 juin et des circonstances militaires de novembre 1942 ; ils répudient l'existence légale du gouvernement de Vichy. Pucheu affirme que le pouvoir du maréchal Pétain, né de l'Assemblée nationale du 10 juillet 1940 et accordé par une majorité considérable — sénateurs et députés réunis — est seule légitime. Il refuse que l'on retienne à sa seule charge les actes dus à l'ensemble du gouvernement auquel il appartenait. Robert

Aron qui associe en l'occurrence les qualités d'historien et de témoin — il se trouvait à Alger à l'époque — se souvient : « Les deux parties en présence ne parlent pas le même langage, ou plutôt n'ont pas l'esprit habité par les mêmes sentiments, les mêmes images, les mêmes souvenirs. Deux mondes clos sont en présence. »

Cette incompréhension fondamentale va conduire Pucheu à s'écrier :

— Messieurs les juges, vous sentez-vous qualifiés pour juger, dès maintenant, la crise politique sans doute la plus grave de l'histoire de France, qui n'est pas terminée ? Vous avez été nommés par un pouvoir de fait que je considère comme hautement qualifié pour la conduite de la guerre, mais qui n'a été mandaté par personne pour accomplir tout autre mission. Je ne me dérobe pas à rendre des comptes, mais devant le peuple français ou ses représentants régulièrement mandatés.

Tout au long des audiences, ces inconciliables points de vue s'opposent. Pucheu se défend, tente de rendre coup sur coup, réussit parfois. Aucune faiblesse dans son attitude, de l'orgueil plutôt et cette certitude en sa propre personne qui a marqué son destin tout entier. A aucun moment, on ne l'entend avouer une erreur, exprimer un regret. L'un des points culminants sera la déposition du communiste Fernand Grenier qui, par une chance insigne, a pu s'échapper du camp de Choisel. Il expose les combats et les souffrances de ses camarades, les arrestations, les tortures, les déportations, les exécutions dont ils sont victimes et accuse Pucheu d'en être, en grande partie, responsable. Pucheu nie. Sur l'affaire de Châteaubriant, il repousse toute culpabilité. Le tribunal ne dispose d'aucune preuve écrite et finit par être ébranlé devant la sûreté avec laquelle répond l'accusé. Il en est de même du public et de nombreux journalistes anglais et américains qui sont dans la salle.

Le général Schmitt pose une question au député communiste Fernand Grenier qui vient de dénoncer Pucheu comme responsable des exécutions d'otages :

Général Schmitt. — Il paraît évident qu'à Châteaubriant les cinquante otages ont été exigés par les Allemands. Le témoin sait-il pourquoi et par qui les otages ont été choisis ?

Grenier. — Ce qui me fait penser qu'ils ont été désignés par l'accusé, c'est qu'ils représentaient en grande partie l'état-major syndical français, adversaire de Pucheu, l'homme des trusts ; il y avait aussi le précédent de Nantes, l'arrestation de trois cents personnes qui ne pouvaient être connues que de Français.

Me Buttin. — La question précise du général Schmitt appelle une réponse précise. Je demande au témoin : avez-vous une preuve personnelle pour lancer cette affirmation ?

Grenier. — Nous en sommes convaincus.

Me Buttin. — Je ne doute pas de votre conviction. Mais avez-vous une preuve ?

Grenier. — Il n'y a évidemment pas de procès-verbal. Mais nous le pensons.

Me Buttin. — Nous sommes fixés.

Un autre témoignage ne manquera pas de faire grand effet. En mars 1942, Pucheu a effectué un voyage officiel en Afrique du Nord. Naturellement, il a prononcé plusieurs fois un vibrant éloge du maréchal Pétain. Mais, à Casablanca, rencontrant en privé le général Béthouart, une conversation s'en est suivie que le général vient rapporter à la barre :

— M. Pucheu m'a entraîné dans un coin du salon et la conversation fut engagée sur le problème de l'AFN, en parti culier sur les dangers qu'elle pouvait courir. Après deux ans, je n'ai pas le souvenir exact de toute cette conversation, mais il y a une phrase dont je me souviens bien, c'est qu'à un moment donné, envisageant certaines éventualités, si l'Axe avait des visées sur l'AFN, M. Pucheu m'a dit : « Je pense qu'il se trouverait à ce moment-là en AFN un général qui donnerait l'ordre de la résistance. »

Et Béthouart de rappeler non sans humour que, lorsqu'il est passé en cour martiale, le 10 novembre 1942, accusé de trahison par un tribunal siégeant sous le signe de Vichy, il a pu faire remarquer à ce tribunal que « la première personne qui l'avait incité à la désobéissance envers Vichy avait été un ministre de Vichy et non un des moindres ».

Nous ne devons pas douter que Pucheu ait réellement tenu ce propos. Comment comprendre alors qu'il ait pu, un mois plus tard, prononcer à Alger, une déclaration absolument opposée ? La probabilité en a été apportée par une lettre que m'a adressée M. Charles Thiéry : « Dans tout ce que j'ai lu et entendu sur Pucheu, je n'ai trouvé aucune allusion au discours, prononcé en petit comité dans l'immense salle Pierre-Bordes, à Alger, en avril 1942. Bizarrement, en ma qualité de jeune, vingt ans, des Chantiers de Jeunesse, j'y étais présent. Je répète : " Bizarrement ". Depuis quarante ans, je me souviens du passage suivant du discours de Pucheu : "... Vous devez, Messieurs les maires, préparer l'esprit de vos administrés en vue de l'entrée en guerre de la France aux côtés de l'Allemagne... " Citation à peu près textuelle. Etaient présents entre autres : Van Hecke, des Chantiers de Jeunesse, Abbo, porte-parole des maires, le chef de l'école d'El-Riath, etc. Absences remarquées : amiral Esteva, résident à Tunis, le chef du protocole du Gouvernement général. S'est fait interdire l'entrée : le professeur Marçais, de l'Institut, conseiller municipal nommé [1].»

Certes, le général Béthouart a relaté sa conversation avec Pucheu deux ans après qu'elle se fut produite. Et M. Charles Thiéry dépose à la barre de l'Histoire quarante ans plus tard. Il n'en précise pas moins : « Citation à peu près textuelle. »

Le moment le plus attendu du procès sera la comparution du général Giraud. Ayant abandonné tous ses pouvoirs civils à de Gaulle, il n'est plus que commandant militaire. On le sait douloureusement atteint : sa fille vient de mourir en Allemagne. Comment ne pas compatir à un si grand malheur ?

Il entre, immense et superbe. La garde militaire lui rend

1. Lettre du 17 décembre 1982.

les honneurs. Après quoi on l'écoute. Il convient d'avoir écrit la lettre dont Pucheu se réclame. Mais il enchaîne :

— Quel ne fut pas mon étonnement, quelques semaines après, d'apprendre que Pucheu était venu dans un convoi d'évadés, qu'il aurait été reconnu par ses compagnons de route et qu'il y avait eu une grande agitation à son sujet.

Comme l'a remarqué le général Schmitt, cet étonnement apparaît bien surprenant, puisque la lettre adressée par Giraud à Pucheu se terminait par ces mots : « A bientôt, j'espère. »

La salle entière garde les yeux fixés sur le grand soldat. Il reprend :

— Au mois de mars, la bataille battait son plein en Tunisie. Elle était assez indécise et je ne pouvais tolérer aucune agitation, aucun désordre en Afrique du Nord.

Il explique que c'est pour « éviter tout désordre » qu'il a fait mettre l'intéressé en résidence surveillée. Du reste, il ne pouvait apprécier d'une façon exacte ce qui s'était passé en France de 1940 à 1942 :

— Les échos qui m'étaient parvenus dans la forteresse de Koenigstein étaient beaucoup trop assourdis. Mon avis a été de rejeter cette mise en accusation jusqu'au retour en France, en raison de l'union nécessaire.

Suit une diatribe contre les Allemands qu'il connaît bien, et contre les hommes qui, en France, « ne sont que des domestiques de l'Allemagne ».

— Heureusement, il y a des Français qui montrent ce que veulent 99 % des Français. Ce sont ceux qui se battent et meurent en Italie. Je puis en parler pour les avoir vus à l'œuvre. Ces hommes-là, dans l'armée française, montrent ce que veut la France. Ils le montrent magnifiquement et c'est autour d'eux que je vous invite tous à refaire notre union nationale... Moi qui suis le chef de cette armée, je demande qu'on fasse l'union autour de l'armée. Qu'on oublie tout ce qui divise pour rassembler, tout ce qu'il faut unir, pour ne penser qu'à une seule chose : rentrer enfin en France. Pour refaire la France, il n'y aura pas trop de tous les Français !

Il a fini. Pucheu et ses défenseurs ne se sentent plus d'aise. L'appel à l'union ne peut que signifier aussi un appel à la clémence. Mais non ! Giraud reprend la parole :

— Quant aux misérables, il n'y aura pas, au jour de la Libération, besoin de faire des procès pour certains qui seront rapidement jugés et rapidement liquidés. Je souhaite que ce jour arrive vite.

Pucheu et ses défenseurs s'effondrent. C'est la flèche du Parthe que le général vient de décocher. Brusquement, Giraud fait demi-tour et se dirige vers la sortie. D'après le code, le président devrait demander aux défenseurs et aux juges s'ils ont des questions à poser au témoin. Ils n'en ont pas le temps. Le commissaire du gouvernement se croit obligé de bondir pour adresser au général en chef « l'hommage de sa vénération et de son dévouement ». Le général Schmitt commente : « Aucune intervention des défenseurs. Pas une parole. Les juges sont stupéfaits. L'assistance ne comprend pas. Tout le monde s'attendait à une audience animée, orageuse, pathétique même. *Elle fut glaciale.* »

Par ces lignes, le magistrat militaire montre qu'il a ignoré la convention passée entre Giraud et les défenseurs de Pucheu. Alors qu'elle restait ignorée de tous, Me Trape a bien voulu me la révéler. Il a fallu aux avocats de Pucheu beaucoup insister pour que Giraud se décidât à venir à la barre. Il n'y a consenti que contre l'engagement formel de la défense qu'il ne lui serait posé aucune question. Ce qui inspirera au général de Gaulle un commentaire d'une remarquable brièveté : « Au cours du procès, le général Giraud, cité comme témoin, n'a parlé de l'accusé qu'avec beaucoup de réticence. »

Quand Giraud mourra, en 1949, on lira dans *L'Humanité* : « Au début de 1944, le général Giraud fut cité comme témoin au procès du traître Pucheu. Sa déposition patriotique contribua à la condamnation à mort du ministre de l'Intérieur de Vichy. »

On ne saurait juger de l'attitude du général Giraud au procès Pucheu qu'en méditant la lettre que le général Granger m'a adressée : « Il est indéniable que la partie de la déposition du commandant en chef, dans laquelle il s'élève contre les Français qui arrêtent d'autres Français pour les livrer comme otages aux Allemands, ne facilite pas la tâche des défenseurs. Mais il faut comprendre l'état d'âme du général Giraud qui compte quinze membres de sa famille arrêtés et livrés aux Allemands et qui vient d'apprendre, le 3 mars, que sa fille aînée est morte six mois auparavant en Allemagne, laissant ses quatre enfants, âgés de onze à deux ans, sous la seule garde d'une jeune Française de dix-huit ans, dont l'énergie sauvera les enfants de l'Assistance publique allemande. »

C'est un homme atteint au plus profond de lui-même qui, tenant entre ses mains la vie d'un autre homme, n'a pu effacer de sa mémoire les graves dangers qu'affrontait — à cause de lui — sa propre famille. En toile de fond, se dessinent les gravissimes intérêts politiques du moment, les difficultés au sein du Comité de la Libération, les divergences profondes entre de Gaulle et Giraud, le poids de la Résistance intérieure, les angoisses de millions de Français quant à leur sort futur. Quelle tragédie !

Un réquisitoire impitoyable. Des plaidoiries fortement étayées, vibrantes et, pour nombre de ceux qui les entendront, convaincantes.

Le 11 mars 1944, une dernière fois, le président s'adresse à l'accusé :

— Qu'avez-vous à dire pour votre défense ?

Quand Pucheu se dresse, la pâleur de son visage frappe l'assistance. Mais la voix est ferme. Il résume le véritable sens, selon lui, du procès :

— C'est celui des Français qui ont suivi la route tracée par le Maréchal, dans la mesure et jusqu'au point où ils étaient assurés de servir la France !

Au-delà du tribunal, il s'adresse au général de Gaulle, en

qui il voudrait voir l'arbitre et le conciliateur des divisions existant entre Français :

— Je souhaite aussi profondément que celui qui dirige et qui domine à présent de toute sa haute stature, celui qui, en vérité, compte seul pour l'opinion, sache se hausser jusqu'à ce stade objectif et arbitral qui fait seul les hommes de gouvernement.

Il se recueille et conclut :

— Je suis en paix avec moi-même. C'est pour moi l'heure où tout homme dépose son armure... J'ai tout donné à mon pays, je crois l'avoir servi honnêtement, sincèrement, utilement. J'affirme solennellement que j'ai toujours obéi uniquement à ce que j'ai jugé devant ma conscience comme des nécessités impérieuses pour ma patrie. Ma patrie : je veux qu'en cette dernière audience, ma dernière pensée soit pour elle. Quoi qu'il arrive, vive la France !

Le tribunal se retire pour délibérer. Cela dure une heure et quart. Le verdict : la mort.

Le tribunal, se souvenant d'une disposition du code de justice militaire souvent appliquée en 1914-1918 et permettant de « suspendre l'exécution du jugement », formule le vœu que *la peine ne soit pas exécutée*. Ce vœu sera transmis au général de Gaulle.

Pucheu accepte de signer son recours en grâce.

Le 17 mars, le général Giraud écrit au général de Gaulle : « Le tribunal d'armée a condamné à la peine de mort M. Pucheu, ancien ministre de l'Intérieur du gouvernement de Vichy.

« Je n'ai pas à apprécier la manière dont l'instruction et les débats ont été conduits, mais je tiens à attirer votre attention sur l'exceptionnelle gravité de ce verdict dans la situation présente.

« C'est moi qui, en qualité de commandant en chef civil et militaire, ai autorisé M. Pucheu à venir prendre part, sous l'uniforme, à la lutte contre l'ennemi. J'ai toujours considéré, en effet, qu'il devait être permis à chaque Français d'y participer, en particulier lorsqu'une telle action portait en elle la valeur d'un rachat ou le désir d'une purification.

« Je ne suis plus chef du gouvernement. Cependant, j'ai le devoir, le droit d'élever la voix et de rappeler que, si le condamné est venu en Afrique du Nord, c'est en raison de la confiance qu'il avait mise dans l'engagement que je lui avais consenti et que j'aurais tenu si j'étais resté le chef.

« M. Pucheu n'eût été traduit alors devant la justice qu'après la guerre, et il eût été jugé sur la somme totale de ses fautes et de ses mérites.

« Si le sang d'un Français devait couler à la suite d'un procès qui a pris figure, qu'on le veuille ou non, de procès politique, de funestes excès seraient à redouter ; ce n'est pas le moment de les provoquer.

« J'estime, dès lors, qu'une commutation de peine s'impose, ou tout au moins, un sursis dans l'exécution, jusqu'à notre arrivée en France.

« J'espère que vous partagerez cette manière de voir, et, confiant dans votre clairvoyance, je vous prie, mon Général, de vouloir bien agréer l'expression de mes meilleurs sentiments. »

Le bâtonnier Buttin a dû regagner Meknès. C'est donc Me Gouttebaron et Me Trape que, le dimanche 19 mars, le général de Gaulle va recevoir à la villa des Oliviers. En sortant de l'audience, appuyé sur le capot d'une voiture, c'est « à chaud » que Me Trape a consigné les propos de Charles de Gaulle. Ces notes, écrites au crayon, je les ai tenues entre mes mains. Elles m'aident à comprendre la stupéfaction des deux avocats, quand ils ont entendu de Gaulle exposer longuement, très longuement, sa position devant eux ! Le général estime qu'« il n'y a presque rien dans le dossier lui-même. » Mais « nous vivons un drame affreux qui a son origine dans le fait que certains ont cru devoir déposer les armes avant d'avoir épuisé tous les moyens, ce qui nous a amenés à cette politique affreuse de collaboration et à toutes ses conséquences actuelles ». De Gaulle ne doute pas que certains l'aient fait de bonne foi. Il se dit « sûr et bien persuadé que Pucheu est de ceux-là. » Mais « nous n'avons pas à considérer l'intention... En signant les lois d'exception, Pucheu ne pouvait ignorer qu'elles créaient une arme redoutable qui pouvait faire beaucoup de mal aux Français ».

De Gaulle rappelle qu'il est arrivé à Alger après l'arrestation de Pucheu et qu'il n'en porte pas la responsabilité. Que la législation selon laquelle Pucheu a été condamné a été élaborée au sein du Comité français de la Libération dont Giraud était coprésident et que ce dernier « a adopté ce texte sans faire aucune réserve en ce qui concerne Pucheu ». Il poursuit :

— L'honneur de la France, c'est de ne pas avoir accepté l'armistice, c'est de ne pas avoir suivi ceux qui l'ont accepté. Si j'étais amené à prendre cette décision, je vous charge tous deux, puisque vous l'accompagnerez jusqu'au bout, de lui transmettre personnellement ce message. M. Pucheu a suivi une politique qui a échoué. Aujourd'hui la France est une barque ballottée sur un océan en furie ; les événements commandent, nous suivons. Je garde mon estime à M. Pucheu ; faites-lui savoir que je suis persuadé que ses intentions étaient bonnes ; qu'il était sincère. Dans le drame que nous vivons, que la France vit, quand tout le monde souffre, nos personnes ne comptent pas, notre seul guide doit être la raison d'Etat ; la France, son honneur dans le présent, dans l'avenir, seuls comptent.

Comme ils écoutent, les avocats ! Le Général ajoute :

— Ma personnalité, celle de M. Pucheu ne comptent pas. Je suis moi-même condamné à mort. Vous avez parlé du jugement de l'Histoire, maître, l'Histoire c'est l'avenir ; seule l'Histoire nous jugera tous les deux.

Il se tait un instant. Puis :

— Je voudrais que vous ajoutiez ceci encore : dites à M. Pucheu, dites-lui bien que si un jour je vais en France, je lui donne l'assurance la plus formelle sur mon honneur, j'en prends l'engagement devant vous deux : j'ai des enfants, M. Pucheu en a ; je ferai personnellement, j'insiste, personnellement, tout ce que je pourrai humainement faire pour assurer leur éducation physique et morale ; je ferai tout pour qu'ils n'aient pas à souffrir trop de la décision que je peux être appelé à prendre [1].

Ceux qui ont bien connu le général de Gaulle en conviendront les premiers : rarement, jamais peut-être, il ne s'est ainsi laissé aller à penser à voix haute, à tout exprimer de ses états d'âme. La plupart du temps, quand il recevra des avocats venus solliciter la grâce d'un condamné à mort, il les écoutera en silence, sans proférer le moindre commentaire. Ici, ce soliloque prend une étrange grandeur. Comme l'a noté le bâtonnier Buttin, « il traduit le trouble créé par le procès chez ceux qui étaient les plus authentiquement imprégnés de l'esprit de la Résistance. Comment, en effet, le général de Gaulle pouvait-il garder son estime à M. Pucheu et en même temps le faire fusiller pour crime de trahison ? »

A cette interrogation propre à déchirer l'âme d'un avocat, de Gaulle a répondu on ne peut plus clairement : *Notre seul guide doit être la raison d'Etat.*

Quand les avocats de Pucheu sont arrivés à la villa des Oliviers, ils ont aperçu dans les jardins la haute stature du général Giraud qui, lui-même, attendait d'être reçu par de Gaulle. A l'issue de l'entretien dramatique qu'ils venaient d'avoir avec le chef de la France Libre et alors qu'ils traversaient les jardins pour gagner leur voiture, ils ont pu apercevoir Giraud qui attendait toujours. Ils l'ont vu appelé auprès

1. Les enfants de Pierre Pucheu ne recevront aucune aide ni assistance. On a par la suite répété que de Gaulle avait demandé à Jacques Chaban-Delmas de prendre soin d'eux. Mme Nicole Pucheu, fille du ministre, réfute avec force ce qu'elle appelle une « fausse légende » : « C'est avec le plus grand étonnement que j'ai lu... que le général de Gaulle, qui avait refusé la grâce de mon père en 1944, avait demandé à Jacques Chaban-Delmas, qui le fit, de prendre soin de ses enfants. Je tiens à vous préciser que j'ai rencontré par le plus grand des hasards M. Jacques Chaban-Delmas dix ans plus tard (j'avais alors dix-huit ans), étant l'amie de sa belle-fille. Entrée en 1960 à son cabinet, à la présidence de l'Assemblée nationale, je suis restée sa collaboratrice jusqu'à son départ de l'Hôtel Matignon en juillet 1972. Mes frères et soeurs, ayant trois, sept et dix ans de plus que moi, il n'est pas besoin de vous préciser qu'ils étaient alors installés dans la vie : ils n'ont d'ailleurs jamais rencontré M. Chaban-Delmas. J'ajoute que nous avons eu la chance d'avoir une mère exceptionnelle, qui n'a jamais eu besoin de personne pour assumer notre éducation. »

de Charles de Gaulle [1]. De cette réception, Giraud s'est fait l'écho : « C'est un dimanche. Il est 11 heures. Nous restons une heure ensemble. Je lui répète mon argumentation et les raisons qui me poussent à intervenir en faveur du condamné. Le général de Gaulle me répond par des généralités, sans aucune précision et sans aucune promesse. Je le dis en rentrant à mes familiers, au général Georges, au général Chambe [2]. »

Quant à de Gaulle, à propos de Giraud, voici ce qu'il écrit : « Après la condamnation, il vient me demander de faire surseoir à l'exécution. Je ne puis que refuser. » Il ajoute : « Dans la tempête où chancelle la patrie, des hommes, séparés en deux camps, prétendent conduire la nation et l'Etat vers des buts différents, par des chemins opposés. A partir de ce moment, la responsabilité de ceux-ci et de ceux-là se mesure ici-bas non à leurs intentions mais à leurs actes, car le salut du pays est directement en cause. Quoi qu'ils aient cru, quoi qu'ils aient voulu, il ne saurait aux uns et aux autres être rendu que suivant leurs œuvres. Mais ensuite ? Ensuite ? Ah ! Que Dieu juge les âmes ! Que la France enterre tous les corps ! »

Le 23 mars seulement — trois jours après la mort de Pucheu — Giraud recevra une réponse de de Gaulle. Celui-ci rappellera au commandant en chef qu'il était membre, comme lui-même, du Comité de la Libération nationale lorsqu'il a été décidé d'incarcérer Pucheu. Que c'est Giraud, en vertu des pouvoirs militaires qu'il détenait alors entièrement qui a « donné les ordres d'exécution nécessaires à l'incarcération de l'ancien " ministre " de Vichy à la prison militaire d'Alger ». Que Giraud a approuvé et signé en même temps que lui, de Gaulle, l'ordonnance du 2 octobre 1943 qui instituait le tribunal militaire d'armée à Alger et l'ordonnance du 21 octobre qui spécifiait que la compétence de ce tribunal « s'étendait aux crimes et délits contre la sûreté intérieure et extérieure de l'Etat, commis dans l'exercice de leurs fonc-

1. Récit que je dois à Mᵉ Trape.
2. Général Giraud : *op. cit.*

tions par les membres ou anciens membres de l'organisme de fait se disant gouvernement de l'Etat français, etc. ». De Gaulle rappelle enfin que « c'est en vertu de ces ordonnances, publiées au *Journal officiel*, que Pucheu a été cité devant le tribunal militaire d'armée. Il ne pouvait pas ne pas l'être ». La conclusion tombe comme un couperet : « Pour ce qui concerne la commutation de peine (ou, ce qui revient pratiquement au même, le sursis d'exécution) dont vous avez estimé " qu'elle s'imposait ", la décision a été prise d'après la raison d'Etat dont le gouvernement, responsable de l'Etat, est le seul juge qualifié. »

Giraud releva, dans cette lettre, « quelques flagrantes inexactitudes » : « Dès ce jour, je compris qu'il me serait impossible de rester jusqu'au bout à côté d'un homme qui obéissait à des suggestions de partisans. J'ai eu tort, je n'hésite nullement à le reconnaître, de ne pas partir dès ce jour-là. Je n'avais rien à me reprocher vis-à-vis de Pierre Pucheu, sauf d'avoir cédé à son désir répété de venir en Afrique du Nord. J'avais fait ce que j'avais pu pour empêcher son procès, et ensuite pour ajourner la sentence. »

Ils ont parlé, les deux héros. Ils se sont affrontés. Comme il est probable qu'ils continueront à s'affronter dans l'Histoire. A jamais.

Pucheu va mourir.

Il est 4 h 30, le 20 mars, lorsque ses avocats et l'aumônier de sa prison pénètrent dans sa cellule.

Pucheu n'est pas croyant mais, par respect pour les siens, il accepte d'assister à une messe. Sans communier. L'un des avocats, Me Gouttebaron, lui transmet le message personnel dont l'a chargé le général de Gaulle. Me Trape note : « Pucheu se contente de hausser les épaules. »

Il n'est pas encore 6 heures lorsque Pucheu arrive sur le terrain. Un militaire, Michel Vidal, se trouve là. Je lui dois ce récit, poignant dans sa simplicité :

« L'homme, vêtu d'un manteau bleu marine, descendit de

la voiture cellulaire et, d'un pas sûr, s'avança vers le poteau d'exécution. Ses souliers s'enfonçaient dans le sable des dunes du polygone d'Alger, il fit quelques pas vers le peloton, défit sa montre-bracelet et la remit au chef du peloton (sergent-chef), prit son stylo de la pochette de son veston, le remit au premier homme de la gauche : je n'en ai plus besoin, dit-il. Il ajouta : vous êtes témoin d'un crime politique, ne me faites pas souffrir, visez au cœur. Il avança vers le poteau, appuya son dos, refusa qu'on lui attache les mains et qu'on lui bande les yeux [1]. »

Curieusement, ce témoin ne s'est pas souvenu du dialogue de Pucheu avec le chef du peloton. Me Trape, lui, me l'a rapporté : « L'adjudant se présente au garde-à-vous, sabre au clair. Pucheu lui serre la main.

« — Quelle arme ?

« — La garde.

« — Monsieur, je prends votre place. C'est moi qui donnerai les ordres. Quels sont les commandements réglementaires ?

« — Préparez-vous... En joue... feu !

« — Vous allez me présenter vos hommes. Je tiens à leur serrer la main. »

L'adjudant obtempère. Pucheu serre toutes les mains. Il quitte son pardessus, va vers le poteau. L'aumônier lui présente le crucifix. Il hésite.

— Mon fils, pour votre femme, pour vos enfants...

Il baise l'image du Crucifié. Il se tourne vers ses avocats, les étreint. Maintenant il se tient droit devant le poteau. Le jour est à peine levé. Dans la pénombre on aperçoit surtout des formes, on distingue mal les visages. On a braqué sur le poteau les phares du fourgon cellulaire et d'une traction avant. Leur lumière jaune jette sur tout cela un éclat sinistre. Pucheu se tient très droit, les bras croisés.

— Etes-vous prêts, messieurs ?

Il lève le bras droit.

— En joue...

1. Lettre du 17 décembre 1982.

Son bras retombe.

— Feu !

Le soldat Vidal m'écrit : « On entendit faiblement " Vive la... " Il ne put achever. J'ai gardé un souvenir exact des choses, car c'était la première fois que je voyais quelqu'un mourir en criant Vive la France. »

Pucheu est tombé à droite du poteau, bras et jambes en croix. L'adjudant se penche, donne le coup de grâce. Un médecin constate le décès. Les avocats lui ferment les yeux. Les balles ont frappé la poitrine, le visage est calme et reposé.

CHAPITRE III

PHILIPPE PÉTAIN, CHEF DE L'ÉTAT FRANÇAIS

« *Faites entrer l'accusé !* » Ce lundi 23 juillet 1945, dans l'enceinte de la première chambre de la Cour d'Appel de Paris, on s'écrase. Pour mieux voir, certains s'agrippent aux boiseries du fond. Les photographes ont dû s'accroupir au pied de la Cour. D'autres n'ont pas redouté de se hisser sur le toit de la Sainte-Chapelle d'où la vue plonge sur la première chambre : à cause de la chaleur, les fenêtres en sont ouvertes. Des journalistes, accourus du monde entier, se sont battus pour obtenir des places. Dans le public soigneusement trié, beaucoup de résistants.

« *Faites entrer l'accusé !* » Il est 13 heures. Par une petite porte, précédé d'un garde et suivi de ses trois avocats, l'accusé Philippe Pétain paraît : petite tenue de maréchal de France, uniforme kaki dont les manches s'ornent de sept étoiles, médaille militaire, ceinturon de soie, gants blancs en peau de chamois. Le silence s'est établi, écrasant. Alors le Maréchal élève son képi à triple couronne de feuilles de chêne d'or et salue à la ronde. L'assistance retrouve en un instant l'image même qu'ont répandu à travers la France, de 1940 à 1944, des millions de photographies : toujours aussi droit, les yeux toujours aussi bleus, la moustache blanche aussi bien taillée. Soudain, d'un seul mouvement, ce public où Philippe Pétain compte tant d'ennemis se lève. Sans qu'aucun ordre leur ait été donné, plusieurs des gardes républicains se mettent spontanément au garde-à-vous. « Choc magnétique », « événement stupéfiant », imprimera la presse. Jean Schlumberger, dans *Le Figaro*, voit à ce presque nonagénaire « vingt ans de moins que son âge ». Et Joseph Kessel : « Le front net, les joues roses, le torse droit. »

Face à la Haute Cour, on a placé un fauteuil. Quelles polémiques n'a-t-il pas suscitées ! Un journal a parlé d'« inadmissible mansuétude à l'égard du vieillard félon ». Les avocats Fernand Payen, Jacques Isorni, Jean Lemaire ont fulminé :

— Laisserez-vous un maréchal de France, âgé de près de quatre-vingt-dix ans, de longues heures sur une chaise de paille ?

Les responsables ont obtempéré. Donc, à l'invitation du conseiller Mongibeaux, président de la Haute Cour — robe rouge, hermine et barbe blanche — c'est dans un fauteuil que s'assoit le Maréchal.

Le plus grand procès politique de notre histoire contemporaine vient de commencer. Il se poursuivra durant près de trois semaines, jusqu'au 15 août. Il ne s'achèvera que par la condamnation à mort du vainqueur de Verdun, du restaurateur du moral de l'armée de 1917, de celui que la Chambre issue du Front populaire et le Sénat ont appelé, le 10 juillet 1940, à porter le terrible fardeau du désastre, de la défaite et de l'armistice [1].

Même en 1945, année intolérante s'il en est, il existe peu de Français intimement convaincus que Philippe Pétain soit un *traître* et qu'il ait — sciemment — voulu jeter la France dans les bras d'Adolf Hitler. La majorité n'estime pas ce vieillard justifiable, comme l'affirmera l'accusation, de cet implacable article 75 qui punit de mort les intelligences avec l'ennemi. La plupart n'oublient pas l'immense élan de reconnaissance — et de soulagement — qu'ils ont ressenti en juin 1940. Une part notable de l'opinion croit toujours qu'il a existé un accord secret entre de Gaulle et Pétain. En revanche, ce que beaucoup reprochent au Maréchal, c'est la longue liste des abandons qui — en fin de compte, hélas —

1. Voir, du même auteur, *la Course à l'abîme* (1997).

résume la politique de Vichy. Si le bilan de ces quatre années de gouvernement porte la trace d'un certain nombre de combats de « retardement », il faut convenir que ceux-là se sont presque toujours soldés par des défaites. Un autre reproche, plus amer, plus pesant : au nom du double jeu, le Maréchal avait-il le droit de laisser son gouvernement inciter ses nationaux à servir les Allemands, voire à s'engager dans leurs rangs ?

Le képi aux sept étoiles a servi de drapeau à bien des gens qui n'en étaient pas dignes. L'un des principaux griefs que les générations futures adresseront à Philippe Pétain est d'avoir, dès le 2 octobre 1940, promulgué un statut des juifs — dont les conséquences se sont révélées terrifiantes — sans que l'occupant l'eût exigé, ni même souhaité. Or — chose qui nous paraît aujourd'hui incroyable — nul, en 1945, ne semble y avoir songé. Pas une ligne dans les journaux. Au procès même, le témoin Marcel Paul, rescapé communiste de Buchenwald, s'irritera que l'on veuille parler des juifs : « C'est une autre question. » Soixante-huit témoins seront entendus par la Haute Cour ; parmi eux, aucun Juif [1].

Ce contre et ce pour, on va l'étaler dans l'enceinte de la première chambre. Le vieux Maréchal l'a voulu.

Dès qu'il a appris — en Allemagne — qu'un procès était instruit contre lui, il a immédiatement demandé à Hitler de le laisser rentrer en France :

— Je veux défendre mon honneur.

Jamais, depuis le temps où Louis XVI comparaissait devant la Convention, un procès politique n'a été ressenti avec autant d'acuité. Il va se plaider alors que le général de Gaulle, président du gouvernement provisoire de la République française, exerce le pouvoir. Pour une grande partie des Français, la position de l'homme du 18 juin, face à l'accusé, reste une énigme. N'a-t-il pas dédié son ouvrage *la France et son armée* « à Monsieur le Maréchal Pétain qui a

1. Jean-Marc Varaut : *Le procès Pétain* (1995).

voulu que ce livre fût écrit, qui dirigea de ses conseils la rédaction des cinq premiers chapitres, et grâce à qui les deux derniers sont l'histoire de notre victoire » ?

N'a-t-il pas placé sous le patronage de Philippe Pétain un autre livre, *Le fil de l'épée*, avec ce commentaire : « *Cet essai, Monsieur le Maréchal, ne saurait être dédié qu'à vous, car rien ne montre, mieux que votre gloire, quelles vertus l'action peut tirer des lumières de la pensée* » ? Jeune officier, de Gaulle se vantait avec orgueil d'être « de la Maison Pétain ». Longtemps, une fois par semaine, il a été reçu boulevard des Invalides, à la table du Maréchal. Quarante-deux millions de Français se demandent, l'été de 1945, si le général de Gaulle a délibérément décidé qu'au déshonneur d'une comparution en Haute Cour fût ajoutée la contrainte physique, le panier à salade, la cellule d'une prison.

Le 25 juillet 1943, le roi d'Italie Victor-Emmanuel III, ne doutant plus d'une victoire des Alliés, fait arrêter et emprisonner Mussolini. A l'hôtel du Parc qui abrite à Vichy — l'un au-dessus de l'autre — le chef de l'Etat et Pierre Laval, vice-président du Conseil, on se met à rêver. A l'étage du Maréchal exclusivement. Autour de Pétain, un complot se noue : il faut éloigner Laval, trop compromis dans la collaboration. Désormais, l'attentisme doit être de rigueur. Quand l'Auvergnat sera écarté, on convoquera l'Assemblée nationale, jamais réunie depuis le 10 juillet 1940. Pétain lui soumettra la Constitution qu'il s'est à cette date engagé à établir et qui devait consacrer « les droits du Travail, de la Famille et de la Patrie ». Ainsi fera-t-il pièce à la menace qu'il sent venir d'Alger où le Comité français de libération nationale s'apprête à mettre en place une Assemblée consultative laquelle doit accueillir tous les courants de la Résistance. Après avoir définitivement éloigné Giraud, de Gaulle, soutenu par cette assemblée, pourra, aux yeux du monde, exciper de sa légitimité [1]. Considérant qu'il devient urgent de

1. R.O. Paxton : *Le régime de Vichy en 1944* (1976).

reconquérir sa propre indépendance, Pétain déclare à Laval : « Vous n'êtes plus l'homme de la situation ». Acte quasiment révolutionnaire : le Maréchal fait séparer « hermétiquement » son étage et celui de Laval.

Le 12 novembre, on annonce que le chef de l'Etat va prononcer à la radio un important discours. Ne se méfiant de rien, la presse sous contrôle — et quel contrôle ! — fait connaître l'événement avec de gros titres. Les Français se mettent à l'écoute. Surprise : à la place du discours, la radio « nationale » diffuse l'opérette *Dédé*, charmante d'ailleurs, symbole des temps heureux de l'entre-deux guerres. Au dernier moment, la censure allemande a interdit le discours du Maréchal.

Que reste-t-il du complot ? Une certitude : le Maréchal a cru pouvoir oublier que les Allemands occupaient la France. Ils se sont brusquement rappelés à son souvenir. Le 29 novembre, Joachim von Ribbentrop, ministre des Affaires étrangères du Führer, va sévèrement tancer le vainqueur de Verdun. Désormais la « direction suprême de l'Etat français » devra soumettre « toutes les modifications des lois à l'approbation du Reich » ; il faudra que M. Laval remanie son cabinet « dans un sens acceptable pour le gouvernement allemand » ; on devra « éliminer immédiatement tous les éléments gênant le travail sérieux de redressement ». Ribbentrop réclame « l'exécution rapide de ces demandes », rappelant au vieil homme que l'Allemagne « mène actuellement un dur combat contre le bolchevisme » qui profite « également à la sauvegarde du peuple français ».

Non seulement le Maréchal rentre dans le rang, mais il va présenter des explications qui ressemblent à des excuses, soulignant que sa politique, elle aussi, « par la lutte contre le terrorisme », s'inscrit dans la perspective de « la défense de la civilisation occidentale ». Quelques mois plus tard, dans l'arrière-plan de tragédies qui épouvantent la France — sur ordre de leur chef Joseph Darnand, ministre de Pétain, les miliciens sèment la mort parmi les « terroristes » et les résistants font couler le sang des « collabos » — le Maréchal tiendra à faire connaître aux Français que leur pays « n'est pas en guerre ». Le message enregistré sera diffusé au moment même où les premiers GI's déferlent et meurent sur les plages de la Manche.

La bataille de Normandie est dure, elle est longue. Les Alliés gagnent, les Allemands retraitent. A Vichy, Pétain dispose désormais d'un gardien qui, voulant afficher sa sollicitude, ne le quitte pratiquement plus : un diplomate allemand, le ministre Cecil Renthe-Fink, personnage lugubre et de si haute stature que sa tête, emmanchée d'un long cou, surplombe en tout lieu toutes les autres. C'est le cadeau de Ribbentrop. Après avoir refusé de le voir, le Maréchal a fini par l'inviter à sa table. La résignation est traditionnelle à l'hôtel du Parc.

Quand il constate que les Alliés foncent sur Paris, Pétain n'éprouve plus guère de doute quant à son propre avenir. Le mieux ne serait-il pas de transmettre sa légitimité — tout ce qu'il lui reste — à de Gaulle ? Il charge l'amiral Auphan de porter un message à celui qui, de ville libérée en cité conquise, déchaîne, en levant ses grands bras vers le ciel, les acclamations éperdues de Français ralliés quasi unanimement, certains il est vrai depuis peu. Il s'agit de proposer une entente entre l'homme de Vichy et celui de Londres « pour empêcher la guerre civile ». Auphan sera éconduit : « Où est la guerre civile ? »

Quand Charles de Gaulle a tenu entre ses mains le texte de Pétain, il l'a longuement considéré. Lui que l'on dit cuirassé dans son orgueil, le cœur inaccessible à rien d'autre que la raison d'Etat, se sent soulevé par une tempête d'émotions contradictoires. Voilà donc la fin de ce dialogue fait d'abord d'admiration, d'affection, de confiance ; et plus tard, hélas, de colère, de haine peut-être. L'en-tête seule de cette feuille est une justification : *le Maréchal de France, Chef de l'Etat* « Quel aboutissement ! écrira de Gaulle. Quel aveu ! Ainsi, dans l'anéantissement de Vichy, Philippe Pétain se tourne vers Charles de Gaulle. Voilà donc le terme de cette affreuse série d'abandons où, sous prétexte de *sauver les meubles*, on accepte la servitude. Quel insondable malheur fit qu'une pareille politique fût endossée par l'extrême vieillesse d'un chef militaire glorieux ! En lisant le texte que l'on a fait remettre de sa part, je me sens, tout à la fois, rehaussé dans ce qui fut toujours ma certitude et étreint d'une tristesse indicible. Monsieur le Maréchal ! Vous qui avez fait jadis un si grand honneur à nos Armes, vous qui fûtes autrefois mon chef et mon exemple, où donc vous a-t-on conduit [1] ! »

La nuit venue, de Gaulle demeure de longues heures dans le tumulte de ses pensées. Le Maréchal évoque la guerre civile ; « il n'y a pas, sur le sol libéré, un département, une ville, une commune, un fonctionnaire, un soldat, pas même un particulier, qui fasse mine de combattre de Gaulle par fidélité à Pétain. » Le Maréchal fait allusion à sa légitimité. De Gaulle — de toutes ses forces, de toute son âme — nie que Pétain ait été légitime : « La légitimité qu'il prétend incarner, le gouvernement de la République la lui dénie absolument, non point tant parce qu'il a recueilli naguère l'abdication d'un Parlement affolé qu'en raison du fait qu'il a accepté l'asservissement de la France. » Seul lui, de Gaulle, est légitime. « Un appel venu du fond de l'Histoire, ensuite l'instinct du pays m'ont amené à prendre en compte le trésor de déshérence, à assumer la souveraineté française. C'est moi qui détiens la légitimité. » De Gaulle ne donnera aucune suite à l'offre de négociations de Pétain. Pourtant, ce jour-là, cette nuit-là, il éprouve, à l'égard de son ancien chef, une pitié profonde. Il la refoule : « En l'espèce, le sentiment ne saurait compter en face de la raison d'Etat. »

De la violence de cette réaction, Pétain ne sait rien et ne saura rien. Ce qu'il veut — toujours — c'est se justifier. Est-ce parce qu'il est sûr d'avoir eu raison ou parce que — devant l'échéance — il se pose les questions qui, visiblement ne l'ont pas effleuré jusque-là ? Avec la collaboration

1. Charles de Gaulle : *Mémoires de guerre, l'Unité* (1956).

d'Henri Massis, il rédige un long message que personne ne connaîtra :

« Ma mission fut une mission de sacrifice. Héritier de la défaite, lié par l'armistice, j'ai tenté de préserver le corps et l'âme de la France, l'Histoire dira si j'ai réussi. [...] Depuis quatre ans, qu'ai-je fait que protéger à tout moment les Français qui ne pouvaient ou ne voulaient quitter le sol national contre les suites d'une bataille que d'autres avaient engagée et perdue ? [...] Ceux qui me reprochent d'avoir trop accepté, je leur pardonne, puisque j'étais condamné par les lois mêmes de mon action, à ne l'expliquer jamais. [...] D'un côté, quand je négociais pour la France, j'étais dénoncé comme un auxiliaire de l'Allemagne. De l'autre, des hommes qui ne voyaient le salut de la France que dans la victoire allemande dénonçaient mon attentisme comme une trahison. [...] Français, vous le savez bien, je ne suis ni anglophile, ni germanophile. Soldat de Verdun et de la Marne, votre vieux chef n'a qu'une passion, LA FRANCE. C'est pour elle, c'est pour vous que durant ces quatre années j'ai supporté en silence l'humiliation de parler au nom d'un pays vaincu, moi qui avais chevauché à votre tête sous l'Arc de Triomphe. [...] S'il est vrai que de Gaulle a levé hardiment l'épée de la France, l'histoire n'oubliera pas que j'ai tenu patiemment le bouclier des Français. [...] Je vais partir, ma tâche est finie. Recevez d'un cœur filial ma dernière adjuration paternelle. A tous les hommes de bonne volonté, donnez la paix sur la terre de France. Pour être à ceux qui vont rentrer, et que j'avais souhaité d'accueillir, elle n'a plus besoin de moi. Elle a besoin de votre sagesse, elle a besoin de tous ses fils. »

Ce message ultime, le Maréchal le fait lire, le 11 août 1944, à l'ambassadeur de Suisse, Walter Stucki. Le 17 août, infiniment déférent comme à son habitude, mais le visage emprunt d'une désolation peut-être sincère, Renthe-Fink annonce au chef de l'Etat que la situation militaire oblige le Reich à l'inviter à gagner l'est de la France. Le silence de Pétain paraît à l'Allemand de mauvais augure.

Le 19 août, alors que Paris s'insurge — et chante *Bazaine-*

Pétain avait juré de faire égorger tout Paris [1] — Renthe-Fink se présente à l'hôtel du Parc porteur d'un ultimatum : « Le gouvernement du Reich donne instruction d'opérer le transfert du chef de l'Etat français *même contre sa volonté* ». Le Maréchal s'empourpre. Il élève la voix pour signifier qu'il ne se pliera pas à un tel diktat. Il convoque Mgr Valerio Valeri, nonce apostolique, et Walter Stucki. Il exige que Renthe-Fink leur relise le texte de l'ultimatum. L'Allemand, très embarrassé, finit pas s'exécuter. Il précise que le délai fixé expirera le lendemain, à 7 heures.

Le dimanche 20 août, à 6 heures du matin, la Wehrmacht cerne la ville de Vichy. Un commando de SS prend position face à la porte de l'Hôtel du Parc obstinément fermée. Le bruit réveille Mme Pétain qui se précipite à sa fenêtre et découvre les Allemands devant l'hôtel. Elle vole dans la chambre du Maréchal, proche de la sienne. Elle le trouve au lit, endormi. Elle crie :

— Regarde tous ces Allemands qui investissent l'hôtel !

Il se lève aussitôt, regarde à son tour par la fenêtre et grommelle :

— C'est bien, je me recouche.

Et il le fait [2].

Le colonel Deterding, chef du détachement SS, exige, d'une voix forte, que l'on ouvre. Aucune réponse. Pourtant, la garde du Maréchal, barricadée dans le hall, se tient prête à réagir. Durant quelques heures, l'amiral Bléhaut, fidèle entre les fidèles, a songé à un baroud d'honneur. Un contact a été pris avec un représentant de l'Armée secrète ; on a sérieusement envisagé une évasion du Maréchal qui se serait réfugié dans un maquis prêt à l'accueillir. Illusion. On a renoncé au baroud et décidé que l'on refuserait d'ouvrir, laissant les Allemands prendre l'initiative.

---

1. Souvenir personnel de l'auteur qui a également entendu, la nuit de préférence, des jeunes gens scander ironiquement : *Vive Potin* (ici un court silence) *le célèbre épicier*.

2. Récit de Mme Pétain à Pierre Bourget : *Témoignages inédits sur le Maréchal Pétain* (1960).

Ce à quoi Deterding, las de réitérer ses sommations, finit par se résoudre. Il suffit aux SS de quelques coups de masse pour forcer les portes de l'hôtel. Le commando s'engouffre dans le hall. Conformément aux ordres, la garde reste immobile. Les SS s'élancent dans l'escalier, parviennent à l'étage du Maréchal, brisent quelques portes qui résistent. Sur leurs pas s'avance, plus lugubre, plus démesuré que jamais, le ministre Renthe-Fink. A l'entourage du Maréchal qui proteste et veut s'opposer à cette intrusion spectaculaire, le diplomate réplique qu'il a des ordres et exige de les présenter au Maréchal. Sur un signe de lui, le commando envahit la chambre de Pétain. Celui-ci est en pyjama. Il toise les envahisseurs et, sans élever la voix, s'adresse à Renthe-Fink :

— Laissez-moi me vêtir et attendez-moi dans mon bureau.

Après un moment d'hésitation, Renthe-Fink et les SS quittent la chambre. Dans le cabinet de travail, ils trouvent plusieurs fidèles du Maréchal — certains ont passé la nuit dans l'appartement — prêts à défendre leur chef. Ce que ne sait pas Renthe-Fink, c'est que Mgr Valerio Valeri et M. Stucki, appelés par téléphone, se dissimulent derrière une tenture pour pouvoir témoigner de l'enlèvement sans que les agresseurs puissent se douter de leur présence. On attend.

En tenue civile, le Maréchal fait son entrée. Cette fois, les formules diplomatiques ne sont plus de saison. Sèchement, Renthe-Fink annonce que deux bataillons de SS se tiennent prêts à intervenir, ainsi que des éléments d'aviation.

— Si vous persistez dans votre décision, je ferai incendier la ville et fusiller les habitants. Votre intransigeance coûtera plusieurs milliers de vies humaines. Ce qui ne m'empêchera pas, ensuite, de vous emmener de force [1] !

Inutile de s'obstiner. D'ailleurs, les bagages du Maréchal et de son épouse, Eugénie, sont prêts [2]. A 8 heures, le couple — lui quatre-vingt-huit ans, elle soixante sept ans — prend place dans la longue limousine bleue qui a servi à tant de

1. Récit de l'amiral Bléhaut. Il concorde avec les témoignages de Stucki et du nonce.
2. L'entourage la connaît sous le prénom d'Annie que préfère lui donner le Maréchal.

déplacements triomphaux en zone sud et dont, comme à l'accoutumée, le chauffeur Blanchard a pris le volant. Quelques fidèles vont suivre dans une autre voiture : le général Debeney, le docteur Ménétrel — médecin de Philippe Pétain — l'amiral Bléhaut et le lieutenant de vaisseau Sacy, aide de camp de ce dernier. Des blindés allemands escortent le cortège.

Direction : Belfort.

Dès l'arrivée dans cette ville, le Maréchal est conduit au château de Morvillars. Paris est libéré, les Alliés poursuivent vers l'Est l'armée allemande en retraite. Le 6 septembre, on commence à entendre au loin la canonnade : les troupes de la VIIe armée américaine par l'ouest, celles du général de Lattre de Tassigny par le sud, approchent de la fameuse trouée [1]. Dans la soirée, l'inévitable Renthe-Fink qui, sans désemparer, a suivi son « protégé », annonce au Maréchal que l'on partira pour l'Allemagne le lendemain matin à 6 heures : « Il va de soi, précise-t-il, que le chef de l'Etat français, aussitôt que la situation militaire le permettra, pourra retourner en France. » Sur-le-champ, Pétain rédige une lettre « à Monsieur le Chef de l'Etat Grand Allemand » :

« Le 20 août 1944, j'ai dû, sous la contrainte et par la force, quitter Vichy où j'avais fixé librement, selon les conventions d'armistice, le siège du gouvernement, et le gouvernement du Reich m'avait donné, le 19 août 1944, l'assurance qu'en toutes circonstances je resterais sur le sol français.

« Aujourd'hui, en dépit de cet engagement solennel, je suis emmené en captivité en Allemagne.

« C'est une nouvelle contrainte qui s'ajoute à tant d'autres, à laquelle je refuse de me plier, comme j'ai refusé de quitter la France en 1940.

« Je reste dans l'impossibilité d'exercer les fonctions de chef de l'Etat français dont j'ai été investi par l'Assemblée

1. André Brissaud : *Pétain à Sigmaringen* (1966).

nationale, et j'élève, une fois encore, contre cette violence, la protestation la plus solennelle. »

Le lendemain, quelques minutes avant 7 heures du matin, une caravane composée d'une vingtaine de voitures quitte Belfort. A l'arrière de la limousine bleue, toujours conduite par Roger Blanchard, Philippe Pétain en civil, ayant coiffé un chapeau de feutre noir, tête légèrement penchée en avant, semblant loin de tout, s'appuie d'un air las sur les coussins. De la Maréchale, solidement installée à la gauche de son mari, on voit surtout un chapeau noir où se mêlent étoffe et tulle, l'un de ceux qu'arborent, à la sortie de la grand-messe, les dames de province.

On a tant parlé des prisonniers, en France, pendant quatre ans ! Un million et demi. A chaque nouvelle menace, à chaque nouvelle réquisition des Allemands, si Vichy faisait mine de résister, l'occupant brandissait l'argument de ces captifs à sa merci et des dangers qui pouvaient leur advenir. Pour le vieil homme, c'était une véritable hantise. Désormais, lui aussi est prisonnier.

On passe le Rhin vers 11 heures sur un pont de bateaux. A la même heure, la radio en langue française de Stuttgart annonce : « Le maréchal Pétain a demandé aide et asile au chancelier Hitler qui les lui a accordés. Le chef de l'Etat français s'est rendu volontairement en Allemagne où il a constitué un nouveau gouvernement sous sa présidence. »

A l'étape de Fribourg où, le soir venu, on s'entasse dans un hôtel réquisitionné pour les Français, Renthe-Fink annonce au Maréchal que le Führer a personnellement choisi, pour sa résidence, la ville de Sigmaringen. Le 8 au matin, nouveau départ. La voiture roule à travers l'admirable Forêt Noire. Autour d'elle, des voitures allemandes, des blindés allemands, des side-cars allemands.

La nuit commence à tomber quand on approche de la ville

de Sigmaringen. Avant même d'y pénétrer, c'est l'énorme résidence des princes de Hohenzollern que l'on découvre. Comme ironisera Georges Oltramare, ex-chroniqueur de Radio-Paris : « Pas une bourgade avec un château mais un château avec une bourgade [1]. » Gigantesque, cet édifice est planté au sommet d'un rocher plongeant à pic vers une boucle du Danube. Disparate, fantastique, biscornu, blanc, rouge, hugolien, avec des apports de toutes époques, c'est un labyrinthe de plusieurs centaines de pièces.

Quand, dans les rues de Sigmaringen, on reconnaît le maréchal Pétain, les yeux s'écarquillent. Beaucoup de femmes et d'enfants : les Allemands de sexe masculin, de plus en plus jeunes, de plus en plus vieux, se battent. L'étrange, ce sont ces autres qui, visiblement n'appartiennent pas à la nation allemande. Ils sont revêtus d'uniformes qui, dans ce cadre, détonnent : blouson de cuir et guêtres blanches, casques modèle 14-18, bérets basques. Ce sont les miliciens de Joseph Darnand. Aux premiers signes du repli de la Wehrmacht, leur chef leur a donné l'ordre de se diriger vers l'Allemagne afin d'y poursuivre le « combat européen ». Plusieurs convois, dans des conditions lamentables, se sont avancés vers l'est, décimés par les maquisards, ralentis par la présence de femmes épouvantées qui n'ont pas voulu quitter leurs maris et, souvent, ont emmené leurs enfants. En fin de compte, ils seront 10 000 à demander asile en Allemagne. Ceux que découvre Pétain ne représentent que leur avant-garde. Quelques semaines plus tard, 500 miliciens seront cantonnés à Sigmaringen sous les ordres de Darnand lui-même. Leurs familles camperont tant bien que mal dans la ville, cependant que 700 à 800 autres seront regroupés dans les environs : rassemblement hétéroclite des plus vieux, des inaptes, voire des rebelles, le tout méritant le sobriquet dont on les affublera : « clochards de la Milice » [2].

La voiture s'arrête au pied de l'immense *Schloss*. On semble n'avoir prévu aucune cérémonie d'accueil. Le Maréchal

1. Georges Oltramare : *Les souvenirs nous vengent* (1949).
2. Henry Rousso : *Un château en Allemagne* (1980).

et Mme Pétain sont conduits jusqu'à un ascenseur dont on a dit qu'une automobile aurait pu y prendre place. Ils s'élèvent jusqu'à l'avant-dernier étage, le septième. Là, un majordome en livrée les invite à s'engager dans un couloir, long de cinquante mètres, aux murs duquel alternent les vitrines remplies de porcelaines, les tableaux, les statues. Remarquable bande-annonce pour un décor qui a laissé Céline époustouflé : « Apollons porphyres !... Vénus ébène ! Et les Dianes chasseresses ! des étages entiers de Dianes chasseresses !... d'Apollons !... Neptunes !... rapines des démons à cuirasse, dix siècles détrousseurs... vous pensez !... l'afur et sept dynasties ! vous irez voir vous rendre compte, ce " Formid-Rapines " magasin [1]... »

Effarée, la Maréchale découvre cette immensité dans laquelle le même Céline ne parviendra jamais à se repérer : « D'un tournant à l'autre, je me paumais !... je vous le dis, j'avoue... colimaçons, bois, pierres, échelles !... remontées !... demi-tours !... tentures... tapisseries... fausses sorties... tout traquenards !... même un plan vous compreniez rien !... » En entrant dans le salon, il faut être doté d'une bonne vue pour en distinguer l'extrémité.

L'installation se termine à peine quand un autre majordome en grande tenue vient annoncer que le dîner est servi. Il conduit le Maréchal et son épouse jusqu'à la salle à manger — heureusement de taille à peu près normale — où se trouvent déjà les fidèles logés au même étage : le docteur Ménétrel, le général Debeney, l'amiral Bléhaut, le lieutenant de vaisseau Sacy. A peine assis, premier incident. Le maître d'hôtel annonce le ministre Renthe-Fink. Le Maréchal, furieux :

— Je ne l'ai pas invité, il dînera seul.

On découvre l'étrangeté du système administratif allemand. Les six commensaux — qui ont tous exercé des fonctions à Vichy et bien que se retrouvant à la même table — ont droit à trois régimes différents : Pétain et sa femme disposent de seize cartes d'alimentation — quatre fois plus

1. Louis-Ferdinand Céline : *D'un château l'autre* (1957).

que la moyenne des réfugiés — et bénéficient du menu n° 1 (comprenant du fromage gras) ; les autres des menus n° 2 et n° 3 (fromage maigre). L'exil n'a rien ôté au Maréchal de son appétit. Si Ménétrel tâche de l'empêcher de se resservir, il se fait rabrouer :

— J'assimile très mal, aussi, pour que la nourriture me profite, je suis obligé de manger beaucoup...

Selon le témoignage de Mme Pétain, le Maréchal dort bien. Une nuit, alors que se déchaîne un bombardement, elle tente de décider son mari à descendre dans les souterrains mués en abris. Il refuse et, aussitôt, se rendort.

Pendant tout l'hiver 1944-1945, Philippe Pétain s'abstient de tout acte politique. Il refuse de rencontrer Laval et pas davantage Brinon, Luchaire, Darnand ou Déat qui se sont érigés en gouvernement en exil, négocient avec Hitler, disposent d'une radio et d'un journal : *la France*. Moins encore avec Doriot qui fait cavalier seul et, à l'intention des travailleurs français présents en Allemagne, publie... *le Petit Parisien*.

Dans la France entièrement libérée, on commence à juger des hommes qui avaient cru « servir le Maréchal ». Dès septembre 1944, Renthe-Fink est venu lui offrir les moyens de protester officiellement contre la mise en accusation, dans la France gaulliste, de ceux qui lui ont été fidèles. Réponse de Pétain : « Je suis parfaitement conscient de mes devoirs de chef. Mais ce n'est qu'en France que je peux songer à les remplir. Toute parole de moi, venant de l'étranger, est à exclure formellement. Je demande à rentrer en France pour défendre mon honneur et couvrir ceux qui m'ont obéi. »

Les semaines passent, et les mois. L'offensive von Rundstedt a marqué l'ultime sursaut de l'armée allemande à l'Ouest. A l'Est, les Russes avancent — irrésistiblement. A Sigmaringen, la vie monotone du Maréchal et de Mme Pétain se tisse de regrets et d'amertume. Du haut du château, on voit souvent les avions américains passer en grande formation. L'amiral Bléhaut appelle Mme Pétain :

— Venez voir ces avions. Quel joli spectacle !

De son silence officiel, le Maréchal ne sort, au cours de l'hiver, que pour des mises au point à l'intention de ceux qui abusent de son nom. Si l'un des anciens dignitaires du régime de Vichy, Bruneton, lui écrit, il fait répondre par le général Debeney :

« Le Maréchal me charge de vous communiquer qu'il a bien reçu votre lettre du 12 février.

« Cette lettre traite de questions de caractère politique.

« A ce sujet, le Maréchal rappelle qu'il a dû, à la suite des événements du 20 août dernier, prendre la décision de suspendre l'exercice de ses fonctions et de renoncer à toute activité politique. Dans sa douloureuse situation actuelle, il ne peut que s'en tenir strictement à cette ligne de conduite [1]. »

Cette grandeur désenchantée n'exclut pas certains épisodes qui touchent presque au vaudeville. C'est ainsi qu'un jour la Maréchale aperçoit, flottant sur les tours de Sigmaringen, un fanion portant les armes des Hohenzollern, avec au-dessous un drapeau français. Elle s'en montre violemment émue. « Que vient faire ce drapeau au faîte du château alors que nous sommes des prisonniers ? » Elle prévient l'amiral Bléhaut ; suivi d'un de ses officiers, ce marin, d'un âge certain, monte sur le toit, s'y glisse à quatre pattes, parvient à amener le drapeau tricolore. Toute gonflée au souvenir de cet acte héroïque, Mme Pétain racontera à Pierre Bourget :

— Nous le cachâmes aussitôt dans une boîte pour qu'il ne flotte plus sous les armes des Hohenzollern [2] !

Le Maréchal ne se permet qu'une distraction : des promenades à pied qu'il juge utiles pour sa santé. Quand il sort, au bas du château, un détachement de miliciens l'attend — que

1. Louis Noguères, ancien président de la Haute Cour de Justice : *La dernière étape, Sigmaringen* (1956).

2. Pierre Bourget : *op. cit.*

le Maréchal subit sans l'avoir demandé [1]. « A l'heure dite (heure militaire), raconte un témoin, un murmure s'élève :

« — Le voilà ! »

« Des officiers sont au garde-à-vous. Les têtes se découvrent. Le grand soldat sort d'un pas alerte et salue de la main. Il prend place dans la grande limousine bleue... Avec quelques familiers, souvent avec la Maréchale, avec quelques officiers de sa maison, le chef de l'Etat français va faire sa promenade quotidienne... »

Le jeune lieutenant-médecin Schillemans, provisoirement sorti de son Offlag, l'a vu passer alors que « des plaques de neige parsemaient le sol et un brouillard léger estompait les nervures des grands peupliers qui bordaient le chemin. Les sons étaient un peu étouffés, cela sentait la neige et l'hiver... Le groupe qui venait vers nous se rapprochait, les personnages se précisaient et je voyais, très distinctement maintenant, le Maréchal marchant en tête à côté du général Debeney... Très droit, allant d'un pas assuré, le Maréchal me parut immense, tandis que, près de lui, Debeney ne se profilait que d'une façon floue, indistincte ; des deux, c'était lui qui semblait le plus âgé... Le Maréchal portait avec aisance un costume gris foncé, un loden de même teinte, un petit feutre qu'il enleva, très vif, pour répondre à notre salut. Lorsqu'il passa près de nous, je restai figé dans une allure militaire où je mis le meilleur de moi-même. En nous croisant, il nous jeta un beau regard direct de ses yeux gris, non pas un regard de vieillard gâteux, de toute évidence non, un très beau regard, celui qu'il avait sur les affiches en 1940 [2]. »

Chaque jour, le Maréchal quitte le château en voiture, s'arrête à l'endroit qu'il choisit, et parcourt à pied environ un kilomètre. Il revient sur ses pas et on le ramène au château. « Il effectue cette sortie par tous les temps, expliquera l'amiral Bléhaut, et n'aime pas qu'on lui fasse faux bond... Pourtant, certains jours, je me passerais bien de cette promenade !... »

1. Lettre de Pétain à Brinon du 8 octobre 1944. Dans Louis Noguères : *op. cit.*
2. G.T. Schillemans : *Le prisonnier de Sigmaringen* (1965).

Excepté cette sortie quotidienne, Philippe Pétain ne quitte jamais ses appartements. Il lit beaucoup. Le dimanche, il assiste à la messe de 11 heures dans la chapelle du château mais, pour n'être pas vu — la nef est bourrée de miliciens, d'émigrés ou réfugiés de tout acabit accompagnés de femmes et enfants — il se tient dans une petite loggia qui la domine et où il peut se rendre directement.

Les Allemands ont laissé au Maréchal un poste de radio. Le soir, penché vers le brouillage, l'oreille tendue en direction des postes français, on écoute les nouvelles de la progression des Alliés. Et, comme tous les prisonniers français en Allemagne, on espère. Le ravitaillement ? Il est maigre : « Nous ne disposions que de quelques poissons pêchés dans le Danube, raconte Mme Pétain. Il y avait aussi, à proximité, une ferme où nous pouvions trouver un peu de lait pour le petit déjeuner, mais c'était juste. Cependant, pour respecter la sainte forme, le menu de nos repas était toujours soigneusement dactylographié et je me rappelle bien que les derniers jours, le menu du déjeuner ne comportait qu'une seule ligne, celle qui indiquait le plat unique : la pitance était maigre, mais le menu impeccable. »

Avril 1945. Au hasard d'une promenade, le Maréchal remarque que les arbres de la campagne bourgeonnent. Où sera-t-on lorsque les feuilles seront écloses ? L'incroyable assurance qui a marqué les premiers mois de la vie des fuyards français en Allemagne, des Doriot, Déat, Brinon, Bucard, commence à être ébranlée. Quinze jours avant, on ne doutait pas de rentrer bientôt en France. On aimait à repéter, pastichant de Gaulle, que l'Allemagne avait perdu une bataille, nullement la guerre. Sur quoi cette foi « inébranlable » se fondait-elle donc ? De bouche à oreille circulaient les mêmes « informations » : la Wehrmacht disposait d'armes secrètes épouvantables. Après le V1 et les V2, le V3 allait bientôt être lancé par des sous-marins sur New York qui serait détruite. Après quoi, on verrait paraître une bombe frigorifique, une bombe atomique, une bombe à incandescence — des milliers de degrés de chaleur — un gaz mauve, un gaz orange, des torpilles humaines contre avions, des nuages roses et « le fameux rayon mortel qui plaquerait au sol, par douzaines, les forteresses volantes américaines ».

D'un seul coup, cette belle confiance s'est effondrée. Louis-Ferdinand Céline fait ses bagages : « C'est écrit. L'affaire est dans le sac... Les Allemands sont archifoutus, emballez les os et plantez un saule, les tripes d'un côté, les gambilles de l'autre... Un drôle de bignolage d'ailleurs ; y comprennent rien à ce qui se passe... Mais les Français de Sig... alors eux... bouchés, aveugles... Y pigent pas que les Américains et les Anglais vont les cueillir comme des fleurs et les mettre au poteau... Valsez, fantoches, à la ballade des fusillés... Mais j'suis pas fou, je fous le camp ! Qu'ils crèvent, s'ils veulent, ces révolutionnaires fonctionnaires... moi, je quitte le bled... Adieu Sigmaringen... J'en ai assez ; pour mon compte, terminé le ballet des crabes... J'fous le camp en Norvège... Là-bas, je ne verrai plus leurs faces de Pierrot et de Jean-foutre... Adieu, les gens de la Kollabo... Je m'en vais au pays des lacs... »

Le 5 avril, le Maréchal apprend par la radio que son procès va commencer à Paris. Aussitôt, il écrit à Hitler :

« Monsieur le Chef de l'Etat Grand-Allemand, je viens d'apprendre que les autorités françaises se disposent à me mettre en accusation par contumace devant une Haute Cour de Justice. Les débats s'ouvriraient le 24 avril. Cette information m'impose une obligation que je considère comme impérieuse et je m'adresse à Votre Excellence pour qu'elle me mette en mesure d'accomplir mon devoir.

« J'ai reçu le 10 juillet 1940, de l'Assemblée nationale, un mandat que j'ai rempli selon les possibilités qui m'étaient laissées. Comme chef du Gouvernement en juin 1940, à Bordeaux, j'ai refusé de quitter la France. Comme chef de l'Etat, lorsque des heures graves ont de nouveau sonné pour mon pays, j'ai décidé de rester à mon poste à Vichy. Le gouvernement du Reich m'a contraint de le quitter le 20 août 1944.

« Je ne puis, sans forfaire à l'honneur, laisser croire, comme certaines propagandes tendancieuses l'insinuent, que j'ai recherché refuge en terre étrangère pour me soustraire à mes responsabilités. C'est en France, seulement, que je pense répondre de mes actes et je suis seul juge des risques que cette attitude peut comporter.

« J'ai donc l'honneur de demander instamment à Votre Excellence de me donner cette possibilité. Vous comprendrez certainement la décision que j'ai prise de défendre mon honneur de chef et de protéger par ma présence tous ceux qui m'ont suivi. C'est mon seul but. Aucun argument ne saurait me faire renoncer à ce projet.

« A mon âge, on ne craint plus qu'un chose : c'est de n'avoir pas fait tout son devoir, et je veux faire le mien. »

Cette lettre reste sans réponse. Les Alliés approchent. Le 19 avril, le Maréchal et Mme Pétain apprennent que les Français ont pénétré dans la Forêt Noire et avancent vers Sigmaringen. Sera-t-on bientôt libérés ? Chose étrange, il semble qu'aucune inquiétude n'ait régné, parmi les familiers du Maréchal, quant au sort qui pouvait attendre celui-ci. A l'annonce de l'approche des Français, le sentiment dominant n'est pas la crainte, mais l'espoir. « Le Maréchal et notre groupe, écrit Mme Pétain, les attendent [les Français] avec impatience. »

Le 20 avril au soir, deux Allemands se font annoncer chez le Maréchal. Il s'agit du ministre Reinebeck — ambassadeur d'Allemagne auprès du gouvernement de Vichy — et de l'officier aviateur Tangstein qui remplace Renthe-Fink. Ils déclarent brutalement au Maréchal qu'il faut quitter Sigmaringen. Pétain proteste et dit qu'*il veut attendre l'armée française*. Reinebeck insiste :

— Monsieur le Maréchal, la situation militaire a évolué

de telle manière qu'il est indispensable que vous partiez dans la direction du sud-est.

— Vous connaissez ma position, répond Pétain. Je ne désire qu'une chose : rentrer en France dans le plus court délai possible. J'ai écrit dans ce sens, on ne m'a pas répondu. Le déplacement que vous me proposez aura pour effet de retarder mon retour. Je refuse de partir.

Les deux diplomates adjurent le Maréchal de céder : la Gestapo est là, son chef Boemelburg s'est déclaré prêt à tout. N'est-ce pas le même qui, à Vichy, avait dit : « S'il faut mettre les menottes au Maréchal, je les mettrai » ?

La dernière bataille livrée par Vichy n'a pu être que verbale. Elle se solde, comme presque toutes les autres, par un échec. On partira donc le lendemain, 21 avril, à l'aube. Dans quelle direction ? Les deux diplomates répondent : le Vorarlberg. Pour apaiser le Maréchal, ils indiquent qu'on se rapprochera ainsi de la Suisse. On ne les croit pas ; le Maréchal, la Maréchale, le général Debeney et l'amiral Bléhaut sont convaincus qu'on veut les emmener en Bavière, vers ce fameux « réduit » dont on parle à mots couverts depuis plusieurs jours. L'élite des SS et de la Jeunesse Hitlérienne devrait s'y réfugier, pour livrer, jusqu'au dernier d'entre eux, une lutte à mort.

Comme prévu, le départ a lieu à 4 heures 30. Le jour n'est pas levé. Pour le Maréchal et sa suite, quatre voitures. Une fois encore, Pétain et sa femme prennent place dans la limousine bleue. Dans son épais pardessus foncé, le Maréchal paraît un peu engoncé. Plus pâle qu'à l'ordinaire, il semble triste et fatigué. Il se tait. Six voitures remplies de policiers escortent le cortège. Deux voitures de la Gestapo précèdent celle du Maréchal que suivent celles du général Debeney, de l'amiral Bléhaut et du commandant Sacy ; une autre pour les bagages. Les sept membres du personnel se sont répartis dans les quatre voitures. Vient ensuite l'automobile de Reinebeck, « et tout cela, dit Mme Pétain, entremêlé de voitures de Gestapo et de mitraillettes ».

Le froid est vif, la route est encombrée de fuyards et de

troupes en retraite. A plusieurs reprises, des avions survolent le convoi, l'obligeant à s'arrêter. Il semblera toujours extraordinaire aux survivants de n'avoir pas été bombardés ce jour-là.

Première halte : une petite ville, Wangen. Aucun ordre n'a été donné, personne n'est prévenu. Pétain grelotte. On conduit les Français à l'hôtel de ville. Le maire survient, affolé, salue le Maréchal, se répand en excuses. Sur la place, il y a bientôt toute la population, avide de regarder le « maréchal français ». Soudain, la sirène d'alerte retentit et, en un instant, ces curieux s'égaillent pour courir aux abris. Souriant, empressé, le maire explique à ses hôtes forcés qu'il n'y a aucun danger : c'est lui qui, pour disperser ses concitoyens, a fait déclencher les sirènes ! Il s'empresse de plus belle, emmène les Français à son domicile, où sa femme et ses filles servent du café, des saucisses et du pain.

Au sein de l'escorte allemande, on discute dur : les ordres sont imprécis, on se demande même s'il y en a. Que reste-t-il de l'impeccable organisation nazie ? Au bout d'une heure, on annonce au Maréchal et à sa suite qu'on les emmène au château de Zeil, chez le prince de Waldburg. La Maréchale consulte une carte : ce château est à trente-cinq kilomètres au nord de Wangen... et la Suisse est au sud de cette ville. L'espoir s'éloigne.

Le prince de Waldburg reçoit le Maréchal avec étonnement et déférence. Cet antinazi convaincu a eu maille à partir avec la Gestapo. Son château est rempli de réfugiés : deux communautés religieuses de Cologne, un orphelinat, des Berlinois, des Silésiens, et les trésors du musée de Stuttgart [1]. On installe le Maréchal et Mme Pétain le mieux possible. On trouve une chambre pour le général Debeney, une autre pour l'amiral. La demeure est glaciale, les murs suintent d'humidité. Dans les draps raidis par le froid, impossible de se réchauffer. Chacun est si fatigué que l'on dort quand même, le Maréchal y compris.

Au réveil — 22 avril — on apprend qu'Ulm est pris. Les

1. Robert Aron : *Histoire de Vichy 1940-1944* (1954).

Américains avancent rapidement. L'espoir renaît. Quant à l'escorte, elle se montre de plus en plus indécise : aucun ordre ne lui parvient. Toute la journée se passe dans l'attente. Qui arriveront les premiers : les Américains ? Les Français ? Au loin, la canonnade gronde. Elle ne cessera de s'intensifier au cours de la nuit. Vers 23 heures, Tangstein vient annoncer au général Debeney que le convoi va partir sur-le-champ. Pétain répond catégoriquement qu'il ne bougera plus. Au comble de l'embarras, Tangstein ne réplique pas. A minuit, il revient à la charge. Ce qu'ignorent les Français, c'est que l'Allemand a reçu l'instruction de ne jamais laisser le Maréchal tomber aux mains des troupes alliées. Il en répond sur sa tête. A sa demande, le Maréchal le reçoit dans la chambre du général Debeney. Pétain répète qu'il est décidé à attendre à Zeil l'arrivée des Alliés. Tangstein l'adjure de n'en rien faire :

— Monsieur le Maréchal, la situation militaire exige que vous partiez d'ici. Je viens vous le demander [1].

— Non, je refuse de partir.

— Ce n'est pas possible, monsieur le Maréchal, il faut assurer la sécurité de votre personne, il faut partir.

— Non, j'attendrai ici les troupes françaises ou américaines. Ma sécurité n'est pas en péril.

— Monsieur le Maréchal, je dois obéir. Je vous en supplie.

La voix du Maréchal est devenue dure.

— C'est inutile. Vous n'avez fait que me mentir depuis Vichy. Où voulez-vous m'emmener ?

— Mais vers la frontière suisse...

— Je ne vous crois pas. Avez-vous l'assurance de la Suisse qu'elle me laissera entrer pour rejoindre la France ?

Tangstein paraît gêné :

— Non, mais on pourra le demander de là.

— Je n'ai aucune confiance. Vous m'emmeniez vers l'est.

1. Ce dialogue se trouve intégralement dans une note rédigée de la main de Mme Pétain et remise, le 8 juin 1945, à la commission d'instruction de la Haute Cour. Elle porte la cote VA 18 et relate l'itinéraire du couple Pétain du 5 avril 1945 jusqu'à l'internement au fort de Montrouge.

On m'a toujours trompé. Votre Renthe-Fink a toujours menti. Je reste ici.

— Mais ce n'était pas moi, monsieur le Maréchal ! Je vous assure que je vous dis la vérité !

La discussion s'éternise. La canonnade, toujours. Le Maréchal fait appeler en renfort l'amiral Bléhaut. La Maréchale, qui écoute toute cette scène à travers la porte, entend celui-ci s'adresser à Tangstein « avec son franc-parler mais avec une correction froide ». L'amiral répète qu'il est impossible au Maréchal de croire ce qui lui a été dit, qu'on les a emmenés vers le nord au lieu d'aller au sud, vers la Suisse :

— C'est certainement pour nous emmener vers le « réduit » !

Le dialogue a pris maintenant un ton de violence extrême. Les hommes du Maréchal, dans le couloir, prêtent l'oreille et tremblent. Philippe Pétain résiste toujours. A 2 heures 15, Mme Pétain n'en peut plus : elle se précipite dans la chambre et apostrophe Tangstein avec véhémence :

— Vous éreintez le Maréchal, voilà deux heures que cela dure. Vous voyez bien qu'il ne partira pas, laissez-le donc tranquille !

Le plus étonnant est que l'entrée de Mme Pétain se change pour Tangstein en planche de salut. Presque humblement, il s'adresse à elle :

— Madame, je vous en supplie, aidez-moi. Je ne fais qu'obéir, je dois assurer la sécurité du Maréchal. Je suis de bonne foi. Nous irons vers la Suisse.

— Bien difficile de vous croire, répond Mme Pétain. Laissez le Maréchal se reposer.

Il est maintenant 2 heures 30. Tangstein laisse échapper un aveu :

— Vous savez bien que nous avons l'ordre de vous emmener en Bavière. Nous ne le ferons pas.

Mme Pétain s'étonne :

— Mais votre gouvernement, que dira-t-il ?

— Il n'y a plus de gouvernement... Nous agissons de nous-mêmes.

A ce moment précis, survient le prince de Waldburg qui annonce que des chars américains ont été aperçus à vingt kilomètres de Zeil : on vient de le lui téléphoner. Voilà le Maréchal repris d'une énergie nouvelle. Il crie :

— Laissez-moi tranquille. Je les attends, je me couche.

Il rentre dans sa chambre et se met en effet au lit. Plus tard, la Maréchale confiera à Pierre Bourget : « Le Maréchal était éreinté, mais il n'a pas cédé d'un cran devant les prétentions de Tangstein. Curieux homme ce Tangstein : c'était un grand aviateur, plutôt gentil, mais extrêmement ferme. »

Songeuse, elle ajoutera : « Les Allemands et les fonctionnaires qui ont été attachés à nos pas pendant de longues années ont été toujours d'une grande politesse à notre égard, de cette espèce de politesse qui fait que si Hitler leur avait un jour ordonné de nous tuer, ils se seraient, avec déférence, présentés devant nous, auraient soulevé leur chapeau et nous auraient dit :

« — Monsieur le Maréchal, madame la Maréchale, avec nos excuses, veuillez nous permettre de vous exécuter [1] ».

Tangstein ne sait plus à quel saint se vouer. Il s'exclame à l'adresse de la Maréchale, comme hors de lui :

— Il faut partir à 6 heures. Je vais chercher le ministre Reinebeck, ce sera comme à Vichy s'il le faut.

Sous-entendu : on emploiera la force, comme à Vichy.

Le Maréchal dort. A 6 heures moins le quart, Reinebeck et Tangstein font irruption dans la chambre où la Maréchale repose à côté de son mari. Et tout recommence :

— Il faut partir !

— Non !

Le Maréchal est pelotonné dans son lit. Il dit d'une voix faible :

— Laissez-moi tranquille, je suis fatigué, je n'en peux plus. A mon âge, on ne supporte plus de fatigues pareilles. Je refuse de me lever... Et puis, vous n'avez même pas l'accord de la Suisse pour mon entrée en transit. Si j'avais cette certitude, peut-être que je vous croirais.

1. Pierre Bourget : *op. cit.*

La Suisse ! C'est, pour Tangstein, l'œuf de Christophe Colomb. Littéralement, il saute sur cette idée :

— Le ministre de Suisse est à vingt minutes d'ici, s'écrie-t-il, je vais aller le voir — on pourra demander à la Suisse si elle accepte — vous voyez que je suis de bonne foi.

— Et puis, dit le Maréchal, je ne partirai que si un diplomate suisse m'accompagne jusqu'à la frontière.

Cramponnés à cette possibilité, Reinebeck et Tangstein sortent du même pas. Le prince de Waldburg survient à son tour : il annonce que les chars que l'on avait cru voir dans les environs, la nuit précédente, étaient en fait des chars allemands que les habitants avaient pris pour des américains ! Le Maréchal attend la réponse de la Suisse. On ne la reçoit que vers 19 heures. Le Conseil Fédéral s'est réuni ; il ouvre la frontière au Maréchal et à tous ceux qui l'accompagnent.

Dans les quatre pièces occupées par les Français, la joie éclate. Il faut néanmoins attendre la nuit ; pendant le jour, les avions alliés bombardent les routes. A 22 heures 30, on quitte Zeil pour Bregenz : quatre vingts kilomètres que l'on mettra quatre heures et demie à parcourir. L'Allemagne agonise dans d'effroyables soubresauts : « Routes encombrées de fuyards, de convois en désordre où trois et quatre camions tirés par un tracteur sont mêlés à des chevaux, à des piétons, à des bicyclettes. » Et toujours ce froid glacial, que le Maréchal supporte mal.

A Bregenz, on descend dans un petit hôtel, où l'on trouve une chambre pour Pétain et sa femme. Le Maréchal se couche... et s'endort. La Maréchale, elle, reste éveillée. Elle sait que les chars français sont à Friedrichshafen, à trente kilomètres de là. Les bruits de la bataille traversent les vitres, sourdement.

Huit heures. Les sirènes d'alarme. Le fracas des explosions. Jamais Bregenz n'a subi un bombardement aussi intense. Le Maréchal doit descendre dans l'abri de l'hôtel : de vieilles caves voûtées. Le vieil homme s'assied sur un pliant. De son épais pardessus, émerge son cou amaigri. Chapeau sur la tête, il regarde à terre.

Fin d'alerte. On remonte à l'air libre. A 9 heures 30, on part. Il y a dix kilomètres à faire pour atteindre Sainte-Marguerite, poste-frontière choisi par le gouvernement fédéral. Dix kilomètres à découvert. Une pensée lancinante : « Les avions vont-ils revenir, allons-nous être repérés ? » A la barrière de la douane suisse, les Allemands prennent congé du Maréchal :

— Nous avons pris tout cela sur nous, dit Tangstein, et je crains que ce ne soit pas très bien vu en haut lieu.

La barrière se lève. Le convoi passe. Le Maréchal entre en Suisse.

Des visages aimables. Militaires, douaniers, civils s'approchent. L'un d'eux :

— Bon anniversaire, monsieur le Maréchal.

Pétain répond :

— Le plus beau cadeau qu'on pouvait me faire pour cet anniversaire, le voilà : mon arrivée en Suisse.

Alors seulement, la Maréchale se souvient que, le 24 avril, le Maréchal entre dans sa quatre-vingt dixième année. Les formalités d'entrée durent une heure. Au Maréchal et à son épouse, on apporte des fleurs, du chocolat. Le chargé d'Affaires de Suisse en Allemagne se multiplie pour lever tous les obstacles. « Il a été *admirable* », dira Mme Pétain : la veille, roulant vers la frontière pour négocier le passage du Maréchal, sa voiture a été mitraillée, détruite, il a échappé de justesse à la mort. Le Maréchal le remercie chaleureusement. La limousine bleue, toujours conduite par Roger Blanchard, démarre pour se diriger vers Wessen, au bord du Wallensee. Le Maréchal doit attendre la réponse du gouvernement français à la question qu'il a posée :

— Je demande à rentrer en France.

Jamais le général de Gaulle n'a pardonné au maréchal Pétain l'armistice de 1940. Pour le chef de la France libre, c'est là le crime inexpiable. De la politique de Vichy, il réprouve jusqu'au moindre épisode mais le plus grave, à ses yeux, reste l'armistice. « Pour moi, a-t-il expliqué, la faute capitale de Pétain et de son gouvernement, c'était d'avoir conclu avec l'ennemi au nom de la France, le prétendu « armistice ». Certes, à la date où on l'avait signé, la bataille dans la métropole était indiscutablement perdue. Arrêter le combat entre l'Atlantique et les Alpes pour mettre un terme à la déroute, cet acte militaire et local eût été justifié. Il appartenait au commandement des forces intéressées, — quitte à ce que la tête en fût changée —, de faire le nécessaire sur ordre du gouvernement. Celui-ci aurait gagné Alger emportant le trésor de la souveraineté française qui, depuis quatorze siècles, n'avait jamais été livré, continuant la lutte jusqu'à son terme, tenant parole aux Alliés et, en échange, exigeant leur concours. Mais, avoir retiré de la guerre l'empire indemne, la flotte inentamée, l'aviation en grande partie intacte, les troupes d'Afrique et du Levant qui n'avaient pas perdu un soldat, toutes celles qui, depuis la France même, pouvaient être transportées ailleurs ; avoir manqué à nos alliances ; par-dessus tout, avoir soumis l'Etat à la discrétion du Reich, c'est cela qu'il fallait condamner, de telle sorte que la France fût dégagée de la flétrissure ». Paroles sans équivoque.

Plus tard, pendant le procès, le général se dira « contrarié de voir la Haute Cour, le milieu parlementaire, les journaux, s'abstenir dans une large mesure de stigmatiser l'" armistice " et au contraire " se saisir longuement des faits qui lui étaient accessoires ". » Ces faits, c'étaient pourtant « les anciens complots de la Cagoule, la dispersion du Parlement après qu'il eut abdiqué, la détention de parlementaires, le procès de Riom, le serment exigé des magistrats et des fonctionnaires, la charte du travail, les mesures antisémites, les poursuites contre les communistes, le sort fait aux partis et aux syndicats, les campagnes menées par Maurras, Henriot, Luchaire, Déat, Doriot, etc., avant et pendant la guerre ». Le général de Gaulle ne comprenait pas que tout cela tînt, dans les débats et les commentaires, « plus de place que la capitulation, l'abandon de nos Alliés, la collaboration avec l'envahisseur ».

Pour punir le crime d'armistice, quelles étaient les intentions de Charles de Gaulle ? Sa doctrine, au fil des événements, semble avoir beaucoup évolué. Comme celle d'ailleurs de la Résistance. L'Organisation Civile et Militaire (OCM) avait, par exemple, publié dans le numéro 6 du journal clandestin *Résistance*, daté du 25 janvier 1943, un texte relatif à « la liquidation impitoyable de la trahison et la recherche des responsabilités de la défaite ». On lit, dans le paragraphe IV, ces phrases surprenantes : « ... Enfin, une loi spéciale a été prise à l'encontre de Philippe Pétain. Celui qui a maintes fois affirmé qu'il prenait seul, dans l'Histoire, la responsabilité de ce qu'il faisait, a déjà été jugé par elle. L'homme qui a dû aux martyrs de Verdun d'être un grand chef, devait à leur mémoire d'être fidèle à sa propre légende. Il ne l'a pas été. Ses services passés, loin d'être une excuse, constituent une circonstance aggravante.

« Plus grand l'homme a été, plus honteuse sa forfaiture. La haute politique n'empêche pas certains de ses actes de relever de la haute trahison.

« Mais, en raison de son grand âge, toute peine ordinaire a paru inutile. Ce vieillard ne peut plus être frappé que dans sa puérile vanité. Une loi le ramène donc au dernier rang de l'Etat, *et le confère dans son domaine familial*. L'Histoire appréciera... »

Il n'est donc pas question d'un procès. Cependant, au début de 1944, à Alger, de Gaulle déclare à François de Menthon : « Le Maréchal passera en jugement comme les autres. Le mieux qu'il puisse nous arriver serait qu'il meure avant le débarquement. »

Les grands procès de collaboration ont commencé. L'opinion — tout au moins celle qui s'exprime dans la presse de l'époque, tout entière issue de la Résistance — exige que Pétain soit inculpé. Le 18 novembre 1944, la Haute Cour de justice est créée par ordonnance. Le 17 mars 1945, elle décide que le maréchal Pétain sera jugé par contumace. De

Gaulle est à l'heure du choix. Il croit le procès nécessaire « du point de vue national et international », mais il éprouve une répugnance profonde devant l'image du Maréchal assis sur le banc des accusés : « Je souhaitais que quelque péripétie tînt éloigné du sol de la France cet accusé de quatre-vingt-neuf ans, ce chef naguère revêtu d'une insigne dignité, ce vieillard en qui, lors de la catastrophe, nombre de Français avaient mis leur confiance et pour qui, en dépit de tout, beaucoup éprouvaient encore du respect ou de la pitié. »

C'est le temps où les armées françaises, ayant franchi le Rhin, déferlent en Allemagne. Le général de Lattre s'est rendu rue Saint-Dominique et sans s'embarrasser de circonlocutions, a demandé à de Gaulle ce qu'il devrait faire « s'il advenait que ses troupes approchant de Sigmaringen trouvassent là ou ailleurs Pétain et ses anciens ministres ». Le regard glacé de de Gaulle s'est porté droit vers celui de de Lattre :

— Tous devront être arrêtés.

Un silence.

— Pour ce qui est du Maréchal lui-même, je ne désire pas qu'on ait à le rencontrer.

A ses collaborateurs, le général confie : « Si le Maréchal revient, le procès ne pourra pas politiquement être évité et la procédure n'aboutira qu'à ranimer les divisions des Français, à nuire à l'unité nationale [1]. »

Le 23 avril, jour où le Maréchal arrive en Suisse, M. Karl Burckhardt, ambassadeur de la Confédération Helvétique, demande audience au général de Gaulle qui le reçoit aussitôt. Le gouvernement suisse souhaite connaître les intentions du gouvernement français. Le chef du gouvernement provisoire de la République française n'hésite pas :

— Le gouvernement français n'est aucunement pressé de voir extrader le maréchal Pétain [2].

Un récit de M. Walter Stucki, ancien ambassadeur de la Confédération auprès du Maréchal à Vichy, nous en dit plus long que le général lui-même. En fait, de Gaulle demandait

1. J.-R. Tournoux : *Secrets d'Etat*, II, *Pétain et de Gaulle*. (1964).
2. Général de Gaulle : *Mémoires de guerre*. Tome III. *Le Salut* (1959).

au gouvernement suisse de garder le Maréchal sur son territoire « et lui exposait que la France lui adresserait une demande d'extradition qu'il souhaitait voir repoussée, ce souhait devant rester secret [1] ».

Tout dépend donc maintenant de la décision du Maréchal.

Une brise légère ride les eaux du lac de Wallensee. Paix et repos. Tout autour, un horizon de montagnes. Le bois clair des maisons, les teintes pimpantes des portes et des fenêtres. Une voiture vient de s'arrêter devant l'hôtel où attendent le Maréchal et Mme Pétain. Walter Stucki en descend. Avec un plaisir non feint, le Maréchal accueille ce compagnon des jours difficiles de Vichy. Question : le Maréchal consent-il à rester en Suisse ? D'un air de tristesse obstinée, le vieil homme secoue la tête. Il redit qu'il veut rentrer en France. « Pour défendre mon honneur. »

Quelques heures plus tard, Karl Burckardt se présente de nouveau à l'hôtel de la rue Saint-Dominique. De nouveau le général le reçoit :

— Le Maréchal demande à regagner la France. Mon gouvernement ne peut s'y opposer. Philippe Pétain va donc être conduit à votre frontière.

Comme écrira de Gaulle lui-même, « les dés étaient jetés. Le vieux maréchal ne pouvait douter qu'il allait être condamné. Mais il entendait comparaître en personne devant la justice française et subir la peine, quelle qu'elle fût, qui lui serait infligée. Cette décision était courageuse ».

Le ministre de Suisse s'en est allé. Le général convoque MM. Jeanneney, ministre d'Etat, Tixier, ministre de l'Intérieur, René Mayer, ministre des Transports, et le général Koenig. Tous, ils le trouvent perplexe, triste, voire accablé. Il monologue :

« Alors, ils nous le rendent... Il va revenir... N'est-ce pas

1. Lettre de Jacques Isorni à l'auteur (juin 1954).

lamentable... Le Maréchal s'abritait de l'illusion de servir l'intérêt national sous l'apparence de la fermeté et à l'abri de la ruse. Il n'était plus qu'un jouet, qu'une proie offerte aux intrigues... Que tous les hommes coupables de Vichy soient arrêtés, mais le Maréchal, je ne tenais pas à le rencontrer... quel dommage... ! Il nous aura embêtés jusqu'au bout... Il possédait tant de qualités... Pourquoi a-t-il fait tout ce qu'il a fait sous l'occupation... C'était un grand homme. Ah ! la vieillesse est un naufrage. Il ne faut pas vieillir aux affaires [1]... »

Le général Koenig devra accueillir Pétain à la frontière et lui signifier que, désormais, l'action de la justice s'étend sur lui. Lui incombera la tâche pénible d'apprendre au Maréchal qu'il est en état d'arrestation. En prenant congé, de Gaulle lance à Koenig :

— Je ne veux pas de choses médiocres. Qu'il ne lui arrive rien.

Durant tout l'après-midi du 25 avril, Walter Stucki est demeuré auprès du Maréchal. A 16 heures, on l'appelle de Berne au téléphone. On le prie d'informer le Maréchal que le gouvernement français lui demande de se trouver le lendemain, à 19 heures, à la frontière de Vallorbe.

Une dernière fois, le Maréchal et Mme Pétain sont montés dans la limousine bleue, une dernière fois Roger Blanchard a pris le volant. Le convoi, escorté par la force publique helvétique, roule vers la France. On arrive à Vallorbe à 16 heures 45, avec plus de deux heures d'avance sur l'horaire prévu. Devant le buffet de la gare, se rangent la voiture du Maréchal, celles de l'amiral Bléhaut et du général Debeney. La police suisse a commandé, pour Philippe Pétain et sa suite, un dîner au buffet. Que veut faire le Maréchal en attendant l'heure du transfert ? Il demande à se reposer. Le patron du buffet cède aussitôt une chambre. Avant de s'y rendre, le Maréchal demande à voir le menu du dîner : potage, petits

1. J.-R. Tournoux : *op. cit.*

pois et carottes, entrecôte, dessert. Le visage de Philippe Pétain s'éclaire. Il se déclare « parfaitement satisfait ».

De l'autre côté de la frontière, sont rangées d'imposantes forces de police : environ cent cinquante gendarmes et gardes mobiles venus de Paris dans trois cars. De chaque côté de la route, sur une distance de deux à trois cents mètres, ils font la haie. Le Commissaire spécial de Pontarlier, M. Perret, informe ses collègues suisses qu'un train spécial, venu de Paris, attend le Maréchal et sa suite à la gare des Hôpitaux-Neufs, à huit kilomètres de la frontière. Le commissaire de la République de Dijon, Jean Mairey, s'approche de la barrière. Il demande l'autorisation de venir jusqu'à Vallorbe pour s'entretenir avec la Maréchale. Accordé.

Au buffet de la gare, on prévient discrètement Eugénie Pétain. Elle reçoit M. Mairey qui tient à déclarer qu'« aucun mandat d'arrêt n'est décerné contre elle » ; il l'informe que « la question lui sera posée, sur territoire français, afin de savoir si elle est d'accord pour être internée avec son mari ».

— Je ne veux pas me séparer du Maréchal, répond Mme Pétain. Je désire rester avec lui le plus longtemps possible.

— Telle est aussi l'intention du gouvernement, répond M. Mairey.

A 18 heures 40, avec la Maréchale, l'amiral Bléhaut et le général Debeney, le Maréchal se met à table. Le dernier repas de celui qui est encore un chef d'Etat en exil.

Des gendarmes vaudois et des garde-frontières assurent le service d'ordre jusqu'à la frontière française. A 19 heures 25, la voiture du Maréchal survient, suivie de celles du général Debeney et de l'amiral Bléhaut. Une section de soldats suisses, commandée par un lieutenant, rend les honneurs.

« Nous prenons congé du maréchal Pétain et de Madame qui paraissent tous deux très émus, se souviendra un des policiers suisses. Ils nous remercient encore de l'accueil qui leur a été fait en Suisse en nous assurant qu'ils ne l'oublieront jamais. »

Les formalités accomplies, l'automobile démarre, roule pendant quelques mètres et, de l'autre côté de la frontière, s'arrête. Le Maréchal en descend, salue à la ronde. Personne ne répond. « Le Maréchal, conte un fonctionnaire de la police, descend, la canne à la main, souriant. Il jette un regard circulaire, comme s'il s'attendait à des acclamations. » Rien. Les gardes mobiles et les FFI (Forces françaises de l'Intérieur) demeurent figés au garde-à-vous, l'arme à la bretelle. Certains gardes, dira pourtant Mme Pétain, « esquissèrent le mouvement de présenter les armes, certains restèrent l'arme à la bretelle ». Les civils ne se découvrent pas. Le général Koenig, très pâle, s'approche. Il salue militairement. Philippe Pétain lui tend la main. Koenig, raidi dans son salut, ne prend pas cette main. Comme étonné, le Maréchal insiste. Koenig baisse le bras, se met au garde-à-vous. D'un mouvement saccadé il s'incline, par deux fois [1]. Et, par deux fois, il dit d'une voix sourde :

— Mes respects, monsieur le Maréchal.

Alors, le Maréchal :

— J'ai beaucoup entendu parler de vous...

Pour toute réponse, le général Koenig invite le Maréchal à reprendre place dans sa voiture.

C'est dans le local de la douane que le Maréchal va signer le mandat d'arrêt que lui présente M. Léoni, directeur adjoint de la police judiciaire de Paris. On lui demande de décliner ses titres et qualités. Il répond :

— Je crois que je suis encore maréchal de France.

Ce n'est plus Roger Blanchard qui conduit la limousine bleue, mais un policier. A la gare des Hôpitaux-Neufs, le train spécial attend : deux voitures de seconde classe, une voiture de première et un wagon où prendra place le Maréchal. Au dernier moment, le général Koenig cède la cabine de wagon-lit qui lui a été réservée. Il se contente de la couchette prévue pour le Maréchal :

— Après tout, marmonne-t-il, ce vieux est fatigué.

1. L. G. Robinet : *Koenig, un chevalier* (1973).

Au passage du train à Pontarlier, une foule évaluée à quinze cents personnes entoure le convoi en hurlant :

« Pétain au poteau ! », « A mort ! ». Des coups violents sont frappés contre le wagon occupé par le Maréchal. Un quart d'heure plus tard, à 22 heures 12, le train spécial quitte Pontarlier. Les huées redoublent. A la sortie de la ville, à 22 heures 15, on entend deux détonations : coups de feu ? pétards ? Le train s'arrête. Une centaine de manifestants l'entourent. On crache sur les vitres. Des cheminots lancent des pierres. Une glace est brisée.

« Je craignis pour la vie du Maréchal, écrit Mme Pétain, et j'appelai, dans le couloir, ses gardiens. " Est-ce ici, leur dis-je, qu'on doit nous assassiner ? Ils rétablirent l'ordre aussitôt [1] ". »

Rapport de la police suisse : « Du côté des autorités françaises on ne paraissait pas enchanté de l'arrivée en France du Maréchal à la veille des élections municipales, et l'opinion générale était que la libération du maréchal Pétain par les Allemands ne signifiait qu'une manœuvre de la part de ceux-ci pour jeter le trouble dans les esprits. »

La confrontation des sondages effectués entre 1944 et 1945 se révèle remarquablement éclairante de l'évolution des Français sur le cas Pétain. Les premiers sondages de l'IFOP datent de 1938. Interrompus pendant la guerre, ils sont repris à la Libération. En septembre 1944, à la question : « Faut-il infliger une peine au maréchal Pétain ? », il ne se trouve qu'un tiers des sondés (32 %) pour réclamer un châtiment alors que la majorité (58 %) penche pour l'indulgence ou l'absolution. Cependant, sous l'influence d'une presse en majorité « résistante », ces chiffres vont changer considérablement. Pour une peine : en janvier 45, 53 % ; en avril, 69 % ; en mai, 76 % ; en juillet (début du procès), 76 % ; en août, 74 %.

En ce qui concerne la peine de mort, même évolution : septembre 1944, 3 % ; janvier 1945, 18 % ; avril 1945,

1. Note de Mme Pétain destinée à la commission d'instruction de la Haute Cour de justice.

28 % ; mai 1945, 40 % ; juillet 1945, 37 % ; août 1945, 37 %.

Le lendemain, à 8 h 30 du matin, le train s'arrête, aux environs de Paris, sur le quai de la petite gare d'Igny. Cependant que leurs compagnons sont conduits à la prison de Fresnes, le Maréchal et Mme Pétain gagnent, par la route, le fort de Montrouge. C'est là que, pendant l'instruction de son procès, Philippe Pétain résidera avec Mme Pétain. « A Montrouge, racontera la Maréchale, nous occupions le Maréchal et moi, une pièce au rez-de-chaussée, où avaient été installées deux paillasses l'une à côté de l'autre. »

La description que fera, peu de temps après, Jacques Isorni apparaît moins spartiate : il voit Pétain disposer d'une pièce — qu'il appelle « parloir » — meublée d'un bureau à tiroirs, d'une table, de quatre chaises et d'un fauteuil de bois. Elle est contiguë à la chambre que le Maréchal partage avec sa femme et où se trouvent deux lits « confortables » — selon l'avocat — une armoire, un lavabo et des W-C « dans une espèce de cabine ». Faiblesse des mémoires : selon Mme Pétain, les toilettes étaient installées « dans la pièce sans aucune séparation ».

La première nuit, les Pétain ont froid. « 27 avril, note la Maréchale, installation, 1re journée — 1re nuit, très froid. Le 28 avril, 2e journée, froid... Le 29 avril, dimanche, messe sur autel portatif [1]... »

Annie Pétain se souviendra de la visite d'une délégation : « Trois femmes et deux hommes venus constater par eux-mêmes les conditions dans lesquelles nous vivions, car, paraît-il, certains journaux affirmaient que nous étions trop bien traités. Le Maréchal était absent de la cellule à ce moment-là et j'étais toute seule dans la chambre, assise sur l'un des " lits ". Le fonctionnaire de l'Administration pénitentiaire détaché auprès du Maréchal, M. Simon, dut soule-

1. Notes manuscrites de Mme Pétain publiées par Jacques Isorni : *Le condamné de la citadelle* (1982).

ver le grabat qui nous servait de matelas pour montrer aux enquêteurs que nous couchions effectivement sur des planches de bois... Les visiteurs n'entrèrent pas dans la cellule elle-même. Seules les femmes entrèrent ; elles me regardèrent de très haut. »

Les journaux dont parle Mme Pétain sont par exemple *Franc-Tireur* du 28 avril : « Douce incarcération. Il dispose de deux pièces, d'un cabinet de toilette et de sa femme. » Quant à *l'Humanité*, elle donne chaque jour des nouvelles du Maréchal :

27 avril : « Quand les rapatriés de Buchenwald et les prisonniers reviennent dans des wagons à bestiaux, un wagon-lit-salon, un wagon couchette, des premières classes pour ramener Pétain à Paris. »

28 avril : « Quand les sinistrés manquent de tout, deux cents ouvriers ont préparé les appartements de Bazaine Pétain à Montrouge. »

29 avril : « A Montrouge-Palace, où des éclairages opalins ont été prévus, Pétain Bazaine sera servi par son cordon bleu personnel. »

30 avril : « Mussolini fusillé, Pétain dorloté... »

Notes de Mme Pétain : « Le 30 — le Ml voit M. Bouchardon. » Le 30 avril, en effet, le président de la Commission d'instruction de la Haute Cour, Pierre Bouchardon, se présente au fort de Montrouge. Il vient demander au Maréchal de lui faire connaître quel défenseur il a choisi. Or Pétain ne s'est encore arrêté à aucun choix ; il a récusé Me Moro-Giafferi parce que celui-ci avait défendu Landru et que le rapprochement ne lui paraissait pas souhaitable ; il a successivement désigné le bâtonnier Fourcade et le bâtonnier Audepin... décédés l'un et l'autre. Les avocats pressentis par le bâtonnier Charpentier se sont dérobés. *Notes de Mme Pétain* : « Mardi 8 mai. FIN DE LA GUERRE. Bouchardon interroge le Ml pendant 2 h sans avocat... Le Ml écrit au bâtonnier Charpentier. — Mercredi 9 mai. Très chaud. Visite des Docteurs... le Ml écrit à Me Payen. — Vendredi 11 mai, 2 h ?. Bouchardon vient pour interroger le Ml qui refuse de répondre sans avocat. — Samedi 12 mai. Me Payen arrive à 10 h et accepte la défense. — Dimanche 13. Messe. — Lundi 14. Me Payen apporte le réquisitoire de Mornet. Affreux et faux. — Mardi 15. Le Ml travaille. — Me Payen à 1 h. Bouchardon à 2 h 1/4 j[usqu'à] 5 h. Fatigue du Ml. » Ce laconisme résume le nouveau drame que traverse le Maréchal. Le grand âge pèse de plus en plus.

Impossible de reporter plus longtemps l'instruction. C'est donc sans le secours d'un avocat que le Maréchal comparaît devant Bouchardon, homme d'âge lui aussi — il a été mêlé aux procès de trahison de la Grande Guerre et il est sorti pour l'occasion de sa retraite. Voûté, blafard avec de la couperose, affichant une calvitie ancienne, associant « amabilité et courtoisie », il a juré la perte de celui qui lui était livré [1]. Son but : explorer savamment tout le passé de l'accusé, obtenir des aveux et le prendre en flagrant délit de mensonge. Il s'apprête, avec un plaisir visible, à conduire jusqu'à la Haute Cour un Pétain dont la culpabilité aura déjà été établie par lui-même. Ses jeunes collègues lui reconnaissent une habileté « diabolique ». Il va donc s'acharner, voulant oublier non pas qu'il avait prêté serment à ce même Pétain — la quasi unanimité des magistrats l'ont fait sous l'Occupation — mais une interview regrettable donnée à l'hebdomadaire ultra-collaborateur *Je suis partout*, dans laquelle il exhalait son aversion pour la République et sa haine des juifs. Quand, plus tard, Me Isorni prendra connaissance du procès verbal des séances d'interrogatoire, il mesurera le gâchis : tantôt le Maréchal « révèle sa surprise d'apprendre l'existence des faits connus et qu'il a connus », tantôt « il le montre niant, comme un enfant, des faits d'évidence [2] ».

Car des avocats ont enfin été désignés. Sur le conseil d'un avoué de ses amis, Me Wateau, Pétain a demandé au bâtonnier Fernand Payen, qui vient de publier *Plaidoirie pour les*

1. Fred Kupferman : *Le procès de Vichy* (1980).
2. Jacques Isorni : *Philippe Pétain*, II (1973).

Français — appel à la réconciliation nationale — d'assurer sa défense. Me Payen a accepté. Agé de soixante-dix-sept ans, collaborateur de Raymond Poincaré, chacun reconnaît à ce civiliste une brillante et très longue carrière. Peu après sa désignation par le Maréchal, il a appelé au téléphone Jacques Isorni, un confrère de trente-trois ans qui, après avoir défendu des résistants pendant l'Occupation, vient de faire grand bruit en plaidant pour Robert Brasillach. Rendez-vous a été pris.

L'après-midi, les deux avocats — le vieux et le jeune — se retrouvent au Palais de Justice. Isorni voit à Payen « un beau visage distingué d'officier de cavalerie, ravagé, hélas, par les tics — une espèce d'aboiement surprenait toujours ses interlocuteurs —, la tête rejetée en arrière, le port un peu hautain, avec quelque chose de distant dans le maintien et je ne sais quelle froideur ironique dans l'abord [1]. » Isorni est de haute taille, mince, doté d'un beau visage fait — oserait-on dire — pour la tragédie. Le front dégarni se couvre d'une mèche ramenée de la gauche sans trop faire illusion. Dès cette première rencontre, Payen expose à Isorni son système de défense : il plaidera la sénilité du Maréchal. Deux jours plus tard, le jeune avocat accompagne pour la première fois le bâtonnier à Montrouge. Ce jour-là, Bouchardon procède à un interrogatoire de l'accusé.

Payen présente Isorni. Pétain, avec cette inconscience que les sourds ont de la force de leur voix, lance à la cantonade :

— Au moins, il est grand...

Une confidence du bâtonnier Charpentier — il avait vu quelque temps plus tôt le Maréchal — surgit instantanément à l'esprit d'Isorni : « J'ai eu l'impression d'une magnifique façade derrière laquelle il n'y avait plus rien. » Maintenant, l'accusé cherche à comprendre chacune des interrogations de Bouchardon et perd pied à chacun de ses pièges. « Ses

1. Ce n'est pas par hasard que Payen a souhaité la collaboration du jeune Isorni. Un autre avocat, Henry Lemery, lui-même âgé de quatre-vingts ans, a jugé insupportable l'idée qu'un vieillard soit défendu par un autre vieillard. Il a souhaité un avocat jeune. Sa collaboratrice Jeannine-Alexandre Debray — mère de Régis Debray — lui a suggéré Isorni. Lémery a livré le nom à Payen.

réponses étaient naïves, décousues, noyées de brume, celles d'un grand vieillard en posture d'accusé qui, à proximité de la mort, paraissait sombrer dans le néant... Son regard trouva parfois le mien, semblant m'implorer. N'attendait-il pas de moi un secours que je me sentais, devant le juge, incapable de lui apporter ? Où était ma grande taille ? » De temps à autre, Payen, frappe la chaussure gauche d'Isorni avec son pied droit. Cela signifie : « Vous voyez bien, il est gâteux », phrase qu'il répétera expressément à la sortie.

Le lendemain, n'y tenant plus, à peine levé, Isorni enfourche sa bicyclette — très peu de gens diposent d'une voiture en 1945 — et part seul pour Montrouge. Etonné par cette arrivée si matinale, Joseph Simon, directeur du fort, l'introduit dans le « parloir » du Maréchal qui, en entrant, marque aussitôt de l'inquiétude :

— Qu'y a-t-il ?

Il nous faut admettre ici le seul compte rendu de l'entretien et il est naturellement d'Isorni. Il s'est souvenu d'avoir crié qu'il n'était « pas possible que Philippe Pétain fût devenu cela au moment de rendre des comptes, qu'il devait se rappeler Jeanne et Louis XVI, ce qu'ils avaient été devant leur juge [...], qu'il fallait qu'il redevînt lui-même, ce qu'il avait été, chef des armées, puis chef de l'Etat. Je lui parlai même de Napoléon à Sainte-Hélène, sans prévoir que lui aussi terminerait son existence dans une île... Avec une égale passion, j'ajoutai que des hommes avaient été condamnés, exécutés pour l'avoir suivi. D'autres, innombrables, attendaient d'être jugés. Il fallait pour eux, pour leur sacrifice, pour leurs familles, qu'il fût toujours Pétain, maréchal de France, le chef de l'Etat, l'homme qu'il était et devait redevenir. »

Passé recomposé par le mémorialiste ? Des auteurs aussi éloignés que Jean-Marc Varaut et Fred Kupferman ne l'ont pas pensé. Ce qui apparaît évident, c'est que, dès cet instant, Pétain se transforme. « Chaque jour, dit Isorni, je vis le Maréchal redevenir lui-même, tout en étant lucide sur ses défaillances de mémoire. »

Dès la première séparation, il s'inquiète du retour de son défenseur :

— Surtout, ne m'abandonnez pas !

— Monsieur le Maréchal, je suis là, je vous aiderai. Je vous aiderai jusqu'à l'extrême limite de mes moyens.

Alors — sans l'avoir préméditée — cette phrase jaillit de la bouche de l'avocat :

— Monsieur le Maréchal, je vous fais don de ma personne !

Un sourire tempère le propos. Le visage de Philippe Pétain s'illumine : il est heureux. Quelques larmes glissent sur son visage.

Il va même « conspirer » avec Isorni — obtenant la complicité d'un Joseph Simon pourtant fort prévenu contre lui — pour laisser ignorer au bâtonnier Payen les visites solitaires de son jeune collaborateur et, plus encore, la préparation d'une défense qui s'élabore à son insu. Un jour, Payen surgit à l'improviste et, découvrant Isorni, lance avec humeur :

— Qu'est-ce que vous faites ici ?

Le Maréchal intervient :

— Je n'ai pas voulu vous déranger, monsieur le bâtonnier, pour des détails. J'ai fait demander à Isorni de venir.

Dehors, le climat s'épaissit. Le 1er mai, cent mille Parisiens ont défilé de la Bastille à la Nation en criant : « Bazaine-Pétain au poteau ! » Les modérés fléchissent. *Le Figaro* qui, jusque-là, plaide l'indulgence pour l'ex-chef de l'Etat français, fait retraite : « Ce procès est nécessaire, mais il est affreux. Procès pénible par l'âge du prévenu, pénible par les faiblesses et les hontes que l'accusation essayera sans doute d'accumuler sur une seule tête et que la défense tâchera de rejeter sur le plus grand nombre possible de Français. »

Le 28 mai, communistes et socialistes défilent au Père Lachaise devant le mur des Fédérés. Foule énorme. Durant sept heures, on crie : « Pétain au poteau ! Châtiment des trusts ! Epuration ! »

L'Humanité se déchaîne. Le parti communiste répudie une condamnation symbolique : « En fusillant le vieux traître, c'est à la France qu'il s'agit de rendre justice. » Dans *le Monde*, Rémy Roure stigmatise le silence de Pétain qui refuse désormais de répondre aux questions parce qu'il ne reconnaît pas la compétence de la Haute Cour ; il dénie de ce fait aux jurés de la Résistance le droit de le juger : « Mais à côté d'eux siègent les ombres des fusillés, des morts innombrables des camps de déportation, de tous les martyrs auxquels il ne songeait pas. Philippe Pétain ne les voit pas. C'est à eux aussi qu'il doit rendre compte de ses actes. »

Au fort de Montrouge, c'est un autre drame qui éclate. Bien moindre, en apparence, que celui de l'évolution de l'opinion publique, mais lourd de conséquences. Chaque jour plus alarmé par l'ampleur de la tâche qui incombe à la défense — des caisses entières de documents restent à explorer et nul n'y parviendra, pas plus la commission d'instruction que les avocats —, le bâtonnier Payen a voulu renforcer sa propre équipe. De sa seule autorité, il a recruté Me Jean Lemaire et l'a associé à Jacques Isorni. L'arrière-pensée est patente : au moins le nouveau, « d'apparence bienveillante et toujours réjouie », ne se rebellera pas contre son autorité.

Erreur. Assuré de la parfaite honnêteté intellectuelle de son confrère, Isorni n'hésite pas à le mettre dans le secret [1]. Aussitôt, le « nouveau » se rallie à sa propre conception du procès. En peu de temps, il gagne à son tour la confiance du

1. Je ne puis oublier que Jean Lemaire et mon père — ancien bâtonnier du barreau de Lille — furent amis et que, dans la bouche paternelle, le terme qui revenait le plus souvent à son endroit était celui de droiture. Un souvenir m'est demeuré à l'esprit : celui d'un dîner auquel se rendirent mes parents, durant le rigoureux hiver 1944-1945, dans l'hôtel des Ambassadeurs de Hollande qui appartenait à Mme Jean Lemaire. La présence du procureur général Boissarie — il faisait alors trembler le Palais de Justice — avait frappé mes parents et plus encore la température glaciale qui, renforcée par la dimension des pièces de ce lieu historique, fit aussi ce soir-là trembler les hôtes, mais de froid. Je n'oublie pas non plus que c'est sous les auspices de Jean Lemaire que j'ai rencontré son beau-fils, Jean-Denis Bredin, qui devait devenir, un jour, mon ami.

Maréchal. Sa gaîté naturelle détend l'atmosphère. Depuis peu, Isorni parvenait à faire sourire le Maréchal. Avec Lemaire, on en vient au fou rire. Plus tard, la Maréchale évoquera, sans penser à mal ni à l'incroyable paradoxe, les « fous rires de Montrouge ».

Maintenant Pétain appréhende les visites de Payen. Il déclare à Joseph Simon : « Autant la visite de Me Isorni me fait plaisir, autant celle du bâtonnier me catastrophie[1]. Payen, d'ailleurs, s'isole de plus en plus, rédigeant sans relâche sa propre plaidoirie dont il espère qu'elle lui ouvrira les portes de l'Académie française. Pendant ce temps, Isorni et Lemaire resserrent leur alliance : au lieu d'un procès à l'aune « d'un vieillard malheureux accusé d'un vol de légumes », on fera de la confrontation du chef de l'Etat français avec l'histoire un événement national digne d'une cause qui concerne tous les Français.

Or — c'était fatal — le bâtonnier Payen va découvrir le pot-aux-roses. Un soir qu'il attend, en compagnie d'Isorni, Lemaire en retard, il évoque encore une fois son système de défense et annonce qu'il plaidera seul. Quant à ses collaborateurs, ils soulageront son effort en lisant au tribunal les documents justificatifs. Isorni éclate :

— Eh bien, non, ce ne sera pas comme cela !

Stupeur de Payen qui devient gris. Discussion violente que le bâtonnier clôt par un catégorique :

— Rendez-moi le dossier, vous n'êtes plus l'avocat du maréchal Pétain.

Isorni hausse les épaules et sort en claquant la porte. Dans l'escalier, il croise Jean Lemaire. En hâte, il lui rapporte l'algarade qu'il vient de subir. Lemaire lui souffle à l'oreille : « Attendez-moi ». A peine est-il entré chez le bâtonnier et une tempête l'accueille :

— Isorni n'appartient plus à la défense !

Lemaire reste très calme. C'est là heureusement son tem-

1. Joseph Simon : *Pétain mon prisonnier* (1978).

pérament. A son grand aîné, il énonce clairement sa propre conviction : si le Maréchal doit choisir entre Payen et Isorni, il ne fait aucun doute qu'il désignera Isorni. En quelques mots, il évoque les liens particuliers, presque filiaux, qui se sont noués entre le vieux soldat et le jeune avocat. Payen tente de faire front mais ses « aboiements » désespérés faiblissent peu à peu. Un seul espoir à ses yeux : le parti que prendra Lemaire. La réponse vient aussitôt. Lemaire fait bloc avec Isorni.

Bataille perdue pour le bâtonnier. Une crainte soudaine : et si, au point où l'on en est, le Maréchal lui retirait — à lui — le dossier ? On s'achemine vers une transaction : Payen plaidera sur le fond et promet qu'il ne brandira pas le gâtisme comme seule bannière [1]. Isorni se chargera du plus dangereux, donc du plus important : la cour de Riom, la politique intérieure de Vichy, les lois d'exception, la lutte contre les maquis ; Lemaire plaidera sur le « complot contre la République » que l'on reproche à Pétain d'avoir ourdi bien avant la guerre.

Tout s'arrange. On a eu chaud. Le procès va s'ouvrir quinze jours plus tard.

Par décret, l'accusé est renvoyé devant la Haute Cour de Justice qui, selon l'ordonnance qui l'a créée sera présidée par le premier président de la Cour de cassation, assisté du président de la chambre criminelle de la Cour de cassation et du premier président de la cour d'appel. Sont en conséquence désignés Mongibeaux, Donat-Guigue et Picard ; ils ont tous les trois, le 14 août 1941, prêté serment au Maréchal. Ils seront assistés de douze jurés parlementaires choisis parmi ceux qui n'ont pas voté, le 10 juillet 1940, les pleins pouvoirs à Pétain et de douze jurés issus de la Résistance. Juridiction « exceptionnelle à tous les points de vue [2] ».

Le 22 juillet, on procède au tirage au sort des jurés. Un

1. Engagement qu'il ne tiendra pas.
2. Jean-Marc Varaut : *op. cit.*

parlementaire récusé, Pimienta, crie : « Je remercie la défense de l'honneur qu'elle m'a fait, cela n'empêchera pas Pétain de recevoir douze balles dans la peau. » Jean Lemaire, en accord avec le bâtonnier Payen, récuse trois jurés communistes dont il est à redouter qu'ils suivent aveuglément le précepte proclamé par Jacques Duclos : « Il faut juger avec une haine sacrée. » Les avocats ne récusent pas le juré parlementaire Prot dont l'appartenance au parti communiste ne leur a pas été signalée. Gabriel Delattre, ancien député des Ardennes et futur premier juré au procès, le leur reprochera. L'historien ne peut que le souligner : la mort sera votée à une voix de majorité.

Le même jour, vers midi — un dimanche écrasé de chaleur —, le Maréchal et son épouse, escortés par Joseph Simon et des gardiens, quittent leur cellule. Chacun a réuni ses affaires dans une petite valise. Une cantine contenant l'uniforme de maréchal de France doit être acheminée par ailleurs.

En arrivant dans la cour, le Maréchal ne peut réprimer un haut-le-corps. Ce qu'il découvre devant lui, c'est ce fourgon cellulaire dénommé par un argot populaire qui dit tout : panier à salade. Il s'agit d'« une camionnette entièrement tôlée, sans vitre ni ouverture vers l'extérieur, à l'exception d'une petite bouche d'aération pour chaque cellule [1] ».

On aide le vieil homme à se hisser dans cette prison ambulante. Il prend place dans l'une des petites cellules qui s'ouvrent de part et d'autre d'un couloir central. On l'y enferme. Mme Pétain s'assied auprès du chauffeur.

Le 18 juin précédent, Joseph Simon, dans le carnet qu'il a tenu, notait : « Le Maréchal devient très nerveux et la Maréchale est souffrante. J'ai l'impression qu'ils commencent à se rendre compte de la gravité de leur situation » ; le 29 juin : « Le Maréchal déclare au docteur — le médecin-capitaine Racine — qu'il a le cafard » ; le 12 juillet, à l'annonce du procès : « Nous passerons des moments très durs. » Ce qui

1. Note de Pierre Bourget pour l'ouvrage de Joseph Simon : *op. cit.*

ne l'empêche pas de se détendre parfois, voire de plaisanter. Le 3 juillet : « Le Maréchal est étourdissant ce matin » ; le 11 juillet, alors que Mme Pétain ne cesse de réclamer des romans policiers : « Ma femme devient complètement folle avec ces livres, votre responsabilité est engagée, Monsieur le Directeur, et vous serez poursuivi pour complicité », ce qui provoque ce commentaire de Simon : « Il est d'excellente humeur et paraît être dans les meilleures conditions physiques. »

C'est devant le 34, quai de Orfèvres que le panier à salade dépose Philippe et Eugénie Pétain. Dans Paris, c'est la canicule.

On s'engouffre dans le Palais de Justice où l'on a préparé des logements pour ceux que *Franc-Tireur* a appelé *Pétain et sa suite* : « L'homme va bien. Solide au poste, bon pied, bon œil, pas une ride. Il nous enterrera tous. Madame Pétain est toujours là. Le Maréchal est toujours là. Le Maréchal dispose encore de deux religieuses, de deux médecins, d'une cuisinière. Le confort. » Ce qui, à part la cuisinière, est à peine exagéré. Dans des bureaux aménagés à la hâte, Joseph Simon et le docteur Racine, qui ont suivi leur prisonnier, font chambre commune. Il en est de même pour les deux religieuses. Le cabinet du greffier a reçu deux lits jumeaux pour Pétain et son épouse. Ceux-ci ont droit au lavabo des magistrats promu au rang de cabinet de toilette et dont tout le monde va se servir. Quand il aperçoit les fenêtres murées jusqu'aux trois-quarts de leur hauteur — par crainte des attentats — le Maréchal se montre ravi :

— Il fera moins chaud !

Dans l'intervalle des séances du procès, Philippe Pétain va se tenir dans le vestiaire des magistrats de la Cour de Cassation. Six cents policiers gardent le Palais. Un bruit persistant : des communistes se préparent à enlever Pétain pour le juger et le fusiller sans inutile délai.

Quand de Gaulle, le soir même, a appris, de la bouche de Me Jean Auburtin, que l'assistance entière de la 1re Chambre s'était levée à l'entrée du Maréchal — « Il faut avouer, mon général, que la scène avait une certaine allure ! » —, il a bougonné :

— Bien sûr ! Je vous l'ai toujours dit : le Maréchal était un grand homme.

Philippe Pétain a achevé de s'installer dans son fauteuil garni de cuir vert. Il a posé devant lui sur une table son képi ct le rouleau de papier blanc contenant le texte de la déclaration soigneusement préparée par ses avocats. Le président Mongibeaux prend la parole :

— Ce procès est l'un des plus grands de l'histoire. Il importe qu'il se déroule dans la sérénité et la dignité. L'accusé a suscité les sentiments les plus divers, un enthousiasme que vous vous rappelez, une sorte d'amour. A l'inverse, il a également suscité des sentiments de haine et d'hostilité extrêmement violents. A la porte de cette audience, tous les sentiments s'éteignent, car nous ne connaissons que la passion de la vérité et de la justice.

On l'écoute, certes, mais tous les regards restent fixés sur le visage du Maréchal. Certains s'interrogent : ce vieillard sait-il seulement qu'on le juge ? On n'en doute plus quand on le voit devenir très pâle — le sang semble s'être retiré de ses joues — au moment où Mongibeaux ordonne :

— Accusé, levez-vous !

Il se dresse et demeure très droit.

— Quels sont vos noms, prénoms, âge et qualité ?

— Pétain, Philippe, Maréchal de France.

Il a omis d'énoncer son âge. Par coquetterie ou pour laisser toute sa portée à un argument dont la défense ne manquera pas d'user ? Il se rassied. Les regards du public et des journalistes se portent alors sur ceux qui vont juger et requérir. La barbiche pointue du président Mongibeaux inspire Jules Roy : il croit voir « un d'Artagnan épaissi et embourgeoisé partagé entre sa paresse et l'ambition de passer la cravate de la Légion d'honneur sur sa collerette ». Quant à l'avocat général Mornet, le même Jules Roy le montre se frayant un chemin au moment où les trois magistrats, en robe rouge garnie d'hermine et les vingt-quatre jurés gagnent leur place : « Oiseau de proie, emplumé de rouge, un collier de la Légion d'honneur sur son camail de fausse hermine, l'œil sur le parquet, le bec aigu, le visage hérissé de poils gris. » Il s'installe « comme un vautour sur son nid, en s'ébrouant dans un remuement d'ailes décharnées. » Les initiés savent qu'il n'a guère répudié son pétainisme et que ce procès est pour lui « à la fois une épreuve accablante et un couronnement[1] ». Au récent procès de l'amiral Esteva, la défense a produit un document désastreux pour son image : il a, sous Vichy, travaillé à la Commission de révision des naturalisations, laquelle a fait déporter 6 707 « naturalisés de fraîche date » qui, ayant perdu la protection de la nationalité française, se sont trouvés aussitôt aux mains des nazis.

Roger Martin du Gard, assis à côté de Jean Schlumberger qui couvre le procès pour *Le Figaro*, s'étonne de l'entassement qu'il constate : au second rang des journalistes, il se verra « à trois mètres du Maréchal, à trois mètres des témoins ». Léon Werth, du quotidien *Résistance*, pourra faire état du moindre froncement de sourcils du Maréchal et entendre les chuchotements de l'accusé à ses avocats et de ceux-ci à Pétain.

Pour gagner de la place, on a dû installer les jurés en fer à cheval au-dessus du tribunal. De la salle, on voit à gauche les parlementaires, à droite les résistants.

Sur leurs bancs, les vingt-quatre jurés se recueillent. Ce que nous savons d'eux incline à penser qu'ils ressentent fortement la portée de la mission qui leur incombe. Si certains sont entrés dans cette salle obsédés par une idée préconçue dont ils ne se départiront pas, la plupart s'efforceront de juger en conscience sinon avec une sérénité difficile à trouver. Les résistants ne peuvent oublier les tragédies qu'ils ont traversées, la mort de leurs camarades, les tortures et les prisons qui furent leur lot commun. J'ai eu le privilège de béné-

1. Fred Kupferman : *op. cit.*

ficier, pour une revue que je dirigeais, des confidences du premier juré Gabriel Delattre, ancien député et avocat à la Cour. Je le cite : « Un matin de juillet 1945, je me suis réveillé juré en Haute Cour. Etre juré ! Juger ! Non ! C'est trop difficile et parfois angoissant ! Telle fut mon immédiate réaction. J'envisageai la possibilité d'échapper à cette terrible mission dont je venais d'être investi... Avant le tirage au sort des douze jurés parlementaires et douze jurés non parlementaires, j'avais prié Me Isorni de me récuser dans le cas où mon nom sortirait de l'urne. Mon nom sortit de l'urne et je ne fus pas récusé ! Et me voilà juré. Juré en exercice dans un procès dont l'ampleur me faisait frémir, dans un procès suivi passionnément par le monde entier. Je ne peux plus me dérober : je prends conscience de la Responsabilité et du Devoir [1]. »

Escarmouche pour la forme : le bâtonnier Payen tente de démontrer l'incompétence de la Haute Cour. Trois quarts d'heure de délibération aboutissent à un rejet. Le greffier donne alors lecture, sur un ton professionnellement monotone, de l'acte d'accusation et de l'arrêt de la commission d'instruction ordonnant la mise en accusation du « susnommé Pétain pour avoir :

« 1) commis le crime d'attentat contre la sûreté intérieure de l'Etat ;

« 2) entretenu des intelligences avec l'ennemi en vue de favoriser des entreprises en corrélation avec les siennes, crimes prévus et réprimés par les articles 87 et 75 du Code pénal »

Appel des témoins qui sont invités à se retirer dans la salle qui leur est réservée. L'attention se fait plus pesante. Le moment est arrivé de l'interrogatoire. Mongibeaux se fait bienveillant.

M. le premier président. — Monsieur le bâtonnier, messieurs les avocats, je vais procéder à l'interrogatoire de l'accusé. Etant donné son grand âge, croyez-vous qu'il soit nécessaire d'avoir une suspension d'audience, ou bien désirez-vous qu'on l'interroge tout de suite ?

1. *Histoire pour tous*, n° 48. Avril 1964.

M. le bâtonnier Payen. — Il désire qu'on procède à son interrogatoire.

M. le premier président. — Il est bien entendu qu'il peut rester assis, car toutes les mesures qui sont compatibles avec l'humanité, en même temps qu'avec la Justice, seront prises, soyez-en certain.

M. le bâtonnier Payen. — Il a d'ailleurs une déclaration à faire d'abord, si vous le permettez, monsieur le premier président.

M. le premier président. — Nous écoutons sa déclaration.

« L'accusé » — jamais au cours du procès Mongibeaux ne l'appellera autrement, ce qui est d'ailleurs son droit — se lève, le texte de sa déclaration tenu d'une main qui ne tremble pas. Ses avocats l'ont fait dactylographier en gros caractères : il pourra lire sans lunettes. Au début, la voix est un peu sourde mais elle ne cessera de s'éclaircir. Jean Schlumberger note : « Une voix beaucoup plus ferme que celle dont nous gardons le souvenir, ce chevrotement à la radio qui, si souvent, nous a consternés ou désespérés [1] ». Cette déclaration, il l'a relue vingt fois ; il la sait presque par cœur. Isorni l'a rédigée mais, de son écriture « puérile et appliquée », Pétain en a « corrigé et raboté les expressions et les tournures jusqu'à ce qu'elles deviennent de l'accent Pétain [2]. » Ses avocats et lui sont convenus qu'après cette lecture, il s'enfermera dans le silence. Ses trous de mémoire à l'instruction, ses confusions, ses affirmations en absolue contradiction avec des faits dûment vérifiés les ont convaincus — les défenseurs mais aussi le Maréchal lui-même — que s'exposer en public à les rééditer serait courir à la perte d'une cause que chacun veut faire triompher. Pétain sait qu'il parle pour la dernière fois aux Français. D'emblée, c'est à eux qu'il s'adresse :

— C'est le peuple français qui, par ses représentants réunis en Assemblée nationale le 10 juillet 1940, m'a confié le pouvoir, c'est à lui que je suis venu rendre des comptes.

1. Jean Schlumberger : *Le procès Pétain* (1949).
2. Jules Roy : *Le grand naufrage* (1966).

Il confirme :

— La Haute Cour, telle qu'elle est constituée, ne représente pas le peuple français, et c'est à lui seul que s'adresse le Maréchal de France, chef de l'Etat. Je ne ferai pas d'autre déclaration. Je ne répondrai à aucune question. Mes défenseurs ont reçu de moi la mission de répondre à vos accusations qui veulent me salir, qui n'atteignent que ceux qui les profèrent.

A peine entend-on, dans cette salle où l'on suffoque, le craquement d'une boiserie. Nul ne bouge ni ne chuchote. On regarde, on écoute.

— Je ne demandais rien ni ne désirais rien. On m'a supplié de venir : je suis venu.

Il change de page avec précaution.

— Que ceux qui m'accusent et prétendent me juger s'interrogent du fond de leur conscience pour savoir ce que sans moi ils seraient devenus. Pendant que le général de Gaulle, hors de nos frontières, poursuivait la lutte, j'ai préparé les voies à la libération, en conservant une France douloureuse mais vivante.

Il n'élude pas les accusations qui lui sont adressées :

— Lorsque j'ai demandé l'armistice, d'accord avec nos chefs militaires, j'ai rempli un acte nécessaire et sauveur... L'armistice a sauvé la France et contribué à la défense des Alliés en assurant une Méditerranée libre et l'intégrité de l'empire... L'Occupation m'obligeait, contre mon gré et contre mon cœur, à tenir des propos, à accomplir certains actes dont j'ai souffert plus que vous, mais, devant les exigences de l'ennemi, je n'ai alors rien abandonné d'essentiel à l'existence de la Patrie...

Il parle depuis six minutes. Il en vient à son exorde :

— Ma vie importe peu. J'ai fait à la France le don de ma personne. C'est à cette minute suprême que mon sacrifice ne doit plus être mis en doute. Si vous deviez me condamner, que ma condamnation soit la dernière et qu'aucun Français ne soit plus jamais condamné ni détenu pour avoir obéi aux ordres de son chef légitime. Mais je vous le dis à la face du monde : vous condamneriez un innocent en croyant parler au nom de la Justice et c'est un innocent qui en porterait le poids, car un Maréchal de France ne demande de grâce à personne.

Un silence qui, à certains, paraît interminable. Puis :

— Je m'en remets à la France.

Le procès va se poursuivre du 23 juillet au 12 août. Les séances seront essentiellement occupées par l'audition des témoins à charge évoqués par l'accusation et à décharge cités par la défense.

L'absence d'interrogatoire bouscule l'horaire prévu. Le premier président, qui ne veut pas perdre de temps, appelle aussitôt le premier témoin de l'accusation — et c'est Paul Reynaud prévu pour le lendemain. Par chance, il est là.

Son entrée suscite des « mouvements divers ». Les quatre années de guerre et de captivité n'ont pas ajouté une ride à son visage aux lignes curieusement asiatiques. A soixante-dix ans, il reste d'une « jeunesse stupéfiante ». Pendant toute la durée de son témoignage — celui-ci s'étale sur deux audiences et il parlera durant cinq heures — il n'aura pas un regard pour Pétain ; il lui tournera ostensiblement le dos. Il cambre sa taille exiguë comme s'il refusait d'en perdre un seul pouce. De mauvais esprits jureront que, pour souligner la force d'une argumentation, il se hausse parfois sur la pointe des pieds.

La voix est sèche, métallique et coupée, quand il s'échauffe, par d'inattendus grincements. Dès les premiers mots, il annonce ses couleurs.

— Messieurs, ma déposition comprendra trois parties ; elle répondra aux trois questions suivantes :

« Première question : pourquoi le 18 mai 1940, ai-je fait entrer le maréchal Pétain dans mon gouvernement ?

« Deuxième question : quels sont les événements qui ont abouti, le 16 juin 1940, à la demande d'armistice ?

« Troisième question : quels sont les faits survenus depuis

l'armistice, ou révélés depuis l'armistice, qui ont apporté, à mon sens, la preuve que le maréchal Pétain s'était livré à un complot pour s'emparer du pouvoir au prix d'un armistice qui servait puissamment l'ennemi ? »

Il ne sortira pas du cadre qu'il s'est fixé et ne s'égarera jamais : maîtrise de soi exceptionnelle. Les coups de boutoir à l'encontre de Pétain abondent et portent :

— Il m'a emprisonné pendant des années, par lettre de cachet, sous le régime du bon plaisir, faute d'avoir pu trouver en France — je le dis à l'honneur de la magistrature — un seul juge, civil ou militaire, qui ait consenti à apposer sa signature sur un mandat d'arrêt délivré contre moi... Sa presse, sa radio et jusqu'à son cinéma, pendant des années, m'ont attaqué, m'ont calomnié, alors qu'il m'avait mis dans l'impossibilité de dire un mot pour ma défense... Faute d'avoir trouvé des juges pour me condamner, il a prononcé lui-même ma condamnation. Il m'a condamné pour un crime inconnu sans que j'aie été inculpé, sans que j'aie été entendu et sans me faire l'honneur de me dire pourquoi... Fait sans précédent, dans notre Histoire, il m'a livré à l'ennemi... C'est par miracle que je suis ici. Mon camarade Georges Mandel est absent [1]...

A cette accusation, Isorni va répondre en citant la « protestation solennelle » du Maréchal adressée aux autorités allemandes après l'enlèvement de Reynaud et de Mandel au fort du Portalet par l'armée d'occupation. On y trouve ces mots : « Je demande au gouvernement allemand de restituer sans délai MM. Reynaud et Mandel. »

Le ton vindicatif choisi par Reynaud ne sera pas soutenu par tous les témoins, loin de là. Défileront devant le tribunal Edouard Daladier, président du Conseil à la veille de la guerre ; l'ancien président de la République Albert Lebrun : le président du Conseil du Front populaire Léon Blum — mesuré mais implacable — qui regarde longuement Pétain.

— Je crois qu'on peut se méprendre sur la réalité d'un

1. Georges Mandel a été abattu sur le bord d'une route par des miliciens.

homme et je pense aussi qu'il arrive que les hommes changent, que, chez les hommes, l'équilibre des mobiles et des passions se déplace, et je pense aussi que les hommes peuvent changer lorsque, au sortir d'une vie de devoir quotidien, d'astreinte et de discipline, ils se trouvent engagés dans des activités et dans des préoccupations nouvelles.

Ce qui est ponctué par des mouvements de dénégation de Pétain.

Le premier président Caous vient défendre l'honneur des magistrats de la Cour de Riom. Lui succèdent Edouard Herriot, Jules Jeanneney, Louis Marin, François Charles-Roux, Michel Clemenceau, le général Doyen, Léon Noël, le général Weygand qui — presque seul au cours du procès — s'incline devant le Maréchal. Sa déposition — deux heures — porte entièrement sur l'armistice. On rappelle Paul Reynaud. Empoignée, la salle assiste à un duel « entre deux vérités cherchant à se foudroyer l'une l'autre ».

Pour le militaire, aucune autre solution que l'armistice ne pouvait être envisagée. Il dépeint une situation que beaucoup, dans l'assistance, ont connue : l'ennemi enfoncé très loin sur le territoire français ; toutes les défenses balayées ; la supériorité tragique des aviations et corps motorisés allemands ; les armées françaises en retraite mêlées sur les routes aux réfugiés. Le civil veut oublier qu'il a lui-même désigné Pétain comme son successeur alors qu'il le savait partisan de l'armistice. Il ne parvient pas à apporter la preuve peu vraisemblable que, seule, une ambition sénile guidait Pétain.

Weygand commentera lui-même cet incroyable face à face : « L'échange de vue — si je peux m'exprimer ainsi — entre M. Paul Reynaud et moi a été à peu près jusqu'au point où peut aller la violence tempérée par une bonne éducation. » De l'avis de la majorité des présents, Weygand l'emporte d'une tête. Le résultat : Mornet abandonnera l'accusation d'un « armistice criminel ».

Le commandant Loustanau-Lacau s'avance vers la Cour, squelette vivant appuyé sur deux cannes, déplaçant mécaniquement ses jambes comme si elles étaient artificielles. Son visage couvert de cicatrices semble n'avoir plus que de la peau sur les os presque à nu. Il revient du camp de Mauthausen où il a échappé à la mort par une sorte de miracle. Son parcours l'a conduit de la Cagoule, avant la guerre, à la Délégation générale des combattants sous Vichy. Passé très tôt à la Résistance, il s'est vu désavoué par le Maréchal.

— Evadé d'Afrique, j'ai été repris dans le maquis le 15 juillet 1941. Condamné, au cours d'une séance de tribunal parfaitement malhonnête, à deux ans de prison et à la confiscation de mes biens, j'ai fait quinze mois de cellule à Clermont-Ferrand, dans un isolement rigoureux. Cela ne suffisait pas : j'ai été livré à la Gestapo, physiquement, par le gouvernement de Vichy, entre les mains d'une compagnie de 300 SS. J'ai subi, à cinquante mètres de l'hôtel du Parc, six mois de caveau, au pain et à l'eau, sans lumière, dans les caves du commandant Geisler, j'ai subi cinquante-quatre interrogatoires. Condamné à mort au cours du dernier, j'ai été envoyé au bagne de Mauthausen, avec l'étiquette NN, celle qui clôt toutes les discussions [1]. Dans ces conditions, je crois pouvoir dire que je ne dois rien au maréchal Pétain, ni à personne d'ailleurs, sauf aux hommes qui ont été tués sous mes ordres.

Emotion profonde. Loustanau-Lacau balaie cependant l'accusation d'une appartenance de Pétain à la Cagoule. Un maréchal de France appartenait bien à la Cagoule mais c'était Franchet d'Esperey !

— Je viens affirmer ici, sous le foi du serment, que le maréchal Pétain n'a jamais fait partie de la Cagoule sous une forme quelconque, à titre quelconque, car s'il en avait été ainsi, je l'aurais su !

On attend la suite. Assurément elle sera accablante pour l'accusé. Comme s'il était déjà très loin, et avec une sorte de mépris, Loustanau-Lacau lance :

— Je ne dois rien au maréchal Pétain, mais cela ne m'empêche pas d'être écœuré par le spectacle de ceux qui,

1. *Nacht und Nebel* (Nuit et Brouillard).

dans cette salle, essaient de refiler à un vieillard presque centenaire l'ardoise de toutes leurs erreurs.

Avec Mme Psichari-Renan, c'est un fantôme qui s'avance. Elle témoigne « au nom des onze mille mères qui ont perdu comme elle des enfants en Afrique du Nord ». Son fils, enseigne de vaisseau, commandait un sous-marin lors du débarquement allié à Oran. On lui a commandé d'attaquer les forces de débarquement. L'ordre venait de Vichy. Dans ce combat, le jeune enseigne a trouvé la mort.

— Voilà pourquoi nos enfants sont morts. Ils sont morts, j'ai honte et peine à la dire, au service de l'Allemagne... J'ai élevé mes fils pour la France, que la France me les reprenne, je veux bien, mais l'Allemagne, non ! Je mets en cause le fait qu'un chef de gouvernement au service de l'Allemagne n'est pas un bon Français !

Le compte rendu du procès ne nous dit pas quelle a été la contenance de l'accusé à la fin de ce réquisitoire.

Le pasteur Boegner, président de la Fédération protestante de France, nommé en 1940 membre du Conseil national de Pétain, vient rapporter ses démarches auprès du Maréchal : toujours elles ont été bien accueillies. Bien. Le grand humaniste va couvrir de fleurs le vainqueur de Verdun. On se prépare à s'ennuyer, comme cela advient souvent, hélas. Cependant, peu à peu, l'assistance dresse l'oreille. Elle comprend que ces louanges se retournent contre l'accusé. Certes, quand le pasteur est venu, en janvier 1942, exposer au Maréchal le traitement déshonorant que l'on réservait au camp de Gurs — en zone libre — aux prisonniers étrangers, le chef de l'Etat s'est montré ému. Il a même déclaré à son visiteur que la loi de l'automne 1940 avait comporté pour résultat bien des souffrances, bien des injustices. Après quoi, il a conclu que ces injustices, ces souffrances, on les réparerait quand on aurait signé la paix. Le 26 juin 1942, alors que les persécutions contre les juifs s'accroissent — on est à la veille de la grande rafle du Vél'd'hiv' — Boegner expose des faits particulièrement angoissants au Maréchal. Durant toute l'entrevue, il ressent la conviction que Pétain est de cœur avec lui. Mais le vieil homme secoue la tête : il ne peut rien faire.

Le 22 août, Boegner écrit au Maréchal, narre les déportations d'enfants juifs à la gare de Venissieux, près de Lyon. Il balaie toute prudence et annonce qu'il se refusera à cautionner l'explication absurde que l'on soutient volontiers dans les bureaux de Vichy. Il est sûr — et il le crie — que l'on n'entasse pas des hommes, des femmes, des enfants dans des wagons à bestiaux pour aller cultiver la terre ou traire les vaches en Pologne.

Le pasteur n'a jamais été homme à s'armer de la langue de bois. Aux jurés, il dépeint ces villages protestants où chaque maison accueillait des enfants juifs traqués mais aussi des jeunes gens fuyant le STO. Il va plus loin : il avoue avoir cru que le régime de Vichy accorderait aux confessions religieuses l'appui que la république laïque leur avait refusé. Il s'est trompé. Sous le signe prétendu d'un soutien aux valeurs spirituelles, Vichy n'a fait qu'entreprendre la domestication des confessions. C'est dans un silence tendu que se retire le pasteur Boegner.

Voici, à la barre, le seul communiste qui aura témoigné au procès Pétain. Rescapé du camp de Buchenwald, il a demandé à être entendu en tant que résistant. Massif, sûr de lui, il cogne :

— Les coups les plus durs qui ont été portés à la Résistance l'ont été par les policiers du gouvernement de Vichy obéissant aux ordres de l'accusé... Nous les craignions spécialement, parce que les policiers de la Gestapo n'étaient en général pas aidés par des Français : ils ne pouvaient pas recueillir de renseignements pouvant leur permettre de nous arrêter. Ces policiers [vichystes] agissaient sur ordre et avec la conviction de servir la France. Ils étaient non seulement les plus acharnés, mais les plus efficaces !

Ici le lecteur et l'historien — qui en savent plus que les juges et le public du procès Pétain — ne peuvent s'empêcher de penser aux révélations des chefs de l'armée allemande qui reconnaîtront après la guerre que, sans la police française et des corps supplétifs tels que la Milice, ils n'auraient pu, faute d'effectifs suffisants en France, assurer eux-mêmes toutes les « tâches nécessaires ».

Coup de théâtre ! Le 1er août, on apprend qu'un avion, venant d'Innsbruck, vient d'atterrir au Bourget. A son bord : Pierre Laval, arrêté à son retour d'Espagne d'où Franco l'a expulsé. Emotion de la Haute Cour : certes il faut entendre ce témoin essentiel. Mais quand ? Laissera-t-on se dérouler d'abord le programme des auditions prévues ? Considérera-t-on, en ce témoin qui surgit comme le diable d'une boîte, un témoin à charge ou à décharge ? On décide finalement de l'entendre le plus tôt possible. Le 2 août, Mongibeaux annonce que Pierre Laval, inculpé de trahison, sera entendu le lendemain 3 août, à 13 h 30.

Dans l'assistance où, depuis quelque temps, l'on somnole souvent — le Maréchal le premier — tout le monde est parfaitement éveillé. Etrange climat qui fait penser à celui des arènes espagnoles quand la foule attend l'entrée du taureau qui va se battre et mourir. Par crainte d'un attentat, on a renforcé les moyens de police.

Le premier juré Gabriel Delattre ne peut refouler le flot de souvenirs qui le reconduisent à ce Palais-Bourbon d'avant guerre où, parlementaire, il a croisé, vu, entendu Pierre Laval : « On attend l'homme. Il va venir. La fièvre monte parmi nous peu à peu. Le voilà ! Il pénètre dans le prétoire, fait quelques pas, s'arrête, comme apeuré... Mes yeux ne quittent pas ce visage bouleversant, bronzé par la lumière d'Espagne, amaigri, ravagé par des journées d'angoisse... »

Est-ce bien Laval, cet homme qui n'est plus que l'ombre de Laval ? Il flotte dans son costume gris rayé de blanc — fripé —, son cou décharné sort d'un col devenu trop grand. Sa célèbre cravate blanche est défraîchie. Il a tant vieilli que nul ne pourrait croire que l'état civil lui donne soixante-deux ans. Il n'a passé qu'une nuit très courte à Fresnes, il ne sait rien du procès. Il est là, ébloui par le magnésium des photographes, tenant d'une main son chapeau mou, de l'autre contre lui une serviette plate dont on se demande ce qu'elle peut bien contenir : il n'a pas même disposé de cinq minutes pour se préparer. Tous le voient cherchant quelque sympathie chez ceux qui l'entourent, n'en trouvant aucune et paralysé par un abandon aussi total. Il regarde du côté de Pétain, mais Pétain ne tourne même pas la tête. Et puis, « tout à coup, dit Delattre, il aperçoit les jurés parlementaires. Il nous reconnaît et, en quelques secondes, revoit tout son passé de député et de sénateur, pas si lointain : les conversations courtoises dans les couloirs du Sénat et de la Chambre, les serrements de mains et il se rassure et s'avance, décidé, vers la barre des témoins... Que de fois, dans sa déposition ardente, il s'adresse directement à nous : " Enfin, vous, messieurs, vous qui me connaissez bien... " ».

Ses premières paroles paraîtront hésitantes. Il se ressaisira très vite. « Il parle longuement, dit encore Delattre, dans une langue simple, directe ; s'essuie le front — la chaleur est suffocante — , " J'ai soif ", dit-il humblement. Personne ne bouge, sauf une journaliste suédoise qui lui tend un verre d'eau qu'il boit avidement... Oui, c'est tragique mais quelle habileté suprême dans sa défense ! »

« Dès qu'il eût pris la parole, se souviendra Isorni, il recouvra son assurance, sa force de supériorité. Il se défendit à ce procès beaucoup plus qu'il ne put le faire au sien. » Ses dons d'orateur sont intacts, les « r » roulent sous sa langue. Il conte, raconte, se met en scène autant que ceux qu'il dépeint — à commencer par le Maréchal. Servi par une mémoire infaillible, il coupe ses longues démonstrations d'anecdotes dont ne peuvent s'empêcher de sourire ses plus implacables ennemis. Pas un instant il ne se sépare du Maréchal. *Il le défend.*

Trop bien, pense la défense qui a vite compris. L'effet produit, Joseph Kessel l'a mieux perçu que personne : « Avec lui sont entrés dans le prétoire toutes les hontes et les crimes de la collaboration. Il en a fait un lien savant, indestructible entre lui et le maréchal Pétain. Il a sapé, miné, emporté l'un des principaux arguments de la défense qui voulait décharger son client de toutes les trahisons de Vichy. Il a fait mieux encore. Il a défendu le maréchal Pétain, en même temps que lui-même. Si bien que, lorsque les avocats plaideront pour Laval, il sera impossible de ne pas songer qu'ils plaident aussi pour le Maréchal Pétain. » Terrible.

A la fin de la première audience consacrée à son témoignage, Pierre Laval passe près du Maréchal. Il se tourne vers lui, « découvrant ses dents noires dans un vilain sourire plein d'une amabilité vraie et lui dit avec son fort accent, roulant des “ r ” auvergnats : “ Au revoir, monsieur le Maréchal. ” Faisant semblant de ne rien voir, de ne rien entendre, ce dernier demeura impassible, le regard immobile fixé au loin [1]. »

On le reconduit au dépôt. Il sera là le lendemain pour renouveler son exploit, captant parfaitement la haine qu'il a déchaînée et l'admiration dont, malgré tout, celle-ci est tempérée. A la fin de l'audience, un moment fort : les explications que donne le témoin sur la phrase fameuse « Je souhaite la victoire de l'Allemagne », prononcée au cours d'une allocution radiodiffusée et qui a porté un coup décisif au peu qui lui restait de popularité. Laval affirme qu'il est allé, avant l'enregistrement, soumettre le texte au Maréchal en compagnie de Charles Rochat, secrétaire général du ministère des Affaires étrangères. Le texte complet de la phrase était : « Je crois et je souhaite la victoire de l'Allemagne parce que sans elle le communisme s'installerait partout en Europe. »

— J'ai soumis mon papier au Maréchal. Le Maréchal m'a dit : « Vous n'êtes pas militaire, vous n'avez pas le droit de dire : “ Je crois ”. Vous n'en savez rien. » J'ai dit : « C'est vrai, je n'en sais rien. » « A votre place, je supprimerais “ je crois à la victoire de l'Allemagne ”. » Alors j'ai retiré « je crois » et j'ai laissé « je souhaite ».

---

1. Jacques Isorni : *op. cit.*

C'est sur cette explication que s'est achevée la déposition de Laval. A peine est-il sorti de la salle de la 1re chambre que le président Mongibeaux prend la parole :

— Je voudrais demander au Maréchal, s'il veut répondre, quelle réaction il a eue devant la phrase...

— Il est en train de me le dire, monsieur le président, répond le bâtonnier Payen.

— Qu'il le dise, s'il veut le dire ! C'est une question assez importante.

Le Maréchal se lève, visiblement furieux :

— J'ai eu une réaction très violente quand j'ai entendu, dans le discours, cette phrase de M. Laval : « Je souhaite la victoire de l'Allemagne ! » Il a dit, tout à l'heure, qu'il est venu me trouver avec M. Rochat, qui représentait le ministère des Affaires étrangères, pour me montrer cette phrase. Eh bien ! jamais M. Rochat n'aurait accepté de maintenir cette phrase et j'étais d'accord avec lui. Et puis, alors, quand je l'ai entendue à la radio, j'ai bondi ! Je ne me suis pas rendu compte. Je croyais que c'était supprimé et je suis navré qu'elle soit restée !

Il est très rouge quand il se rassoit. Un juré, Pierre Bloch, intervient :

— Est-ce qu'on sait où est M. Rochat ?

Réponse d'Isorni :

— Il est en Suisse. Nous avons demandé son audition. Nous avons demandé un sauf-conduit. Il nous a été refusé.

Le reste du temps, le Maréchal observe strictement la consigne de silence qu'il s'est donnée. Il n'en reste pas moins vigilant. Ses avocats avaient averti : « Notre client est sourd, il est dans l'impossibilité de répondre aux questions qui lui seraient posées. » Delattre observe que cette surdité est loin d'être complète : « Il lui est arrivé de donner son opinion sur des dépositions de témoins ; donc, il entendait, sinon tout, du moins une partie des témoignages. Un ancien membre de son état-major, cité à sa requête, parlait d'abondance, il l'interrompit en lançant ces simples mots : " Assez de tactique ". » A un officier général, ancien chef de son

Cabinet militaire, trop long et trop élogieux, il coupa littéralement la parole avec un sec : « Assez ! »

Lors d'une autre audience, les avocats demandent une suspension de séance. Pétain se lève. Une journaliste dit à son voisin : « Le Maréchal veut aller faire pipi. »

— Exactement, dit-il en passant devant elle.

Au point où l'on en est du procès, est-ce la défense ou l'accusation qui l'emporte ? Nul ne pourrait le dire. Il faut rappeler ici que personne n'est venu évoquer devant la Haute Cour — à part le pasteur Boegner — les épouvantables épreuves qui ont frappé la communauté juive. On imagine l'effet qu'aurait produit l'apparition à la barre de témoins oculaires de l'enlèvement des familles, par des policiers français exclusivement, de leur incarcération dans des camps tels que Drancy, de leur acheminement vers Auschwitz ou Treblinka. L'accusation n'a pas songé à appeler un seul de ces témoins à la barre. Au moment du procès Pétain, l'opinion ne sait pratiquement rien du génocide. On commence seulement à entrevoir l'ampleur des déportations. Personne ne connaît même le nom d'Auschwitz [1]. On ne sait pas davantage que la livraison des juifs a été codifiée, au cours de rencontres entre délégués officiels du gouvernement de Vichy et du gouvernement allemand. Comme s'il s'agissait d'échanges commerciaux. Même si le gouvernement a tenté de sauver les juifs français, c'est en abandonnant à leur sort tragique les juifs étrangers, pour finalement se montrer impuissant à sauver aussi les juifs français. Interrogé à l'instruction, sans guère d'insistance, sur les « persécutions et lois raciales », Pétain s'est contenté de répondre : « J'ai toujours de la façon la plus véhémente défendu les juifs... Ces persécutions se sont faites en dehors de moi. Je me suis opposé au port de l'étoile jaune [en zone libre] et ai dit à

1. Jusqu'aux années 1970 — époque où les documents parviendront en grand nombre au public — le sentiment prévaudra qu'en matière de déportation des juifs, Vichy avait « limité les dégâts » par rapport aux exigences allemandes.

Darquier de Pellepoix [1] qu'il était un tortionnaire. » S'est-il rendu compte qu'il reconnaissait par là avoir connu les agissements criminels de Darquier ? Dans ce cas, pourquoi n'y a-t-il pas mis fin ?

Dans la première partie du procès, les accusations des politiques n'ont guère marqué l'opinion. Les avocats de Pétain ont enfermé la majorité d'entre eux dans des contradictions d'ailleurs inhérentes aux années difficiles que les Français ont traversées. L'impopularité d'hommes tels que Reynaud ou Daladier reste grande, comme celle des parlementaires de la IIIe République accusés généralement d'avoir conduit la France au désastre de 1940. Ce que l'assistance a surtout retenu, c'est l'impuissance dramatique dans laquelle Pétain, tout au long de ces années, s'est presque toujours trouvé, on serait tenté de dire : complu. Que signifie son obstination — devenue son orgueil — à rester au milieu des Français s'il ne peut rien pour eux ? Ce qui a frappé, c'est le rappel de ses déclarations publiques contribuant à faire croire que lui-même se rangeait dans l'orbite hitlérienne. « Double jeu ! » se sont écriés les avocats. Encore faut-il le prouver.

Les témoins de la défense y parviendront-ils ? Leur audition commence. Des généraux d'abord : Héring, George, Vauthier, Sérigny, Lacaille, Picquendard, Ruby, Picard, Bergeret, Vauquelin. Certains défendent avec émotion — voire avec lyrisme — leur ancien chef. D'autres fournissent à la Haute Cour des informations quant à la politique généralisée mise en pratique, dans les régions exemptes d'occupation, telles que l'Afrique du Nord, pour constituer des stocks militaires clandestins qui devaient permettre à la France, le jour venu, de rentrer dans la guerre ; ce qui fut le cas dès novembre 1942. On montre que le Maréchal connaissait ces mesures et les approuvait. D'autres confirment le sentiment essentiel qui, selon eux, animait toute l'action du Maréchal : convaincu d'être le seul Français à en imposer à Hitler, il n'a cessé de croire que son départ serait le signal de terribles catastrophes pour les Français.

---

1. Commissaire général aux Affaires juives désigné par Laval mais nommé par Pétain.

Le général George : « Le 12 novembre 1942, j'ai demandé au Maréchal s'il n'était pas disposé à partir pour l'Afrique... Il m'a répondu par des raisons supérieures en disant : “ Le territoire français va être envahi jusqu'à la mer. Mon devoir est de rester avec le peuple français ”. »

Le général de Sérigny est venu proposer, à la même époque, un avion à Pétain : « Le Maréchal resta un moment silencieux, sans mouvement ; puis il me dit : “ Vous avez peut-être raison, mais je n'ai pas le droit de partir. J'ai promis aux Français de rester avec eux jusqu'au bout ; je ne peux faillir à mon serment. Si je partais, quelles seraient les souffrances de nos compatriotes ? Chaque fois que je résiste à Hitler, il me menace de me remplacer par un Gauleiter... Non, mon devoir est de rester ici pour amortir les coups ”. »

Le général Bergeret effectue la même démarche en 1942 : « Le Maréchal m'a répondu qu'il y avait un million cinq cent mille prisonniers dont il était le protecteur naturel et que son départ ne manquerait pas d'avoir les conséquences les plus graves sur leur sort. »

Les civils prennent la place des militaires. Jean Tracou, dernier directeur du cabinet du Maréchal tente de donner une explication à l'incroyable message radiophonique prononcé par Pétain le 28 avril 1944, dont les paroles résonnent encore dans bien des mémoires : « Cette prétendue libération est le plus trompeur des mirages auxquels vous pourriez être tentés de céder. [...] Les voix qui vous prêchent la désobéissance ne sont pas des voix françaises... » Selon Tracou, le Maréchal ne s'est résigné à les prononcer qu'après avoir résisté pied à pied pendant deux mois et demi aux injonctions de Renthe-Fink. « J'ai demandé moi-même [au Maréchal] : “ Pourquoi ne pas partir ? ” Il m'a toujours dit : “ Vous ne savez pas de quoi ces gens-là sont capables. ” Je lui disais : “ Pouvons-nous aller plus bas ? Il y a Oradour, il y a les déportations, toutes ces horreurs qui se multiplient ! Croyez-vous que si vous partiez ce serait pire ? Je ne pense pas ”, lui disais-je. Mais je reconnais aujourd'hui que j'avais tort... En juillet 1944, l'Allemagne était assez forte pour réprimer dans le sang une révolte française. Nous aurions vu les Oradour multipliés. C'est cela qu'a évité la présence du Maréchal... »

Tracou confirme que le Maréchal a manifesté avec force sa condamnation de l'injustifiable massacre d'Oradour. Renthe-Fink a refusé de recevoir sa protestation écrite, la jugeant « inadmissible ». Elle a été acheminée « par une autre voie » en Allemagne où elle a été remise à Ribbentrop. On entend des préfets comme Jacques Donati et François Martin qui évoquent — le dernier surtout — la résistance passive que l'administration française a pu mener souvent à bien sous l'égide du Maréchal :

— Eh bien, messieurs, dans cette période où, avant d'ouvrir les voies à une résistance qui devait être la résistance offensive magnifiquement triomphante, il fallait organiser une résistance plus terne, une résistance protectrice, une résistance défensive des intérêts dont nous avions la garde, j'apporte la conviction à la Haute Cour que l'administration française n'aurait pu le faire si elle avait été placée, à ce moment-là, sous l'autorité directe d'un Gauleiter, si elle avait été, comme elle en a été si souvent menacée, réquisitionnée pour le compte de l'autorité allemande et si, entre elle et cette autorité allemande, il ne s'était pas trouvé cette espèce d'amortisseur qu'était le gouvernement...

Il a, pour sa part, dans le département du Tarn-et-Garonne — qui n'a pas dû mesurer sa chance — fourni un grand nombre de faux papiers, cartes d'identité et d'alimentation, aux enfants juifs réfugiés dans la région. Dans la nuit du 16 août 1942 où l'on devait procéder à « l'opération honteuse que l'on devait qualifier de regroupement », son administration a fait prévenir tant de familles concernées « qu'il ne resta que quatorze israélites sur les cinq cents recensés [1] ». Sous serment, le préfet Martin affirme qu'il a agi avec l'accord du cabinet du Maréchal. D'ailleurs, au début de 1944, quand, écœuré par les exactions de la Milice, la propagande outrancière en faveur de la collaboration, les appels rava-

1. Il faut rappeler que cette opération fut menée par la police et la gendarmerie françaises requises par les intendants de police sur ordre des préfets.

geurs de Philippe Henriot, il est allé dire au Maréchal pourquoi il ne pouvait continuer sa mission, le chef de l'Etat l'a approuvé en ces termes :

— Si c'est le devoir de votre conscience, vous faites bien de partir.

Il a ajouté — ce qui n'étonnera plus le lecteur :

— Moi, c'est mon devoir de rester.

Malgré les regroupements, les exactions et la propagande ?

Le prince Xavier de Bourbon-Parme, chef de maquis, a été arrêté par la Gestapo, condamné à mort, gracié sur l'intervention du Maréchal, déporté à Natzwiller puis à Dachau. Il vient dire sa certitude que, sans Pétain, la France aurait subi un traitement identique à celui de la Pologne dont un tiers de la population a disparu. Il relate son ultime entretien avec le Maréchal et cite les dernières paroles de celui-ci :

— Je tâche de sauver ce que je peux sauver de l'Etat français. Inévitablement, après moi, à la paix, nous reviendrons nécessairement à la République.

Le cardinal Liénard et le général Juin témoignent par lettre. Yves Bouthillier, ministre des Finances de Vichy et, comme tel emprisonné à Fresnes, vient expliquer le rôle du gouvernement du Maréchal pour la préservation du franc. Malgré l'obligation où se trouvait celui-ci de verser, depuis l'armistice, 400 millions par jour de frais d'occupation réduits à 300 plus tard, soit plus de 100 milliards par an, on a pu contenir l'inflation. Le contrôle économique alors instauré a contribué à cette réussite.

Jean Berthelot, ministre des Transports — incarcéré lui aussi — relate comment l'on a pu garder sous contrôle français nos chemins de fer revendiqués par les Allemands [1]. Berthelot atteste à ce sujet que le Maréchal, tenu régulièrement au courant de ce combat, l'a sans cesse approuvé. Il suscite un fort mouvement d'intérêt quand il conte avoir averti Pétain des tractations menées à Paris par l'amiral Dar-

1. La Convention de La Haye (article 53) stipulait que le pays occupant avait le droit de réquisitionner le matériel de transport du pays occupé.

lan de retour de Berchtesgaden. Celui-ci avait donné son accord aux Allemands pour un droit d'escale de la Luftwaffe en Syrie et l'utilisation par l'Afrika Korps du port de Bizerte : c'est ce que l'on a appelé le « protocole de Paris ». Le Maréchal a écouté Berthelot avec attention. Il a simplement ajouté :

— Si ce que l'on me rapporte est exact, je ne suis pas disposé à lui donner mon approbation.

Un conseil restreint a été convoqué sans tarder, auquel assistèrent le Maréchal, le général Weygand ainsi que les ministres et secrétaires d'Etat se trouvant à Vichy, dont Berthelot :

— Je revois la scène : Darlan a fait un exposé froid dans un silence glacial. Il n'a pas lu les papiers. Il en a donné simplement une analyse. Weygand était à la gauche du Maréchal, je le sentais bouillir comme un cheval de sang qui demande à sauter et Darlan n'avait pas plutôt fini que le général Weygand a pris l'offensive et le mot traduit bien ce qui s'est passé. Il a littéralement pulvérisé les accords Darlan ou les projets d'accord Darlan, de sorte qu'il n'en est rien resté...

Le défilé des témoins de la défense s'achève. Le général de Lannurien, aveugle, est guidé jusqu'à la barre. Paradoxalement, il parle sans cesse de ce qu'il a « vu ». Sa déposition frappe d'autant plus l'assistance que, ne parvenant pas à situer la place du tribunal et des jurés, il tourne constamment sur lui-même. D'une voix pathétique, il évoque l'éventualité de la dégradation politique de son chef :

— Loin d'en être déshonoré, il en serait sorti grandi et, le soir, nous penserions tous que c'est nous, nous seuls et la France avec nous que nous aurions salis !

Des applaudissements éclatent. On arrête un manifestant. Le juré Germinal demande la parole. Il lit une lettre adressée par le témoin à l'accusé dans laquelle Lannurien demandait, faisant l'éloge de l'action « bienfaisante » de Darnand et de Philippe Henriot, à prendre la tête de la répression contre le terrorisme. Lannurien ne se déconcerte nullement. Il cite le

Maréchal : « Je n'ai jamais combattu la Résistance ; j'ai toujours combattu le terrorisme. »

Surprise : Pétain demande la parole :

— Je ne suis pour rien dans la présence du général de Lannurien ici. Je ne savais pas qu'il devait se présenter devant la Cour. Tout ceci s'est passé hors de moi.

Est-ce l'évocation de la « répression » engagée en son nom qui l'a piqué au vif ? Est-ce l'exhibition trop appuyée d'un aveugle qui lui a déplu ?

C'est le 11 août que sonne l'heure du réquisitoire. Quand Mornet secoue ses larges manches pour se lever, les plus anciens de l'assistance se reportent au temps — 1914-1918 — où il pourchassait les défaitistes et les traîtres. Les noms de Bolo Pacha et de Mata-Hari traînent dans les mémoires. Mornet les avait — entre autres — fait fusiller. Quelques années après le procès Pétain, interrogé sur la culpabilité de Mata-Hari par un journaliste, il lancera sans y penser : « Bah ! il n'y avait pas de quoi fouetter un chat. »

La voix reste puissante, la barbe blanche est en bataille et une hargne apparente semble au rendez-vous. « Frémissant d'une indignation qu'il n'éprouvait pas », dira Isorni. Il lui faut prouver que Pétain a préparé la mort de la République depuis 1934 au moins. A ses yeux, le démontrer est bien simple : Raphaël Alibert, ministre de la Justice de 1940, aurait fait confidence du plan Pétain à quelqu'un — que l'on ne nomme pas — qui l'aurait rapporté à Jean Rist, fils de l'économiste et « tombé glorieusement dans la Résistance ». Il en résulte que dès l'avant-guerre, l'accusé aurait pris, par l'intermédiaire de Franco, un contact secret avec Hitler dans le but d'établir en France un régime national-socialiste. Malheureusement, la guerre est intervenue, la défaite a suivi et Hitler a préféré oublier ses engagements pour imposer sa domination sur la France. Même parmi les résistants, l'incrédulité se fait jour. Etrangement, Mornet semble si peu croire à ce roman que l'on perçoit de sa part comme une hésitation.

Plutôt que le terme de complot pour s'emparer du pouvoir, il préfère « méditation ». Il retrouve de la force pour jurer que, le 10 juillet 1940 à Vichy, Pétain a abusé de la confiance publique. Il lance le terme d'« abus de confiance » et l'assistance voit soudain le vieux soldat « rougir jusqu'au crâne ».

On écoute avec davantage d'attention quand Mornet entreprend de démontrer que, sur tous les plans, Pétain a trahi : son acceptation de la défaite est une trahison, aussi son silence devant l'annexion sans traité par l'Allemagne de l'Alsace-Lorraine ; et Montoire ; et les lois raciales ; et les lois contre la franc-maçonnerie ; et la livraison de Reynaud et Mandel ; et les accords pour des bases allemandes en Syrie et en Tunsie ; et l'appui donné à la Légion des volontaires contre le bolchevisme ; et la prétendue Relève des prisonniers par des travailleurs ; et le rappel au pouvoir d'un Laval ouvertement inféodé aux Allemands ; et l'entrée dans le gouvernement d'un Déat plus nazi que les nazis et de Darnand, chef d'une Milice aux mains maculées de sang. Comment ne pas châtier le responsable de « 150 000 otages fusillés, 750 000 ouvriers mobilisés pour aller travailler en Allemagne », d'une flotte détruite, de « la déportation à l'ombre de la collaboration », de « 110 000 déportés politiques, 120 000 déportés raciaux » sur lesquels — demande Mornet — « savez-vous combien il en est revenu à l'heure actuelle ? 1 500 sur 120 000 [1]. Je me demande en vérité comment la situation des Français eût pu être pire ! »

Au vrai, on attend Mornet à sa péroraison. D'emblée il gonfle sa voix :

— Songeant à tout le mal qu'a fait, qu'ont fait à la France son nom et l'homme qui le porte avec tout le lustre qui s'y attachait, parlant sans passion, ce sont les réquisitions les plus graves que je formule au terme d'une trop longue carrière, arrivé moi aussi au déclin de ma vie, non sans une

1. Les chiffres exacts seront plus tard établis par Serge Klarsfeld : sur 350 000 Juifs se trouvant en France en 1940, 75 721 identifiés ont été déportés. Seulement 3 % de ceux-ci ont survécu.

émotion profonde mais avec la conscience d'accomplir ici un rigoureux devoir : c'est la peine de mort que je demande à la Haute Cour de justice de prononcer contre celui qui fut le maréchal Pétain.

La mort. Le mot fatidique est prononcé. Seul le silence de l'assistance lui répond. On voit des journalistes demeurer un instant le stylo en l'air. Côte à côte, anciens et nouveaux mêlés, ils sont tous là depuis la première audience, rendant compte aux lecteurs de journaux de toute tendance : Pierre Bénard, du *Canard enchaîné*, Joseph Kessel pour *France-Soir*, Geo London passé de la presse de droite d'avant-guerre à *Ce soir*, quotidien communiste. La nouvelle génération est issue le plus souvent de la Résistance. Madeleine Jacob, de *Franc-Tireur* (gauche extrême) ; Francine Bonitzer de *L'Aurore* (modérée) ; Georges Altschuler pour le *Combat* d'Albert Camus ; Claude Morgan, des communisantes *Lettres françaises*.

Selon les règles ancestrales de la justice française, la défense doit prendre le relais de l'accusation. Voilà qui est fait : le lundi 13 août, le bâtonnier Payen se lève.

L'aîné du trio chargé de la défense n'a pas varié dans ses exigences : il a annoncé qu'il prendrait trois fois la parole. Après sa première intervention, il cédera la place à Jean Lemaire qui devra s'effacer pour sa seconde plaidoirie. Isorni lui succédera avant que le bâtonnier se présente une dernière fois. Etrange architecture. Elle est destinée — c'est le secret de l'affaire — à ménager les forces du vieux maître du barreau. Isorni et Lemaire piaffent mais qu'y faire ?

Fernand Payen retrace la vie du Maréchal, évoque son action qui s'étend depuis le début du siècle. Il s'est livré à un travail immense pour un homme de son âge, le plus abouti que l'on ait pu édifier à partir d'une instruction bâclée, d'archives hors d'atteinte, de dossiers vides ou incomplets. Du propre aveu d'Isorni — beau joueur — il s'agit d'un travail « complet, dense à la lecture, d'une consultation si utile ». Malheureusement, la voix du bâtonnier est faible, elle ne porte pas. Il a beau répliquer à Mornet sur tous les points qui le concernent, on l'écoute de moins en moins. Il finit par endormir même le Maréchal.

Jean Lemaire va réveiller la salle assoupie. Cet homme connu pour sa courtoisie étonne ses confrères tant il prend peu de gants. Il tire à bout portant sur l'édifice fragile élaboré par Mornet. Pétain conspirateur, Pétain cagoulard ? Il ne reste rien de ces mythes. Le « document décisif » — les prétendus propos d'Alibert — est réduit en poussière du fait que l'on a retrouvé l'inconnu qui aurait recueilli ses confidences. Il s'agit d'un M. Vergniaud qui jure n'avoir pas rencontré Alibert depuis 1935 ou 1936. Lemaire dénonce Mornet comme le serviteur inconditionnel de tous les gouvernements et ne songeant qu'à sa carrière. Lemaire va si loin qu'il soulève sur les bancs des journalistes quelques murmures auxquels le Maréchal — surprenant une fois de plus tout le monde — coupe court en se levant et en s'écriant :

— Je ne peux qu'approuver ce qu'a dit mon défenseur !

Le lendemain, 14 août, à l'ouverture de l'audience, Fernand Payen prend la parole le premier. Il aborde la politique de collaboration. Il veut imposer dans l'esprit des jurés la différence fondamentale entre la « politique de temporisation » du Maréchal et celle d'« adhésion » de Laval. Il aborde le double jeu, thème malaisé. Ce qui a permis au Maréchal de louvoyer sans déshonneur, dit-il, c'est que, n'ayant à aucun moment cru à la victoire de l'Allemagne, « il n'a jamais joué qu'un seul jeu, le jeu français, et il l'a toujours joué contre les Allemands, avec les moyens qui étaient à sa disposition ». En énumérant des exemples, le bâtonnier souligne la difficulté de gouverner en tout temps, mais d'autant plus quand un pays est occupé. Il va jusqu'à se réclamer de l'exemple du général de Gaulle qui, après que les Anglais eurent chassé les Français de Syrie, n'a pu répliquer « qu'en paroles ». Lorsque des milliers de prisonniers français libérés par les Russes sont restés entre leurs mains sans que ceux-ci songent apparemment à les libérer, « l'intérêt du pays a exigé que le général de Gaulle ne s'insurgeât point. » Me Payen évoque les accords secrets passés entre le Maréchal et le gouvernement de Winston Churchill. La preuve a été apportée de leur existence et des effets, utiles pour les Français, qui en ont découlé. Le Maréchal a fait transmettre par le professeur Louis Rougier au Premier ministre britannique et à lord Halifax trois engagements :

1) La France ne signera aucune paix séparée avec l'Axe avant la fin des hostilités ;

2) La France ne cédera aux puissances de l'Axe ni bases aériennes ou navales ni sa flotte, et résistera en Afrique du Nord par les armes à toute tentative espagnole, allemande ou italienne de s'emparer de ses colonies ;

3) La France accepte comme un fait accompli, jusqu'à la fin des hostilités, le ralliement de l'AEF à de Gaulle, étant entendu que l'AEF lui sera rendue à la fin des hostilités et qu'aucune nouvelle opération ne sera dirigée contre l'AOF et le Maroc et l'AFN.

Dans sa déposition, le général Weygand a tenu à faire remarquer que M. Rougier avait été reçu par Churchill et Halifax le 26 octobre 1940, jour même de l'entrevue entre Pétain et Hitler. A l'instruction, le Maréchal a lui-même insisté sur cette date : « Ce rapprochement donne à Montoire son véritable caractère. »

Soudain, Isorni et Lemaire prêtent l'oreille. Me Payen affirme que Darlan a négocié à l'insu du Maréchal l'aide apportée à l'Allemagne en Syrie. Il y est parvenu parce qu'un homme de quatre-vingt-cinq ans ne pouvait bénéficier de toutes ses capacités. Malgré sa promesse, Payen va donc plaider l'affaiblissement intellectuel dû à l'âge. « Cela va être horrible », murmure Lemaire à l'oreille d'Isorni. Pétain n'est pas aussi amoindri que le bâtonnier voudrait le faire croire puisqu'il rougit et agite ses gants en signe de dénégation.

Impavide, Payen poursuit :

— Je fais allusion à l'âge du Maréchal. C'est un sujet qui

lui est extrêmement désagréable. Je crains une interruption, mais je dis tout de même ce que je pense. Il faut bien que j'en parle. Il est certain que l'âge n'a pas diminué, dans le Maréchal, d'abord la santé physique que nous admirons tous et que nous envions, mais l'âge n'a pas diminué non plus cette réserve naturelle dont j'ai parlé, le manque d'aptitude aux conversations confidentielles et, comment dirais-je sans froisser personne, cette facilité à se sentir fatigué. C'est fâcheux en effet assurément...

Payen fait état du témoignage d'un médecin proche de Chichery, ministre et ami de Laval. Chichery s'émerveillant de la forme du Maréchal, Laval a rétorqué : « Oh !... vous savez, il est très bien quatre heures par jour, surtout le matin, parce qu'il est très bien soigné, et très entouré, mais quand il est fatigué, surtout le soir, on peut lui faire signer ce qu'on veut sans qu'il s'en rende compte. »

Derechef les gants blancs s'agitent furieusement. Le paradoxe est que, dans cette salle qui perçoit à peine le débit monotone du bâtonnier, c'est Pétain, placé juste devant son avocat, qui entend le mieux.

Payen parachève la démonstration :

— Mais, messieurs, à qui la faute ? Quand Paul Reynaud a désigné le Maréchal comme son successeur, quand Albert Lebrun l'a accepté comme tel, ils savaient bien tous les deux que le Maréchal avait quatre-vingt-quatre ans. Quand le Maréchal a été porté au pouvoir par cinq cent soixante neuf députés et sénateurs, ces cinq cent soixante neuf députés et sénateurs savaient bien qu'ils confiaient la dictature, la toute puissance à un homme de quatre-vingt-quatre ans... S'il ne s'apercevait pas toujours qu'on lui cachait la vérité et qu'on le trompait, je le répète, à qui la faute ? Si, dans l'espoir de servir son pays, il a trop présumé de ses forces — parce que, au fond, c'est cela — est-ce que c'est un crime ? C'est cela que vous aurez à juger.

A la suspension de l'audience, le Maréchal dira à Isorni : « Il a plaidé gâteux. » Il ne le pardonnera jamais au bâtonnier. Et cependant... Pour une raison évidente qu'a soulignée le dernier biographe de Pétain : des trois défenseurs du Maréchal, Isorni fut le seul mémorialiste du procès [1]. C'est donc son point de vue qui, fatalement, s'impose à nous. S'élever, comme il l'a fait lors de l'instruction, contre la tentation du bâtonnier de plaider *surtout* le grand âge, se justifiait parfaitement. Refuser, à la fin du procès, qu'il fût évoqué *aussi* tient du parti pris.

Tant il est vrai que, dans le drame de Pétain, la vieillesse, incontestablement, a joué son rôle. L'invective adressée à Reynaud, à Lebrun et à l'Assemblée nationale nous semble aujourd'hui sonner juste.

Payen en a fini. L'audience est suspendue.

A la reprise, Jacques Isorni se lève :

— Messieurs de la Haute Cour, depuis de longues journées, j'entends les mots : « armistice », « Montoire », « Syrie », « Assemblée nationale ». Et j'ai quelquefois le sentiment que me reviennent, comme un écho, d'autres mots : Légion des volontaires français, lois raciales, lutte contre la Résistance... C'est de tout cela qu'il m'appartient de vous entretenir...

Parmi les journalistes, l'impitoyable Madeleine Jacob — on la compare souvent à ces « tricoteuses » des temps révolutionnaires qui réclamaient en tous lieux la mort à grands cris — a découvert Isorni au cours de la comparution des témoins. Sa façon de les interroger, de les aider ou de les contredire, a éveillé sa curiosité. L'intérêt est venu puis — devant tant de conviction — quelque chose qui ressemble à de la sympathie. La veille de sa plaidoirie, Isorni l'a vue s'approcher de lui :

— Je veux que ce soit bien, a-t-elle dit. Il ne faut pas que vous manquiez de forces. Et vous devez être fatigué. On ne trouve plus de médicaments. Je vous apporte un peu de Rophéine. Prenez-en un cachet demain, avant de plaider.

Grâce à elle, nous découvrons le jeune avocat se levant au

1. Philippe Almeras : *op. cit.*

moment de plaider : « Long, mince, distingué, une tête d'archange, un calme apparent, voulu, étudié, imposé par une volonté à laquelle ce jeune avocat s'accroche comme à une bouée de sauvetage [1]... » Il en sera de même de Pierre Scize : « Nous vîmes se lever le jeune défenseur. Il était pâle. Absolument pâle mais pas livide... On sentait que, demandant son inspiration aux plus hautes régions de l'âme, rien de charnel ne s'émouvait en lui. Tout de suite, dès sa première phrase, quelque chose vint aviver le visage du défenseur. La flamme d'une conviction [2]. »

Isorni lui-même nous a dépeint, quand il a pris la parole, son état d'esprit. Il ne voit plus que les magistrats et jurés : « Je sentais cet immense silence m'envelopper et pourtant m'animer tel le vent des tempêtes. Une autre voix intérieure me parlait encore, c'était celle de ce juge que je voyais, immobile sur ma gauche, celui qui m'avait dit que tout dépendait de moi. »

« Ce juge » est un juré : Gabriel Delattre. Le comportement de son jeune confrère pendant la déposition des témoins l'a frappé lui aussi. Il est venu lui dire au cours d'une suspension d'audience :

— Tout repose sur vous. Vous avez épaté les jurés, il vous ont à la bonne. Il faut que vous leur expliquiez pourquoi les résistants et Pétain ne se sont pas compris. Tout le problème est là.

Tout le problème, en effet.

Devant lui, Isorni n'a posé que quelques notes. Certes il s'est préparé, il se sent maître de son sujet, mais il n'a rien voulu écrire, estimant qu'il convaincrait mieux si les mots, les paroles, jaillissaient d'une totale spontanéité. Un de ses cadets, Jean-Marc Varaut, orfèvre en la matière, a parlé de ces parcours où l'on est « à la merci d'un mot malheureux ou d'une défaillance à l'heure où la voix, le cœur, le souffle, la mémoire et le corps tendu sont habités par le devoir à remplir. Possédés plutôt... »

1. Article de *Franc-Tireur*.
2. Article des *Nouvelles du matin*.

L'avocat passe assez vite sur la cour de Riom car il sait qu'elle n'intéresse plus personne. Il revient sur la lettre au Maréchal du communiste François Billoux — ministre au moment du procès — souhaitant témoigner « contre l'ex-gouvernement et son cher M. Daladier qui a dirigé l'Etat contre le peuple et dans l'intérêt d'une minorité de gros possédants ». Sujet plus périlleux : les Sections spéciales. Il est lourd de réminiscences, les mêmes dont la mémoire de Pierre Pucheu s'est trouvée accablée. Faut-il suggérer aux jurés qu'ils devraient mettre des chiffres en balance : le nombre des otages épargnés et celui des victimes innocentes exécutées pour répondre aux exigences allemandes ? Isorni l'ose.

La Légion des volontaires français contre le bolchevisme ? Elle a été imposée au gouvernement français. Au reste, le nombre de ses engagés ne peut être comparé à celui des légions hollandaise et wallonne. Le travail obligatoire ? L'Allemand Sauckel, recruteur en chef, exigeait deux millions de travailleurs ; ne sont finalement partis que 641 501 de ceux-ci grâce aux combats de retardement du gouvernement de Vichy. Certes les Allemands n'ont pas tenu leur promesse — un prisonnier devait rentrer pour trois travailleurs qui partiraient — mais le chiffre total des « déportés du travail » n'a atteint que 15 % de la classe ouvrière française, contre 80 % en Belgique.

Les lois raciales ? Isorni les condamne. Il reconnaît que son client « a promulgué une loi qui a interdit à un certain nombre de juifs des activités qu'ils exerçaient normalement », mais c'est lui « qui, en Conseil des ministres, a imposé la disposition légale qui prévoyait les exceptions en faveur des anciens combattants et leurs familles [1] ».

— C'est lui qui a empêché le port de l'étoile jaune en zone libre. C'est lui, et c'est lui seul, qui a empêché que la loi qui allait dénaturaliser tous les juifs ayant acquis la nationalité française depuis 1927 fût promulguée !

Isorni supplie les jurés de ne pas confondre les atrocités

1. Au fil des mois et des années, il ne restera rien de ces dispositions.

nées directement de la volonté nazie et les mesures prises sous la contrainte par le gouvernement du Maréchal.

Faisant allusion aux paroles plus que sévères prononcées, à plusieurs reprises, par le Maréchal contre ceux qu'il désignait comme des « terroristes », Isorni s'adresse directement aux jurés résistants :

— Si vous saviez comme il a été trompé sur la réalité de votre action !

Il tend les bras vers eux, les adjure d'interroger leur conscience. Dans la salle, on ne perçoit plus un seul souffle.

— Messieurs de la Résistance...

Il a plaidé, lui, devant les Sections spéciales. Il a conçu de la haine pour les auteurs d'un tel anéantissement de la notion de justice. Il a conduit devant le peloton allemand un jeune homme qui est tombé en criant : « Vive le Maréchal, vive la France ! »

— Messieurs de la Résistance...

Plusieurs jurés ne parviennent plus à dissimuler leur émotion. La Milice ? Son chef légal était le chef du gouvernement. Pas le Maréchal. Oui, Joseph Darnand est devenu secrétaire d'Etat mais :

— On n'a pas fait d'un assassin un ministre : on a fait un ministre qui est devenu assassin !

Isorni cite la lettre adressée par le Chef de l'Etat à Pierre Laval, tardive il est vrai, dans laquelle il condamne sans ambiguïté la Milice et les miliciens, en rapportant des faits intolérables : « des fermes et même des villages entiers ont été incendiés par représailles, des otages innocents ont été arrêtés, des meurtres commis. Des rapts et des vols sont constamment signalés ». Pétain évoque l'assassinat de M. Mandel « et, sans doute, de M. Jean Zay ». Il ne s'embarrasse d'aucune précaution : « Je ne puis passer sous silence les tortures infligées à des victimes souvent innocentes dans des locaux qui, même à Vichy, ressemblent moins à des prisons de l'Etat français qu'à des tchékas bolcheviques. » *In fine*, cette phrase sans appel : « Rétablir l'ordre, ce n'est pas piller, incendier, assassiner. »

Je regarde cette photographie d'Isorni, debout derrière le Maréchal, au paroxysme de son émotion et de ses certitudes, tendant vers les juges des mains implorantes, et — de toutes ses forces, de toute son âme — appelant les jurés à comprendre, à refuser que le vieil homme qui est là, escorté de la gloire de son passé, puisse être un coupable.

— O ma patrie, victorieuse et au bord des abîmes ! Quand cessera-t-il de couler ce sang, plus précieux depuis que nous savons qu'il n'y a plus que des frères pour le répandre ? Quand cessera-t-elle, la discorde de la nature ? Messieurs, au moment même où la paix s'étend enfin au monde entier [1], que le bruit des armes s'est tu et que les mères commencent à respirer, ah ! que la paix, la nôtre, la paix civile, évite à notre terre sacrée de se meurtrir encore !

Il se recueille un court instant.

— Magistrats de la Haute Cour, écoutez-moi, entendez mon appel. Vous n'êtes que des juges ; nous ne jugez qu'un homme. Mais vous portez dans vos mains le destin de la France

Il s'est assis. Tous les témoins ont parlé du silence qui a suivi. Pendant de longues secondes personne ne bouge. Le premier président semble même hésiter à déclarer l'audience suspendue. Il s'y résigne enfin.

L'assistance s'égaille. Isorni et Lemaire gagnent le vestibule de la Haute Cour. Beaucoup de mains se tendent vers l'« archange ». Cette petite foule émue voit soudain un vieillard vêtu de rouge fendre ses rangs : le procureur Mornet ! Il marche tout droit vers Isorni et, là, devant cinquante personnes, lui prenant la main et la serrant longuement, il lance ces mots inouïs dans sa bouche :

— Ah ! vous avez tellement dit ce que je pensais !

Est-ce un peu plus tôt, un peu plus tard, que Mornet a rencontré Petrus Faure et lui a dit :

1. Le Japon vient de capituler.

— Moi, j'ai demandé la peine de mort, mais vous, il ne faut pas la voter [1].

Isorni n'est pas au bout de ses stupéfactions. Un instant plus tard, un journaliste surgit, une gloire de la chronique judiciaire : Geo London. Il cherche le bâtonnier Payen qui, bougonnant, s'est écarté : il avait interdit à Isorni de prononcer une péroraison et celui-ci a enfreint ce commandement. London le trouve. Il a quelque chose d'important à lui dire et c'est ceci : Mongibeaux, Donat-Guigue et Picard se sont réunis après la plaidoirie d'Isorni. Ne voulant d'évidence pas de mal au Maréchal, assurés que les jurés — y compris plusieurs résistants — sont restés sous l'emprise de l'appel lancé par Isorni et convaincus de l'impossibilité de tenter la démarche eux-mêmes, ils ont chargé Geo London d'amener Payen à renoncer à sa troisième plaidoirie. Ainsi pourra-t-on délibérer sur-le-champ et — ces vieux routiers en sont sûrs — on évitera la peine capitale.

— Il n'en est pas question, répond sèchement Payen.

Il présente un argument : et si son silence sur les points qui restent à plaider aboutissait au contraire à une condamnation ? L'audience va donc reprendre. Le bâtonnier plaide. L'émotion retombe.

Il achèvera par une invocation :

— Vous aurez le courage de dire — car aujourd'hui, il vous faudra du courage — vous aurez le courage de dire : « Les intentions du Maréchal, sa bonne foi, la conviction qu'il a eue de travailler pour le bien du pays ne sont pas douteuses. » Oui, j'ai confiance. Et j'allais dire, quelle que soit votre décision — mais je ne veux pas douter de votre décision —, il y a un mot qui doit être le dernier mot qui retentira ici : je le prononce, je le crie de tout mon cœur, en mon nom, en son nom, et d'accord, n'est-ce pas, avec vous aussi : Vive la France !

Coupant le brouhaha qui s'est élevé aussitôt, Mongibeaux pose la question obligée :

1. Petrus Faure : *Un procès inique* (1973).

— Accusé, avez-vous quelque chose à ajouter pour votre défense ?

Oui, le Maréchal veut parler. Il se lève pour lire, sans lunettes, une déclaration préparée par Isorni et qu'il a corrigée :

— Au cours de ce procès, j'ai gardé volontairement le silence, après avoir expliqué au peuple français les raisons de mon attitude. Ma pensée, ma seule pensée, a été de rester avec lui sur le sol de France, selon ma promesse, pour tenter de le protéger et d'atténuer ses souffrances. Quoi qu'il arrive, il ne l'oubliera pas. Il sait que je l'ai défendu comme j'ai défendu Verdun. Messieurs les juges, ma vie et ma liberté sont entre vos mains, mais mon honneur, c'est à la patrie que je le confie. Disposez de moi selon vos consciences. La mienne ne me reproche rien, car pendant une vie déjà longue, et parvenu par mon âge au seuil de la mort, j'affirme que je n'ai eu d'autre ambition que de servir la France.

Quand il s'assoit, il est 21 h 15.

— Les débats sont clos, dit le premier président. La Cour se retire pour délibérer.

Chaque jour, le général de Gaulle s'est fait informer en détail du déroulement du procès. Que pense de Gaulle ? Que dit de Gaulle ? Que fait de Gaulle ? Les Français s'interrogent.

J.-R. Tournoux, chroniqueur hors ligne de ces années dramatiques et à qui aucune confidence ne semble avoir été refusée, a reproduit des déclarations faites par le général de Gaulle à deux de ses ministres « directement intéressés » au procès :

— Je vais vous confier un secret d'Etat. Le Maréchal sera vraisemblablement condamné à mort. Il faut qu'il soit condamné. Ne cherchons pas à comprendre l'homme. Seule, doit compter la raison d'Etat. Mais il n'est pas question que j'envoie le Maréchal au peloton d'exécution. Les choses me seront facilitées si, Philippe Pétain ayant été condamné, les jurés exprimaient le vœu que la peine fût commuée.

Au nombre de ces ministres « directement intéressés », on ne peut douter que se trouve le garde des Sceaux Pierre-Henri Teitgen. C'est de lui que dépend le procureur général Mornet. Or on sait que, dans les heures qui ont suivi les propos du général, le procureur Mornet a conféré avec le premier président Mongibeaux.

Je vais ici solliciter du lecteur l'autorisation de parler de moi. Dans le courant de l'année 1964, mon ami Jean-Edouard Bloch, avocat à la cour, m'appelle :

— Veux-tu déjeuner avec Gabriel Delattre ?

— C'est un nom qui me dit quelque chose...

— Bien sûr. Il a été le premier juré du procès Pétain.

Ma curiosité professionnelle s'éveille aussitôt. Par voie de conséquence, je me retrouve le surlendemain dans un fort agréable bistrot — les choix de Jean-Edouard sont toujours excellents — face à un monument historique qui a conscience de l'être. Me Delattre n'est plus jeune. Les années l'ont conforté d'un remarquable embonpoint. Le visage est rond avec des cheveux blancs clairsemés. Les yeux pétillants sont abrités par de grosses lunettes d'écaille. Il aime parler et bénéficie d'une voix de basse dont la puissance doit faire résonner les voûtes des tribunaux. Sa parole n'offre rien de sentencieux. Il aime rire et faire rire. Il est l'ami de Galtier-Boissière, directeur du *Crapouillot*, c'est tout dire. Celui-ci lui a confié sa défense dans d'innombrables — et ingagnables — procès.

Nous parlons des Ardennes dont il fut, avant-guerre, le député et auxquelles m'attachent d'anciens liens familiaux. Je n'ai qu'une hâte : aborder avec lui le procès Pétain. A vrai dire, mon vis-à-vis ne se fait pas prier. Je l'écoute avec un intérêt grandissant. Le mois d'août 1945, visiblement, l'a marqué. Va-t-il évoquer la délibération ? Je sais qu'il n'en a pas le droit, s'étant engagé, comme tous les jurés, à en garder le secret. Cependant il a bien fallu que certains le violent, ce secret, puisque des informations, quant au nombre de ceux qui ont voté la mort, ont filtré. Je m'aperçois vite que Me Delattre n'a cure d'aucun interdit. Il parle devant un historien, il le fait d'abondance. Les détails qu'il me donne me laissent pantois. Ils m'apparaissent d'une portée historique indiscutable. A-t-on le droit d'en priver le public ?

L'heure tourne. Gabriel Delattre se lève. La question qui me brûle les lèvres, vais-je la lui poser ? Je la pose :

— Ce que vous venez de me conter, l'écririez-vous pour ma revue *Histoire pour tous* ?

Pas l'ombre d'une hésitation.

— Naturellement !

La semaine n'est pas achevée que je recevrai de lui quinze feuillets. Je les publierai dans le numéro suivant de la revue sous le titre : *Le premier juré du procès Pétain livre ses souvenirs inédits*. L'effet n'est pas exactement celui que j'avais prévu. Quelque temps plus tard, alors que je me trouve dans le Midi, je découvre, sur toute la largeur de la première page de *France-Soir*, à côté d'une grande photo de Gabriel Delattre, ce titre : « Le premier juré du procès Pétain inculpé ». On explique que Gabriel Delattre a violé le secret de la délibération et qu'il est flanqué d'un complice : le directeur de la publication. Je suis inculpé, moi aussi.

L'affaire fit grand bruit. Toute la presse l'évoqua. J'appris qu'étaient inculpés en même temps Pétrus Faure, autre juré, l'un des quatre-vingts députés qui avait refusé la confiance à Pétain et qui, dans un livre de souvenirs, avait fait connaître d'autres détails sur la délibération ; Jean Eldin, gérant des éditions Rouff qui publiait ma revue ; M. Maliavin, directeur de *Rivarol* qui, avec bien d'autres, avait reproduit des extraits de l'article de Delattre.

Nous avons tous été traduits en correctionnelle. La salle était comble. Un journaliste voulut me convaincre que ses confrères étaient presque aussi nombreux qu'au procès Pétain, *le vrai*, précisait-il. J'approuvai :

— Presque.

Tout ce monde put entendre de fort belles plaidoiries : Gabriel Delattre se surpassa en plaidant pour lui-même ;

comment eût-il consenti à laisser ce soin à quelque autre ? Jean-Edouard Bloch plaida chaleureusement pour Jean Eldin et évoqua avec émotion son ami d'enfance André Rouff, fondateur avec moi de la revue et prématurément disparu. Maurice Garçon avait accepté de soutenir ma cause. Il le fit superbement — s'en étonnera-t-on ? — rappelant le procès de Louis XVI devant la Convention ; celui du maréchal Ney devant la Chambre des pairs de Louis XVIII réunie en Haute Cour ; celui des ministres de Charles X devant la Haute Cour de Louis-Philippe ; la comparution du prince Louis Napoléon devant la même ; l'affaire de corruption de Teste et Cubières dont Victor Hugo, pair de France, fit connaître le détail des votes. « Jamais il n'a été envisagé, s'écrie mon défenseur, que des juges, hommes politiques, aient été tenus au secret ! » Sous la IIIe République, pour le procès du général Boulanger et celui de Joseph Caillaux, entre autres, « jamais, en matière politique, il n'a été demandé aux jurés de prêter serment pour dissimuler leur vote ». Logiquement Maurice Garçon concluait :

« Au nom de la tradition libérale française, au nom du fait que rien n'est plus secret de ce que tout le monde connaît et au nom des Droits de l'Histoire, je vous conjure d'acquitter M. Alain Decaux. »

Acquittés, nous le fûmes par un jugement rendu le 25 avril 1966. Cependant le Parquet fit appel. La Cour, elle, nous condamna à cinq cents francs d'amende, aussitôt amnistiés. Cette condamnation si peu infamante n'est donc pas inscrite à mon casier judiciaire, demeuré vierge jusqu'au moment où j'écris ceci.

Donc, les vingt-quatre jurés et les trois magistrats se sont retirés dans la chambre austère du conseil de la Première de la Cour. Il est maintenant plus de 21 heures. Rien de changé quant à la chaleur toujours écrasante. Dans la pénombre, on aperçoit aux murs les portraits de hauts magistrats d'autrefois, vêtus de pourpre et d'hermine. En les regardant, empesés dans leur solennité, Gabriel Delattre, étouffant dans un simple complet veston, se sent « petit, incertain ». Le peintre « les avait pourvus de tant d'olympienne sagesse, de tant d'autorité tranquille, de tant de vie qu'ils semblaient juger, juger toujours, juger pour l'éternité. Oui, plus je les contemplais, plus ils étaient vivants, plus je voulais les interroger, leur demander un conseil, leur avis : “ Puisqu'il vivent, qu'ils parlent... ” »

Le premier étonnement des jurés est de découvrir ce à quoi nul n'aurait songé : « Au milieu de la chambre du Conseil, une longue table avait été dressée : des bouteilles d'eau minérale et de vin, des plats froids nous attendaient. » Beaucoup ont dû partager le sentiment de Delattre : « Une telle installation atténuait la gravité du lieu et attentait quelque peu à sa grandeur... » Le premier réflexe — à la fatigue s'ajoute la chaleur — n'en est pas moins de s'asseoir. « Les chaises étant disposées autour de la table, nous nous sommes trouvés, en quelque sorte, malgré nous, à proximité des bouteilles et nous bûmes pour étancher notre soif... Et puis, et puis, étant en somme à table, nous prîmes le frugal repas. Durant ce rapide moment, il ne fut question ni du procès, ni des décisions possibles. Ce n'est qu'après que le président Mongibeaux, ouvrant le débat, nous dit : “ Messieurs, si vous le voulez, commençons la discussion. ” Silence complet. »

Le plus extraordinaire est à venir.

« Une ou deux minutes s'écoulent et le président fait cette déclaration : “ Messieurs les jurés, mes assesseurs et moi-même vous demandons : Seriez-vous d'accord pour une peine de cinq années de bannissement ? ” »

« Nous nous sommes regardés, étonnés et muets... »

Sans vouloir attenter à la mémoire du président Mongibeaux, on peut bien souligner qu'il n'a pas laissé le souvenir d'une de ces indépendances fracassantes qui sont — parfois — l'apanage de hauts magistrats. Dans son esprit, un homme de son rang était par définition au service des institutions. Celles-ci pouvaient varier. Le président Mongibeaux avait prêté serment au maréchal Pétain, ce qui ne l'empêchait pas de servir le général de Gaulle. Etait-il homme, de sa propre initiative, à avoir imaginé cette stupéfiante peine de bannissement ? Ceux qui l'ont connu ne l'ont pas pensé.

La lui avait-on suggérée ? Le procureur Mornet, on vient de le voir, invitait les jurés à ne pas voter cette peine de mort qu'il avait pourtant requise. Aurait-il aussi indiqué au président Mongibeaux qu'une peine de bannissement serait bien vue en haut lieu ? Dans ce cas, aurait-il agi à l'instigation du Garde des Sceaux ? Le Garde des Sceaux lui-même ne s'était-il fait auprès de lui l'interprète des vœux du général de Gaulle ?

Une autre explication — et celle-ci n'est pas hypothétique — a été apportée par l'un des jurés, Pierre Bloch. Dans un livre attachant, il a révélé que les jurés de la Résistance furent directement approchés par un émissaire du général de Gaulle, l'un de ses collaborateurs les plus proches : Gaston Palewski. Celui-ci leur a demandé de voter la mort « avec la garantie que le chef du Gouvernement provisoire exercerait ensuite son droit de grâce [1]. »

Nous continuerons donc à nous demander si l'initiative du premier président Mongibeaux fut spontanée ou non [2].

Rue Saint-Dominique, le général de Gaulle médite sur le procès, les faits évoqués, les témoignages apportés, le réquisitoire, les plaidoiries, le destin du Maréchal : « Son drame avait été celui d'une vieillesse que la glace des années privait des forces nécessaires pour conduire les hommes et les événements. S'abritant de l'illusion de servir le bien public, sous l'apparence de la fermeté, derrière l'abri de la ruse, le Maréchal n'était qu'une proie offerte aux intrigues serviles ou menaçantes [3]. »

1. Pierre Bloch : *De Gaulle ou le temps des méprises* (1969).
2. Me Isorni s'est toujours refusé à croire qu'elle eût eu pour incitateur le général de Gaulle.
3. J. R. Tournoux : *op. cit.*

Autour de la table, toujours chargée de plats et de bouteilles, se décide le sort de Philippe Pétain. L'un des trois magistrats, Donat-Guigue, devant le rejet évident du bannissement et le silence qui l'a accompagné, s'adresse au premier juré parlementaire et le prie de faire connaître son sentiment. Delattre soutient la proposition de la cour : « Je parlai pendant près de trois quarts d'heure, et de Hitler, de Laval, et de Vichy, et bien sûr de Pétain et de toutes ses responsabilités. Je soulignai la répercussion énorme qu'allait avoir notre verdict sur tous les Français et sur l'étranger... »

Lévy-Alphandéry rappelle ensuite les persécutions raciales qui ont atteint cruellement sa famille mais déclare, après ce qui a été exposé au procès, qu'il ne peut voter la mort. René Renoult s'exprime identiquement. « Les heures traînent, longues, très longues. Les arguments fusent, nous sommes pâles, fatigués, quelquefois nerveux. » Irrité par tant d'atermoiement, Pierre Bloch demande que l'on relise l'article 75 qui punit la trahison. Ce qui est fait dans une tension aggravée.

Pierre Bloch reprend la parole :

— L'heure est assez grave pour qu'on parle en toute franchise, qu'on ne tergiverse plus, qu'on ne fuie plus les responsabilités. S'il en est parmi les jurés qui veulent la mort, ou d'autres qui veulent les travaux forcés à perpétuité, ou même l'acquittement, qu'ils le disent, mais qu'ils le disent, qu'ils le disent avec clarté.

Bloch entame la lecture de la réponse adressée par Pétain à Hitler après la diatribe que Ribbentrop lui avait adressée. Il y trouve la preuve d'une trahison préméditée à l'égard de la République. Relisons-la avec lui, cette lettre : « J'ai rappelé au pouvoir M. Laval en 1942 parce que je pensais qu'il était en mesure de faire comprendre et admettre le bien-fondé d'une politique *pour laquelle j'avais demandé l'armistice*[1]. » Approbation de Pierre Stibbe, Jean Seigne, Maurice Guérin, Lecomte-Boinet.

1. Souligné par nous.

Pierre Bloch propose un vote à main levée sur l'application de l'article 75 ou celle de l'article 80 qui punit de travaux forcés le complot. Le lecteur remarquera que cette proposition n'offre qu'une alternative. Ceux qui persisteraient à être favorables au bannissement, voire — qui sait ? — à l'acquittement n'auront donc pas la possibilité de s'exprimer. On repousse le vote à main levée. C'est à bulletins secrets que l'on s'exprimera. Au dépouillement du vote, on trouve dix-huit bulletins portant le chiffre 75, huit le chiffre 80. Il faut encore voter sur le choix de la peine. Résultat : quatorze pour la peine de mort, treize contre. Neuf jurés résistants et cinq parlementaires ont voté la mort. C'est néanmoins le premier juré résistant qui propose d'accompagner l'arrêt de la motion que voici : « Tenant compte du grand âge de l'accusé, la Haute Cour de justice émet le vœu que la condamnation à mort ne soit pas exécutée. »

Les magistrats refusent de rédiger eux-mêmes les attendus. Ils remettent cependant aux jurés une sorte de trame dont ils pourront remplir les blancs. Le texte définitif réfute catégoriquement les arguments de la défense tendant à faire admettre que la politique de Pétain « avait eu pour but de " maintenir " la France en attendant notre libération et de venir ainsi, indirectement, en aide à nos Alliés ». Donc pas de double jeu.

On repousse le raisonnement selon lequel « Laval, Darlan et tels autres de ses ministres étaient seuls responsables de ce que sa politique pouvait avoir eu de néfaste pour la France ». On souligne que le Maréchal les avait appelés à siéger « à ses côtés » et qu'il avait « aux termes mêmes de ses actes constitutionnels », déclaré « assumer toutes les conséquences de sa politique » et « dès lors, être tenu pour responsable des actes accomplis sous son autorité ». On revient à la lettre du 19 décembre 1943 et à la phrase — ô combien malheureuse ! — qui ne pouvait formuler « un aveu plus clair du dessein politique dans lequel l'accusé avait misé sur la capitulation ».

Philippe Pétain est donc convaincu d'avoir « entretenu des

intelligences avec l'Allemagne, puissance en guerre avec la France, en vue de favoriser les entreprises avec l'ennemi ». Par ces motifs, la Haute Cour de justice le condamne « à la peine de mort, à l'indignité nationale, à la confiscation de ses biens. »

Tout le temps de la délibération, le Maréchal et son épouse l'ont passé dans la chambre aménagée dans le greffe. A minuit, le chanoine Poitevin, qui était déjà venu confesser le Maréchal à Montrouge et l'avait fait communier, se présente. D'une valise, il tire ses vêtements sacerdotaux, le calice, la patène et la burette que les religieuses, appelées, disposent sur la cheminée de marbre promue au rang d'autel. Le Maréchal reste debout. Le chanoine prononce son nom lors du mémento des vivants. Philippe Pétain reçoit l'absolution.

Le silence règne de nouveau dans la pièce. A 4 heures du matin, on vient le faire lever du lit sur lequel il sommeille pour l'emmener jusqu'à la salle de la Première de la Cour. De ce lieu et de ce moment, l'hebdomadaire *Les Lettres françaises* du 19 août livrera une vision frappante : « Des gens dormaient allongés sur les bancs ou sur les piles de dossiers écroulés. Une moitié de la Chambre était violemment éclairée par la lumière crue qui tombait de deux lustres, accusant les traits tirés, les teints brouillés par la veille éprouvante. L'autre moitié et la galerie étaient plongées dans une pénombre que perçait à peine la clarté verdâtre des lampes posées sur les tables du tribunal. Lorsque Pétain prit place dans son fauteuil, il était le seul à avoir conservé des couleurs et un teint frais. »

Impassible, le vieil homme écoute l'arrêt qui le condamne. Aussitôt après, un non-lieu est rendu en faveur de la Maréchale[1]. En écoutant la sentence, elle pleure. Elle est libre, certes, mais les conséquences vont aggraver le sort de Pétain : elle ne pourra plus l'accompagner dans sa détention.

1. Elle avait été inculpée afin qu'elle pût, pendant la détention préventive, partager le sort de son mari.

Pour la dernière fois, retentit la voix du premier président Mongibeaux :

— Gardes, emmenez l'accusé.

Quelqu'un crie : « Vive la France ! ». Le perturbateur est expulsé. Chacun regarde le condamné, très droit, tête nue, s'éloigner entre deux gendarmes.

Il n'est pas sûr qu'il ait bien compris la portée de la sentence. Isorni lui explique qu'il a été condamné à mort mais que les jurés n'ont pas voulu qu'il soit fusillé.

Réplique surprenante du vieil homme :

— Ils ont été bien gentils.

Un personnage inconnu de lui s'approche. Il se présente :

— M. Amor, directeur de l'administration pénitentiaire.

Le Maréchal le regarde ironiquement :

— Amor ? Comme moi !

Difficile séparation avec Eugénie.

Déjà, un magistrat a téléphoné à la Chancellerie, afin que le directeur des affaires criminelles informe sur-le-champ le général de Gaulle.

A 4 h 30, un fourgon cellulaire part du 34, quai des Orfèvres. Des tractions avant noires, surchargées d'inspecteurs, l'escortent. Tous les photographes présents mitraillent le cortège. D'autres le prennent en filature cependant qu'il s'éloigne à toute allure.

Or le fourgon est vide. Dix minutes plus tard, une ambulance emmène le condamné à l'aérodrome de Villacoublay où l'attend le Dakota blanc personnel du général de Gaulle pour l'emmener à Pau. Le lieu de sa détention l'attend : c'est le fort pyrénéen du Portalet.

A 2 heures du matin est sortie une édition spéciale de *l'Humanité* avec un titre énorme : « Toute la France attend le verdict qui s'impose : la mort ». L'IFOP recueille l'opinion des Français : deux tiers des sondés se déclarent favorables à la condamnation.

Un rapport rédigé par Jean Verdier, directeur du cabinet d'André Pélabon — « patron » de la Sûreté nationale — nous dévoile, comme le scénario d'un film, ce qui s'est déroulé ensuite :

« Le condamné, qui paraît très détendu, descend, en civil, d'une ambulance de la préfecture, accompagné de son médecin, le capitaine Racine, et de M. Simon, de l'administration pénitentiaire. Ces trois personnes montent aussitôt dans l'avion, ainsi que M. Verdier, M. Léoni et deux surveillants de l'administration pénitentiaire.

« L'appareil décolle de Villacoublay, à 5 h 50 [1]. »

Tout au long du voyage, le Maréchal s'entretient avec les uns et les autres, s'intéressant à leur situation personnelle et à leur vie de famille. Il s'étend longuement sur le procès, se montrant sévère pour « l'attitude intransigeante » de Mornet, se déclarant satisfait du verdict et du « bon tour » joué au procureur général. Il confie qu'il était sûr que le général de Gaulle se serait intéressé à lui. Il en a la preuve maintenant « parce qu'il avait commis une grande faute en refusant, ainsi qu'il le lui avait proposé, de travailler avec lui au lendemain de la Libération ». Il ajoute :

— Désireux de se réhabiliter, le général est intervenu auprès de la Haute Cour au moment de la délibération. Il en résulte que je ne serai pas exécuté.

Il sait très bien où il va et n'en est pas surpris :

— Mon gouvernement a envoyé Daladier, Mandel et Reynaud au Portalet. On m'y envoie à mon tour. La roue tourne...

« A diverses reprises, pendant le vol, lit-on dans le rapport, le Maréchal se laisse photographier complaisamment dans l'avion par son médecin. Il se livre même à certaines facéties. C'est ainsi qu'au moment où le docteur Racine prend une photographie, le Maréchal fait un pied de nez, sans doute enregistré par la pellicule. »

Du fait du mauvais temps, l'avion s'égare au-dessus des

1. J.-R. Tournoux : *Jamais dit* (1971).

Pyrénées. Quand on repère enfin le terrain de Pau, la descente est si rapide qu'elle gène la plupart des passagers. A l'exception du Maréchal. Content de lui, il s'exclame :

— Au cours du procès, le bâtonnier Payen a voulu me faire passer pour gâteux. Cela m'a indigné. La démonstration est faite que je suis solide.

A l'atterrissage, il ne se tient plus d'aise :

— C'est épatant, ces voyages en avion. C'est commode. Si j'avais su que ce n'est que cela, j'aurais pris l'avion plus tôt.

Le lecteur — comme l'historien — ne peut que se reporter à novembre 1942 lorsque, précisément, un avion lui avait été offert afin qu'il puisse gagner l'Algérie. Il l'avait refusé et l'entourage en avait tiré la conclusion que jamais, jamais, le Maréchal ne prendrait l'avion.

Rapport de Joseph Simon : « Le condamné a été mis dans la cellule 5 ; par rapport à l'entrée du fort, c'est au troisième sous-sol. Les lieux étaient d'une extrême humidité et froids, leur délabrement, malgré les efforts du personnel prévenu la veille, est lamentable. Un radiateur électrique a été mis en marche, il avait été installé il y a quatre ans. Il marche depuis jour et nuit donnant une température juste suffisante. La nourriture est donnée par le détachement de la garde qui assure le service du fort.[...]

« Les conditions du séjour au fort du Portalet laissent fort à désirer pour ne pas dire plus et je crains que la santé de l'ex-chef de l'Etat français ne soit rapidement compromise sans parler de son état moral qui est maintenant très déprimé.

« Dans une lettre destinée à sa femme et que j'ai retenue jusqu'à nouvel ordre, voici en quels termes le condamné apprécie sa nouvelle résidence :

« Notre installation est lamentable ; si je l'avais connue comme je la vis maintenant, je n'y aurai pas envoyé mes pires ennemis. Il ne peut être question pour toi de faire ce voyage... »

Pétain vit désormais dans une certitude : on va le transférer bientôt à l'île Sainte-Marguerite, au large de Cannes. Ce projet a été en effet conçu autour de de Gaulle. On y a renoncé lorsque l'information a filtré dans la presse communiste, trop heureuse de voir confirmée l'injure devenue traditionnelle qui assimile Pétain à Bazaine, autre prisonnier de l'île.

— Lorsque nous serons là-bas, confie Pétain à Simon, je vous inviterai tous à manger la bouillabaisse dans un petit restaurant de mon pays. Ça a l'air d'un petit café de rien du tout, on y mange à la perfection. Je ferai chercher quelques bonnes bouteilles de ma cave. J'espère que Marius, mon homme de confiance, a veillé sur elle et qu'elle est restée avec tout ce qu'elle contenait.

Son pays, c'est Villeneuve-Loubet où, après la Première Guerre mondiale, il a acheté une maison. Nul n'ose lui dire que celle-ci a été saisie en même temps que tous ses biens.

Il attend avec impatience la visite de M. Amor — « Amor comme moi » — prévue pour le 21 août. Le Maréchal espère que le transfert à Sainte-Marguerite lui sera confirmé. Amor ne peut que « prendre bonne note de sa demande » et ajouter que seul le Conseil des ministres peut désigner une autre prison.

Journal de Simon : « Cette visite a déçu le Maréchal et les agents m'ont dit qu'une fois le directeur général sorti, il a pleuré et jeté à terre tout ce qui lui tombait sous la main. C'est la première fois qu'on le voyait pleurer. »

Sa consolation — relative —, ce sont les lettres de sa femme. Simon les lit, de même que les lettres de Pétain à Eugénie qu'il lui arrive de retenir pour en faire rapport. Quand on annonce enfin la visite de la Maréchale, Simon tremble de colère : il la déteste et l'appelle la « vieille sorcière ». A aucun moment du séjour, Eugénie et Pétain ne resteront seul. Leurs entretiens auront toujours lieu devant témoins. Ainsi disposons-nous d'un certain nombre de dialogues plutôt savoureux. Pétain demande à sa femme des nouvelles de l'Académie. Méprisante, elle répond que celle-ci s'occupe de pourvoir aux fauteuils vacants. Il lui demande les noms des candidats, elle ne s'en souvient pas et d'ailleurs déclare ne pas s'intéresser « à cette bande de vieux cochons... ». Lui : « Comment, des cochons... — Oui, je répète : une bande de vieux cochons... qu'on entretient et qui ne font jamais rien. Je ne vois pas du tout leur utilité. Et puis ton Académie, c'est une bande de vieux gâteux. » Lui : « J'en suis bien heureux que ce soit une bande de gâteux. Comme en ce moment je n'y suis pas, cela fait un gâteux de moins. »

Une inquiétude du Maréchal exprimée à Eugénie :

— Quand je vais sortir, puisque tout m'a été confisqué, qu'est-ce que je vais devenir ? Encore toi, tu pourras te mettre comme blanchisseuse mais moi, il ne me reste plus qu'une ressource : demander l'aumône.

Quand, malgré leurs éternelles bisbilles — le mot est de Simon — elle s'en va, c'est un déchirement. *Journal de Joseph Simon*, 20 octobre 1945 : « Ce soir, on est venu m'appeler : le Maréchal avait un cafard monstre... Quand je suis arrivé, il m'a déclaré : " S'il n'y avait pas de barreau à la fenêtre, je me serais jeté dans le gave. " Il a le cafard du départ de sa femme et ça l'horripile d'être toujours enfermé. J'ai dû lui faire la morale en faisant preuve d'autorité et en comparant son sort avec ceux qui étaient détenus à Fresnes. Je lui ai laissé entendre que nous n'étions plus ici pour longtemps et qu'à la nouvelle résidence, sa femme viendrait le rejoindre. Ça l'a consolé et il m'a même dit : " Je ne croyais pas ma femme capable d'un pareil sacrifice. Jamais je n'aurais cru une chose pareille de sa part. " Il n'a pas tort, parce que, au fond, elle n'est pas décidée à partager son sort. »

Le 5 novembre, visite d'Isorni et Lemaire. Isorni découvre la citadelle, les patrouilles de gardes mobiles et de spahis, la difficile montée jusqu'à la forteresse, l'image qui a serré le cœur des deux avocats en entrant dans la cellule : un bol posé sur le dessus d'une commode bancale. Le même qui sert pour le café et le savon à barbe. Surtout, le regard du Maréchal et son cri :

— Isorni, Lemaire... Mes deux amis !

Question qui visiblement l'obsède : il faut qu'ils lui adressent une note d'honoraires. Exclamation des deux hommes : « Mais, monsieur le Maréchal, nous n'accepterons rien. »

Il ne se croit pas abandonné. A voix basse, il jure à Simon que Charles de Gaulle, « son élève », ne l'oublie pas. D'ailleurs, il a mieux : le Saint Père [1]. Il est vrai que de nombreuses interventions sont faites en haut lieu en sa faveur. Entre autres, le général Héring, ancien commandant de l'Ecole supérieure de guerre, est reçu par le général de Gaulle qui lui promet de faire améliorer les conditions de la captivité du Maréchal. « Mon intention est de ne pas le laisser au fort du Portalet pendant l'hiver. Eu égard à son âge, on adoucira progressivement son sort. » Héring souhaite davantage, il voudrait qu'on libérât le Maréchal. Il fait appel aux grands souvenirs qu'ont en commun Pétain et de Gaulle. Le général reste songeur. Il l'affirmera quelques années plus tard, son intention, s'il était resté au pouvoir, était « qu'après avoir été détenu deux ans dans une enceinte fortifiée, il allât terminer sa vie chez lui, près d'Antibes ». C'est oublier que la maison de Villeneuve-Loubet sert d'orphelinat.

Le général Héring attend la réponse de de Gaulle : elle vient.

— Ah ! Il aurait mieux fait de ne pas rentrer en France. Je lui avais donné le conseil de rester en Suisse. Il a voulu être jugé. Il l'a été. Par raison d'Etat, il devait être condamné. Un Etat ne capitule jamais.

Un instant de réflexion. Le chef de la France libre reprend :

— Je n'oublie rien, mon général. Le Maréchal est un grand homme qui, pour moi, est mort en 1925. A Vichy, il

1. Il n'existe aucune trace d'un engagement de Pie XII à son égard.

était trop vieux. Il ne faut pas se laisser vieillir au pouvoir. Voyez-vous, mon général, la grande affaire en politique, c'est de savoir se retirer à temps.

Elections en France. Pétain est inquiet : et si de Gaulle était battu par les communistes ? Il écoute jusqu'à 3 heures du matin les résultats : « Communistes et MRP tiennent la corde. » Il souhaite ardemment le maintien de de Gaulle, quelque temps encore, pour la France « et pour nous ».

Le bâtonnier Payen a fait savoir à son illustre client qu'il avait vu le garde des Sceaux et que son départ du Portalet était imminent. On lui a parlé de Sainte-Marguerite — encore — ou de l'île de Groix. Payen juge que le climat de cette dernière, sur la côte sud de Bretagne, est assez tempéré, moins cependant que celui de Sainte-Marguerite. « J'ai donc insisté pour que cette seconde île soit choisie ». Un peu de rêve pour le prisonnier du Portalet. En définitive, on s'arrêtera à une troisième solution : l'île d'Yeu, dans l'Atlantique.

Lettre de Philippe Pétain à son épouse, 26 novembre 1945.

« Ma chérie.

« Nous voici à l'île Dieu depuis bientôt dix jours et elle reste aussi inconnue que depuis l'arrivée [1].

« En débarquant, nous avons été dirigés sur un ouvrage de fortification aménagé pour une batterie tel qu'il en existe pour garder les côtes. Notre batterie porte le nom de " Joinville ". Elle porte peut-être un autre nom mais, comme elle garde l'entrée du port de Joinville, il n'y a pas d'erreur possible. L'ouvrage était très peu occupé, je crois même presque vide. Les logements ne manquent donc pas. J'ai, pour ma part, deux pièces où je suis fort à l'aise. Mais l'humidité est souveraine maîtresse du lieu. Il en sera ainsi jusqu'au printemps et peut-être un peu au-delà. Mais je dois dire qu'il ne

1. Le Maréchal reprend — mais le sait-il ? — l'ancienne appellation de l'île, débaptisée par la Révolution.

fait pas froid, ce qui n'a pas empêché mon rhume annuel de faire son apparition et je fais tous mes efforts pour ne pas l'aggraver. »

Au milieu d'un bois de pins, la Pierre-Levée est un ouvrage à la Vauban qui, selon Simon, est disposé autour d'un quadrilatère central de cent mètres sur cent trente. Celui-ci a été coupé en son milieu par des barbelés qui délimitent la garnison, d'une part, le pénitencier de l'autre. On y dénombre dix-huit arbres, pas un de plus. Philippe Pétain loge au premier étage, entre le corps de garde situé au rez-de-chaussée et l'appartement de Simon au second. Ses deux pièces ouvrent par de hautes fenêtres sur la cour. La chambre de 16 m^2 est meublée d'une table, d'une commode, d'un fauteuil, de deux chaises, de deux armoires et d'un lit d'infirmerie. Le cabinet de toilette voisin comporte un W-C et un lavabo mais pas d'eau. Comme dans sa jeunesse, Philippe Pétain doit se servir d'un seau de toilette et d'une cuvette de faïence. La seconde pièce, plus grande que la première, est à trois usages, salle à manger, parloir, cabinet de travail. C'est là qu'on célèbre la messe du dimanche. Un gardien y dort la nuit.

Pétain à sa femme, 12 décembre 1945 :

« J'espère que le mois de janvier ou au moins celui de février sera accueillant car j'ai besoin de t'avoir près de moi pendant quelques semaines pour me réconcilier avec la vie. Cette permanence sous les verrous a quelque chose d'affreux ; elle crée un état d'âme douloureux sur lequel le temps n'a aucune prise et que ta présence seule peut contribuer à calmer. Voilà où j'en suis. Je voudrais trouver une occupation. J'aime la lecture mais encore faut-il que le sujet m'intéresse. Il existe des revues de politique mondiale, américaines ou anglaises qui doivent être intéressantes. Tu as des amis cultivés qui pourraient te donner des conseils à ce sujet et les librairies anglaises et américaines se mettront très volontiers à ta disposition pour te fournir les lectures que tu leur demanderas. Décidément, le cachot ne convient pas à mon tempérament. Il faudrait que je puisse faire des marches de plusieurs kilomètres pour me préparer au sommeil. Car les nuits sans sommeil sont terribles. L'obscurité les peuple de fantômes, et le faible espoir d'une vie améliorée que l'on caresse quelquefois dans la journée s'évanouit au cours des longues nuits sans sommeil. »

A l'aube du 1er janvier 1946, le gardien Roy signale que « le condamné a passé une mauvaise nuit ». De 1 heure à 4 heures, il a dû rester près de lui. « Le détenu » lui a paru n'être pas « en possession de ses facultés mentales ». Roy avertit Simon qui accourt. Pétain ne le reconnaît pas :

— Que faites-vous ici ? Où suis-je ? interroge-t-il.

Le docteur Racine ayant quitté le fort, on appelle le médecin de l'île, le docteur Imbert qui constate que le condamné est redevenu normal. Il n'en juge pas moins « sérieuse » l'affaire de la nuit. De son côté, Simon qui prend toujours des notes, constate que si son prisonnier « baisse » intellectuellement, son appétit est devenu « formidable ». Pétain ne le cache pas :

— Je mangerais le double de ce que l'on me sert !

De temps à autre, la Maréchale lui rend visite. Elle loge à l'hôtel des Voyageurs à Port-Joinville.

Elle est là, bien sûr, le 24 avril 1946, quand le Maréchal fête son quatre-vingt-dixième anniversaire. Jean Lemaire et Jacques Isorni ont fait le voyage. Comme à l'accoutumée, le Maréchal les accueille avec empressement et bonheur. Isorni lui apporte du beurre, introuvable, du fait des restrictions, dans l'île. Pétain déclare aussitôt qu'il partagera avec ses gardiens. Les avocats trouvent qu'il a vieilli. On parle de l'avenir. Ah ! si on lui permettait d'habiter une petite maison dans l'île ! Si seulement il pouvait se promener !

Il parle souvent de de Gaulle :

— Je l'ai fait condamner. Il m'a fait condamner. En somme, nous voilà deux condamnés.

Il s'inquiète :

— Que fait-il, de Gaulle ?

Les avocats lui confirment qu'il a quitté le pouvoir parce qu'il ne s'entendait pas avec la majorité.

— Ça ne me surprend pas... Moi, au contraire, quand c'était encore plus difficile, je suis resté.

On peut suivre d'assez près la journée du prisonnier de l'île d'Yeu en se rapportant aux témoignages de ses familiers, de Joseph Simon, de certains surveillants ou de M. Jégu, de l'Administration centrale, collaborateur de M. Amor qui nous montre Pétain en juillet-août 1946. Ce Jégu a apporté de Paris une chaise longue mais, écrit Simon, « elle ne plaît pas du tout au condamné qui préfère le fauteuil donné par l'armée au moment de son arrivée à la citadelle ». Selon Jégu, « l'ex-maréchal Pétain est traité beaucoup plus comme un vieillard que comme un condamné. Il se lève et se couche à son gré. Son petit déjeuner est constitué par de l'Ovolmatine au lait avec des biscuits. On lui apporte, lorsqu'il le demande, de l'eau chaude pour sa toilette. » Pétain assiste de sa fenêtre au lever des couleurs. Dans les premiers temps, il fait son lit et s'acharne pour que celui-ci soit « au carré ». Après la toilette, sonne l'heure de la promenade qu'il attend avec impatience ; elle a lieu dans la cour qui n'a pas vue sur la mer, mais sur le ciel, « une cour caillouteuse avec quelques arbres, des casemates transformées, des remblais où poussent, par rares plaques, une herbe jaunie par le soleil [1] ». Il rentre pour lire *Le Monde*, juge que ce quotidien est beaucoup trop antigaulliste. Quand Mme Pétain se trouve à l'île d'Yeu, c'est à cette heure-là qu'elle rend visite à son mari. Jégu précise que les horaires du condamné sont flexibles, excepté pour les visites de sa femme : « C'est le seul horaire qui soit strictement appliqué et c'est nécessaire. » Eugénie apporte une ou deux gamelles qu'elle fait réchauffer dans la cuisine. Ils déjeunent ensemble à midi. Le reste du temps, le prisonnier est seul à table.

L'après-midi, nouvelle promenade. Comme celle du matin, elle aura tendance à se prolonger. Le prisonnier va et vient, bavarde avec les gardiens, échange des propos variés.

1. Pierre Bourget : *op. cit.*

Il rentre, reprend sa lecture : surtout des revues, des magazines en français et en anglais, pratiquement jamais de livres. Presque chaque jour, la visite du médecin. Simon tient à assister au dîner. Il faut que le Maréchal prenne les médicaments qui lui sont prescrits et il s'y refuse. Derrière son dos, Simon écrase des comprimés dans sa purée ou verse des gouttes dans son verre. Le Maréchal finira par s'en apercevoir et jettera systématiquement les boissons que son geôlier lui proposera. Il essuiera soigneusement le verre et se servira lui-même à boire.

Le 20 février 1947, Eugénie demande officiellement à partager les épreuves de son mari. Le garde des Sceaux André Marie répond sans ménagement : « J'ai décidé de continuer à appliquer à Philippe Pétain, sans brimades comme sans faveurs, le régime que fixe, pour tout détentionnaire, le décret du 25 mai 1872, et de ne point lui accorder les mesures exceptionnelles et particulières que vous avez bien voulu solliciter pour lui. »

Dès lors, à chacune de leurs visites, la Maréchale et les avocats doivent constater la triste réalité : Philippe Pétain entre peu à peu dans la nuit. « L'obscurité, de nouveau, l'environnait, rapporte Isorni, la conversation était difficile : Napoléon, Verdun, Vichy se mélangeaient. A plusieurs reprises, il répéta : " On imagine la complexité des grandes batailles... " Mieux valait parler de l'avenir, de la liberté... » La surveillance s'est assouplie. La Maréchale, maintenant, ne quitte plus l'île d'Yeu. Une photo montre le vieillard dans la cour et son épouse, attentive, près de lui. Petit progrès : à la suite d'une visite de Mlle Madelin, nièce du grand historien, l'administration a consenti « un crédit de l'ordre de 50 000 francs pour acquérir une ou deux chaises, fauteuils, ou peut-être, un canapé, un secrétaire, une lampe de chevet avec une petite table ». Commentaire de Simon : « A part la table et la lampe, tout ce matériel est vieux et défraîchi, je l'ai casé dans le parloir. »

Trois spécialistes sont envoyés pour examiner le vieillard.

Le Maréchal ne sait plus son âge mais se souvient de l'année de sa naissance, 1856 :

— Quelle année sommes-nous ? demande le professeur Piedelièvre.

— 1949.

A Piedelièvre qui, sévère, persiste à lui demander son âge, Pétain demande, comme un enfant :

— Que faut-il faire ?

— Une soustraction, parbleu !

On pose les chiffres pour lui, il tente d'y parvenir. Impossible. Le professeur constate les « premières manifestations de la sclérose des vaisseaux nourriciers du cerveau ».

Le rapport vient devant le Conseil des ministres qui est divisé. Le général de Gaulle, devenu chef du RPF, en profite pour embarrasser le gouvernement : « Aujourd'hui, il y a un vieillard dans un fort, un vieillard dont moi et beaucoup d'autres reconnaissons qu'il a rendu de grands services à la France. Nous n'oublions pas et ne devons pas l'oublier. Je l'ai dit à Verdun même. Pourquoi ce vieillard mourrait-il sans qu'il ait pu revoir des fleurs, des arbres, des amis ? »

En haut lieu, on décide que l'on prodiguera au condamné des « soins sur place ». Il souffre d'une verrue plantaire ? On fait venir un orthopédiste de Rennes. Il refuse d'être porté dans la cour à bras d'homme ? On pratique une rampe dans le contrefort de l'escalier. On lui affecte un médecin commandant et deux infirmières militaires.

Journal de Simon, 24 avril 1949 : « Le condamné débloque de plus en plus. » Le cœur faiblit, la pression artérielle baisse, constate le médecin commandant Zeude. Le 16 mai, Philippe Pétain parvient à écrire quelques lignes à sa femme : « Ma chère Annie. Tout va bien dans la maison, mais ce serait mieux encore si tu n'étais pas absente. J'attends ton retour prochain, la maison me paraît triste en ton absence. A bientôt, je t'embrasse. Philippe. »

7 septembre 1949, visite des avocats : « Il était privé, définitivement cette fois, de toutes les clartés de l'esprit. Surtout, ne ressentant plus le mal de la captivité, il avait enfin cessé

de souffrir. » A Paris, on prend les dispositions nécessaires pour une mort prévue. Les rapports se veulent de plus en plus alarmants.

Ils finissent par convaincre le gouvernement. Pour éviter la grâce médicale que personne ne veut signer, on décide de transférer le mourant dans un établissement hospitalier de l'île d'Yeu. L'ennui est qu'il n'existe pas d'hôpital dans l'île. Un habitant, M. Paul Luco, se propose pour accueillir le Maréchal. On établit un acte notarié qui précise que le droit d'occupation demeurera « attaché à la personne du Maréchal et prendra fin, soit par suite de son transfert dans un autre établissement hospitalier, soit par suite de son décès ». On appose à la porte de la maison une plaque : « Hôpital militaire de Nantes, annexe de l'île d'Yeu ».

On transporte le prisonnier sur un brancard que l'on glisse dans une camionnette. On lui a annoncé qu'il se rendait à l'hôpital militaire.

— Avec plaisir, allons-y !

Le voyage dure onze minutes. En arrivant, on demande au Maréchal comment il se sent.

— Ça va bien, mais on ne m'a pas donné mon petit déjeuner.

Une gangrène de la jambe droite va emporter celui que l'administration a décidé de nommer maintenant « le malade ». Au matin du 23 juillet 1951, dans la sixième année de sa captivité, il entre dans le coma. Une religieuse prie à son chevet. A 9 h 22, tout est fini.

D'anciens combattants de Verdun et des prisonniers de la Seconde Guerre mondiale vont porter le défunt au cimetière communal de Port-Joinville. Sur la dalle de granit blanc, une inscription :

PHILIPPE PÉTAIN
MARÉCHAL DE FRANCE

Le 11 novembre 1968, quand on célébrera le cinquantième anniversaire de l'Armistice de 1918, le général de Gaulle fera déposer une gerbe sur la tombe du vainqueur de Verdun. Ce geste, a-t-il annoncé, doit précéder le transfert des cendres du Maréchal à Douaumont ; son départ précipité, l'année suivante, l'empêche de donner suite à son projet. Ses successeurs, à leur tour, feront fleurir la dalle à chaque 11 novembre : Georges Pompidou, Valéry Giscard d'Estaing, François Mitterrand jusqu'au 11 novembre 1992. Après la profonde émotion suscitée dans l'opinion par le cinquantenaire de la Rafle du Vél' d'hiv', l'Elysée renoncera à cet hommage.

CHAPITRE IV

PIERRE LAVAL, VICE-PRÉSIDENT DU CONSEIL

— *Comment ai-je pu me tromper à ce point !*

Dans le petit bureau tapissé de soie bleue qui, au château de Sigmaringen, avait été celui du Kaiser Guillaume II, Pierre Laval tient entre ses mains un rapport sur la Conférence de Yalta. Dans cette petite ville de Crimée, le sort du monde vient de se jouer entre Staline, Roosevelt et Churchill. Ce qui apparaît désormais certain, c'est que le bloc allié ne présente aucune fissure. L'union paradoxale de la capitaliste Amérique et de la Russie communiste ne se dissociera pas avant que l'Allemagne nazie ait été anéantie [1].

— *Comment ai-je pu me tromper à ce point !*

L'ancien secrétaire général du Gouvernement de Vichy, Jacques Guérard, écoute sans surprise l'aveu d'un homme qu'il comprend et qu'il plaint [1]. Il n'y a que peu de temps que Guérard, expulsé de Suisse, a dû rejoindre la capitale de la « collaboration » en exil. Il a cinquante-deux ans, il est grand, solide, large. Il garde closes ses lèvres minces. Ses yeux gris ne quittent pas le Président. Il l'observe, il écoute — il retient [2].

---

1. Je dois, pour ce chapitre, une infinie reconnaissance à un grand nombre de personnes, dont la plupart sont disparues aujourd'hui. Elles m'ont soit reçu longuement, soit communiqué leurs notes inédites. Je citerai : Abel Bonnard et Maurice Gabolde, anciens ministres du gouvernement de Vichy, Jacques Guérard, ancien secrétaire général du gouvernement, Charles Rochat, ancien secrétaire général des Affaires étrangères, Mgr Boyer-Mas, qui fut attaché à l'ambassade de France à Madrid, René de Chambrun, gendre de Pierre Laval, Horace de Carbuccia, Paul Néraud, Mme Fernand de Brinon, Gérard Rey et Jacques Boudot, Alfred Mallet. Et d'autres, qui ont préféré conserver l'anonymat.

2. Témoignage de Jacques Guérard à l'auteur.

Pierre Laval a maigri. Son cou flotte dans le col mou de sa chemise mais l'allure, le visage, le regard restent inchangés. Il a revêtu l'un de ses éternels costumes croisés à rayures. Dans la journée, ils sont gris ; le soir, bleu marine ou noirs. Sur la chemise crème, la célèbre cravate blanche. Un vieux truc, un conseil de Briand, lors des débuts du jeune Auvergnat dans la politique :

— Faites-vous remarquer. Quelque chose, dans votre tenue, un détail attaché à votre personne, dont on puisse se souvenir.

Pierre Laval a choisi la cravate blanche.

Il reprend le rapport sur la conférence de Yalta, secoue la cendre de sa cigarette : une Balto. Il se refuse à changer de marque. Ici, à Sigmaringen, c'est l'ambassadeur Abetz qui lui fournit ses cigarettes favorites. On les fait venir de France, par la Suisse, en grandes quantités. Dès le réveil, Laval porte à ses lèvres violacées sa première cigarette. Il ne pose la dernière qu'au moment de s'endormir. Son chauffeur se souvient que, durant un voyage de Vichy à Paris — entre trois heures et demie et trois heures quarante-cinq de route — son patron fumait, au minimum, quatre à cinq paquets. Mais il ne laissait se consumer que la moitié de la cigarette. A l'arrivée à Matignon, c'était, de la part du service d'ordre et des huissiers, une telle ruée vers les cendriers de la voiture, que M. Jacques, le chauffeur, avait dû établir un roulement [1].

— *Comment ai-je pu me tromper à ce point !*

Le buste est légèrement penché en avant. La mèche grise, peignée vers la gauche, glisse sur le front. On serait tenté, devant le teint basané, d'évoquer un malade atteint de jaunisse : mais non, cela vient de sa mère, Claudine, la robuste paysanne de Chateldon, ce petit village d'Auvergne où Pierre a vu le jour, au matin du 28 juin 1883, peu avant 10 heures. Nez fort, lèvre lourde, yeux noirs légèrement bridés, visage

1. Témoignage de Jacques Boudot à l'auteur.

bistré, Claudine Laval les avait déjà reçus en partage. Même au milieu des monts, la physionomie du petit Pierre étonnait tant que, dans l'unique rue du village, les enfants le poursuivaient en l'appelant le « jamaïk ». Jeu dangereux : le jamaïk devenait facilement furieux et ses poings se révélaient solides.

Des érudits locaux, à l'affût des traditions et des légendes, prétendent qu'un camp de prisonniers sarrazins avait été installé à Chateldon au retour des Croisades. Ce qui demeure plus sûr, c'est qu'au IXe siècle les Sarrazins guerroyèrent dans le pays. Et qu'il existe en Auvergne un bourg appelé Les Arméniens. Quand Laval rencontrera Staline, beaucoup seront frappés par une indéniable ressemblance morphologique entre le Géorgien et l'Auvergnat.

Le grand-père Laval ne savait pas lire. A Chateldon, le père était à la fois boucher, aubergiste et maître de postes : cinq chevaux dans l'écurie pour une carriole permettant de relier, à travers la montagne, le village à la gare de Ris ou à celle de Puy-Guillaume, parfois à Vichy. Dès ses onze ans, après le certificat d'études, Pierre a soigné les chevaux et conduit la carriole. Plus question d'école. Un garçon, au village, est fait pour aider le père. Si Pierre a pu étudier, c'est en conduisant les chevaux. Ils connaissaient l'itinéraire. Pierre attachait les rênes à la manivelle du frein et se plongeait dans la lecture de *De Viris illustribus*, prêté par le curé Peloux [1].

Entre l'auberge de Chateldon et la soie bleue du bureau de Sigmaringen, s'inscrit un destin qui a permis à Pierre Laval de passer, à la force du poignet, son baccalauréat et, en devenant pion à Lyon, de conquérir sa licence en droit. Après quoi est venue la réussite : avocat, député, sénateur, plusieurs fois ministre, deux fois président du Conseil [2].

— Comment ne serais-je pas républicain, demandait-il, quand la République m'a permis d'être ce que je suis ?

1. Alfred Mallet : *Pierre Laval* (1955).

2. Première présidence du Conseil de janvier 1931 à janvier 1932. Deuxième présidence de juin 1935 à janvier 1936. Vice-président du gouvernement de Vichy de juillet à décembre 1940, puis d'avril 1942 à août 1944.

La sincérité de son attachement à la République n'est pas niable. A Vichy, face à la camarilla maurrassienne qui assiégeait le vieux maréchal, Laval s'est vu considéré comme une bête curieuse. Les journaux pro-allemands de Paris moquaient et dénonçaient celui qu'ils surnommaient par dérision le « Républicain musclé ».

L'autre passion de Pierre Laval, c'est la paix. Ce paysan ressent une horreur instinctive de la guerre. Il est bien plus que pacifique : pacifiste. S'il a milité longtemps dans les rangs du parti socialiste, c'est que celui-ci se proclamait le parti de la paix. Pendant la Grande Guerre, il a souhaité l'arrêt des hostilités : il a cru possibles des conversations en Suède entre socialistes des deux camps. Après l'armistice, il s'est voulu le disciple passionné de Briand, parce que Briand voulait déclarer la paix à l'Europe. Toute sa politique, en 1935, quand il est président du Conseil, tend à éviter la guerre : il négocie avec Mussolini, avec Staline, sans se préoccuper des idéaux ou des régimes de ses alliés éventuels. Il veut isoler l'Allemagne :

— Moi, j'aurais négocié avec le diable !

A son avocat Albert Naud, il dira :

— Rien ne justifie la guerre, qu'elle soit offensive ou défensive !

Naud, répliquant qu'on ne peut pourtant pas, en cas d'agression, tendre le cou au sabre de l'ennemi, Laval balaye l'objection jugée par lui « ridicule » :

— Comptez les morts, crie-t-il, chiffrez les ruines, appréciez les misères dont l'humanité souffrira pendant des siècles peut-être, et dites-moi sincèrement si tout, vous m'entendez bien, tout n'est pas préférable à une guerre ! Je ne la voulais pas, moi, la guerre, à aucun prix, parce que je savais ce qu'elle contenait, gagnée ou perdue [1] !

A Sigmaringen, écoutant la radio française évoquer le cas des « criminels de guerre », Laval, avec son accent auvergnat qui roule les R, lancera non sans humour :

— Moi, je serais plutôt un criminel de paix.

1. Albert Naud : *Comment je n'ai pas défendu Laval* (1948).

Ce pacifisme intégral explique beaucoup de choses. A commencer par sa politique pendant l'occupation. Assurément, il a cru, au début, à la victoire allemande. A. Paul Morand, il a confié en août 1940 :

— Pour les Anglais, c'est loupé. Ils ne gagneront pas la guerre. Je n'ai aucun mauvais sentiment à leur égard, mais l'heure de l'Angleterre est passée. Quoi qu'il arrive, maintenant, elle perdra son empire. Demain, elle sera devenue une Hollande. Elle ne reprendra plus pied en Europe. Elle l'a quittée pour toujours en se rembarquant à Dunkerque. Elle n'a pas voulu partager le monde avec l'Allemagne et le monde va lui échapper ; tout ce qui ne sera pas russe sera américain.

A Yves-Frédéric Jaffré, dans sa cellule de Fresnes :

— Que j'aie pú croire en 40 à la victoire de l'Allemagne ne surprendra et ne choquera que ceux qui ne veulent pas se rappeler ce qu'ils ont pensé eux-mêmes à ce moment-là.

Et encore :

— Je voulais que la France continue à vivre. Parce que je voulais que la paix ne fût pas une paix de destruction pour mon pays [1].

Au procès Pétain :

— Si je me suis trompé, si les événements ont été autres que ceux que j'avais prévus, que la logique faisait prévoir, eh bien ! je vous dirai une chose : je vous dirai que la France, quand il s'agit de son destin et de sa vie, doit avoir un jeu complet, qu'il ne doit pas lui manquer une seule carte dans la main et, même si la carte de l'Allemagne était incertaine, même si elle était mauvaise, parce que c'était une carte, il fallait qu'elle soit dans le jeu de la France. De Gaulle faisait la politique de l'autre côté. Il avait raison !...

A Sigmaringen, dans le salon bleu du Kaiser, Jacques Guérard regarde toujours l'homme à la cravate blanche. C'est vrai : il s'est ancré dans la certitude du triomphe

1. Yves-Frédéric Jaffré : *Les derniers propos de Pierre Laval* (1953).

d'Adolf Hitler. Jusqu'au-delà du possible et du raisonnable. Pas de double jeu pour Pierre Laval. A Sigmaringen, il lui advient encore de se demander si, malgré tout, les Allemands ne vont pas, une fois de plus, reconquérir la supériorité des armes.

Laval tire sur sa cigarette et, ses lourdes paupières à demi baissées, rêve un long moment. Yalta, ou la fin des illusions. Il connaît trop bien Staline — l'homme d'Etat étranger que peut-être il admire le plus — pour se méprendre sur le sens de la Conférence :

— Churchill a compris depuis longtemps, mais il manque de courage civique ; il n'osera pas se déjuger. Roosevelt est un novice ; il comprendra dans deux ans qu'il a fait le lit du bolchevisme...

Un nuage de fumée. Puis :

— Quant à moi, je ne regrette rien. J'ai maintenu la France hors de la guerre, je lui ai conservé toutes ses chances. Lequel de mes prédécesseurs pourrait tenir le même langage ?

Depuis qu'il a quitté la France, telle est l'obsession de Pierre Laval : justifier la politique de collaboration qu'il a menée pendant quatre ans. Peut-être aussi se justifier à ses propres yeux.

Ce jour-là, Jacques Guérard l'entend dire, « avec un mélange de fierté et d'amertume » :

— Briand n'aurait pas pensé autrement que moi. Mais il n'aurait pas fait lui-même ma politique : il l'aurait fait faire. Il ne serait pas ici.

Au mois d'août 1944, peu s'en était fallu, à Paris, que Pierre Laval réussisse son ultime — et plus audacieux — pari diplomatique.

Les Américains approchent, les lourds camions camouflés de la Wehrmacht évacuent archives, matériel et ces auxiliaires féminines que les Français appellent les « souris grises ». Soudain, la nouvelle court la capitale affamée, privée de journaux, d'électricité et — à certaines heures — d'eau. On se téléphone, on se récrie. L'étudiant que j'étais a appris la nouvelle chez son coiffeur :

— Laval a ramené Herriot à Paris. Ils vont réunir l'Assemblée nationale. Elle sera en place pour accueillir les Américains.

On ne veut pas y croire. Un bobard de plus ! Rien de plus vrai pourtant : Otto Abetz, ambassadeur d'Allemagne à Paris, laisse faire. Cela ne durera guère. Courroucé par ce retour au « parlementarisme », Marcel Déat — chef du fantomatique Rassemblement National Populaire — s'en va tout droit dénoncer le « complot » à Himmler, chef suprême des SS, lequel fait sur-le-champ arrêter Herriot et ordonne le « transfert » de Laval à Belfort.

Le 17 août 1944, vers 23 h 30, à l'hôtel Matignon, sonne l'heure du grand départ. Dans la cour, plusieurs voitures attendent, dont la grosse Delahaye noire de Laval. Les huissiers brandissent des bougies. Mme Laval, les cheveux couverts d'une écharpe grise, monte la première en voiture. Laval attend quelques secondes sa fille Josée, partie lui chercher sa pelisse qu'il a, malgré la chaleur lourde de ce mois d'août, réclamée instamment [1]. Dès que Josée reparaît, il l'étreint. Par deux fois, la jeune femme revient vers son père pour l'embrasser. La portière se referme sur Pierre Laval. Jamais plus, Josée ne reverra son père en liberté.

Derrière la Delahaye, s'est avancée une énorme Packard noire décapotable. Blindée comme la Delahaye, elle était naguère celle de Darlan. Les deux fonctionnaires chargés de la surveillance et de la protection de Laval, Marcel Delattre et Gérard Rey, y ont pris place. Dans le coffre et sur la banquette arrière, s'entassent les bagages du Président : un grand nombre de valises auxquelles s'ajoute un véritable arsenal : plusieurs mitraillettes, des pistolets et revolvers de tous calibres.

D'autres voitures : celles des ministres qui ont choisi d'accompagner Laval, celles aussi des SS et de la Gestapo de

1. Témoignage à l'auteur de Gérard Rey.

l'escorte. Au moment où le convoi s'ébranle, une voix lance dans la nuit :

— Vive la France !

« Cette voix, m'a confié Gérard Rey, était celle d'Amédée Bussières, préfet de police. Le cri est repris par les assistants divers qui se pressent sur le haut du perron de l'hôtel Matignon, à la lueur des bougies... J'ajuste un chargeur de mitraillette, les yeux brouillés de larmes. Quelques voix chantent *La Marseillaise.* »

Belfort, pour Laval, signifie surtout un refus : celui de se rendre, avec ses ministres, à une convocation d'Adolf Hitler. Cheveux blonds, yeux clairs, Otto Abetz accourt pour l'adjurer de partir sur-le-champ. Refuser une invitation de Hitler ? A Laval, le diplomate répète :

— Vous avez encore deux millions de Français en Allemagne. J'aime mieux vous dire que le Führer est capable de réactions effroyables...

Les yeux noirs brillent d'un éclat singulier. Abetz, le premier, détourne la tête. Pierre Laval lui a remis cette lettre :

« Monsieur l'Ambassadeur,

« Je viens de recevoir l'invitation du Chef de l'Etat Grand Allemand d'avoir à me rendre demain au Grand Quartier Général.

« Vous savez dans quelle situation se trouvent actuellement le Maréchal et le gouvernement français, en raison des conditions dans lesquelles ils ont été conduits à Belfort.

« Je suis ainsi placé par les circonstances dans l'impossibilité morale d'aller au Quartier Général. Un tel voyage apparaîtrait aux Français en contradiction avec l'attitude que j'ai adoptée et que je vous ai fait connaître et ils ne comprendraient pas à quel titre j'effectuerais le déplacement.

« La loyauté dont j'ai toujours fait preuve en poursuivant une politique que j'ai jugée la meilleure pour mon pays est trop connue pour qu'on puisse interpréter mon attitude présente comme un revirement de cette politique.

« Elle me donne d'autre part la certitude que le Chef de l'Etat Grand Allemand comprendra les raisons profondes qui me dictent cette réponse.

« Je vous prie d'agréer, Monsieur l'Ambassadeur, les assurances de ma haute considération.

« Pierre Laval »

N'ont en définitive accompli le voyage de Rastenburg, au « Repaire du Loup » — là même où a échoué l'attentat du 20 juillet — que Fernand de Brinon, l'ancien « délégué général » du gouvernement de Vichy à Paris ; Joseph Darnand, chef de la Milice qui a prêté serment de fidélité à Hitler ; Marcel Déat ; Jacques Doriot, chef du Parti populaire français, et Paul Marion, secrétaire d'Etat auprès du Chef du Gouvernement. Si ce dernier a accompagné la délégation, c'est à la demande de Laval, désireux d'être informé quant aux véritables sentiments de Hitler.

Sans s'embarrasser de formules protocolaires, Ribbentrop, ministre des Affaires étrangères du IIIe Reich, a déclaré à Brinon, reçu en tête à tête :

— Il n'y a plus rien à faire avec Laval. Il a refusé l'invitation à s'expliquer et maintenant il lui faut complètement lâcher la partie.

Quant à Hitler, recevant l'ensemble de la délégation, il s'est déclaré favorable à un gouvernement Doriot. Balayé, Pierre Laval. S'il faut en croire Marion, le Führer aurait ajouté :

— Je dispose d'armes secrètes dont les V1 et les V2 ne vous donnent qu'une faible idée. Grâce à ces armes, je reprendrai l'offensive. Je jetterai les Anglo-Saxons à la mer. Ce sera terrible parce que cela se passera sur le corps de votre pays. J'en demande pardon, à vous, Messieurs, à la France et à Dieu [1] !

Le lendemain de l'arrivée de Laval à Belfort, à 1 heure de l'après-midi, une Simca 8 couverte de poussière s'est arrêtée

1. Le passage ne se retrouve pas au procès-verbal rédigé par l'interprète Schmidt.

devant la Préfecture. Un homme aux vêtements froissés, pas rasé, pas lavé, en est descendu. Les ministres Bonnard, Marion, Bichelonne qui sortent à cet instant précis le regardent sans le reconnaître. Il faut que l'homme s'avance vers eux et se présente pour qu'ils admettent l'invraisemblable : il s'agit de Paul Néraud, le meilleur ami de Pierre Laval. Paraissant environ quarante-cinq ans, le teint bistre, très noir d'yeux et de cheveux, il porte une petite moustache noire. Son débit est un peu heurté. Que vient-il faire à Belfort ?

Le médecin-lieutenant Schillemans, désigné un peu plus tard pour remplacer le docteur Ménétrel, médecin du Maréchal, sera frappé par l'indéniable ressemblance qui existe entre Pierre Laval et Paul Néraud. Quand j'ai rencontré Néraud, j'ai moi-même cru voir un Pierre Laval plus jeune. Etait-il le fils de Pierre Laval ? Presque toute la « colonie » de Sigmaringen s'en déclarera assurée. En fait, Néraud, s'il est né dans l'Allier — très précisément au Doujon, non loin de Chateldon — a vu le jour le 18 octobre 1896. Il m'a lui-même appris qu'il avait connu Laval à l'âge de seize ans, en 1912, alors que le jeune socialiste « Pierrot » se présentait à une élection partielle en banlieue. Le père de Néraud, négociant en vins, lui aussi socialiste, avait fortement appuyé la campagne de Laval. Ainsi s'était créée, entre les deux familles, une étroite amitié. A la mort du père Néraud, Laval avait aidé Paul à reprendre en mains l'affaire de vins familiale.

Paul Néraud n'oubliera jamais ce soir de l'été 1944 où, convié à dîner par Laval à Matignon, il avait trouvé un homme amer et désabusé devant l'échec redouté de son ultime manœuvre :

— Il ne faut jamais compter sur personne, et je sais fort bien que si le sort m'était contraire, je serais un jour abandonné par mes meilleurs amis.

Néraud s'est exclamé que lui, en tout cas, ne l'abandonnerait pas [1].

1. Témoignage de Paul Néraud à l'auteur.

Dès qu'il a appris le départ de Laval pour Belfort, Néraud n'a pas hésité : il le rejoindra. Pierre Laval a laissé entre ses mains des lettres importantes de Winston Churchill, Staline et Roosevelt. Raison de plus pour prendre la route et les lui porter. En tant que négociant en vins, Néraud dispose d'un *ausweiss*. Il part. Il lui faut traverser le ballon d'Alsace, où grouillent les Résistants. Il subit le bombardement de Saint-Dié, celui de Saint-Dizier, parvient malgré tout à Belfort.

Quelle émotion, pour Pierre Laval, en voyant surgir son vieux camarade ! Les deux hommes s'étreignent. C'est juré : Néraud ne quittera plus Laval.

Le soir du 6 septembre 1944, à la Préfecture de Belfort, le conseiller allemand Hofmann demande audience à Laval. « Long, large, obséquieux, envahissant », il est porteur d'une grave nouvelle : le président Laval va devoir quitter Belfort. Croyant être aimable, Hofmann s'ébroue et explique :

— L'ordre est venu de nous préparer au départ pour demain matin ; je ne puis vous dire où nous allons, l'ignorant pour le moment moi-même, mais je crois qu'on vous emmènera dans un pays qui vous rappellera l'Auvergne !

La seule réponde de Laval : silence et mépris.

Mme Pierre Laval a fait savoir qu'elle suivrait, quoi qu'il advînt, le sort de son mari. Il en a toujours été ainsi. Laval a épousé Jeanne Claussat à vingt-six ans. « Pierrot » venait d'obtenir sa licence en droit et, après avoir adhéré au parti socialiste, allait s'inscrire au barreau. Jeanne était, elle aussi, de Chateldon où son père cumulait les fonctions de médecin, maire et conseiller général. Son frère était député socialiste. Ce mariage a marqué la première promotion sociale de Pierre Laval. Brune, robuste, simple, le visage rond et souriant, Jeanne s'est révélée l'épouse idéale : compagne, collaboratrice, conseillère. « Pierrot » était pion quand elle l'a épousé ; avec lui, elle est allée à Matignon. Ils étaient pauvres ; ensemble, ils sont devenus riches. Leur union s'est encore resserrée autour de leur petite fille Josée, née en 1911.

Après la réussite, le fils de l'aubergiste et la fille du médecin de campagne sont revenus à Chateldon et — tous les deux — ont racheté le vieux château qui domine le village. Ils l'ont passionnément aimé. Au vrai, ils se ressemblent : Pierre et Jeanne sont toujours restés des terriens auvergnats.

Devenue assez forte, quelques fils d'argent se mêlant à ses cheveux châtains, avec ses robes grises, ses manteaux stricts et ses talons plats, on la prendrait pour la femme d'un notaire de la campagne. Sa confiance en Pierre est immense, inébranlable. Quelques jours auparavant, elle se sentait sûre que « Pierre arrangerait tout ». Maintenant, une sourde inquiétude a commencé à la tarauder. L'idée seule de quitter son pays la déchire. Pierre pourra-t-il s'expliquer devant les nouveaux gouvernements de la France, se justifier, les « mettre dans sa poche », comme il l'a fait avec tout le monde ?

La calme Mme Laval ne tient plus en place. Dans la soirée du 6 septembre, le préfet Lalanne la voit « très émue ». Elle lui dit :

— Si les Français pouvaient arriver cette nuit, avant que les Allemands nous emmènent... C'est affreux d'être ainsi arraché à son pays...

Elle ne semble pas se douter que l'arrivée des Français signifierait pour son mari l'arrestation et l'incarcération immédiates.

Une nuit chaude enveloppe Belfort. Au loin, la canonnade. Laval sait que, le lendemain, il devra se lever très tôt. Mais il ne se résout pas à aller se coucher. Dans un salon de la Préfecture, le préfet Lalanne et quelques-uns de ses collaborateurs intimes l'entourent. L'un d'eux, avec quelque embarras, avise le Président qu'il ne le suivra pas en Allemagne. Il entend « se soustraire aux autorités allemandes et tenter de passer en Suisse ». Laval hoche la tête. D'un grognement, il approuve :

— Je partirais bien avec toi, mais je suis trop voyant ! C'est fini. J'ai tout perdu. Mais il n'y a pas de quoi avoir honte. Il y a plutôt de quoi être fier. Si je ne puis jamais expliquer ma politique, cela m'est égal. D'autres parleront, ceux qui m'ont suivi et deviné alors que je devais agir en silence, la bouche cousue...

Cet homme d'ordinaire peu expansif, a un geste inattendu : il prend les mains de son collaborateur et les serre longuement. Ses yeux sont humides [1].

7 septembre 1944, 6 h 30. Le chauffeur du Président, Jacques Boudot, a pris place au volant de la Delahaye noire. Une voiture qu'il connaît bien. Numérotée 5939 NH 5, elle pèse 3 tonnes et demie. Dotée d'un réservoir de 100 litres, elle a été carrossée — et blindée — par Chapron. Boudot la conduit depuis 1940. Ce colosse au visage rond et rieur, aux yeux noirs et malins, entré comme chauffeur, en 1928, au service technique et automobile de la Préfecture de Police, s'est, en juillet 1940, retrouvé à Vichy après l'exode. Il est allé se mettre à la disposition de la police locale. Comme il livrait ses références au commissaire, ce dernier a décroché le téléphone qui sonnait, a écouté un instant, puis :

— Un chauffeur pour Laval ? Mais j'ai ce qu'il vous faut ! Ici, dans mon bureau !

Boudot est allé se présenter. Quand Pierre Laval a su que Boudot était originaire d'Abrest, petit village à quelques kilomètres de Chateldon, il s'est récrié :

— Un Auvergnat ? C'est pas vrai !

Bien entendu, il l'a gardé [2]. Pour Boudot, Laval est devenu « le *patron* ». A force de s'identifier au Président qu'il conduisait, Boudot a même été arrêté — et provisoirement révoqué — le 13 décembre 1940 [3] ! Des centaines de fois, Boudot a accompli les trajets Vichy-Paris et Paris-Vichy. Il

1. Témoignage recueilli par André Brissaud : *Pétain à Sigmaringen* (1965).

2. Sans le témoignage de Jacques Boudot, ce récit manquerait de données essentielles. Dès le premier moment de nos entrevues — elles ont duré plusieurs jours — il a brandi devant moi son « carnet de route » sur lequel tout était noté de son odyssée avec Laval en Allemagne.

3. Le 13 décembre 1940, par une manière de coup d'Etat, le Maréchal a obligé Laval à quitter le pouvoir.

en profitait d'ailleurs pour bourrer les caissons blindés de correspondance clandestine entre les deux zones : jusqu'à trois mille lettres. Un jour, Laval, d'un ton bonhomme, a demandé :

— Dites, Boudot, vous ne passez rien en fraude, hein ? C'est défendu.

— Jamais rien, Monsieur le Président. Vous pensez !

Ils se regardaient sans rire. Mais nul n'a jamais su lesquels, des yeux noirs de Laval ou des yeux noirs de Boudot, pétillaient le plus.

Dans la cour de la Préfecture de Belfort, Otto Abetz, visiblement fort ennuyé d'être là, attend près de Laval et de son épouse. Laval tire un papier de sa poche et, tourné vers celui qui fut, à Paris, l'ambassadeur de la collaboration, il se met à lire :

« Au mois d'avril dernier, donnant des instructions aux préfets et aux fonctionnaires en cas de débarquement des forces armées alliées, je leur avais demandé de rester à leur poste, quoi qu'il advienne. Ils m'ont obéi. Certains ont payé de leur liberté, et parfois de leur vie, leur obéissance à cet ordre. Il me semble avoir mal agi, comme un capitaine de navire en perdition qui ordonnerait à ses matelots de rester à bord alors que lui s'en irait. Il n'a pas le droit de dire à ses hommes : “ Restez pendant que je vais partir. ” Peut-être comprendrez-vous mieux la protestation que je vous renouvelle ce matin... »

Pierre Laval s'arrête. Surpris, Otto Abetz relève la tête qu'il tenait obstinément baissée ; visiblement Laval est ému. Il se reprend : « ... à l'heure où vous m'obligez... » Un arrêt encore. Puis : « ... à quitter le sol de ma patrie. » Il affermit sa voix : « Lorsque j'étais à la tête du gouvernement, je connaissais les risques que j'assumais, je les acceptais avec un sentiment du devoir vis-à-vis de ceux qui ont obéi à mes ordres. Je les acceptais pour donner à tous les Français cette nouvelle preuve de l'amour que je porte à mon pays. »

C'est fini. Abetz ne dit mot. Mme Laval s'est engouffrée la première dans la voiture. Pierre Laval s'assied à sa droite. Boudot referme la portière et s'installe à l'avant, à droite : le volant de la Delahaye, traditionnellement, est de ce côté.

Cette fois, c'est l'Allemagne, la vraie. Le soir venu, on s'arrêtera à Fribourg-en-Brisgau. La ville allemande a beaucoup souffert des bombardements. Les Français y séjourneront deux jours. En attendant les instructions. Le conseiller Hofmann n'a pas menti à Laval : il ignore où seront conduits les exilés. Renthe-Fink n'en sait pas davantage. Et s'il multiplie les appels téléphoniques à Berlin, c'est que Berlin, en fait, ne sait pas non plus où l'on accueillera Pétain et Laval !

L'hôtel — visible annexe de la Gestapo — est littéralement grouillant de diplomates, journalistes, politiciens, évacués de France par les Allemands. Laval, cigarette aux lèvres, erre silencieusement dans les couloirs et les salons. Il n'entame pas le premier la conversation. Si d'aucuns l'approchent, le questionnent, il répond : phrases courtoises, mais brèves.

C'est à l'étape de Fribourg-en-Brisgau, dans la soirée du 7, que Renthe-Fink annonce que Laval et les ministres se rendront le 9 à Sigmaringen où le Maréchal les aura précédés la veille.

Aussitôt, on se penche sur des cartes. Sigmaringen ? L'exil, ce sera donc cela ? Remonté dans sa chambre, Laval en surgit un instant après, ameute le service d'ordre, alerte Renthe-Fink, Hofmann, d'autres :

— J'ai oublié ma pelisse à Belfort !

Il y a, chez les Allemands, des sourires mal dissimulés. Vraiment, ces Auvergnats méritent leur réputation. Laval insiste tant et tant qu'on l'autorise à téléphoner au préfet de Belfort. A Jean Lalanne, obtenu enfin au bout du fil, il donne les instructions nécessaires.

Le 8, tandis que le Maréchal se met en route, une voiture arrive de Belfort qui apporte à Laval sa chère pelisse. Elle est en drap gris foncé. Le col de fourrure est gris noir, avec des reflets fauves. Ce qu'ignorent les Allemands, c'est que la doublure contient une capsule de cyanure de potassium. C'est à elle que tient tant l'ancien vice-président du Conseil de Vichy. Pas à la pelisse. Le poison demeure, pour Pierre Laval, l'ultime recours.

Le 8, cependant que Pierre Laval se promène dans la ville — il adore marcher —, les sirènes l'obligent, avec Jeanne, à gagner un abri. L'alerte terminée, le groupe des Français se met en devoir de regagner l'hôtel. Dans le ciel, le vrombissement d'un avion inquiète soudain Gérard Rey : vingt-neuf ans, méridional, mince, gai, brun aux cheveux frisés[1]. Il aperçoit Mme Laval isolée au milieu d'une place, s'élance vers elle, l'attire à l'abri d'un porche. Deux secondes après, l'avion pique et mitraille le centre de la place.

De nouveau, le 9 septembre au matin, Boudot prend le volant de la Delahaye. Il fait très beau. Au moment du départ, nouvelle alerte. Les voyageurs jaillissent des voitures et courent vers les abris. Au moment où Rey va s'abriter lui-même, il aperçoit Mme Laval, flegmatique, demeurée à sa place dans la Delahaye. Il se précipite pour lui ouvrir la portière. Elle secoue la tête, négativement, et montre la cigarette — une Gitane — qu'elle vient de tirer d'un paquet :

— Donnez-moi plutôt du feu, mon petit.

Le fonctionnaire s'exécute tandis que commence un nouveau mitraillage.

Fin d'alerte. On part. Direction : Sigmaringen. Mme Laval, appuyée sur les coussins, considère le paysage d'un air las et irrité. Laval, assis sur l'extrême bord de la banquette, s'agrippe à l'anse de la cordelière qui pend sur sa droite. C'est la manière, depuis des années, de voyager du Président.

— C'était mieux pour son ulcère, m'a expliqué Jacques

1. J'ai pu admirer, au cours de mes entretiens avec lui, la précision de la mémoire de Gérard Rey.

Boudot. Souvent, le Président sifflotait, lèvres jointes. Dans ce cas, il ne fallait pas le déranger...

Quand Laval se laisse glisser en arrière, c'est qu'il dort. Pendant ces petit sommes, Boudot en profite pour appuyer sur l'accélérateur. Un craquement d'allumette l'avertit que le patron s'est réveillé.

Au début de l'après-midi, la Delahaye se range dans la cour du château des princes de Hohenzollern. A « l'étage d'honneur » qui leur est affecté, les Laval doivent traverser un grand nombre de salles et de salons. « Lui, me dit Gérard Rey, fait la tête. Elle, gonfle les joues et sa main esquisse un geste de dérision pour le décor ostensiblement princier, mais combien lourd ! »

L'appartement des Laval se compose avant tout d'un immense salon parqueté. L'épouse de Louis-Ferdinand Céline, danseuse de son métier — elle et lui sont logés dans un hôtel de la ville — demandera à Laval l'autorisation d'y venir danser chaque matin [1]. Ce à quoi Laval consentira bien volontiers : que ferait-il de cette salle de bal ? Encore un salon, avec lequel communique la salle à manger d'apparat. Au fond du salon, la porte de la galerie : longue et profonde.

Première porte à droite, dans cette galerie : celle d'un salon-bureau colossal, tendu de velours rouge, par lequel on accède directement à un petit bureau tapissé de soie bleue et garni d'un mobilier Empire. Sans hésiter, Laval répudie le salon rouge et adopte le bureau bleu. C'est Rey qui héritera du salon rouge, où il s'installera de façon à se trouver toujours prêt à répondre à un appel du patron. En outre, il pourra poursuivre, dans une position stratégiquement favorable, sa mission de protection.

Face à la porte du salon rouge, dans la galerie, une chambre est attribuée à l'ambassadeur Charles Rochat, secrétaire général des Affaires étrangères. Tout au fond, une autre chambre, dont les fenêtres ouvrent sur le Danube, devient celle des Laval. Lit à baldaquin, tentures de soie grise. Comme partout, des moulures, du stuc, du marbre, une che-

1. Témoignage de Jacques Guérard.

minée en forme de monument. Là, Mme Laval écoutera, chaque jour pendant de longues heures, les émissions de radio suisses et françaises. Prolongeant la chambre des Laval, un petit salon communique avec le bureau de Pierre Laval. En définitive, de ce gigantesque appartement d'honneur, les Laval n'habiteront guère que ces trois pièces : la chambre, le petit salon, le bureau bleu.

Les ministres français ont été, eux aussi, accueillis au château mais, d'eux-mêmes, se sont rangés en deux camps. Le premier : ceux pour qui le « voyage » allemand n'a rien changé. Ceux qui croient toujours à Hitler, à la collaboration, à l'Europe nouvelle. Ils s'organiseront, conformément aux désirs allemands, en « délégation gouvernementale » avant d'adhérer à l'ébouriffant « Comité de la libération française » de Jacques Doriot. Ceux-là sont logés dans l'aile basse du château. Il y a là Marcel Déat et sa femme, Joseph Darnand et sa femme, l'ambassadeur Fernand de Brinon, le général Bridoux — ultra collaborationniste, l'un des officiers généraux, avec l'amiral Platon, les plus « engagés » — et, un peu plus tard, Jean Luchaire et sa femme.

Les autres ministres, à l'exemple du Maréchal et de Laval, se considèrent comme prisonniers. On les appellera bientôt — assez drôlement — les *ministres dormants*. Eux sont logés au même étage que Laval, mais séparés de lui par l'immensité des couloirs et des salons. Ce sont Jean Bichelonne, ministre de la Production industrielle, Maurice Gabolde, garde des Sceaux, Pierre Mathé, secrétaire d'Etat à l'Agriculture, et Paul Marion qui, après avoir présidé les Waffen SS français, est devenu « tiède ». Abel Bonnard, ministre de l'Education nationale, pour ne quitter ni sa vieille mère ni son frère Eugène, a préféré louer une petite maison en ville. Quand Jacques Guérard arrivera de Suisse, au début de novembre, il sera — comme Rochat — logé au même étage que les ministres dormants.

Dès 8 heures, Pierre Laval pénètre dans son bureau. Il dort peu, très peu. Dès le matin, il lit. Il lira encore à minuit. Il rédige des notes sur sa politique. Il tâche vaguement d'apprendre l'allemand avec une Rhénane mariée à un officier français mais n'arrivera jamais à prononcer correctement une seule phrase [1].

A 10 heures, Guérard et Rochat — vieille habitude de Vichy — se font annoncer. Si le Président est occupé — réception de familiers, écoute de la radio — ils attendent dans l'immense salon. Après quoi, ils sont introduits auprès du « patron ». « Nous parlions une heure, une heure et demie, me dit Jacques Guérard. Nous commentions les nouvelles captées aux diverses radios. Nous essayions de prévoir le cours des événements. On parlait aussi des petites histoires du château, de la qualité de la nourriture qui ne plaisait à personne, étant donné l'art diabolique des cuisiniers allemands pour transformer le goût des mets les plus naturels. »

Quand Guérard et Rochat le quittent — vers 11 heures ou 11 heures et demie — Laval s'en va prendre son chapeau et sa canne : une canne noire, mince, de celles que l'on voit, sur les gravures, aux élégants de la Belle Epoque. Il ne peut s'en passer. On traverse la ville de Sigmaringen, devenue le plus insensé des conglomérats franco-allemands. On croise des miliciens et leurs familles, des fonctionnaires trop compromis, des journalistes, des militants des partis collaborationnistes. Un monde bavard, bruyant, futile, poursuivant en exil d'éternelles discussions partisanes : la « communauté réduite aux caquets », dit Alain Laubreaux, ex-critique théâtral de *Je suis partout*. Hommes, femmes, enfants, s'entassent dans les hôtels *Löwen, Bären, Donau, Krone*. Dans chaque chambre, quatre, cinq, six réfugiés. Les écoles et le gymnase servent de dortoirs. Ceux qui n'ont pas trouvé à se loger passent la nuit dans la salle d'attente de la gare de la ville — nuits démentielles superbement dépeintes par Céline. Vacarme effroyable, trains déversant les troupes, réfugiés de l'Est et prostituées.

1. Michel Létan : *Pierre Laval, de l'armistice au poteau.*

« Toute la buvette entonne en chœur *Marlène* ! la ! la ! sol dièse ! à trois... quatre voix ! passionnément ! et enlacés... à la renverse plein les fauteuils !... à trois sur les genoux du pianiste. » Un grouillement de « Monténégrins, Tchécoslovènes, Armée Vlassov, Balto-Finnois, troubades des Macédoines d'Europe !... Que ça pige pas ! que ça chante ! branle ! roule ! » Au milieu de tout cela, des petits gars de Belleville, de Brest ou de Montpellier se demandent ce qu'ils font là.

Au début, les Laval partent se promener ensemble. Gérard Rey ou Marcel Delattre les accompagnent. A mesure que passeront les semaines, le rythme des promenades se modifiera. Si Laval sort, Mme Laval reste au château. Et réciproquement. C'est qu'il existe dans les bagages une valise singulièrement précieuse. Elle contient vingt millions de francs en billets de banque. Ce sont des fonds secrets que Laval s'est fait remettre — à tout hasard — à son départ de France [1].

A 13 heures, c'est le déjeuner. Les premiers jours, au grand dam de Mme Laval que ces « honneurs » rendent de plus en plus maussade, la table est dressée dans la salle à manger d'apparat. Aux trois couverts de Laval, de sa femme et de Rochat, s'ajoutera celui de Renthe-Fink. Le maître d'hôtel « parlant français » sert avec une solennité toute princière. « Les pommes de terre cuites à l'eau arrivaient sur de magnifiques plats d'argent », contera Mme Laval qui, à la fin de l'exil, aurait pu composer un traité sur les mille et une manières d'accommoder le chou. Atmosphère compassée. Propos auxquels la présence du diplomate allemand ôte toute spontanéité. Conversation languissante. Le quatrième jour, Mme Laval se fâche. Elle refuse de paraître à table. Renthe-Fink comprend. Il ne reparaîtra plus.

Dès lors, Laval et sa femme pourront prendre leurs repas — seuls — dans le petit salon qui sépare leur chambre du bureau bleu du Président. Quel soulagement pour ce dernier ! Plus besoin de « faire des manières », de veiller à ses façons de se conduire à table. Malgré les objurgations de Jeanne, il n'a jamais su se corriger de certaines habitudes : il engloutit

1. Témoignage inédit.

par exemple son potage avec un bruit de cyclone. L'une de ses amies m'a confié conserver un souvenir « épouvanté » d'un déjeuner où Laval avait mangé des écrevisses à la nage.

Dans l'après-midi, vers 4 heures, nouvelle promenade. Laval s'attarde de moins en moins dans les rues de Sigmaringen qu'il quitte rapidement pour la campagne toute proche. Parfois, des Français le saluent. Il soulève courtoisement son chapeau. Rares sont ceux qui se hasardent à l'aborder. Un jour, c'est le cas de Louis-Ferdinand Céline. Hâve, hirsute, vêtu de deux canadiennes superposées, crasseuses et trouées, coiffé d'une casquette de toile de graisseur, portant en bandoulière une musette dans laquelle son chat Bébert semble se trouver à merveille, Céline apostrophe Laval :

— Moi, m'sieur le Président, je demande qu'une sinécure : gouverneur d'une île déserte !

Avec Laval, « les promenades, se souvient Gérard Rey, sont toujours des marches. Les gros souliers, la canne paraissent mener Pierre Laval dans ses rêveries. Nous marchons souvent de longues minutes durant sans nous dire un mot, mais toujours d'un bon pas ».

Parfois le Président se met à siffloter, lèvres closes. Aucun air. Deux ou trois notes éternellement répétées. Signe, chez lui, d'intense réflexion.

« Un détail de la vie paysanne lui rend la parole. » Dans les travaux des champs, tout le passionne. « Il louche avec envie vers les installations et le matériel agricoles généralement perfectionnés et importants. » Un jour, sans rire, il lance :

— J'ai manqué ma vie. J'aurais dû élever des cochons. J'aurais gagné autant d'argent.

On rentre au château à la nuit tombée. Il n'est pas question de promenades plus lointaines. Pour Laval, on n'a prévu aucun « véhicule à essence autorisé ». La Gestapo le surveille étroitement. Au procès Pétain, il expliquera :

— J'étais le seul qui ne pouvais pas circuler hors de Sigmaringen. Le Maréchal avait une voiture qui lui permettait d'aller se promener aux environs ; les ministres pouvaient aller dans les villes qui leur plaisaient. Moi, je ne devais pas quitter Sigmaringen.

Il n'obtiendra qu'exceptionnellement l'autorisation de se rendre à Constance. Une seule fois. Cette rigueur qui pèse sur lui — et pèsera de plus en plus — est le corollaire direct de son refus d'exercer toute activité politique. Dès le début du séjour, il a convoqué Brinon et, « d'un ton péremptoire », lui a signifié qu'il ne voulait en rien être mêlé à l'action de la « Délégation gouvernementale ».

— Que mon nom ne soit jamais prononcé, ni surtout imprimé !

Aux membres de cette Délégation, il ne parle pas. S'il rencontre Déat à la bibliothèque, il ne lui adresse qu'un salut « distant et glacial ». A Berlin, on sait tout cela. Ce n'est pas pour faire remonter les actions de Pierre Laval.

Le président de la Haute Cour de Justice Louis Noguères qui, par ses fonctions, a eu accès aux dossiers des procès Pétain et Laval, a défini le rôle exclusivement passif joué par Pierre Laval à Sigmaringen : « Je puis dire, parce que telle est la vérité, qu'à partir du moment où Pierre Laval quitte la France, on ne trouve plus, dans aucun des dossiers de la Haute Cour de Justice, trace d'une action, d'une déclaration, d'une démarche quelconque effectuée par lui auprès de quiconque dans un rapport quelconque avec la situation politique dans le monde. » Et encore : « A Sigmaringen, Pierre Laval n'a participé ni à une activité politique de la Délégation gouvernementale ni à la moindre manifestation organisée par elle. »

De ce silence, Pierre Laval ne sortira qu'une fois pour écrire une lettre, « seul document, dit Louis Noguères, parmi les milliers que j'ai examinés ». Elle est adressée au Maréchal — à l'étage au-dessus — et datée du 8 octobre 1944 :

« Monsieur le Maréchal,

« J'ai pris connaissance d'un article paru dans la *Tribune de Genève* que je crois devoir soumettre à votre attention.

« J'aurais, d'après cet article, envisagé, en compensation de la perte de l'Alsace et de la Lorraine, l'annexion de la Wallonie. Ce serait, toujours d'après l'auteur de l'article, la raison de ma disgrâce du 13 décembre 1940.

« En d'autres temps, j'aurais négligé une allégation aussi fantaisiste, mais en ce moment, je ne saurais l'admettre.

« Je n'ai jamais reçu du gouvernement allemand un tel projet et je n'ai donc pu le soumettre à votre examen et à votre approbation.

« Je vous serais reconnaissant de le constater.

« Si une telle proposition m'avait été faite, je l'aurais d'ailleurs spontanément et naturellement repoussée en la jugeant contraire aux traditions de la France et à ses intérêts.

« Je vous prie d'agréer, Monsieur le Maréchal, l'assurance de mon respect.

« Pierre Laval. »

Le même jour, le Maréchal a répondu :

« Monsieur le Président,

« Je viens de lire l'article paru dans la *Tribune de Genève* que vous m'avez communiqué.

« Je vous confirme volontiers que vous ne m'avez jamais fait part d'aucune proposition du gouvernement allemand concernant l'éventualité d'une annexion de la Wallonie ou de telle autre portion de territoire de langue française.

« Si une telle proposition avait été faite, comme vous-même, je l'aurais repoussée.

« J'aurais, en effet, considéré que le projet, contraire à tous les principes de la politique française, constituait une offense à l'égard de pays auxquels nous sommes liés par une traditionnelle amitié.

« Veuillez agréer, Monsieur le Président, l'expression de mes sentiments très distingués.

« Philippe Pétain. »

Cérémonieusement, cette correspondance a circulé d'un étage à l'autre. Vivant sous le même toit, à quelques mètres l'un de l'autre, Pétain et Laval ne s'adressent pas la parole. Jamais. Il arrive que, partant à sa promenade — à pied —,

Pierre Laval croise la voiture du Maréchal. Alors, Laval soulève son chapeau. Le Maréchal soulève le sien. C'est tout. La dernière confrontation entre les deux hommes se situe à Belfort. La prochaine aura lieu au Palais de Justice de Paris, dans l'enceinte de la Haute Cour.

L'automne de 1944 : la France presque entièrement libérée ; Leclerc et de Lattre face au Rhin ; un pays exsangue et affamé. De ville en ville, tout un peuple hurle sa joie à chaque visite du chef du gouvernement de la République retrouvée. A Sigmaringen, penchée vers le haut parleur de la radio, Mme Laval écoute ces acclamations. Parfois le bruit attire Pierre Laval. De son pas lent et lourd, il vient de son bureau et, yeux mi-clos, prête l'oreille.

Ce jour-là, le ton de Charles de Gaulle paraît plus vibrant qu'à l'ordinaire. A plusieurs reprises, le discours est coupé par des applaudissements, des cris de joie. Assis sur le bord d'une chaise, légèrement penché en avant, Laval écoute attentivement. Jusqu'à l'extrême fin des acclamations. Jusqu'au brouhaha de la foule qui s'écoule. Alors seulement, il se lève pour regagner son bureau et dit :

— C'est un aventurier patriotique qui a magnifiquement réussi [1].

Ceci avec l'intonation que l'on emploie pour dire du fils d'un ami : « Hé ! Il est arrivé, ce petit ! »

Nulle trace d'amertume, de colère, de regret.

Arrivant de Suisse en novembre, Jacques Guérard trouve un Pierre Laval calme en apparence, mais excédé par la captivité et humilié de vivre chez les Hohenzollern. Le Président écoute avec attention le récit des tribulations de Guérard accueilli puis rejeté par la Confédération helvétique. Une fois de plus, il s'enveloppe de fumée. Il murmure :

— La Suisse...

1. Témoignage inédit.

Guérard, très franchement, exprime son opinion : la frontière suisse restera fermée au Président.

Laval hoche la tête, silencieusement. Il n'en donne pas moins mission à Guérard de préparer un éventuel repli vers la confédération. Guérard se procure une carte, étudie un itinéraire. On en reste là.

Si Pierre Laval domine admirablement ses nerfs, il n'en est pas de même pour Jeanne. Ceux qui la rencontrent à cette époque la trouvent dans un état de grande excitation. La seule vue des effigies des Hohenzollern la jette hors d'elle-même. Un gigantesque buste de marbre écrase de sa masse le salon où les Laval prennent leur repas : celui de Guillaume Ier — favoris et moustache —, le premier empereur allemand, le vainqueur de 1870. Prise d'une soudaine colère, Jeanne tente un jour de soulever la statue. A son mari qui la regarde avec étonnement, elle crie :

— Si j'avais assez de force, je la basculerais dans le Danube !

Elle maugrée quand elle passe devant les bâtiments dits « des Princes ». On y lit la date de 1872. Evoquant l'indemnité de cinq milliards arrachée par Bismarck à la France, elle s'exclame :

— C'est avec notre argent !

Elle regarde avec la même hostilité les innombrables corneilles qui pullulent dans la région. Leur réputation est de manger les oiseaux. Un jour, tout heureuse, elle aperçoit un moineau :

— Un rescapé !

Se promenant au long du Danube, elle se met tout à coup à hurler :

— Louvette ! Louvette !

C'est le nom de la chienne esquimaude du Président, restée à Chateldon.

Rentrer en France ! Retrouver Chateldon ! Désormais, pour Jeanne Laval, c'est là l'unique pensée. Elle qui idolâtre son mari, en vient à ce paradoxe de lui en vouloir : pourquoi n'est-il pas en France pour défendre ceux qui ont risqué leur vie en soutenant sa politique ? Se rend-elle compte que si son Pierre s'y trouvait, il aurait déjà été fusillé ?

Ce qui apaise Jeanne Laval, ce sont les promenades. Dans les rues de Sigmaringen, on la reconnaît. Quand un Français la salue, elle répond toujours aimablement. Après quoi, elle demande à Rey ou à Delattre qui, alternativement, l'escortent :

— Que veulent-ils ? Je ne les connais pas.

Aussitôt sortie de la ville, elle allume une Gitane. Elle marche sans parler, une écharpe sur la tête, vêtue de son manteau de lainage de forme raglan où se mêlent le gris et le beige. Au cœur de l'hiver, quand le froid devient trop vif, il lui arrive de jeter sur le manteau une cape de vison emportée par hasard de Paris. Devant l'étonnement amusé des collaborateurs du Président, elle haussera les épaules :

— Après tout, on s'en fiche... non ?

Gérard Rey m'a dit : « Il y avait parfois en elle quelque chose de sauvage. » Comme je lui demandais, à son propos, ce qui l'avait surtout frappé, il a répondu : « Elle avait les yeux pointus. »

La germanophobe Mme Laval admet pourtant encore, dans le dernier trimestre de 1944, la perspective d'un retour en France à la suite de l'armée allemande victorieuse. Pierre Laval discute tranquillement avec elle des perspectives que peut offrir un tel retour. Que Jacques Doriot — totalement inféodé au nazisme et qui jouit de l'entière confiance du Führer — prépare activement le moment où il regagnera Paris, on ne s'en étonnera pas. Mais Laval ?

Magnanime, Doriot a fait transmettre un message au Président : après leur retour, il lui rendra Chateldon et ses vaches « à condition qu'il reste tranquille ». Le soir, au dîner, Laval commente :

— C'est tout ce que je demande, être à Chateldon, tranquille avec mes vaches. Si ça fait plaisir à Doriot de gouverner, moi, j'en ai assez ; d'ailleurs, avec les Allemands, ça ne serait plus possible.

A l'intention de l'invité qui partage leur repas, Mme Laval intervient :

— Vous comprenez, Pierre, lui, est un faible. Il n'aime pas le sang et s'est toujours opposé à ce qu'on en verse. Si nous revenions en France, les Allemands exigeraient des sanctions et Pierre en est incapable. Seul, Doriot pourrait gouverner alors, car il est très énergique. Et puis, cela évoluerait vite, se calmerait. Dans la paix, on oublie. A ce moment-là, on aura besoin de nouveau d'un homme capable, et Pierre...

Ce matin-là, vive émotion à « l'ambassade » allemande à Sigmaringen : entendez les bureaux occupés, au château, par Otto Abetz et ses secrétaires. On vient de recevoir de la Wilhelmstrasse un télégramme annonçant l'arrestation, à Paris, de Josée et de son mari René de Chambrun. Le capitaine Heising, adjoint d'Abetz, confie la dépêche à un jeune fonctionnaire français qui rejoint le Président à sa promenade. Le jeune homme sait combien Laval aime sa fille. Il s'arrête devant lui, atrocement gêné. Laval le dévisage, comprend qu'il s'agit d'une mauvaise nouvelle. Il devient gris, questionne brutalement le messager qui, éperdu, dit tout.

— Josée !

Des larmes jaillissent des yeux de Laval. Ses premières larmes en public. Il répète :

— Josée !... Ils vont la tuer ! Pourquoi ?... Pourquoi Josée ?

Rentré au château, il reste prostré. Pendant huit jours, il ne sortira plus. Enfin, la bienheureuse nouvelle : l'information était fausse. Les autorités américaines ont empêché l'arrestation du descendant de La Fayette et de sa femme. Pierre Laval respire. Il reprend ses promenades. Mais il reste triste. Infiniment.

Vers la fin d'octobre, la radio lui apprend qu'il vient d'être mis en jugement à Marseille : une obscure affaire de presse, celle du *Petit Marseillais*, dans laquelle il a exercé un rôle d'arbitre. Le procès ne dure guère. Il s'achève par la condamnation à mort, par contumace, de Pierre Laval. S'ensuit, automatiquement, la saisie de ses biens. Donc, de Chateldon. Laval écoute un reportage diffusé en direct de son cher château. Le speaker annonce que la propriété va être ouverte aux victimes des nazis et décrit les richesses accumulées par le traître : « Et voici, dans une armoire pleine de décorations, le poignard tout en or, offert par Abetz à Laval... »

Laval hausse les épaules :

— En fait de poignard, il ne peut s'agir que de celui que m'offrit le sultan du Maroc !

Un sourire mélancolique :

— Ce monsieur devrait aussi « révéler » que le splendide tapis de mon bureau me fut offert par Staline...

Il se lève, allume une nouvelle cigarette et, de son pas lourd, repart vers son bureau.

Pour pénétrer chez le Président, les visiteurs doivent nécessairement traverser le bureau de Gérard Rey, tout de rouge tapissé. Observateur en chef, Rey se trouve à la fois aux avant-postes et aux premières loges. Ce matin-là, il voit paraître l'épais conseiller Hofmann, à l'amabilité envahissante :

— Le Président est-il là ?

Cependant que Rey répond affirmativement, la porte du bureau de Laval s'ouvre. Le Président vient aux nouvelles. Hofmann s'approche de lui, murmure qu'il a une communication à lui présenter hors de toute oreille indiscrète. Soucieux, Laval s'en va chercher sa pelisse. Hofmann et lui, suivis de Rey, quittent le château. Il neige. On s'enfonce dans la campagne. Collé au Président et au conseiller, Rey entend distinctement la voix embarrassée de Hofmann :

— Nous avons reçu l'ordre de vous emmener en Silésie...

Stupeur de Laval :

— En Silésie ?

D'autres paroles que n'entend pas Rey. Ils reviennent vers

le château. Quand Hofmann les quitte, Laval s'adresse au jeune fonctionnaire :

— Vous avez entendu ? Ils veulent nous emmener en Silésie.

Autant dire que les Allemands sont prêts à le livrer aux Russes qui, directement, menacent cette province.

Machinalement, en regagnant son bureau, Gérard Rey consulte son agenda : on est le 13 décembre, date à laquelle Pétain, en 1940, a déjà voulu se débarrasser de Laval ! Autres victimes de la mauvaise humeur de Ribbentrop : Abetz, remplacé par Reinebeck, Renthe-Fink remplacé par von Tangstein. Abetz, apparemment plus affligé par la « déportation » de Laval que par sa propre disgrâce, se précipite chez le Président, expose longuement les raisons de Ribbentrop : « La volonté du Président de ne pas engager la France, son entente *in extremis* avec M. Herriot, de prétendus accords secrets avec l'état-major américain, enfin et surtout, son refus de rencontrer le Chancelier et d'exercer en Allemagne, fût-ce nominalement, les fonctions de chef du gouvernement. » Abetz se fait insistant :

— On pourrait fléchir le Führer, Monsieur le Président, et obtenir la révocation de l'ordre, si vous reveniez sur ce refus.

Les yeux noirs de l'Auvergnat fixent l'Allemand, bien en face. La réponse est martelée d'un accent plus appuyé que jamais :

— J'ai cessé d'être le chef du gouvernement quand vous m'avez obligé à quitter Paris. Il n'est pas vrai que j'aie pris contact avec l'état-major de l'armée américaine, à la veille d'entrer à Paris ; mais je l'ai vainement essayé et si j'avais pu le faire, je l'aurais fait, car c'était mon devoir.

Abetz se retire sans avoir rien obtenu.

Autre triste nouvelle : le 21 décembre, Jean Bichelonne, ancien ministre de la Production industrielle, vient de mourir à Berlin des suites d'une opération. Laval lui a toujours voué une admiration sans limite.

— Une intelligence pareille, répète-t-il, ne se rencontre que tous les deux siècles.

De fait, major de l'X promotion 1923, Bichelonne a battu le record des points détenus par François Arago depuis le début du XIXe siècle et considéré comme impossible à atteindre.

Laval souhaite se rendre aux obsèques. Il doit y renoncer. C'est Jacques Guérard qui le représentera et, à la cérémonie mortuaire, rencontrera le sculpteur Arno Breker tant admiré de Jean Cocteau. Jacques Guérard est formel : « Pierre Laval fut sauvé par Arno Breker. Sur les conseils de M. Abetz, je le vis, un peu après Noël, à Hohenlychen — un lac, des pins, quelques maisons et une immense clinique au nord de Berlin — où il était venu rendre, comme moi, un dernier hommage à Jean Bichelonne... Je l'informai de la décision de M. von Ribbentrop. Je me rappelle l'indignation de Mme Arno Breker et la gravité silencieuse, plus impressionnante, de son mari. J'ignore comment il s'y prit, mais la mesure fut rapportée. »

Peut-être une autre intervention, jointe à celle de Breker, a-t-elle emporté la décision de Hitler. Quand Laval a su que l'on envisageait son départ pour la Silésie, il a interrogé son ami Néraud :

— Si je pars, qu'est-ce que vous ferez ?

Chose étrange, ces amis de jeunesse se vouvoient. Néraud a répondu à Laval :

— Si on ne peut pas faire rapporter la décision, je viendrai avec vous.

Néanmoins Néraud — véritable force de la nature — n'est pas homme à se déclarer battu. Il connaît un général allemand extrêmement influent : sa carte du parti national-socialiste porte le numéro 8. Il s'agit de l'un des rares militaires dont Hitler admette les avis ; il ira donc le trouver. Le 22 décembre, la Simca 8 reprend la route, conduite par le chauffeur de Bichelonne, à côté duquel s'est assis Néraud.

On roule vers Karlsruhe sur des autoroutes défoncées par les trous d'obus. La voiture s'engloutit dans l'un d'eux. Un camion de l'armée allemande le sort de la neige et de la boue. Quand Néraud et son chauffeur, trempés jusqu'aux os, arrivent à Karlsruhe, ils ne découvrent que des ruines. Plus de maisons, plus de rues, plus de ville. L'enfer. Dans l'une des rares demeures épargnées, Néraud trouve quand même le général qui le convie aussitôt à dîner. Pour passer à table, le maître de maison se présente en smoking. Néraud, avec ses vêtements criblés de boue et raidis par le froid, ne pense qu'à sa mission : il faut sauver Pierrot.

— Si le Président part pour la Silésie, il est perdu. C'est comme si on le livrait aux Russes. Pouvez-vous intervenir ? implore Néraud.

Aucune hésitation de l'amphitryon :

— Oui, je vais intervenir. Je vais envoyer quelqu'un au Führer.

Au matin, le général raccompagne Néraud à sa voiture. En cachette des hommes qui montent la garde devant la maison, il lui glisse un morceau d'andouille dans la main, expliquant à voix basse :

— Je sais que le président Laval aime ça. Donnez-le-lui de ma part.

Néraud regagne Sigmaringen [1].

Le 23 décembre, les journaux allemands du matin paraissent avec de gros titres : « Grande offensive de la Wehrmacht sur le front ouest »... « L'ennemi bousculé dans les Ardennes »... « Avance victorieuse de nos troupes en Belgique et au Luxembourg ». C'est la fameuse attaque lancée, sur l'ordre et d'après le plan personnel de Hitler, par le maréchal von Rundstedt. A Sigmaringen, les juqu'au-boutistes de la collaboration pavoisent. Jean Herold-Paquis entre en transes et, au micro de *Radio-Patrie,* décrit le prochain retour à Paris. Jean Luchaire laisse éclater sa joie.

1. Récit de Néraud à l'auteur.

A l'étage de Pierre Laval, c'est le silence. Le jour de Noël, Mme Laval sort en pleurant de sa chambre. S'avançant dans la galerie, elle tient dans ses bras un grand carton tapissé de bleu, blanc, rouge. Elle aperçoit Rey, lui fait signe d'approcher, l'embrasse. Ce sont les vœux des « petits » de l'entourage des Laval. « Avec un drapeau tricolore que j'avais emporté de France, m'a raconté Gérard Rey, j'avais garni notre carton de vœux. Le tout était collé, cousu, avec peu d'adresse mais beaucoup de patience et de ferveur. » On pouvait lire ces lignes :

Simplement pour vous dire notre affection
Notre espoir en des Noëls
plus heureux pour la France.

C'était signé : Jacques Boudot, Marcel Delattre, Gérard Rey.

« Notre carton, aux vœux si peu *collaborateurs*, trônait sur un guéridon du salon où, le 25 décembre, les Laval durent recevoir les vœux de Noël du personnel de l'ambassade... A la sortie du conseiller Hofmann, celui-ci me dit avec une terrible ironie :

« — Tous mes vœux, Monsieur. Et mes félicitations pour ce beau " cadeau " de Noël au Président. »

Quand Laval reçoit ces souhaits hypocrites, comment ne penserait-il pas à cette Silésie où l'on menace toujours de l'envoyer ? La mort de Bichelonne va le sauver. Provisoirement.

L'année 1945. Que sera l'avenir ? L'offensive von Rundstedt a définitivement échoué. Le 30 janvier, les armées allemandes, épuisées, décimées, écrasées, sont revenues sur leurs bases de départ. A l'Est, les Soviétiques sont passés brusquement à l'offensive. Ce n'est pas seulement l'agonie de l'armée allemande qui a commencé, mais celle de l'Allemagne nazie.

Chaque jour, celui qu'Abel Bonnard appelle maintenant

« l'Auvergnat du Danube » continue ses promenades. Quelque temps après que, le 22 février 1945, la Mercedes de Doriot eut été officiellement mitraillée par des chasseurs-bombardiers alliés du type *Mosquito* opérant en piqué, Laval et Rey aperçoivent sur une place, à Sigmaringen, la voiture criblée de balles de l'ancien chef du PPF. Laval s'avance vers la voiture, s'arrête devant elle.

— Monsieur le Président, murmure Rey, si on vous voyait...

Laval ne répond pas. Rey ne peut s'empêcher d'examiner la Mercedes : « Je constate aussitôt l'entrée de trois balles dans la portière avant droite et leur sortie au travers du toit. Je le dis à Pierre Laval et j'ajoute que les points d'impact, grâce aux déchirures du métal (sens, dimension), n'indiquent nullement un calibre de mitrailleuse lourde d'avion, mais tout au plus celui d'un fusil-mitrailleur ». Rey fait remarquer cela à Laval qui fronce les sourcils :

— Allons-nous-en.

Qui a fait tuer Doriot ? Les Alliés ou — plus probablement — les hommes de Hitler ? Le témoignage que l'on vient de lire constitue une pièce nouvelle à ajouter au débat.

Le froid est vif, la neige s'épaissit. Ce matin-là, Laval et Rey cheminent en silence dans l'atmosphère ouatée. Ils passent devant deux vieux Allemands qui les regardent. L'un d'eux adresse à l'autre quelques mots que Rey entend parfaitement : « *Gross filou* ».

— Vous avez entendu, Rey ? fait Laval un peu plus loin.

— Non, Monsieur le Président.

— Si, vous avez entendu. Ne dites pas le contraire.

Laval, tranquillement, explique au jeune fonctionnaire que « Gross filou » est un des pendants allemands du mot « boche » employé par les Français en 1914-1918. L'expression est née durant la même guerre, parmi la population allemande, pour dépeindre le côté débrouillard des prisonniers français.

— Mais, alors, Monsieur le Président, ça n'a rien d'injurieux.

— Pas injurieux, mais...

Laval fait quelques pas.

— En tout cas, ne prétendez pas que vous n'avez pas entendu.

Rey avoue. La promenade a repris. Laval s'est mis à proférer doucement son fameux sifflotement « préoccupé » à bouche fermée. Rey aura l'étonnement de voir durer, longtemps encore, la contrariété de son patron. Ce matin-là, deux vieux Allemands ont donc touché au vif « l'Auvergnat du Danube » en l'appelant « *Gross filou* »...

A la fin février, grande nouvelle : la future résidence de Laval est choisie. Il s'agit du manoir de Wilflingen, situé à une douzaine de kilomètres de Sigmaringen. A « l'étage d'honneur », derechef, chacun fait ses bagages : les Laval, Maurice Gabolde, Paul Marion, Pierre Mathé, Jacques Guérard, Charles Rochat. Paul Néraud aussi.

Puisque « Pierrot » part pour Wilflingen, il n'est pas question que son ami ne le suive pas.

Le 2 mars 1945, à 18 h 30, la Delahaye des Laval quitte Sigmaringen. « Grand vent, très froid », peut-on lire dans le carnet de route du chauffeur Boudot. Celui-ci a déclenché le chauffage, installé à sa demande par un garagiste de Vichy, en un temps où l'on ignorait ce qu'était chauffer une voiture. Le système permet d'utiliser, par thermostat, l'eau du radiateur. Un ventilateur, installé derrière la banquette avant, souffle l'air chaud à l'arrière.

La Packard de Darlan, équipée au gazogène, suit avec les bagages. Derrière, une 11 CV Citroën traction avant : celle des deux policiers de la Gestapo affectés à la « surveillance » particulière de Laval. Ils ne l'ont pas quitté depuis Belfort. L'un, Kaiser, est grand, sec, costaud. L'autre, le caporal Wilhelm, est plus anodin, plus arrondi, plus âgé.

Adieu au château des Hohenzollern !

Les douze kilomètres sont rapidement parcourus. Un petit bourg : c'est Wilflingen. On franchit une barrière, on s'engage dans une allée de trente à quarante mètres de long. On s'arrête devant un joli manoir, dont les deux étages sont flanqués, aux angles, de grosses tours rondes.

Le propriétaire accueille le Président Laval : un hobereau allemand aux cheveux gris, courtois et strict, grand mutilé. Il se présente : le baron von Stauffenberg. A ce nom célèbre, les sourcils de Pierre Laval se haussent. Le baron n'est autre que l'oncle du principal conjuré du complot du 20 juillet 1944, ce héros qui a déposé sous les pieds du Führer la bombe à laquelle Hitler n'a échappé que par miracle.

Le manoir, me dit Jacques Guérard, est « vaste et confortable ». Gérard Rey me parle des « meubles plus ou moins anciens qui *vont bien*, posés le long de murs peints en clair ». Jacques Boudot évoque les « escaliers en chêne noir ». Grâce au bois que l'on recueille en abondance, ce manoir est chauffé. Les Laval vont s'installer au premier étage, dans une chambre d'angle dotée, comme à Sigmaringen, d'un lit à baldaquin. La chambre est simplement meublée : « des fauteuils style Louis XIII, une commode et une armoire plus récentes.... » Elle communique avec un petit salon et, au-delà, avec le bureau de Pierre Laval : une grande pièce agréable ornée de boiseries. Quelques tableaux. Des fauteuils.

De l'avis général, « l'ensemble est beaucoup plus sympathique qu'à Sigmaringen ». Ici, pas la moindre ostentation. Le seul qui ait eu à se plaindre du transfert de Laval à Wilflingen, c'est le propriétaire-baron. La Gestapo l'a relégué dans le logement de son régisseur : une grosse maison de maître. Il fera visiter à Laval son domaine — et sa ferme modèle — mais cette promenade demeurera unique. La Gestapo surveille étroitement le baron. Non seulement, il est l'oncle d'un homme qui a voulu tuer Hitler, mais sa nièce — qui demeure chez lui — est anglaise ! Dans sa cellule de sa prison de Fresnes, Laval dira à Me Baraduc que c'est pour économiser des hommes de garde que les nazis l'ont refoulé vers ce domaine déjà sous la surveillance de la Gestapo.

Les ministres « dormants » se sont installés dans les autres chambres du premier étage. Maurice Gabolde, le garde des Sceaux, issu d'une vieille famille du Sud-ouest, mince, yeux clairs, qui boîte à la suite d'une blessure de guerre, a appris avec bonheur que le manoir abrite, au rez-de-chaussée, la quasi-totalité de la bibliothèque en langue française de Stuttgart. « Le baron, grand mutilé de la première guerre mondiale et ancien député au Landtag de Wurtemberg — m'a confié l'ex-ministre de la Justice — avait été très aimable avec moi et m'avait donné la clé de la belle bibliothèque où l'on avait, à cause des bombardements, entreposé les livres de la bibliothèque de Stuttgart. Il avait été convenu que j'occuperais mes loisirs à mettre de l'ordre dans ces piles d'ouvrages amoncelés en désordre et, là, je passai mes journées, recevant parfois la visite des jeunes petits-fils du baron qui étudiaient le français, ainsi que leurs camarades, les enfants de Rommel, qui vivaient dans un village voisin. Je connus ainsi, à mots couverts, les circonstances apparentes de la mort de celui-ci à son arrivée à l'hôpital d'Ulm, mais je gardai le secret. »

Pierre Mathé, titulaire de l'Agriculture, promène partout son ennui et son air soucieux. Marion, vif, actif, rieur, paraît ne pas tenir en place. Le plus triste est Charles Rochat. Toujours lucide, Jacques Guérard pointe sur la carte l'avance des Russes et celle des Alliés de l'Ouest. Dans sa chambre du rez-de-chaussée, Gérard Rey tape, sur une machine à clavier allemand, des notes du Président : précisions sur sa politique, rappel d'entrevues avec divers personnages. Ces notes ont disparu. L'historien peut néanmoins imaginer aisément leur teneur.

Les témoignages que j'ai recueillis auprès d'hommes si différents que Jacques Guérard, Gérard Rey, Jacques Boudot font parler l'exilé et, chaque fois le ton sonne juste : c'est du Laval. Ses commensaux ne l'entendent jamais s'exprimer sur la mise hors la loi de la Franc-Maçonnerie, le statut des juifs en zone libre, la nomination d'un antisémite fanatique, Darquier de Pellepoix, au commissariat général aux questions juives, la mise en œuvre avec Sauckel de la Relève. Certes, il évoque de temps à autre sa phrase trop célèbre : *Je souhaite la victoire de l'Allemagne* mais c'est pour expliquer qu'elle prend tout son sens quand on la cite intégralement : *parce que sans elle le bolchevisme s'installerait partout en Europe*, ce qui n'est pas précisément une atténuation. Parfois il se met en colère, surtout contre ceux qui rappellent sa proposition à Danneker (adjoint d'Eichmann) de transférer les enfants juifs de moins de seize ans en Allemagne « dans le cas où leurs parents auraient précédemment été déportés ». Il crie que ceux qui croient découvrir une mauvaise intention dans cette demande sont des salauds : « Tous ceux qui me connaissent savent que je suis incapable de faire du mal à des enfants » ! Il répète qu'il a voulu faire en sorte que les petits qui croupissaient dans les camps où on les avait regroupés et sanglotaient en appelant leur mère, puissent retrouver leur famille en Allemagne. L'historien doit convenir que Laval, dans l'été 1942, ne pouvait envisager que la vie de ces enfants fût en danger : la « solution finale » n'avait été décidée qu'en janvier, elle se mettait très lentement en place et un secret absolu l'entourait.

L'entend-on parler des rafles de juifs organisées à la suite des accords signés, sur son ordre, par Bousquet avec Heydrich ? Pas davantage. S'il s'exprime sur la Milice, c'est pour crier son mépris à l'égard de Darnand, son chef, entré pourtant au gouvernement à son initiative et dont, après le débarquement allié en Normandie, il a fait un secrétaire d'Etat à l'Intérieur.

Le plus extraordinaire reste sa certitude qu'il faut voir en tout cela des incidents de parcours que l'on ne pouvait éviter à cause de la défaite et de l'occupation du territoire. Il est sûr que sa stratégie a épargné aux Français les grands malheurs infligés aux autres pays occupés par Hitler.

A Fresnes, revenant du procès Pétain, il en restera convaincu :

— Pétain n'a pas voulu parler, ça le regardait. Moi, je suis bien décidé à m'expliquer sur tous mes actes. *Je n'ai rien à redouter d'une enquête poussée.*

Non moins stupéfiant : l'espoir qu'il nourrira si longtemps d'un renversement possible des armes en Europe. « Après l'échec de l'offensive von Rundstedt, m'a dit Jacques Guérard, Laval ne croit plus à la victoire allemande. » C'est donc que, jusque-là, il y a cru. Répudie-t-on totalement une conviction qui n'a pas vacillé pendant quatre ans ? La propagande de Goebbels s'acharne à convaincre le peuple allemand que d'effroyables armes nouvelles vont avoir bientôt raison de la « judéo-ploutocratie ». A la même époque, Mussolini rentre d'Allemagne à Milan tout ragaillardi par le mythe des armes secrètes. Comment Laval ne serait-il pas, autant que lui, perméable à cette propagande ? Alors, après la mort de Doriot :

— Il avait beaucoup de défauts, mais il était le seul capable, *en cas de retour*, de pouvoir prendre le gouvernement face aux Allemands ou avec eux. C'est le premier qui tombe. Peut-être cela vaut-il mieux pour lui.

Les Soviétiques foncent vers les frontières de l'Allemagne, alors que les Alliés de l'Ouest viennent de rendre impossible toute nouvelle offensive allemande, et Pierre Laval parle d'un retour en compagnie des Allemands !

Nombreux ont été pourtant ceux qui ont tenté de lui ouvrir les yeux. A Vichy, au mois de février 1944, Laval avait reçu Walter Stucki, ministre de Suisse. « Il tenta dès l'abord de me démontrer — raconte celui-ci — que l'Allemagne ne pourrait jamais perdre la guerre. D'après lui, les mouvements de repli dans l'est étaient voulus pour allonger et affaiblir les lignes d'étapes russes. En été, une puissante contre-offensive allemande aboutirait à l'anéantissement de la Russie, et les armées allemandes atteindraient alors le but qu'elles n'avaient pu réaliser en 1941 dans leur premier élan. Il ne saurait en tout cas être question d'une percée du mur de l'Atlantique. Peut-être les Allemands laisseraient-ils pénétrer une partie substantielle des forces alliées sur le sol de l'Europe occidentale, à seule fin de " liquider " ensuite ces armées par une contre-attaque. Lui, Laval, savait de source absolument sûre qu'il existait une réserve stratégique de plus de cent divisions parmi les meilleures et les mieux équipées. »

A Walter Stucki, diplomate de carrière, homme d'âge, de tels propos, tenus à cette époque par le chef du gouvernement français, étaient apparus incompréhensibles. Sa stupéfaction devint si évidente que Laval lui demanda « avec nervosité » s'il ne le croyait pas. « Je lui répondis sans périphrase que, de fait, je jugeais la situation tout autrement. Il sortit alors de son portefeuille deux documents, qu'il me lut et qui contenaient en effet ce qu'il m'avait exposé verbalement. Lui ayant demandé avec discrétion qui étaient les auteurs de ces lettres, je reçus l'étonnante réponse suivante : " L'un est un général français qui se trouve en captivité en Allemagne, et qui ne peut écrire qu'en passant par la censure allemande, ce qui prouve que ce qu'il écrit est vrai ; l'autre est un collaborationniste français notoire qui fait en ce moment un séjour en Allemagne. " Je me bornai à faire remarquer qu'on ne pouvait vraiment pas accorder grande valeur à de telles sources. Laval prit congé de moi très fraîchement. »

Quand Stucki a quitté le Président, il a confié ses alarmes à l'un des collaborateurs de Laval. L'autre, « triste et résigné », a remarqué :

— Que voulez-vous ? Le Président a joué *banco*, et il sent qu'il perd. Mais il ne veut ni le croire, ni l'avouer ; il se cramponne à ces deux lettres dont il ne se sépare jamais, qu'il lit et relit sans cesse, comme on recourt à des injections de morphine.

La réussite du débarquement en Normandie a d'abord eu raison d'une si belle assurance. L'opération montée à Paris avec Abetz et Herriot ressemble à l'œuvre d'un homme qui cherche à assurer, avec le moins de « casse » possible, la passation des pouvoirs. Le refus d'exercer en Allemagne aucune activité politique, ne reflète pas uniquement un choix de dignité. Avec sa lettre au Maréchal sur l'Alsace-Lorraine et sa phrase : « en d'autres temps, j'aurais négligé une allégation aussi fantaisiste », la preuve est administrée que Laval songe à rendre des comptes. A qui, sinon au gouvernement de Charles de Gaulle ? L'extraordinaire est que, si l'ombre d'un espoir vient à s'esquisser de nouveau, il s'y accrochera encore.

A Wilflingen, Jacques Boudot découvre avec satisfaction que la nourriture est meilleure qu'à Sigmaringen. Il se souviendra des tartes cuites par les cuisinières.

— Des reines, ces Allemandes !

Chaque jour, vers 15 heures, Pierre Laval quitte le manoir. Alternativement Rey ou Boudot l'accompagne. On parcourt environ dix kilomètres sur les routes, les chemins ou à travers les bois. On visite les villages des environs. Kaiser et Wilhelm suivent d'assez loin avec une « discrétion » très apparente.

A l'orée des bois de Wilflingen, Laval assiste un jour à un spectacle peu banal, dont il ressuscitera plus tard à son avocat Baraduc — quelques gestes, quelques mots — toute la réalité : un troupeau de biches et de chevreuils, pourchassés, qui fuient. « Deux d'entre eux fermant la marche, s'en allaient à reculons, face à l'ennemi, pour protéger les autres. » Après un rire silencieux :

— Comme moi ! Seulement, moi, je ne suis pas sûr d'échapper aux chasseurs...

Mme Laval ne se mêle pas aux autres habitants du manoir. Parfois ceux-ci l'aperçoivent, à la fenêtre de sa chambre, sombre, les traits tirés. Son angoisse naît à la fois de la « situation », comme disent pudiquement les exilés de Wilflingen, et de la santé de Pierre. Non seulement il a beaucoup maigri mais il a perdu l'appétit. « Il mangeait encore assez à Sigmaringen, me dit Jacques Boudot. A Wilflingen, il ne mangeait presque plus. » Parfois, sur un réchaud à alcool, Jeanne cuisine des petits plats dans sa chambre, par exemple un rognon, obtenu par échange chez le boucher par l'astucieux Boudot. Rey lui apporte du lait, dont Jeanne fait du fromage blanc :

— Du caillé naturel, mon petit.

Ainsi soigne-t-elle l'ulcère du Président.

Pour se calmer les nerfs, elle tricote. Elle termine pour son mari une écharpe commencée à Sigmaringen. Un beau cache-nez tricolore, dont les bandes bleu, blanc et rouge sont perpendiculaires au sens de la longueur.

Chaque matin, Laval tient toujours sa conférence avec Rochat et Guérard. De quoi parlerait-on, sinon de la peau de chagrin dont se compose désormais l'orgueilleux IIIe Reich. Les armées américaines ont pris Coblence, Saarbruck, Kaiserslautern, Worms, Ludwigshafen, Mayence, Landau. Au nord de la Ruhr, la IIe armée américaine et la IXe armée britannique viennent de franchir le Rhin. La Ire armée du général de Lattre et la VIIe armée américaine vont suivre. Le 25 mars a commencé la nouvelle et irrésistible offensive russe : « Koniev en Silésie, vers le sud-est ; Malinovski au nord du Danube vers la Bohême ; Tolboukhine au sud du Danube vers les Alpes ; Rokossovsky, au nord, vers Dantzig. » Tout n'est qu'une question de temps. Les habitants de Wilflingen le savent. Laval le sait.

Et pourtant ! Se promenant, à cette époque, en compagnie de Boudot, il lui demande tout à trac :

— Est-ce que vous croyez, Boudot, que les Allemands ont perdu la guerre ?

— Ça m'en a tout l'air, Monsieur le Président.

Un silence. Quelques pas. Puis :

— Oui...

Un autre silence. Puis :

— Boemelburg m'a parlé d'une nouvelle arme secrète qui devrait sortir ces jours-ci [1].

Il observe du coin de l'œil la moue peu convaincue de Boudot. Troisième silence. Puis :

— Oui...

Il reprend sa marche, en sifflotant ses éternelles notes dysharmoniques.

1. Boemelburg, ancien chef de la Gestapo en France, chargé de la « protection » des exilés.

Que pensent les « petits » ? Rey, Delattre, Boudot ? Ils sont inquiets mais n'ont pas perdu confiance. Pas de doute : le Président a un plan. Au dernier moment, il sortira ses atouts. Or Pierre Laval n'a aucun plan.

Je dois un aveu au lecteur : je fus longtemps sans parvenir à le croire. Un homme tel que Pierre Laval se serait donc laissé acculer à une situation désespérée sans rien avoir prévu pour y échapper ? C'est ainsi, il est impossible d'en douter.

A Horace de Carbuccia, propriétaire de *Gringoire*, venu le voir au printemps de 1944 sur sa demande, il a posé plusieurs questions sur son opinion quant à l'issue du conflit. Carbuccia a répondu que « tout était cuit depuis longtemps pour les Allemands » et que, lui, Laval, ferait bien d'en tenir compte pour ses projets personnels. Le Président est allé tirer d'une armoire un gros dossier et l'a feuilleté devant son visiteur.

— C'est mon dossier espagnol, a commenté Laval.

Carbuccia est sorti de l'entretien convaincu que le chef du gouvernement songeait à gagner l'Espagne [1].

Cependant, depuis l'exil en Allemagne, Laval n'a pris aucun contact avec le gouvernement espagnol. L'aurait-il voulu que ses geôliers le lui auraient probablement interdit : une telle « précaution » ne pouvant représenter à leurs yeux qu'une criminelle atteinte au dogme de la victoire d'Adolf Hitler.

A Sigmaringen, Laval a reparlé — une seule fois — de l'Espagne. Gérard Rey l'a vu s'approcher de l'un des ministres « dormants » qui tenait en main un ouvrage intitulé *Argentine, terre promise*. Pierre Laval a souhaité le lire. « Nous avons souri du titre " prometteur " et j'abordai tout de go l'éventualité d'un exil forcé et lointain. Pierre Laval évoqua rapidement l'Argentine, mais s'attarda au Mexique

1. Témoignage d'Horace de Carbuccia à l'auteur.

qui paraissait avoir ses préférences. Quelques jours après, il me demanda brusquement :

« — Consentiriez-vous à rester auprès de moi si je quittais l'Allemagne ? Jusqu'ici, vous êtes fonctionnaire. Si vous acceptez ma proposition, vous ne le serez plus. Plus tard, votre femme et vos enfants pourront venir vous rejoindre. Votre absence de France durera quelques mois, mettons un an.

« — Monsieur le Président, je crois plutôt deux ou trois ans.

« Il me regarda et acquiesça de la tête. Il parla de l'Espagne. Je ne connaissais pas les avis de prudence qu'il avait reçus, mais je lui dis spontanément : " Je ne voudrais pas aller en Espagne, trop proche de la France ". Il ne craignait point cela et me le dit. Il me demanda même si une modeste maison de Cadaquès, appartenant à une tante de ma femme, pourrait l'abriter. Il ne me reparla plus de ses projets. »

A la fin de mars 1945, selon Jacques Guérard, l'état d'esprit de Pierre Laval se définit ainsi : « Il veut essayer de gagner, par tous les moyens possibles, un pays neutre. Ce pays pourrait être la Suisse. A défaut — et il connaît les réserves que je n'ai cessé de formuler — il pense très évidemment à l'Espagne, comme le pays le plus proche parmi ceux qui seraient susceptibles de le recevoir. »

Donc, c'est à un refuge à l'étranger qu'aspire Pierre Laval. L'écoute de la radio, la lecture des journaux suisses l'ont suffisamment éclairé sur le sort qui l'attendrait en France. Tout serait différent s'il pouvait être jugé par une Haute Cour véritable formée d'hommes ayant l'expérience du pouvoir — comme celle devant laquelle avaient comparu naguère Malvy et Caillaux. Certains soirs, à Wilflingen, après avoir dîné avec sa femme, il rejoint dans la salle à manger les ministres « dormants ». Le 15 mars, il va même jusqu'à rêver à voix haute d'un tribunal composé de ses anciens ennemis politiques :

— Même Blum, même Reynaud, dit-il.

Avec eux, il serait en pays de connaissance. Ils parleraient le même langage. Lui et eux. Ce n'est qu'un rêve.

A la même époque, Jacques Guérard vient annoncer à Pierre Laval qu'il a l'intention de quitter Wilflingen si, du moins, le Président veut bien l'y autoriser.

— Qu'allez-vous faire ?

— Gagner, si je puis, l'Italie du Nord. Y retrouver Rahn. Je crois qu'on peut compter sur lui.

— Rahn...

Sur ce nom, Pierre Laval songe. Pendant l'Occupation, Rahn était ministre-conseiller de l'ambassade l'Allemagne en France. Il avait quitté Paris pour occuper un poste diplomatique important en Europe centrale avant d'être nommé ambassadeur auprès de la République fasciste de Mussolini. Pierre Laval allume une nouvelle cigarette.

— Si vous croyez qu'en restant, dit Guérard, je puis vous être d'une quelconque utilité, je reste.

— Partez. Moi, je ne sais pas ce que je vais devenir. Si je pars, pourrais-je emmener tous mes collaborateurs ? Faire un choix me serait atrocement pénible. Votre idée de passer en Italie du Nord est bonne. C'est de là que l'on pourra gagner le plus facilement un pays étranger. Partez.

Laval se lève :

— Quand vous verrez Rahn, parlez-lui de moi, dit-il d'une voix plus sourde encore qu'à l'ordinaire. Cherchez avec lui pour moi un moyen de gagner l'Espagne [1].

Les adieux, me dit Jacques Guérard, furent « simples et émouvants ». Pour la deuxième fois de sa vie, Laval embrasse son collaborateur. La première, c'était à Matignon, en août 1944, quand Guérard lui avait fait part de son désir de ne pas l'accompagner en Allemagne.

J'ai demandé à Jacques Guérard :

1. Témoignage de Jacques Guérard à l'auteur.

— Quelle impression conservez-vous de Pierre Laval au moment où vous l'avez quitté ?

— Il restait un lutteur. Blessé, mais n'ayant point renoncé. Il était très calme, très maître de lui. Le jugement demeurait très sain, très objectif. A cette date, il était préoccupé — mais pas déprimé.

Jacques Guérard a quitté Wilflingen. Charles Rochat est parvenu, lui, à nouer des contacts avec la Suisse. Son ami Stucki lui a fait savoir que, s'il se présentait à l'une des frontières de la confédération helvétique, il serait accueilli. Lui seul.

Le dimanche 1er avril, jour de Pâques, Pierre et Jeanne Laval se rendent à la messe dans la chapelle de Wilflingen. C'est la première fois que Pierre Laval assiste à un office depuis son arrivée en Allemagne.

Qui douterait que l'on approche du dernier quart d'heure ? Un matin, deux officiers SS se présentent au manoir. Surprise : ils sont Alsaciens-Lorrains. Ils s'enferment avec le Président. Circonstance exceptionnelle, Mme Laval les retient à déjeuner. Ils ne partiront que dans l'après-midi.

Le soir, Mme Laval dira à Gérard Rey :

— Le Président a été très intéressé par ce qu'il a appris.

A l'Ouest, les Alliés foncent vers l'Elbe. Les Soviétiques se sont emparés de Koenigsberg. Depuis le 13 avril, le drapeau rouge flotte sur Vienne. Le 17 commence l'offensive russe contre Berlin. La Ire Armée française s'avance le long de la vallée du Neckar. Si on reste à Wilflingen, logiquement, ce sont les Français de de Lattre que l'on verra arriver. Il suffit de regarder la carte.

Les attendra-t-on à Wilflingen ?

Le 5 avril, le maréchal Pétain a fait savoir à Hitler qu'il souhaitait rentrer en France. Cette démarche est-elle connue de Pierre Laval quand, le 16, il se décide à s'adresser aux autorités helvétiques ? Au ministre Walter Stucki qui se trouve à Berne, il demande à être autorisé à traverser la

Suisse, à y « résider une quinzaine de jours pour préparer sa défense avant de se présenter devant la justice française [1] ».

La demande est surprenante. Les jours précédents, il ne songeait qu'à gagner un asile sûr. Cette fois — la première — il se déclare prêt à comparaître devant les tribunaux de son pays. Estime-t-il, ancien chef du gouvernement de Vichy, qu'il se doit d'imiter le chef de l'Etat ? Songe-t-il à gagner du temps ? Le principal n'est-il pas de franchir la frontière suisse ?

Tapi sous quinze mètres de béton dans son bunker de Berlin, celui qui a été le Führer du IIIe Reich envoie, dans toutes les directions, des ordres délirants à des armées qui n'existent plus. Sur les routes, se déploie un indescriptible chaos. Des millions d'Allemands de l'Est, fuyant les Soviétiques, refluent vers l'Ouest. Ecrasées sous les bombes, les villes achèvent de mourir.

A Wilflingen, une angoisse silencieuse monte. « En apparence, me dit Jacques Boudot, il n'y avait rien de changé ». Et Gérard Rey : « On attendait que le Président passe à l'action. »

Depuis le 15, il fait très beau, très chaud.

Dans la matinée du 19 avril, une voiture pénètre dans la cour du manoir : c'est celle de l'ambassadeur Reinebeck. Il est immédiatement reçu par Laval. Sa mission s'exprime en peu de mots : M. de Ribbentrop a donné des « ordres formels » pour qu'« en aucun cas », le Maréchal et le président Laval ne « tombent entre les mains des Alliés ». Ils devront donc gagner la Bavière et, peut-être le « réduit » où les plus déterminés des SS s'acharnent à organiser le dernier bastion de la résistance nazie.

Se trouver mêlé — avec Jeanne — à cette ultime folie, à ce dérisoire crépuscule des dieux ? Laval proteste avec violence. Très froid, Reinebeck se retranche derrière ses instruc-

1. André Brisaud : *op. cit.*

tions. Pourtant, il laisse entrevoir — voilà bien la fin de la formidable machine disciplinaire allemande — que le départ de Wilflingen compte avant tout.

Dans le bureau de Pierre Laval, s'improvise le dernier des « conseils » que l'ancien président du Conseil ait été amené à tenir dans son exil. Face à face, trois hommes graves, tendus : Laval, Gabolde, Rochat. De la décision qui va être prise, du choix qui va être fait, dépend leur sort. Leur vie aussi.

Rochat se range à l'avis si souvent exprimé par Guérard : il est inutile que le Président songe à passer en Suisse. Que reste-t-il, sinon l'Espagne ? Dans ses bagages, Laval a emporté le « dossier espagnol » naguère montré à Carbuccia. Il contient une lettre du général Franco remerciant chaleureusement Pierre Laval pour ses interventions au Sénat pendant la guerre civile d'Espagne : Laval a toujours soutenu la politique de non-intervention et milité pour que le gouvernement français cessât d'apporter son aide aux républicains. « Je n'oublierai jamais », lui a écrit le Caudillo.

En outre, à Madrid, au ministère des Affaires étrangères, Laval escompte trouver un allié de taille : Don José Felix de Lequerica. Ambassadeur d'Espagne à Vichy, celui-ci proclamait à tout venant sa débordante affection pour Pierre, son très cher *amigo*. Quand ils se rencontraient, c'étaient des démonstrations sans fin, des *embrasso*, des exclamations de bonheur. Dans la capitale provisoire de la France, il n'était de plus grand admirateur de la politique de Pierre Laval que l'Espagnol. Zélateur des succès hitlériens, grand lecteur de *Je suis partout*, M. de Lequerica proclamait volontiers sa confiance dans la collaboration franco-allemande, avant-garde héroïque de l'Europe nouvelle. Le vent a tourné. M. de Lequerica est rentré à Madrid à point nommé pour satisfaire son ambition de toujours : obtenir un portefeuille ministériel. Rédacteur au journal socialiste *El Sol* avant la guerre civile, il y pensait déjà. A l'un de ses amis le questionnant sur ses opinions politiques, il avait répondu :

— *Soy un carterista* (Je suis un partisan du portefeuille).

Depuis le succès du général Franco, Lequerica fait profession officielle de catholicisme. Il a inauguré son ambassade en France par un coup d'éclat. Lors des funérailles du cardinal Verdier, deux ambassadeurs se sont agenouillés à l'élévation : l'ambassadeur d'Italie et S.E. Don José Félix de Lequerica. Or Don José vivait alors en état de concubinage.

Dans le petit bureau de Wilflingen, Pierre Laval murmure :

— Lequerica est mon ami.

Le croit-il vraiment ? Une personnalité qui a fort bien connu le ministre espagnol, m'a dit : « On ne pouvait être l'ami de Lequerica, car il ne donnait son amitié à personne. C'était un homme cynique, qui ne s'attachait à aucune doctrine, à aucune personne. » Pour Gabolde et Rochat, devant la dérobade suisse, on ne peut plus espérer qu'en la bienveillance de l'Espagne.

Aussitôt, Pierre Laval rédige le texte d'un télégramme à Lequerica. Rochat accueilli en Suisse, Marion et Mathé ayant fait part de leur désir de rejoindre les troupes françaises, Laval et Gabolde restent seuls en cause. L'ex-garde des Sceaux se croit, lui aussi, des droits à la reconnaissance espagnole. « J'avais eu l'occasion en 1937-38, m'a-t-il écrit, comme chef de la section financière de la Cour d'appel de Paris, d'intervenir dans l'affaire du gage en or déposé dans les caves de la succursale de la Banque de France à Mont-de-Marsan comme garantie d'un emprunt du gouvernement espagnol à la fin de la monarchie, que se disputaient les deux gouvernements, celui de Valence-Barcelone et celui de Burgos. Lequerica, à cette époque, était en France le représentant officieux du gouvernement de Burgos. [...] Me basant sur les termes de la convention de non-intervention du Comité de Londres, je soutenais que l'or devait être conservé sous séquestre jusqu'à la fin de la guerre civile et restitué au vainqueur. [...] Après un entretien avec M. Paul Reynaud qui était mon ministre, ce point de vue fut adopté et admis par Burgos, ce qui facilita la mission du maréchal Pétain, quand, en 1939, il fut nommé ambassadeur près du gouvernement national. »

Maurice Gabolde, qui tape fort bien à la machine, va dactylographier lui-même le télégramme de Laval à Lequerica :

« Excellence et bien cher ami, c'est en souvenir des longs jours passés ensemble que je vous fais parvenir ce message. Ce n'est ni l'homme d'Etat, ni l'ami qui vous demande aide et assistance, mais simplement l'homme. L'Allemagne me met en demeure de quitter son territoire menacé désormais par les avances alliées et c'est à vous que je m'adresse. Je vous demande en mon nom propre, comme en celui de mon épouse et de mon fidèle ami Maurice Gabolde, l'autorisation de pouvoir pénétrer en Espagne en attendant des jours meilleurs. Aujourd'hui, c'est un vieillard usé et fatigué qui vous écrit. Et, en souvenir de notre longue amitié, je vous dis à l'avance merci. »

Comment cette dépêche, en ces temps de panique et de désordre, va-t-elle être acheminée ? Maurice Gabolde me précise qu'elle « fut envoyée par les services de Reinebeck ». Malgré les instructions de Ribbentrop, Reinebeck s'est donc humanisé. Le télégramme part à 17 heures. Lequerica répondra-t-il ?

Ce même jour, Jacques Boudot note : « Très beau temps. Préparatifs de départ. » Le 20 : « Beau temps. Sur le départ. » A Boudot, Pierre Laval a simplement annoncé :

— Nous partons demain, à l'aube, en direction de l'Autriche. On longera la Suisse.

Dans l'une des tours du manoir, on a disposé la « réserve » personnelle du Président en vins et liqueurs, qui doit beaucoup aux relations de Néraud. Laval fait chercher une bouteille et deux verres, trinque en compagnie de Rey.

— Encore deux que les Boches n'auront pas ! plaisante-t-il.

— Ni personne, fait Rey.

Jeanne Laval boucle les valises. Les ministres « dormants » en font autant. Dans l'attente du départ, Boudot, au cours de la nuit du 20 au 21, ne se couche pas. Au petit matin, on charge les bagages des Laval dans la Packard blindée dont le gazogène fume. Un peu avant 8 heures, les Laval sortent du manoir. Le temps s'est rafraîchi. Tout le personnel domestique s'est rassemblé. Les cuisinières pleurent. Le forgeron, les enfants du forgeron sont venus faire leurs adieux : le Président s'arrêtait souvent devant la forge. Il y a près de deux mois que l'on bénéficie de l'accueil du baron von Stauffenberg. Remerciements, effusions. Le baron offre des fleurs à Jeanne qui ne cache pas son émotion.

Armés jusqu'aux yeux, les Allemands gagnent leurs voitures. Le baron von Salza, représentant Reinebeck, sera « l'ange gardien » du cortège. Toujours flanqué d'un teckel, il est très grand, très mince, racé, avec des yeux où se lit de la bonté : si l'on en croit les témoins, celle-ci n'est pas que d'apparence.

Il s'approche de Laval :

— Il faut partir, Monsieur le Président.

Laval approuve d'un hochement de tête. Chapeau sur la tête, canne à la main, il a revêtu son costume croisé bleu marine. La cravate blanche se détache sur la chemise crème. Il rejoint Jeanne dans la voiture. Maurice Gabolde s'assoit à la gauche de Boudot.

Plusieurs voitures allemandes, dont celle de Salza, vont précéder le cortège. Le réservoir de la Delahaye de Pierre Laval est plein : cent litres. Dans la malle arrière, deux bidons de cinquante litres voisinent avec des mitraillettes. Suivra la Packard conduite par Marcel Delattre, dans laquelle monte Paul Marion. La 11 CV Citroën de la Gestapo accueille les éternels Kaiser et Wilhelm. Dans la Simca 8 ont pris place, avec Néraud, Gérard Rey, Charles Rochat et Pierre Mathé.

En des temps encore proches, un tel cortège eût conservé jusqu'au bout un ordre impeccable. Qu'est devenue la discipline nazie d'antan ? Quelques kilomètres après Wilflingen, chacun roule pour soi. Il n'est que la traction de la Gestapo pour coller obstinément à la Delahaye noire de Pierre Laval.

Il faut dire que des avions alliés survolent à tout instant la route, obligeant à s'arrêter, à gagner des sous-bois, à repartir quand le danger s'éloigne. La route est encombrée de fuyards et de troupes en retraite.

Ce même 21 avril, à l'aube, les « personnalités » disposant d'une voiture et d'essence, tels Brinon, Déat, Luchaire, Abel Bonnard, le général Bridoux, ont pris eux aussi la route. Ils ne se sont pas concertés sur l'itinéraire à suivre. Une préoccupation commune : « Mettre le plus de kilomètres possibles entre eux et les avant-gardes de l'armée de Lattre. » Or toutes ces routes vont les conduire, malgré eux, dans la même petite ville, Wangen, à 84 kilomètres au sud-est de Sigmaringen. A 11 heures du matin, sur la place, Boudot s'y arrête sous une pluie battante.

Dans son bunker, Hitler n'a plus que neuf jours à vivre, neuf jours de divagation et de délire.

A Wangen, la place principale était, note Maurice Gabolde, « encombrée par une foule de réfugiés de Sigmaringen, des camions, des autocars, des amoncellements de sacs, de valises, etc... Le spectacle était lamentable ; ces malheureux grelottaient sous leurs vêtements d'été avec lesquels ils étaient partis de France l'année précédente, recouverts de capotes de miliciens, de vieux manteaux achetés à des Allemands, de couvertures, un vrai campement de bohémiens ».

Le regard méprisant de Laval s'est posé sur ce chaos. Il a compris le parti qu'il pouvait en tirer. Jusqu'ici captif ballotté au gré de la volonté allemande, il décide soudain de retrouver sa liberté d'action. Celle-ci est bien relative puisqu'elle dépend de l'avance des armées alliées victorieuses. Dans le camp où il se trouve, Laval va répudier l'autorité de ses gardiens.

Dès lors, il reste enfermé dans sa Delahaye comme en une forteresse. On attend Salza, parti chercher des ordres on ne sait où, auprès d'on ne sait qui. A midi, Boudot apporte au

Président et à Mme Laval un « petit ravitaillement ». Jeanne Laval affiche un air déterminé. La nouvelle attitude de son Pierre la ravit.

Survient, dans l'après-midi, non pas Salza mais le consul général allemand Fischer. Accueilli dans la voiture — la pluie tombe toujours —, il annonce à Pierre Laval qu'il sera conduit dans le sud de la Bavière. Laval, Mme Laval et Gabolde s'y opposent formellement. « La scène devint dramatique, me dit Maurice Gabolde. Le consul, ahuri, écouta une violente philippique du Président, dans laquelle il évoqua l'incompréhension des dirigeants allemands à Paris, à Vichy et à Belfort, les désillusions et les amertumes de trois années de gouvernement sous une occupation étrangère, tout cela dit avec véhémence, dans ce cadre de désolation et de misère, dans cette auto ruisselante de pluie où, entassés les uns sur les autres, se déroulait l'entrevue. »

Fischer, balbutiant, se hasarde à vouloir répondre. Furieuse, Jeanne Laval intervient :

— Taisez-vous ! Vous avez affaire à un président du Conseil ! Même chez les Zoulous, on respecte un président du Conseil !

N'imaginant même pas comment peut se présenter un président du Conseil zoulou, Fischer se retire « terrifié et confus ». « Laval, dit Maurice Gabolde, était décidé à faire crever les pneus de l'auto s'il insistait ».

Les heures passent. Dans le ciel tournoient les avions alliés, de plus en plus fréquents, de plus en plus nombreux. A plusieurs reprises, les sirènes déchirent l'air. Chacun court aux abris. A chaque alerte, Boudot conduit la Delahaye dans les sous-bois voisins. Au signal de fin d'alerte, on revient se garer sur la place de l'église, sous les regards de plus en plus stupéfaits de la population.

Avec le soir, revoici Salza. Tout heureux, il annonce qu'il a trouvé une chambre chez le bourgmestre de Wangen pour le Président et Mme Laval.

Refus absolu de Pierre Laval : il ne quittera pas sa voiture. Salza supplie, adjure.

— Non.

Spectacle sûrement inédit dans le saint des saints des hauts dignitaires hitlériens : Salza se met à pleurer !

— Ecoutez, M. le Président, sortez de cette voiture. Allez à l'hôtel, au moins !

— Non.

Les yeux rougis, Salza s'éloigne. Rochat, Néraud et Gabolde trouveront un asile pour la nuit chez l'Inspecteur des Forêts. De nouveau Boudot a procuré aux Laval de quoi se restaurer. L'obscurité enveloppe Wangen où règne le black-out. Tout au long de la nuit — glaciale — Jeanne et Pierre Laval font de cette Delahaye le bastion de leur indépendance.

Matin du dimanche 22 avril. Un groupe de travailleurs français au repos traverse la place de Wangen. On imagine leur stupeur quand ils reconnaissent Laval, assis sur l'un des marchepieds de sa voiture et qui se fait raser ! On s'approche, on s'attroupe. Voilà donc l'homme qui, le 22 juin 1942, s'écriait à la radio :

— Et maintenant commence la Relève... Ouvriers de France ! C'est pour la libération de nos prisonniers que vous partez travailler en Allemagne ! C'est pour notre pays que vous partirez nombreux ! C'est pour permettre à la France de prendre sa place dans la Nouvelle Europe que vous répondrez à mon appel !

Aucun des Français de Wangen n'éprouve le moindre doute : Laval est le principal responsable de leur déportation. Rasé, Laval s'essuie le visage. Il n'hésite pas un instant et se dirige vers les ouvriers silencieux et hostiles, rangés en cercle. Il leur parle. Peu à peu, la gouaille de l'Auvergnat opère, les plus sombres se détendent. Bientôt, des rires fusent. Quel art de persuader, quelle habileté ! Un témoin n'oubliera pas : « Il est difficile de résister aux petites histoires du Président et c'est le même plaidoyer qu'on entend : la France battue, Montoire, le Maréchal, la Relève, moins de travailleurs que la

Belgique, moins d'ennuis que la Pologne ou les autres pays occupés. Et puis, les travailleurs avaient-ils une vie tellement épouvantable ? Ceux-là sont souriants et ont une bonne mine. Les " Frauleins " sont peu farouches pour les " Franzoses "... Et cela continuait sur le même ton badin. Les exclamations, quelques critiques vite retournées, rappelaient les salles de réunion à la veille des élections d'avant-guerre [1]. »

— On se serait cru à Aubervilliers [2] ! se souvient Boudot. D'ailleurs, Aubervilliers était représenté... Il y avait l'instituteur ! A la fin, ils voulaient tous serrer la main au Président !

Laval regagne sa voiture. Heureux. Quant à Jeanne, le bonheur qu'elle ressent lui coupe presque le souffle. On entend deux petits miliciens, égarés et lamentables, dire avec envie :

— Il les possédera toujours !

C'est bien là ce que pense Jeanne. Elle rayonne d'une confiance retrouvée. Pour elle — pour lui aussi — l'avenir vient de s'éclaircir.

Vaincu, Salza a disparu. En fait d'anges gardiens, il ne reste plus que Kaiser et Wilhelm, muets près de leur traction, et accablés d'une tristesse grandissante. A chaque instant, de nouvelles alertes jettent population et réfugiés aux abris. Impavides, les Laval restent dans leur voiture.

Minute d'émotion : Marion et Mathé sont venus faire leurs adieux. Ils vont se mêler aux travailleurs français dont le rapatriement ne devrait pas tarder. Restent avec Laval : Gabolde, qui attend comme le Président la réponse espagnole ; Rochat, parce qu'il lui faut un moyen de transport pour gagner la frontière suisse ; Néraud, parce que l'amitié le guide ; et les « petits » — Rey, Delattre, Boudot — parce qu'ils sont résolus à ne pas abandonner le patron, quoi qu'il arrive.

1. Michel Létan : *op. cit.*
2. Localité de la banlieue parisienne dont, jusqu'à la 2e guerre mondiale, Laval fut le maire.

Le patron ? La désertion de Salza l'a convaincu que sa manœuvre avait réussi. S'il donne le signal du départ, personne ne s'y opposera. Et il le fait. A 17 heures, la Delahaye s'ébranle, suivie de la Packard et de la « traction » des tenaces Wilhelm et Kaiser. Direction : Feldkirch. Cette petite ville autrichienne jouxte la frontière suisse.

A 18 h 30, le cortège parvient à Bregenz. Nourris de sandwichs depuis deux jours, les Laval ressentent une certaine hâte de faire un « vrai » repas. Au bord du lac de Constance, à une table du restaurant de l'hôtel de la Croix-Blanche, on s'installe devant les eaux paisibles qui, cependant que vient la nuit, reflètent l'admirable horizon de montagnes. Comment croire que le monde se convulse dans une guerre apocalyptique ? Comment croire que ce couple de Français d'âge mûr qui dîne là, un dimanche soir, se bat pour sauver sa vie ?

La halte ne dure qu'une demi-heure. On repart pour Feldkirch, où l'on arrive à 19 h 30. La tragédie débouche sur un décor d'opérette. Va-t-on jouer l'*Auberge du Cheval blanc* ? La petite place rectangulaire sur laquelle se glisse la Delahaye est, sur ses deux longueurs, flanquée de galeries aux couleurs vives. Tout cela d'une propreté méticuleuse. Les peintures chantent. Les boiseries rutilent. Face à une fontaine aux lignes délicates, l'hôtel *Zum Löwen* offre sa façade fleurie.

Les Laval pénètrent dans une vaste salle aux poutres apparentes et aux murs couverts de boiseries sombres. Des banquettes de bois adoucies par des coussins multicolores. Sous les lampes à abat-jour, de longues tables.

On conduit Laval et sa femme à leur chambre « modeste, mais propre — me dit Gérard Rey — peu grande, aux deux lits inévitables ». Pierre Laval restera sept jours à Feldkirch.

Sept jours d'agonie.

Le lendemain matin, lundi 23 : « Beau temps frais », note Boudot —, Laval prend son petit déjeuner dans la salle à manger de l'hôtel, en compagnie de Gabolde et Rochat. La porte bat. Paraît Jean Weiland, l'ancien président du groupe « Collaboration ». Il vient de multiplier les tentatives pour passer en Suisse. En vain. Laval lui fait signe d'approcher. Weiland questionne :

— Vous allez sans doute en Suisse, monsieur le Président ?

Le visage de Laval est grave, très grave :

— En Suisse ? Oui, en transit vers l'abattoir !

« J'entends aujourd'hui encore dira Jean Weiland, ces mots désabusés résonner lugubrement [1]. »

Aucune réponse de l'Espagne. Laval ne veut pas être rejoint par les Français de l'armée de Lattre, avec tout ce que cette capture peut laisser présager. Il est sûr, maintenant, que la Suisse ne lui accordera pas le droit d'asile. Reste, comme le Maréchal, à solliciter un transit. Au moins la rentrée en France s'opérera-t-elle de façon plus « administrative ».

Jeanne Laval passe par des sentiments très contradictoires. Elle souhaite toujours — d'autant plus depuis le « meeting » de la place de Wangen — que Pierre puisse développer sa défense au cours un procès retentissant où il mettra le meilleur de lui-même. A Gérard Rey, elle confie :

— Mais, mon petit, si nous le pouvions vraiment, nous irions au-devant des troupes alliées leur dire : « Nous voici, jugez-nous. » Et le Président parlera. Les Français apprendront la vérité. Croyez-vous que nous ayons peur d'elle ?

Aussitôt après, elle se tord les mains :

— Mais, avant, en prison... ils me le tueront.

Au travail. Dès le petit déjeuner expédié, Laval songe à rédiger une nouvelle lettre au gouvernement helvétique. « Comme il n'y avait pas eu de réponse de Lequerica, se souvient Maurice Gabolde, Laval me dicta une lettre au gouvernement suisse sollicitant pour lui, Mme Laval, Néraud et moi un asile provisoire en Suisse. La résidence serait temporaire et destinée à la préparation de sa défense avant de rentrer

1. Témoignage déposé au *Hoover Institute* (n° 73) et reproduit dans *La vie de la France sous l'occupation*, tome III (1957)

en France. » Gabolde dactylographie cette lettre. Il semble que Rey ait eu à en taper une autre version, car il évoque le sourire de Mme Laval « en me voyant taper sur mon lit, faute de place, la lettre de demande de transit par la Suisse... »

Un instant, Laval regarde la feuille qui — peut-être — contient sa destinée. Il la glisse dans l'enveloppe. « Rochat et moi, m'a écrit Maurice Gabolde, fûmes au poste frontière de Hoechst remettre la lettre au chef supérieur de ce secteur. Il fut convenu que la réponse viendrait par son intermédiaire, après une conversation téléphonique avec Berne ; nous fûmes informés que le Conseil fédéral se réunirait pour statuer sur la demande. »

De retour à l'hôtel *Zum Löwen*, Gabolde et Rochat rendent compte. Laval écoute, immobile, quasi hiératique, les yeux fixés sur la fumée bleue de sa cigarette.

Il faut attendre. Tuer le temps. Avant que le temps vous tue.

— Il n'est pas possible que les Suisses refusent ! s'exclame Jeanne Laval.

Laval ne croit pas non plus au refus. Quinze jours. S'il peut rester quinze jours en Suisse, qui sait ce qui peut encore se passer ? En période de crise, l'essentiel est de passer le mauvais cap. « J'ai vécu », disait Siéyès. En thermidor, il n'a manqué que vingt-quatre heures à André Chénier pour sauver sa vie.

Même à Feldkirch — surtout à Feldkirch — il faut que Laval prenne de l'exercice. Il erre dans la petite ville qui grouille, elle aussi, de réfugiés. Pour la première fois, Kaiser et Wilhelm le laissent en paix. « Les gars de la Gestapo, me dit Jacques Boudot, sont toujours là. Mais ils ne s'occupent pas de nous. » Seul Rey l'accompagne. Il note : « Au retour d'une promenade, alors que nous passons devant la fontaine, nous pouvons y voir Abel Bonnard, un pied sur la margelle, un coude sur le genou. Que dicte-t-il à son frère, assis comme résigné sur la vieille pierre ?... »

« Je revins à Hoechst le mardi, dit Maurice Gabolde. Il n'y avait pas de réponse. »

Dans la Delahaye, Boudot avait installé un petit poste de radio, branché sur la batterie. Ici, à Feldkirch, il l'a transporté dans sa chambre. Dans la leur, Pierre et Jeanne Laval écoutent aussi la radio. Ils entendent le cri du triomphe des vainqueurs à l'Ouest et à l'Est. Les Russes sont dans Berlin et — mètre après mètre — avancent vers le bunker de Hitler.

« Le mercredi, dit Maurice Gabolde, je sus que M. Rochat était autorisé à traverser en transit le territoire helvétique, après avoir vu à Berne M. Stucki. En ce qui concernait les autres personnes, il fallait attendre la réunion du Conseil fédéral fixée au vendredi. »

Pierre Laval rêve sur cet admirable raccourci : les « autres personnes »... Dans l'après-midi, Charles Rochat fait ses adieux. Emotion profonde. Quand se reverra-t-on ? Et se reverra-t-on ? « J'accompagnai l'après-midi à Hoechst, dit Maurice Gabolde, M. Rochat qui entra en Suisse. »

Feldkirch ne se situe pas seulement à la frontière austro-helvétique. Tout près de là s'ouvre — ou plutôt, en l'occurrence, se ferme — la frontière de l'un des plus petits Etats du monde : le Liechtenstein. Très inféodé économiquement à la Suisse, il est politiquement indépendant. Dans la guerre, le Liechtenstein est demeuré neutre.

Le Liechtenstein ? Nul ne semble y avoir pensé jusque-là. L'idée est-elle si folle ? Certains dignitaires nazis ne possèdent-ils pas dans la principauté des résidences et des comptes en banque ? Cette tradition plus que libérale devrait prédisposer à un comportement humain.

L'armée du général de Lattre approche. Constance est prise. Wangen va l'être. Laval agit maintenant comme une bête acculée. Le soir du 25, il fait appeler son chauffeur :

— Boudot, on ira demain au Liechtenstein. Préparez la voiture.

— Elle est toujours prête, Monsieur le Président. Mais je

préférerais qu'on prenne la Packard. A cause du gazogène. Il vaut mieux économiser l'essence de la Delahaye.

— On prendra la Packard, Boudot.

Il s'éloigne de quelques pas, s'arrête, se retourne. Les yeux noirs sourient à ce serviteur fidèle qui — cela se voit — commence à n'en mener pas large :

— Ne vous en faites pas, Boudot. On va se réfugier au Liechtenstein. On aura un chalet, un pré, des vaches. On sera tranquille. On sera bien.

Voilà Boudot tout ragaillardi :

— Moi ça me plaît, le Liechtenstein, Monsieur le Président !

Jeudi 26. La Packard décapotable au gazogène fumant s'arrête devant le poste frontière du Liechtenstein. Pierre Laval descend, « hombourg » noir en tête, canne au bras. Il s'avance vers la barrière fermée. Les douaniers, immobiles, le regardent venir vers eux. « Je vois encore le Président, raconte Gérard Rey, enlever son chapeau avant de s'approcher du poste-frontière. Je vois l'attitude à peine polie des douaniers, froide et rogue. Par discrétion, je suis resté en arrière. Il a parlé avec des fonctionnaires venus du bureau de la douane. Cela a duré un moment. Puis il a remis son chapeau, et il est revenu à la voiture. »

Le Liechenstein a dit non.

C'est donc le vendredi 27 que doit se réunir le Conseil fédéral. La malchance de Laval, observe Alfred Mallet, c'est que sa demande « tombe en plein interrègne. Pilet-Golas, membre du Conseil fédéral qui dirige le département politique, c'est-à-dire les Affaires étrangères, a dû donner sa démission. Petit-Pierre le remplace... Stucki remplit les fonctions de secrétaire général et le renverra au bout de trois mois ».

Or Stucki reste profondément hostile à Laval. Ici, les témoignages divergent. Selon une première version, le Conseil fédéral aurait accordé à Pierre Laval un transit de vingt-quatre heures — comme il l'a fait pour le Maréchal. Jean Jardin, premier conseiller, puis chargé d'affaires à

Berne, rapporte que, le samedi 28 avril, M. Stucki l'a convoqué pour l'entretenir de cette décision : « le Conseil n'accorde à Laval qu'un transit de vingt-quatre heures » et s'en est excusé. Maurice Gabolde, dans la relation qu'il a écrite à mon intention, témoigne cependant que « notre demande de transit fut refusée, tout au moins en ce qui concernait Laval, car on ne parla pas de moi ».

L'attitude de Laval dans les heures qui suivent démontre qu'il a renoncé à pénétrer en Suisse : soit que ce transit de vingt-quatre heures lui ait semblé insuffisant ; soit qu'on lui ait bien, en effet, refusé ce transit.

Surprise : on voit tout à coup surgir à Feldkirch Abel Bonnard, son frère... et Paul Marion. On apprend leur singulière histoire. Au lieu de se mêler aux ouvriers du STO, Marion a voulu imiter l'exemple des frères Bonnard. Ils sont tous entrés en Suisse... avec le personnel de l'ambassade du Japon. C'était faire table rase de la morphologie : les frères Bonnard et Marion ont été arrêtés à Saint-Gall, conduits à la frontière et obligés de payer les frais du transport. Au soir du 27, surgit à l'hôtel *Zum Löwen* toute la famille Luchaire et le couple Marcel Déat. Ils n'ont pas droit au moindre regard de Pierre Laval ni de Maurice Gabolde.

« La journée de samedi se passa à attendre une réponse d'Espagne. » : une note laconique de Maurice Gabolde. L'espoir qui meurt, puis veut revivre. Puis meurt à nouveau.

Jeanne Laval, qui s'est absentée un instant, s'émeut de ne pas trouver Pierre dans leur chambre. Pourtant, Rey, Delattre et Boudot sont à l'hôtel. Serait-il sorti seul ? Très alarmée, elle prévient Rey. « Je pars aussitôt, guidé par mon seul instinct. J'explore les petites rues entourant la place et l'aperçois à vingt pas devant moi, traversant la foule des innombrables réfugiés. Je note qu'il n'est jamais bousculé. Il n'est pas reconnu. Je continue à le suivre. Arrivé à un endroit peu fréquenté, il s'arrête, pensif, immobile. Je ne bouge plus, me garde bien de troubler ses réflexions. Mais lui, tournant légèrement la tête, il dit :

« — Venez donc, Rey.

« Il m'avait deviné. L'instinct du grand Monsieur acculé, mais qui sent encore une humble, mais affectueuse amitié [1]. »

Décidément, Feldkirch est une plaque tournante. On y voit survenir le diplomate allemand Krug von Nidda, expulsé de Suisse — il avait été en poste à Vichy —, l'officier aviateur allemand von Tangstein, ex-représentant de Ribbentrop auprès du maréchal Pétain, ainsi que la comtesse autrichienne Sailern. Ces deux derniers ont escorté le Maréchal et Mme Pétain jusqu'à la frontière suisse.

A l'hôtel *Zum Löwen* s'est installé aussi l'un des princes Romanoff. « Je passai l'après-midi de samedi en compagnie du grand-duc Wladimir, dit Maurice Gabolde, d'un vieux général qui l'accompagnait et de sa secrétaire. Participait à la conversation un jeune homme que l'on disait frère de l'archiduc Otto de Habsbourg. »

Le grand-duc Wladimir sera admis — lui — au Liechtenstein. Dans le *Weinstube* de l'hôtel, le jour de son départ, il se lève avec vivacité à l'entrée de Pierre Laval et s'incline devant lui. Le Président ôte son chapeau. « Ils restent silencieux, quelques secondes, note Rey. Et Wladimir dit — je me souviens exactement de ses paroles — : " Monsieur le Président, vous connaissez mon amour pour la France. Je ne formule qu'un vœu pour elle : qu'elle sache vous conserver. " »

Dimanche 29 avril 1945. Depuis la veille, Wangen est prise. L'armée de Lattre fonce sur Feldkirch.

La veille, près du lac de Côme, Mussolini et Clara Petacci, sa maîtresse, ont été abattus d'une rafale de mitrailleuse par un chef de partisans italiens. Depuis, à Milan, le cadavre du Duce et celui de la jeune femme pendent, attachés par les pieds, à la marquise d'un garage, sur la place Loreto.

A Berlin, au cours de la nuit, dans le bunker dont les venti-

1. Notes de Gérard Rey.

lateurs ne parviennent plus à brasser l'air raréfié, Adolf Hitler a réuni ses derniers partisans pour leur annoncer qu'il allait se donner la mort.

Au sein de ce monde qui périt, Pierre Laval ressent désormais la sensation — aiguë, absolue — de sa mort prochaine. Le 29 avril 1945, il serait fou d'espérer autre chose.

En un instant, tout change.

D'une voiture qui vient de s'arrêter sur la place de Feldkirch, jaillit l'excellent baron von Salza. Il pénètre en bourrasque dans l'hôtel *Zum Löwen,* clame qu'il lui faut, sur-le-champ, voir le président Laval. Surgissant, essoufflé, dans la chambre du Président , il lui annonce que l'Espagne accepte de l'accueillir : Lequerica a répondu ! L'entretien des deux hommes se déroule seul à seul. Salza transmet un message verbal qui n'est assorti d'aucune condition particulière.

L'Espagne ! Si l'on rejoint son sol, on sera sauvé ! Jeanne Laval est la première avertie de la nouvelle. Elle joint les mains, sans pouvoir prononcer une parole.

Reste un problème et il est de taille. A ce point de la catastrophe allemande, trouvera-t-on un avion pour aller en Espagne ? Quelle autorité national-socialiste pourrait donc encore accorder cet avion ? Derechef le baron von Salza se révèle la providence du fugitif. Tangstein le seconde avec énergie. Par l'intermédiaire du Landrat de Feldkirch, on se met en rapport téléphonique avec le Gauleiter Hofer, descendant du célèbre Andreas Hofer, chef du soulèvement du Tyrol sous Napoléon. Un second miracle s'accomplit : « Nous trouverions à Bolzano, dit Maurice Gabolde, un avion militaire pouvant transporter six personnes. Nous devions nous arrêter à Merano où résidaient l'ambassadeur Rahn et le personnel de l'ambassade [allemande] auprès du gouvernement de la République italienne de Mussolini. »

L'après-midi de ce dimanche agité, Boudot est allé... au cinéma. Pourquoi pas ? Quand il rentre à l'hôtel, vers 18 heures, il apprend qu'il faut une fois de plus boucler ses bagages : on part dans la soirée.

Dans la salle à manger du *Zum Löwen*, Abel Bonnard, ancien ministre de l'Education nationale de Vichy, achève tristement de dîner en compagnie de son frère Eugène. « Un pauvre repas de restrictions », me dira-t-il [1]. Brusquement la porte s'ouvre et Laval paraît. Il s'avance vers la table :

— On part dans dix minutes.

Sous les cheveux blancs ébouriffés en couronne, le visage de Bonnard s'effare :

— On part ?

— Pour Merano.

« Un avion militaire pouvant transporter six personnes », a dit Hofer. Dans l'heure qui vient de s'écouler, Laval a fait son choix. Ces six personnes seront lui-même, sa femme, Gabolde, Néraud, Bonnard. Puisque l'ancien ministre refuse catégoriquement de se séparer de son frère, on emmènera le frère. Le compte y est.

A minuit. Laval fait ses adieux à Salza. La main fluide de Laval — beaucoup ne peuvent supporter cette molle poignée de main — s'attarde dans celle de l'Allemand. Adieu aussi à Tangstein.

Les quatre voitures ont repris leur place : la Delahaye où montent Boudot, Laval, Mme Laval et Gabolde; la Packard aux bagages, conduite par Delattre ; la Simca 8 où s'entassent Néraud, Rey et les frères Bonnard ; la 11 CV Citroën de Kaiser et Wilhelm : ces policiers modèles ne renoncent pas. La route de montagne s'élève rapidement. Dans le pinceau des phares, les voyageurs n'aperçoivent que des lacets. Il semble que le voyage ne finira jamais. Entracte : au passage de l'Arlberg, on installe les voitures sur un train-plate-forme qui s'engage dans un tunnel. A la sortie, un court repos et l'on repart. Le jour se lève. Dans un embrasement pourpre, la vision des sommets drapés de neige. On redescend. Des chalets de bois, d'abord endormis, on voit sortir peu à peu des paysans à chapeau et culotte de cuir, stupéfaits de voir passer ce cortège insolite. Les villages portent désormais des

1. Témoignage recueilli à Madrid par l'auteur.

noms italiens. On grimpe jusqu'à 1 500 mètres ; on redescend. Une route difficile, très accidentée. Ses courbes dévalent vers la vallée. Jeanne Laval se sent oppressée. Elle souffre de la brusque descente : on est parvenu à moins de 400 mètres d'altitude.

Tout à coup, vers 10 heures du matin, à un détour de la vallée, une petite ville : Merano. Beaucoup de monde dans des rues en révolution. Peut-être les habitants ont-ils beaucoup attendu pour se révéler antinazis. C'est un fait : ce jour-là, ils proclament qu'ils le sont. Aussi regarde-t-on sans aménité ce cortège de voitures françaises escortées par la Gestapo. Néraud s'exclame à l'adresse de Rey qui est au volant :

— Ne cale pas. Si on cale, on est foutu !

Pour plus de sûreté, Néraud brandit une mitraillette par la glace baissée.

Pour demander son chemin, Boudot s'arrête devant une maison pimpante, plus tyrolienne qu'italienne. Une jeune femme souriante sort sur le perron de la maison : Pierre Laval reconnaît Mme Hofmann, la femme du conseiller ! Depuis quelques jours, elle et son mari ont trouvé là un refuge. On prend note de l'adresse de la résidence de l'ambassadeur Rahn qui attend l'arrivée du Président. Alerté par le Gauleiter Hofer, il a négocié avec la Luftwaffe l'octroi d'un avion pour l'Espagne. On se fraie un passage à travers les rues de cette petite ville à la fois gothique et thermale. Dans un quartier extérieur qui ressemble un peu à Neuilly, voici la villa Paolina où Rahn, après s'être replié de Milan à Bolzano et de Bolzano à Merano, a transféré sa résidence.

— Monsieur le Président, soyez le bienvenu.

Chaleureux, Rahn accueille Laval. Cet homme d'environ quarante-cinq ans, grand, fort, le visage coloré — le type même de l'aventurier de classe — ne semble pas ébranlé par les derniers événements. Quelques jours plus tôt, il a mis Guérard dans l'avion pour l'Espagne qui allait conduire à l'abri les Petacci, parents de la maîtresse de Mussolini. Quand Guérard lui a parlé de Laval, il a dit :

— Je ferai tout ce que je pourrai pour lui.

Il tient parole. L'autorisation du départ dépend du général Wolf dont le quartier général se trouve à Bolzano. Le mieux est de s'y rendre sur-le-champ, une affaire de 28 kilomètres. Précédé par la voiture de Rahn, le cortège quitte Merano par la Via Roma. Dans la vallée de l'Adige, au-dessus des vergers et des vignobles, que de *castelli* !

Très vite apparaissent les faubourgs industriels de Bolzano, grande ville qui, malgré les noms italiens des rues et les enseignes des magasins, conserve un indéniable aspect autrichien. Elle a beaucoup souffert des bombardements. Le *duomo* gothique est à demi éventré. De l'église des Franciscains et celle du couvent des Dominicains, ne demeurent que des pans de murs au milieu des décombres.

On gagne le palais royal d'été en marbre rose, l'une des résidences des rois d'Italie entre les deux guerres. Construit en 1925, il offre un peu l'apparence d'un casino. Grandeur et décadence : ce palais royal abrite l'état-major SS en Italie. Il est midi.

Le général Wolf est absent, « en négociations avec les chefs alliés, me dit Maurice Gabolde, et nous sommes reçus par son chef d'état-major, colonel von Malzen et son officier d'ordonnance, capitaine Hanger ». Le soir, quand Wolf rentre, il confirme qu'il a mis à la disposition du Président un *Junker 88*. Laval pourra partir le lendemain.

Le même jour, à 15 h 35, dans son bunker de Berlin, Adolf Hitler s'est tué d'une balle dans la tempe, après avoir absorbé une capsule de cyanure.

Au-delà des hautes fenêtres du palais d'Eté, le soleil se couche sur le cirque de montagnes et une profusion de chapelles. Dans cette demeure qui regorge de hauts gradés allemands, on vient de libérer une chambre pour Pierre et Jeanne Laval. Après le dîner, ils s'y retirent. Quant aux autres

Français, qu'ils soient ex-Garde des Sceaux, ou ancien ministre de l'Education nationale, ils devront se contenter des banquettes qui ceinturent la salle d'apparat, ou de matelas posés à terre. « Je dors enveloppé dans une couverture sur un matelas », me dira Abel Bonnard.

Dès les premières lueurs du jour — nous sommes le 1er mai — chacun est debout. Enfin le grand départ ! Hélas, le temps est exécrable. « Sale temps. Il pleut. Comme de la crasse », se souviendra Boudot. « Beaucoup de brouillard », note Gabolde. Impossible de décoller. Attendre. De nouveau l'on vit à l'écoute des radios. On n'annonce pas encore la mort de Hitler, mais la prise de Berlin. Américains et Russes se sont rejoints : rencontre symbolique illustrée par une iconographie d'ores et déjà surabondante. La guerre en Europe s'achève. Au palais d'Eté de Bolzano, les gradés SS ont de longs conciliabules. Laval patiente. Une journée. Une longue journée. La nuit.

Delattre et Rey qui, la nuit précédente, ont dormi sur les banquettes, préfèrent regagner la Packard. Dans l'après-midi, l'imposante décapotable américaine a semblé beaucoup intéresser certains gradés SS. En ces heures troublées, une telle curiosité doit susciter de la vigilance. Boudot préfère un matelas, de même qu'Abel Bonnard, Maurice Gabolde et Paul Néraud.

L'aube du 2 mai précipite chacun vers les fenêtres : il fait beau. Les Français prennent en commun leur petit déjeuner. Laval avertit Boudot :

— C'est pour ce matin.

Vers 8 h 30, Laval, Mme Laval et Gabolde rejoignent la Delahaye. La Packard et la Simca 8 suivent. Laval jette un coup d'œil derrière lui : Kaiser et Wilhelm viennent de prendre place dans la Citroën. Leur devise doit être : jusqu'au bout. Les autorités allemandes disposent de leurs propres voitures. Il faut un quart d'heure pour gagner l'aérodrome. Sur l'herbe — il n'existe pas de piste cimentée — attend un vieux *Junker 88*, seul appareil sur cet aérodrome. Il est immatriculé D. CEM. 230-499. Les deux pilotes s'avancent au-devant de Pierre Laval. Ils saluent militairement. « Ce sont deux as de l'aviation, dit Maurice Gabolde, Gerhardt Böhm et Hellmuth Funck. Ils ont reçu l'ordre d'*être entièrement aux ordres de M. Laval et de le conduire là où il voudra.* » Ce que veut M. Laval, c'est naturellement l'Espagne. « De ces pilotes, me dit Abel Bonnard, l'un était brun, l'autre blond. Ils étaient jeunes, beaux, et portaient ce qui était à mes yeux la plus éloquente des recommandations : l'insigne du " combat rapproché " sur le front de l'Est. » Au dernier moment, Paul Néraud parvient à vendre sa Simca 8 à un Allemand. Pour un prix dérisoire.

L'un après l'autre, les voyageurs de la grande aventure se hissent dans l'appareil. Ce n'est pas une petite affaire, car on n'accède dans le *Junker 88* que par une trappe située sous le fuselage. L'avant-dernière, Mme Laval prend congé de Boudot, Rey et Delattre. Elle paraît accablée d'une immense fatigue. Elle agrippe l'échelle, se hisse, aidée par les pilotes, et disparaît dans l'appareil.

Sur l'aire de départ, Laval est resté seul. L'air détendu, soulagé, il salue les officiers allemands. Il s'écarte un instant avec Boudot :

— Ecoutez, Boudot, si vous voulez venir, venez.

— Il n'y a pas de place, Monsieur le Président.

— On s'arrangera.

— Merci, Monsieur le Président. Ce serait avec la voiture, sûrement, je vous aurais conduit en Espagne. Comme ça, non. Il faut que je ramène le matériel à l'Administration.

— Comme vous voudrez, Boudot. Où que nous soyons, sachez que vous pouvez venir nous rejoindre, vous et votre famille.

De sa poche, il tire une liasse de billets : 50 000 francs. Il les lui donne, s'approche de Rey et de Delattre :

— Voulez-vous de l'argent ?

— Si vous voulez bien, Monsieur le Président, dit Rey, je préférerais des cigarettes qui pourront nous servir de monnaie d'échange pour le voyage de retour.

D'une des valises déjà chargées dans l'avion, Laval fait

tirer plusieurs cartouches, les donne à Rey. Il serre la main de Delattre, celle de Rey. « Sa main est fluide, comme d'habitude, me dit ce dernier. Puis, soudain, elle serre la mienne, très fort. » Le dernier, il se hisse par la petite échelle qui, aussitôt, est ramenée à l'intérieur de l'appareil. On referme la trappe. Contact. Les moteurs vrombissent, les hélices brassent l'air. Le petit *Junker* cahote sur l'herbe, prend de la vitesse, décolle. Le cirque de montagnes s'approche si vite que l'on dirait que l'avion va directement donner du nez dans la plus proche d'entre elles. Il monte tout droit dans le ciel.

Silencieux, Kaiser et Wilhelm ont regardé l'avion s'élever. Tout à coup, Kaiser hurle :

— Je ne croirai plus jamais à rien !

Il regarde les trois Français avec, dans les yeux, une lueur de meurtre.

— Si, crie Rey, vous devez croire à vos enfants !

L'homme de la Gestapo se calme. Boudot s'installe au volant de la Delahaye, Rey et Delattre montent dans la Packard. Pour eux, l'aventure est finie [1].

D'évidence, rien n'est moins fait pour des voyageurs qu'un *Junker 88*. « Nous étions entassés, dit Maurice Gabolde, assis ou étendus sur des caisses vides de munitions. » La carlingue n'est pas pressurisée. L'arrachée brutale du début, la nécessité de dépasser très vite les montagnes environnantes, ont pour résultat immédiat de couper le souffle aux Français. « J'étouffais comme un poisson hors de l'eau », me dira Abel Bonnard. On survole les Alpes. Mme Laval, le

1. Ils pourront tous trois regagner la France, pour apprendre qu'ils sont révoqués. Jacques Boudot et Gérard Rey démentent formellement l'anecdote contée dans ses souvenirs par l'éditorialiste de Radio-Paris Hérold-Paquis, suivant laquelle une place lui avait été réservée dans l'avion ; au dernier moment Bonnard aurait exigé que cette place fût attribuée à son frère. Rey et Boudot — qui ignoraient cette histoire et à qui je l'ai apprise — n'ont jamais entendu prononcer le nom d'Hérold-Paquis pendant tout le séjour à Bolzano. Ils affirment qu'en aucun cas il n'aurait pu se trouver sur le terrain : ils l'y auraient vu. Boudot ajoutait : « Puisque le Président m'a offert de m'emmener en surcharge, moi qui ai toujours été rondouillard, si ce M. Paquis avait été là, il serait monté dans l'avion : il était maigre comme un coucou. »

visage dans son mouchoir, gémit doucement. Le fracas des moteurs empêche toute conversation. Par gestes, Laval tente de réconforter sa femme. Elle semble ne rien voir.

Au loin, très bas, une tache bleue qui scintille au soleil : la Méditerranée. Le pilote pousse à fond son manche à balai. D'un seul coup, avec un sifflement aigu, l'appareil amorce une descente en piqué. Le ciel de la Méditerranée est trop fréquenté. Le meilleur moyen d'échapper à la chasse alliée, les pilotes expérimentés que sont Böhm et Funck le savent bien, c'est de voler au ras des flots.

Il semble à tous les Français que leurs tympans vont éclater. Ils suffoquent, défaillent. Le gémissement de Mme Laval s'est arrêté. La tête sur ses genoux, elle ne bouge plus. Par les hublots, on voit l'eau bleue se rapprocher à une vitesse terrifiante. Enfin les pilotes redressent l'appareil. Le vol de croisière se poursuit à une vingtaine de mètres au-dessus de la mer. Les uns et les autres reprennent leur souffle. Sauf Mme Laval qui reste quasiment inanimée. L'inquiétude de Laval fait peine à voir. Il tire son carnet de sa poche, déchire une page, griffonne deux lignes sur la feuille qu'il passe à Bonnard. Celui-ci peut lire : « Elle ne fera pas le voyage. »

Un peu avant 11 heures du matin, une côte, au loin. L'Espagne tant convoitée !

Une grande ville près de la mer : Barcelone. L'avion a repris de l'altitude, il vire, longe la mer. Un aérodrome, assez modeste, avec une « manche à air » que gonfle la brise. Impeccable, l'atterrissage sur la partie militaire du terrain. Des bâtiments rudimentaires de l'aérodrome du Prat de Llobregat, surgissent des soldats effarés : un *Junker* à croix gammée, le 2 mai 1945, au moment où toutes les radios du monde annoncent la mort de Hitler et la fin de la guerre en Europe ! Ils ne sont pas nombreux, d'ailleurs, ces soldats. En Espagne, le 2 mai est fête nationale : c'est le fameux « Dos de Mayo », immortalisé par Goya, anniversaire de l'insurrection madrilène contre les Français de Murat. A l'aérodrome, le service de garde assure la permanence. Un colonel, très évidemment pris au dépourvu, accourt auprès des Français qui achèvent de se glisser hors de l'avion. Il déclare que M. le Président doit attendre ; pour sa part, il doit en référer au Gouverneur militaire.

Un commissaire de police, Don Pedro Martinez, s'approche. Il demande à Laval s'il est porteur d'une arme. Le Président répondant affirmativement, le commissaire le prie de lui remettre son revolver. Ce qu'il fait, sans la moindre protestation. Les autres passagers du *Junker* l'imitent et abandonnent leurs armes.

Près de l'avion, les Français, parlementant avec les Espagnols, forment un petit groupe assez lamentable. Mme Laval, livide, reprenant peu à peu ses esprits, demande à s'asseoir. Le colonel offre de faire conduire les voyageurs au buffet de l'aérodrome. On accepte avec empressement.

Autour de la table, on revit. Surtout, Mme Laval. On sert une énorme omelette à l'huile d'olive dont le fumet poursuivra longtemps Jeanne. Pendant le déjeuner, un visage apparaît à la fenêtre toute proche : l'homme observe si longuement les Français attablés que l'un d'eux se renseigne auprès d'un garçon : qui est-ce ?

— Le consul général américain, *señor*, M. David Key.

Le vin espagnol aidant, l'ambiance est à l'optimisme. Assurément, le plus dur est fait. Cependant que Pierre Laval fume sans hâte, il y a dans ses yeux un léger sourire.

Les bâtiments de l'aérodrome étant en bois, on entend tout ce qui se dit dans la pièce voisine. Laval prête l'oreille quand il comprend que, au-delà de la cloison, quelqu'un téléphone et parle de lui. Il parle couramment espagnol. Il racontera à Me Baraduc :

— Il y avait un type qui téléphonait à Madrid [1]. Il disait : « Il y a une lettre... une lettre ! » C'était celle que Franco m'avait écrite en 36, m'assurant qu'il n'oublierait jamais mon attitude à son égard, et que je trouverais toujours en lui l'ami le plus dévoué. Ils avaient trouvé la lettre en fouillant mes bagages !

1. Ce n'était probablement pas à Madrid, mais à la Capitainerie générale ou au Gouvernement civil de Barcelone. Il fallait plusieurs heures pour obtenir Madrid au téléphone.

Une voiture officielle pénètre sur l'aérodrome : celle de M. Correa Veglison, gouverneur civil de Barcelone. Cet homme courtois traite Laval avec de réels égards, mais comme il a l'air ennuyé ! Il ne dispose d'aucune instruction, d'aucune consigne ! Finalement, il propose à Laval et aux autres Français de poursuivre leur route jusqu'à Madrid. Ingénieuse façon de se débarrasser d'un cas difficile.

— Les réservoirs de l'avion sont vides, objecte Laval.

— Naturellement, coupe le Gouverneur, je ferai faire le plein d'essence.

Mme Laval intervient ; pour rien au monde elle ne remontera dans ce maudit avion. Si on veut l'embarquer de force, elle y laissera la vie, c'est sûr. Laval, lui aussi, répugne à repartir. Il suffit de le regarder : ses traits sont creusés, son teint plombé.

— Non, fait-il, je préfère rester ici et téléphoner à Lequerica.

— Téléphoner à Lequerica...

Les yeux du gouverneur civil s'écarquillent :

— Oui, fait tranquillement Laval, à *mon ami* Lequerica.

Correa Veglison capitule. Pourquoi faut-il qu'un président du Conseil pourchassé ait choisi *sa* ville pour y atterrir ? On appelle le ministère des Affaires étrangères, à Madrid. « Ce fut long et difficile, m'écrit Maurice Gabolde, toujours en raison de la fête nationale. On finit par joindre Lequerica, surpris de nous savoir à Barcelone et il dit qu'il allait se mettre en rapport avec son collègue de *Gobernacion* (Intérieur), pour un hébergement provisoire et secret, en attendant des instructions qui seraient données au gouverneur civil et au Capitaine Général. »

A Madrid, le palais de Santa Cruz, témoin de la toute-puissance de l'ancienne Espagne, abrite le ministère des Affaires étrangères. Dans son bureau — silence et majesté — M. de Lequerica reçoit un petit homme chauve au regard vif : l'ex-ambassadeur de France François Pietri. L'ancien député de la Corse, notoire ministre de la Marine de l'entre-deux-guerres, a été nommé à Madrid en 1940. En août 1944, il a simplement fait savoir au gouvernement espagnol qu'il se trouvait dans l'impossibilité de remplir ses fonctions. M. Jacques Truelle, déjà représentant du gouvernement d'Alger, a tout naturellement — quoique officieusement — pris sa succession.

Pourquoi, ce 2 mai 1945, Lequerica a-t-il convoqué Pietri et non Truelle ? Sans doute parce qu'il considère que Pietri, ami personnel de Laval, peut se révéler de bon conseil dans le drame quasi inextricable où, d'un seul coup, il se voit plongé.

Quelle est, au mois de mai 1945, la situation politique de l'Espagne ? J'ai interrogé l'un des Français les mieux à même d'en juger, Mgr Boyer-Mas, attaché à l'ambassade de France en Espagne dès janvier 1940. « Lors de la reddition de l'Allemagne, m'écrit Mgr Boyer-Mas, l'Espagne avait de bonnes relations avec les USA ; les Britanniques restaient sur leur froideur qui n'excluait pas un réalisme profiteur ; les Belges étaient discrets et désagréables à la fois, dans la mesure même où M. Spaak cédait à son ressentiment personnel pour sa confortable captivité espagnole, et l'insincérité de ses demandes d'extradition de Degrelle [1], dont la présence à Bruxelles, même dans le prétoire d'un tribunal, l'eût gêné. Les Russes avaient à régler le compte de la Division Azul [2], mais ils paraissaient loin et n'avaient pas d'autre représentation diplomatique en Espagne que celle d'agitateurs, espagnols ou français, à leur solde. La France voisine puisait l'inspiration de sa politique extérieure dans les contraintes de sa politique intérieure. »

La politique étrangère espagnole a bien changé depuis le temps où Serrano Suner, beau-frère de Franco, multipliait les déclarations amicales à l'égard de l'Axe. « Pour le Caudillo, me dit Mgr Boyer-Mas, Ramon Serrano Suner avait été le

1. Léon Degrelle, chef avant-guerre du parti belge « rexiste », d'inspiration fasciste, avait commandé par la suite les SS Wallons.

2. Division de volontaires espagnols qui avait combattu sur le front de l'Est aux côtés des Allemands.

ministre des Affaires extérieures qui convenait au jeu de la politique d'amitié de l'Espagne avec l'Allemagne et l'Italie. Le ministre s'y compromettrait, il serait remercié plus d'un mois avant le débarquement en Afrique du Nord, et renvoyé dans le désert de la politique comme le bouc émissaire de l'Antiquité judaïque. » Qu'en était-il de la fidélité de Franco à l'Axe ? « Elle était toute verbale et elle s'exprimait chaque fois plus librement à mesure que diminuait le péril de la violation des frontières espagnoles par les armées du Reich et qu'augmentait la victoire alliée. »

Dès avant le débarquement en France, les représentants d'Alger à Madrid ont pu constater que les autorités espagnoles se montraient de plus en plus empressées à leur égard. Cette civilité était « la marque de l'intérêt et de la complaisance que l'opportunité peut inspirer à l'égard de ceux qui représentent des espérances ». L'accession au pouvoir du général de Gaulle va marquer, entre la France et l'Espagne, un refroidissement des relations tel qu'il n'y en a eu que peu d'exemples dans le passé. Les espérances de l'Espagne à l'égard de la France gaulliste « furent déçues au-delà de tout ce que les Espagnols pouvaient prévoir ».

Jalouse de manifester, à l'avant-garde des démocraties, son antifascisme agissant, la France du gouvernement provisoire a pris, à l'égard de l'Espagne franquiste, des mesures d'hostilité que les Etats-Unis et la Grande-Bretagne se sont gardées d'imiter. Le jour viendra même où l'on fermera les frontières entre les deux pays. Sanction aggravée, en février 1946, par une rupture postale et télégraphique — situation sans précédent : « Pendant une année entière, et en pleine paix, pourra dire François Pietri, ces deux masses humaines voisines, représentant un total de soixante-dix millions d'habitants, ne pourront plus correspondre entre elles qu'en passant clandestinement par le Portugal, la Suisse ou l'Angleterre [1]. » Le résultat ? Les Anglo-Saxons pourront, en toute amitié et tranquillité, s'emparer des positions

1. François Pietri : *Mes années d'Espagne* (1954).

économiques depuis longtemps occupées par la France en Espagne.

Le 2 mai 1945, on n'en est pas encore là. Chaque jour qui passe marque une détérioration des rapports entre les deux pays. Avec Alger, Madrid entretenait d'importantes relations commerciales — notamment en ce qui concernait les phosphates du Maroc vendus à l'Espagne. Or le gouvernement du général Franco s'est vu refuser la signature d'un accord commercial — même tacite — avec la France métropolitaine récemment libérée. A Madrid, Jacques Truelle n'est qu'un agent officieux portant le titre de « représentant du Gouvernement Provisoire de la République française ». Miguel Mateu Pla, son homologue à Paris, n'est jamais parvenu à présenter ses lettres de créance. En le choisissant, Madrid avait cru pourtant bien faire les choses : cet industriel puissant — copropriétaire d'Hispano-Suiza — a fabriqué pour la France de 1940 des moteurs d'avion. Il est un ami personnel de Léon Blum, dont le fils occupe un poste de direction à l'usine Hispano-Suiza de Bois-Colombes. On pensait que Paris serait sensible à ces souvenirs et à cette actualité. Mateu Pla s'est rendu dans la capitale française avec le titre d'ambassadeur.

Non seulement, il n'a pu rencontrer le général de Gaulle, mais il n'est pas même parvenu à se faire recevoir par le ministre des Affaires étrangères Georges Bidault. Tout juste a-t-il pu forcer la porte du secrétaire général du Quai d'Orsay, Jacques Fauvel, auprès duquel il vient régulièrement se plaindre :

— Mais pourquoi ne puis-je pas présenter de lettres de créances ?

Fauvel répond par un haussement d'épaules :

— C'est une question MRP [1]...

Faut-il suivre Mgr Boyer-Mas quand il affirme : « La politique étrangère étant conduite par la Démocratie chrétienne française, soucieuse, disait-elle, d'éviter de plus grands maux

1. Le Mouvement Républicain Populaire, d'inspiration démocrate chrétienne, joua un grand rôle au cours de la IVe République.

en France du fait des communistes, le MRP était ainsi amené à faire surenchère sur le PCF » ?

C'est dans ces conditions et dans ce climat que — le 2 mai 1945 — Pierre Laval surgit en Espagne. Pour son malheur.

Nerveusement, M. de Lequerica s'agite sur son siège. Volontiers, il vouerait Pierre Laval à tous les diables. Déjà, sa propre nomination de ministre des Affaires étrangères a provoqué — surtout de la part des Britanniques — des critiques qu'il a subies amèrement. Ses collègues en poste à Vichy ne peuvent guère oublier ses positions germanophiles — mais lui-même, sans attenter à la simple décence, peut-il renier publiquement Pierre Laval ?

Il prend à témoin François Pietri, « sur le ton d'une visible agitation » :

— J'en suis bouleversé. On va nous sommer de le livrer, à un moment où notre politique est de ménager les Alliés victorieux et même de leur sourire. C'est le dernier endroit où Laval, qui ne l'ignorait point, aurait dû se réfugier. Je l'ai fait interner à la citadelle de Montjuich avec ses compagnons. Il y est traité, bien entendu, non point en prisonnier, mais en hôte, mais que vais-je faire si, comme j'ai déjà des motifs de le craindre, on me le réclame au titre de criminel de guerre ? J'ai idée de le diriger sur Dublin, d'où je sais — m'en étant déjà informé auprès du ministre d'Irlande à Madrid — qu'on ne l'extradera pas. Il n'a qu'à s'y rendre, avec son avion et son pilote. Nous fournirons l'essence. Il passera pour avoir fait à Barcelone une simple escale. Qu'en pensez-vous ?

Pietri demeure silencieux. Quelle responsabilité vient soudain de peser sur lui ! De sa voix douce, empreinte de courtoisie mondaine, il dit enfin :

— Votre idée n'est pas mauvaise, et je pense que Laval ne demandera pas mieux que de la suivre, mais laissez-moi vous faire observer, en tout cas, qu'il était assez naturel qu'il songeât à l'Espagne comme à une terre d'asile, puisqu'elle est neutre et qu'au surplus il aime votre pays et le lui a montré. Par ailleurs, il ne figure pas sur la liste des criminels de guerre et, même y serait-il inscrit, que rien ne vous fait une obligation d'en tenir compte, aux termes des lois internationales. Je vous offre néanmoins de me mettre en rapport téléphonique avec lui et de le convaincre d'avoir à poursuivre son voyage [1].

Devant cette proposition, Lequerica hésite. Une intervention de l'ancien ambassadeur de Vichy, si elle est connue — et elle le sera — ne pourrait-elle pas indisposer le nouveau gouvernement français ? On n'a pas besoin de cela à Madrid ! Lequerica se contente de congédier Pietri en lui promettant de le tenir au courant.

— Utilisez-moi à votre gré, dit Pietri.

« Je l'ai fait interner à la citadelle de Montjuich », a dit Lequerica de Laval. A l'heure où le ministre reçoit Pietri, la décision semble prise mais l'internement n'est pas encore un fait accompli. L'initiative en revient au général Solchaga, Capitaine général de Barcelone. « Ce dernier, me dit Maurice Gabolde, très bien disposé, offrit de nous héberger provisoirement dans un pavillon récemment édifié et non encore inauguré dans l'enceinte de la forteresse de Montjuich, à l'abri des indiscrétions. Dans l'après-midi, l'on fit ouvrir un magasin de meubles de Barcelone, l'hôtel Ritz fournit du linge et de la vaisselle ».

Deux journalistes espagnols voient, avec étonnement, passer sur la place d'Espagne deux camions de la Maison Pallarols « qui portaient des meubles au château de Montjuich [2]. »

Vers minuit, les Français ont quitté l'aérodrome. Abel Bonnard s'est souvenu que les rues de Barcelone étaient illuminées et, en ce jour de fête nationale, que les pétards éclataient à chaque instant. En ce qui le concerne, il ne ressent qu'une totale indifférence : « Je n'avais qu'une envie : dormir. »

1. Dialogue restitué par François Pietri, d'après ses notes personnelles.
2. Juan Sariol et Jaime Arias : *Los vimos pasar*.

Au-delà de la plaza de Espana, la forteresse domine la ville : éperon colossal de 213 mètres de hauteur dont le flanc plonge vertigineusement vers la mer. On conçoit que, dès les temps les plus reculés, on ait établi là des postes d'observation et de défense. Lors de son édification, en 1640, la forteresse — fortement remaniée depuis — a été décrétée imprenable, ce qui n'a pas empêché le comte de Peterborough, en 1705, et le général Dufresne, en 1808, de s'en emparer.

J'ai refait le trajet suivi, dans la nuit du 2 au 3 mai 1945, par Pierre Laval. Pour accéder à la citadelle, une route étroite montait en lacets à l'arrière de la colline. A l'époque de ma visite, on y voyait un tir aux pigeons, un parc d'attractions avec des montagnes russes et une grande roue. Pour accéder au *Castillo* il fallait franchir une vénérable porte à pont-levis, une rampe voûtée, seulement empierrée en 1945.

De tout cela, Pierre Laval n'a vu que des ombres. A sa gauche, en dessous de lui, clignotent les lumières de la ville. Devant la large porte du XVIIIe siècle, on fait halte, un instant, car une nuée de journalistes s'y est précipitée. Comment ont-ils été avertis ? Les soldats de l'aérodrome semblent avoir parlé « de la venue d'un avion militaire étranger avec des personnalités qui avaient motivé de nombreuses communications téléphoniques ». La meute se penche vers les voitures. Des cris d'étonnement : on vient de reconnaître Pierre Laval. Voilà déjà le plan de Lequerica en partie déjoué. Il voulait le secret ; il n'y a plus de secret.

Les gardes interviennent, dégagent l'accès. La voiture passe sur les planches sonores, s'engouffre sous la voûte, gravit — en première — la pente raide qui débouche sur le bâtiment central appelé *sémaphore* : un quadrilatère de casemates autour d'une cour à portiques.

Plus loin, tout un réseau de glacis et de fossés domine la mer de très haut. Fossés où, murmure-t-on à Barcelone, furent exécutés de nombreux condamnés politiques. C'est sur l'un des glacis que s'élève le pavillon — un rez-de-chaussée sans étage — qui a été affecté à Laval, sa femme et ses amis [1]. Ce bâtiment, tout juste achevé, a été construit pour accueillir les officiers mis aux arrêts. « Quand nous arrivons au fort, dit Maurice Gabolde, les soldats sont en train d'installer le pavillon et de poser l'électricité. » Ce n'est pas grand-chose : trois chambres, une salle à manger, une salle de douche. Pierre et Jeanne Laval occupent l'une des chambres, les frères Bonnard une autre ; Gabolde et Néraud partageront la dernière. Des soldats empilent les bagages dans la salle à manger. Chacun reprend son bien. Va-t-on enfin dormir ?

Jeanne Laval s'est engouffrée dans sa chambre. Laval, lui, paraît soucieux. La conversation téléphonique de l'après-midi, surprise à travers la cloison, le préoccupe. Hélant l'infortuné Bonnard qui croyait venu l'instant béni de s'allonger sur un lit, il s'explique brièvement : *il faut* retrouver la lettre du général Franco. Il ouvre la valise qui renferme sa documentation, l'explore. Il feuillette chaque dossier, méticuleusement. Rien.

— Mais si, regardez bien, dit Bonnard.

— Ce n'est pas la peine. Elle n'y est pas.

De sa voix traînante, très lasse, Laval ajoute :

— Pourquoi ne me l'ont-ils pas demandée ? Je la leur aurais donnée.

Il s'apercevra plus tard — ainsi que me l'apprendra René de Chambrun — que d'autres documents ont été subtilisés. Notamment une correspondance concernant la division Azul.

Un hôte, a dit Lequerica. Dans son esprit, quelle différence y a-t-il entre un prisonnier et un hôte ? A Montjuich, Laval est au secret absolu. Aucune visite autorisée [2]. Aucune sortie. La surveillance est assurée par la garnison du fort, par roulement. Tout ce qui est permis aux « hôtes » de Montjuich, c'est de converser entre eux, lire des journaux, se pro-

1. Le pavillon n'existe plus.

2. Jacques Guérard, réfugié à Barcelone, demandera en vain à se rendre auprès du Président.

mener sur les glacis ou dans les fossés intérieurs. Toutefois, si l'on désire aller plus loin dans l'enceinte — très vaste — du fort, on peut en obtenir l'autorisation du colonel Gomilla, commandant de la forteresse, qui met à la disposition de ses hôtes des soldats, comme « ordonnances ».

Le jeudi 3 mai, Correa Veglison et le général Solchaga se font annoncer. Toujours aussi déférents, mais porteurs d'une liste de personnes que le Gouvernement espagnol, sous la pression des Alliés, « s'est engagé à ne pas admettre sur son territoire ». Sur cette liste, le nom de Pierre Laval.

— Ni M. Gabolde, ni M. Bonnard, n'y figurent, observent les Espagnols.

Déduction logique : les deux ministres — ainsi naturellement que M. Néraud — peuvent être considérés « comme des réfugiés politiques ordinaires ». Ils fixeront « leur résidence librement » et recevront « les pièces d'usage ». Mme Laval pourra, si elle le veut, demeurer en Espagne, mais les gouverneurs civil et militaire sont au regret de devoir — au nom du gouvernement — « inviter M. Laval à quitter au plus tôt le territoire espagnol ».

Pierre Laval a écouté ce discours qui fixe son destin. Son œil lourd regarde loin devant lui, vers un avenir informulé. Qu'est-ce que l'amitié ? Qu'est-ce que la reconnaissance ?

Jeanne Laval se récrie : jamais elle n'abandonnera son mari ! Les autres approuvent : « Nous fûmes tous unanimes, dit Maurice Gabolde, pour demander à partager la captivité du Président, tant qu'il serait en Espagne. »

Les gouverneurs se sont retirés. Voilà Pierre et Jeanne Laval face à face. Quitter l'Espagne ? De quelle façon ? Sera-t-on conduit à la frontière française ? A celle du Portugal ? A cet instant précis, l'angoisse, assoupie depuis l'arrivée à l'aérodrome de Barcelone, renaît.

De nouvelles visites du Gouverneur, entre le 4 et le 8 mai, vont très exactement préciser ce que l'on attend de Pierre Laval. Il faut lire très attentivement les lignes qu'a rédigées pour moi M. Maurice Gabolde ; car elles contiennent l'une des clés du problème qui nous occupe : « A la suite de visites du Gouverneur civil et du Capitaine général, le Président sut qu'il devait choisir le pays où il pensait aller vivre ; qu'en Europe, il n'existait que l'Irlande qui s'était refusée à signer le veto des Alliés à l'admission de certains hauts personnages et que cette exigence n'avait pas non plus été satisfaite en Amérique latine par plusieurs Etats. Il disposerait de l'avion avec lequel il était venu, piloté par les aviateurs allemands que l'on avait logés au fort avec les sous-officiers de la garnison, et serait nanti d'une provision d'essence pour un long parcours. Provisoirement et au vu de certificats médicaux qui furent délivrés par un médecin colonel, prescrivant du repos et un traitement de son ulcère de l'estomac, il resterait à Montjuich, sans aucune communication avec l'extérieur pendant le temps assez court nécessaire pour son rétablissement. »

Voilà qui est clair et net. La position espagnole a le mérite de la franchise : dès le 3 mai, on a signifié à Laval qu'il ne pouvait rester en Espagne. On lui a fait connaître ensuite que le gouvernement du général Franco n'exigeait que son départ du sol espagnol. Il a théoriquement le choix de sa destination, mais le continent américain restant exclu — le rayon d'action du *Junker* ne lui permet pas de franchir l'Atlantique —, il ne reste que l'Irlande.

Le 8 mai, dans une lettre à Lequerica, Laval fait allusion à son départ d'Espagne. Il repousse la solution irlandaise mais, en revanche, et pour ne pas gêner le gouvernement espagnol, il accepte qu'on le remette aux mains des Américains.

De nouveau, voici François Pietri — le 9 mai — au palais de Santa Cruz, dans le bureau de Lequerica. Aussitôt reçue la lettre de Laval, le ministre a appelé au téléphone l'ex-ambassadeur. Pietri a couru à Santa Cruz.

— Tout ce que Laval s'est borné à solliciter avec force, dit un Lequerica de plus en plus agité, c'est qu'on ne le renvoie pas en France où il redoute la violence de certaines factions.

Cette confiance dans la mansuétude américaine laisse Pietri rêveur, « d'autant, notera-t-il, que Lequerica ne m'a point caché que l'ambassade des Etats-Unis montrait le même zèle que celle d'Angleterre à prendre livraison immédiate de l'ancien président de Vichy ». Pietri adjure donc Lequerica « de ne point s'arrêter à la lettre de Laval, qui me paraît dénoter une singulière méconnaissance de la situation » et insiste, une fois encore, « sur les vieilles règles du droit d'asile, dont certains pays, comme l'Irlande, l'Egypte, la Suisse, viennent déjà d'exciper dans des cas semblables ».

Lequerica rétorque alors :

— De toute façon, qu'il y consente ou non, je ne mettrai pas ma signature personnelle au bas d'une décision qui rejetterait Laval hors d'Espagne. Mais je ne puis préjuger l'avenir ni les difficultés qui peuvent l'y attendre.

Il n'est pas que les ambassades anglaise et américaine qui insistent pour la « livraison » de Laval. Depuis le 3 mai, le « délégué » français, M. Truelle est entré en scène. Et, avec lui, son collaborateur direct, Mgr Boyer-Mas.

J'ai rencontré longuement ce dernier. Né à Carcassonne, André Boyer-Mas a quarante et un ans en 1945. Solide, trapu, brun de cheveux, avec des yeux sombres qui voient tout et, dans l'instant, comprennent tout. Tempérée par un léger accent de terroir, sa douceur apparente s'enveloppe d'une autorité sans appel.

Au moment de la guerre civile espagnole, usant de ses relations en France et en Espagne, il a pu sauver beaucoup de gens, surtout des religieux parmi lesquels plusieurs évêques. Logiquement, après la victoire de Franco, l'abbé Boyer-Mas est devenu le Français le plus influent d'Espagne.

Envoyé à Madrid, pendant la guerre 39-40, auprès du maréchal Pétain ambassadeur de France et attaché au service de presse de l'ambassade, celui qui deviendra bientôt *Monsignor* s'acharnera après l'armistice à resserrer les liens entre la France et l'Espagne. Très hostile, dès 1940, à l'Allemagne nazie, officiellement rallié à de Gaulle en 1943, Mgr Boyer-Mas a réussi un véritable tour de force : il s'est fait désigner comme délégué général de la Croix-Rouge française en Espagne à la fois par Paris et Alger [1]. Après août 1944, il rejoint l'ambassade qu'il avait quittée l'année précédente. Aux yeux des autorités espagnoles — bien plus que M. Truelle, paré « du titre incertain » de délégué, ne parlant pas le castillan et « comprenant mieux la civilisation italienne que l'espagnole » —, Mgr Boyer-Mas devient alors le véritable représentant de la France à Madrid. François Pietri saura expliquer les services qu'a pu rendre son ancien collaborateur « par son habileté, par sa connaissance des hommes et des choses d'Espagne, par ses attaches, enfin, dans le monde du clergé et dans le milieu de la nonciature, plus influente dans ce pays que partout ailleurs [2] ».

A peine a-t-on connu à Paris l'arrivée de Laval en Espagne que Truelle a reçu des instructions pour « régler le cas » : l'ex-Président doit être conduit à un poste frontière franco-espagnol. Jacques Truelle — cinquante-quatre ans, une jambe de bois héritée de la guerre 14-18 — s'est aussitôt rendu chez Lequerica pour lui transmettre l'expression de la volonté du gouvernement français. Il l'a fait comme à son accoutumée, à l'aide de paroles recherchées et délicates. Lequerica s'est borné à prendre note du souhait français.

Dans le courant du mois de mai, M. Truelle rencontre au moins trois fois M. de Lequerica. Au début de chaque entretien, consacré aux affaires en cours, Truelle déclare en guise de préambule :

— Commençons par dégager le terrain. Il y a l'affaire de Laval. Il faut régler l'affaire de Laval.

Quand je l'ai interrogé, Mgr Boyer-Mas s'est montré for-

1. Le 24 mars 1943, le marquis de Mun nomme, de Paris, Mgr Boyer-Mas délégué général de la Croix-Rouge française en Espagne. Le 25 mars, Mgr Boyer-Mas est nommé au même titre par Alger. A ce poste, il se dépense sans compter pour assurer la libération et l'acheminement de ces milliers de Français qui passent les Pyrénées pour rejoindre la France Libre et qui sont internés en Espagne, notamment au camp de Miranda.

2. François Pietri : *op. cit.*

mel : il n'y a jamais eu de demande d'extradition officielle de la part du gouvernement français. Seulement la répétition d'une exigence qui, ainsi exprimée, a créé, chez les interlocuteurs espagnols, un climat de tension sans cesse aggravée.

Le mois de mai s'écoule sans que, de part et d'autre, aucune décision ait été prise. A Madrid, on semble désireux de tirer parti — le plus longtemps possible — de l'alibi médical ménagé par le repos ordonné à Laval. François Pietri croit découvrir, dans cette attitude, un désir évident de gagner du temps qui découlerait de l'intervention de Lequerica et aurait pour but de sauver Laval malgré lui. Une telle explication ne doit pas être rejetée. Dans toute cette affaire, Lequerica se conduit comme un homme déchiré, cherchant éperdument une solution acceptable par tous. Pourquoi voudrait-il la mort de Laval ? Mais il ne veut pas non plus que Laval vivant soit un obstacle à la politique de l'Espagne.

Mgr Boyer-Mas sollicite un rendez-vous de M. de Navasquez, directeur du commerce extérieur aux Affaires étrangères : « Je voulais obtenir le permis d'exporter des denrées alimentaires achetées à l'Espagne par les services commerciaux français dirigés par M. Hugues. Il était entendu que ces marchandises sortiraient d'Espagne sous le pavillon de la Croix-Rouge. »

Ce jour-là, M. de Navasquez sort de sa réserve habituelle :

— Dites à votre gouvernement que ce sont des relations normales qu'il nous faut. Vous perdez en ce moment une occasion qui ne s'est pas présentée entre la France et l'Espagne depuis le Pacte de famille. Je sais que vous le direz. Mais vous ne serez pas suivi. Vous laisserez passer en faveur des Américains cette occasion de mettre non pas un pied, mais les deux, en Espagne.

Que pèse Pierre Laval au milieu de tels intérêts ?

A Paris, la radio et la presse commentent avec fureur la prolongation du séjour du traître en Espagne. Dès le lendemain du jour où Josée de Chambrun a appris l'arrivée de son père en Espagne, elle lui a écrit sur-le-champ et remis la lettre à une amie espagnole. Comme il est impossible de se fier à la poste, la dame a pris le train pour Madrid, s'est elle-même rendue au palais de Santa Cruz, a déposé la lettre entre les mains de Lequerica :

— Cette lettre sera remise au président Laval, a affirmé le ministre.

Elle ne le fut jamais. Elle disait, cette lettre : « Surtout, ne rentre pas. »

« Une semaine après, m'a déclaré René de Chambrun, une seconde lettre de ma femme, rédigée naturellement dans le même sens, fut remise à l'un de mes amis américains, ainsi que de l'argent pour mon beau-père. Mon ami partit pour Madrid et remit le tout à Lequerica. Rien ne parvint à Pierre Laval. »

A Montjuich, Laval a conscience de cette tempête qui s'est levée autour de sa présence en Espagne. Il n'en laisse rien paraître. « Il paraît tranquille et calme », m'a dit Abel Bonnard. Pour lui, à cette époque, Pierre Laval est « l'acteur d'une tragédie, sans avoir le tempérament tragique ». Plus de vingt ans plus tard, Abel Bonnard complétera non sans finesse ce jugement : « Laval avait la réalité de grandes qualités dont il n'avait pas l'apparence. » Jeanne Laval ? « Elle était vive, un peu inquiète. Tantôt elle parlait beaucoup, tantôt elle se taisait, paraissant étrangère à tout. »

Chaque matin, pour le petit déjeuner, on se retrouve à la salle à manger. A la même heure, une camionnette militaire quitte Montjuich pour l'hôtel Ritz qui figure au sommet de la liste des hôtels de Barcelone. Elle ne rapporte pas seulement la nourriture de la journée mais véhicule un garçon du restaurant, Francisco Duche, et une femme de chambre. Ce couple assure le ménage des chambres et sert à table.

Les repas sont très espagnols, trop abondants, trop riches en graisses. Laval rapportera à l'un de ses avocats que les Espagnols le « gavaient ».

— Un jour, j'ai failli envoyer un plat de foie gras à la tête du serveur. Je lui ai dit : « Donnez-moi plutôt un peu de liberté. »

De toute façon, m'a dit Abel Bonnard, « Laval mangeait peu. Il souffrait beaucoup de son ulcère. A chaque repas, il prenait des pilules. Il suivait une manière de régime : il évitait ce qui ne lui convenait pas ».

Chaque jour, les « hôtes » de Montjuich se promènent sur le glacis où l'on jouit d'un printemps radieux. On admire, à perte de vue, le bleu profond de la mer. Une brise légère, venue du large, tempère les journées trop chaudes. Parfois, Pierre Laval gagne une partie de la forteresse qui domine le port. Il s'attarde à considérer l'entrée et la sortie des bateaux réduits par la distance à l'état de jouets. Quelques pas encore, et c'est toute la ville que l'on aperçoit. Elle paraît immense. Là, vivent des hommes libres.

Pour passer le temps, Laval s'est remis à l'espagnol, appris quarante-cinq ans plus tôt. Il reçoit aussi les soins d'un dentiste. L'un des rares journalistes espagnols qui ait pu le rencontrer à Montjuich, Tarin Iglesias, verra le praticien lui « arranger les dents, ce qui, faute de matériel et de temps, n'avait pu être fait avant son arrivée en Espagne [1] ».

Jamais Jeanne ne se joint aux promenades. Même si cela lui fait mal, elle reste de longues heures à écouter la radio de France. On parle beaucoup du procès du maréchal Pétain qui commencera bientôt. Et celui de Pierre Laval ? De toutes ses forces, Jeanne tente de chasser de son esprit cet inévitable parallèle. En vain.

Le poste prêté par le général Gomilla a été installé dans la chambre de Gabolde et Néraud. Parfois, Laval pousse la porte et vient écouter. En peu de temps, la petite pièce s'emplit de fumée. Laval, immobile, les yeux mi-clos, écoute ces voix qui lui parlent d'une France qu'il ne connaît pas. Qu'il ne peut comprendre.

Pourquoi a-t-il repoussé l'offre d'un départ pour

1. Tarin Iglesias : *Laval, traidor o patriota.*

l'Irlande ? Dès que cette solution a dû être envisagée, Jeanne Laval s'y est montrée hostile. Il semble difficile d'admettre l'explication qui m'a été donnée par un familier du ménage : « Mme Laval ne voulait pas aller en Irlande, parce qu'elle ne parlait pas anglais. » Pas davantage elle ne pratiquait l'espagnol et elle avait accepté de se rendre en Espagne. Surtout, de ce voyage, elle a dû supputer les dangers. Cet avion à croix gammée, peut-on penser qu'il passera inaperçu ? On court le risque d'être abattu, ou — à tout le moins — d'être rejoint et contraint d'atterrir sur quelque aérodrome français [1]. Tout cela aurait ressemblé à une fuite assez ignominieuse. Pendant ce temps, Philippe Pétain était en France, « pour défendre son honneur ». Il ne faut pas chercher ailleurs — tel est mon sentiment — les raisons de l'hostilité exprimée par Mme Laval quant au départ pour l'Irlande. Dès le moment où Jeanne se refuse à séparer son destin de celui de son mari, Pierre peut-il lui imposer une autre décision ? Il a toujours eu confiance dans son jugement.

— Elle voit juste, disait-il, elle a des antennes...

Au moment de son procès, il confiera à Me Baraduc :

— Elle vous sera d'une utilité formidable. Je n'ai jamais connu de meilleur conseiller. Elle est gouvernée par le bon sens et, vous savez, elle a des formules comme personne [2] !

Pourquoi dans ce cas la lettre où il acceptait d'être remis aux Américains ? Est-ce l'effet d'une illusion naïve, comme l'a cru François Pietri ? On peut y voir plutôt une manœuvre bien dans la manière de Laval. Refuser purement et simplement la solution irlandaise était courir le risque de se voir opposer aussitôt la remise à la frontière française, ce dont il ne voulait pas. Que fait un joueur à qui l'on oppose deux solutions dont aucune ne lui agréent ? Il en propose une troi-

1. L'un de mes correspondants, visiblement très au courant de ce qui s'est passé à Montjuich, met catégoriquement en doute que l'avion risquait d'être intercepté : « Il pouvait sans risque se rendre en Irlande en partant d'un aérodrome situé à la pointe nord-ouest de l'Espagne. Il aurait volé de nuit à 500 kilomètres des côtes françaises. Le risque d'une interception était pratiquement nul. »

2. Jacques Baraduc : *Dans la cellule de Pierre Laval* (1948).

sième et, ce faisant, gagne du temps en déconcertant l'adversaire. Ainsi Laval a-t-il gagné — jour après jour — tout le mois de mai.

Vers la fin du mois, envoyé par Lequerica, M. de Satorès, un haut fonctionnaire des Affaires étrangères, se présente à Montjuich. Il indique que la position espagnole ne s'est pas modifiée. Le Président devra quitter l'Espagne sans que lui soit imposée de destination particulière. M. de Satorès s'informe de l'époque à laquelle le Président se trouvera en état de partir. Cependant, il ajoute, m'a appris Maurice Gabolde, que « jamais le gouvernement espagnol ne remettra au gouvernement français un réfugié politique, conformément aux dispositions et à la jurisprudence de la Convention d'extradition entre les deux pays ».

Cette dernière phrase ranime l'espoir de Pierre et de Jeanne. Ils sont tentés d'y voir l'indication que le gouvernement espagnol joue un jeu destiné seulement à la galerie internationale et qu'on n'en viendra jamais à la mise en demeure brutale d'avoir à quitter l'Espagne. Pierre et Jeanne Laval se trompent. M. de Satorès n'a fait qu'exprimer une fois de plus la position constante du gouvernement espagnol : il est parfaitement vrai que « jamais le gouvernement espagnol ne remettra au gouvernement français un réfugié politique », fût-il Pierre Laval. Il est tout aussi vrai que Pierre Laval *doit* quitter l'Espagne.

Le 30 mai, à 3 h 15 du matin, Jacques Truelle, qui souffre depuis longtemps du cœur, expire à l'instant même où Mgr Boyer-Mas, appelé d'urgence, pénètre dans la chambre. L'ecclésiastique exigera l'autopsie — la confiance règne — afin que nul ne puisse concevoir le moindre doute sur la nature de cette mort. Il y assistera lui-même. Comment imaginerait-il que la mort de Jacques Truelle va prendre la forme d'un événement politique de premier ordre, conséquence et corollaire de « l'affaire de Laval » ?

Le même jour, 30 mai, Pierre Laval reçoit avec quelque surprise la visite des deux pilotes allemands qui l'ont amené à Barcelone. Böhm et Funck viennent faire leurs adieux, annonçant qu'ils sont remis en liberté. Qu'est-ce à dire ? Chez les Français, on discute ferme. On croit déceler, dans cette décision, un indice très favorable : sans pilote, comment Laval pourrait-il quitter l'Espagne ? Décidément, le Président a eu raison de chercher à gagner du temps !

Cette « mise en liberté » n'est qu'une triste comédie. Il est exact que Böhm et Funck quittent le fort, mais dans un but précis : vérifier l'état de l'avion sur le terrain militaire où il demeure en place.

Le 31, autre visite : celle du Gouverneur civil, Correa Veglison. Pas très à l'aise, le Gouverneur. A Madrid, on a tranché. Lequerica avait juré le 9 mai à Pietri que jamais il ne mettrait sa signature « au bas d'une décision qui rejetterait Laval hors d'Espagne ». Peut-être a-t-il tenu parole, mais un autre s'en est chargé. Au reste, tous les ministres d'un même gouvernement sont solidaires. Si le départ de Laval peut contribuer à mettre fin au tragique isolement de l'Espagne, il faut que Laval parte. Il lui reste la solution irlandaise, si propre à donner bonne conscience à tous.

Que répète à Laval M. Correa Veglison ? « Que le gouvernement espagnol ne peut pas le conserver davantage, qu'il doit prendre l'avion la nuit même, un peu avant l'aube. » Le Gouverneur conseille au Président « de se rendre en Irlande où, croit-il, il sera bien accueilli ». Quant au départ de nuit, il est nécessaire « pour éviter toute publicité, à cette heure où les rues sont désertes et le terrain militaire interdit aux journalistes ».

Partir la nuit même ! Au terme de ce drame qui a commencé à Belfort dix mois auvant, pour la première fois Pierre Laval paraît, du propre aveu de son ami Gabolde, « désemparé ». Cet ultimatum — c'en est un — déjoue en un instant ses prévisions et ses manœuvres. D'une voix altérée, il demande au Gouverneur « quelques heures de réflexion ».

M. Correa Veglison s'incline : il reviendra à la fin de l'après-midi.

Laval s'interroge toujours. Gabolde, Bonnard, Néraud l'adjurent : il faut partir pour l'Irlande. Gabolde insiste sur les termes qu'emploie la radio française pour parler de Laval : comment douter, s'il se rend en France, du sort qui l'attend ? Se faire conduire chez les Américains ne revient-il pas à rentrer directement en France ? Les hommes politiques français, tombés en Allemagne aux mains des Américains, ont tous été remis à la police de leur pays. Très sombre, Pierre Laval écoute ces arguments de sagesse. Dans les cendriers, s'écrasent nerveusement des cigarettes à peine allumées. « Il paraît résigné », dit Maurice Gabolde. On prépare les bagages. Laval dresse un inventaire des papiers dont Gabolde a pris des copies. On brûle d'autres papiers.

A la fin de l'après-midi se présente — comme convenu et plutôt anxieux — le Gouverneur civil. Qu'a décidé le Président ? La réponse est formulée en quelques mots très brefs : puisqu'il le faut, Pierre et Jeanne Laval partiront pour l'Irlande. « M. Correa insista pour que Mme Laval reste à Barcelone, mais elle ne le voulut pas, avec beaucoup de courage. » Le Gouverneur indique qu'une automobile viendra chercher le Président et Mme Laval vers 2 heures du matin. Apparemment ému, il prend congé.

Après le dîner, on achève les préparatifs de départ. Pierre et Jeanne Laval se retirent dans leur chambre. Gabolde attend dans la salle à manger du pavillon la venue de la voiture. Le silence de la nuit est troublé par le seul souffle de la brise de mer.

Qui saura jamais ce que Pierre et Jeanne Laval se sont dit durant ces heures interminables ? Qui saura les conseils que Mme Laval a pu prodiguer — avec quelle passion ! — à cet homme qu'elle aime plus que tout ? Qui saura ce qu'elle a redit contre la solution irlandaise, le parallèle humiliant avec le Maréchal qu'elle a dû développer de nouveau, et encore — et surtout — l'affirmation éperdue de sa foi dans le génie de Pierre. Rien de ce qui s'est passé depuis Belfort n'a pu ébranler cette foi. Chez les Laval, il s'agit d'un dogme, pratiqué quotidiennement depuis des années : « Papa » est le plus grand de tous, le plus habile, le plus intelligent, le plus fort. Albert Naud, avocat désigné de Laval, se rendant pour la première fois chez la fille et le gendre de son client, devra entendre une longue admonestation de René et Josée de Chambrun dont il se dégagea, dit l'avocat, « une idée centrale que je n'avais pas une seconde envisagée, à savoir que " Papa " n'avait pas besoin d'avocats, qu'il lui suffirait de parler pour convaincre et, qu'en définitive, ce procès qui commençait allait être pour Pierre Laval une occasion inespérée, non seulement de justifier sa politique, mais de rallier à elle l'immense majorité de l'opinion publique. " C'est l'acquittement que nous voulons ", affirmait Josée. Ses yeux bridés et noirs jetaient un éclair d'orgueil méprisant pour toute cette humanité négligeable qui osait juger son père. Baraduc et moi — j'en avais du moins la sensation — nous n'étions que deux comparses destinés à satisfaire aux exigences de la forme. Notre présence à la barre *meublerait*[1]. » Il serait facile de tourner en dérision cette foi de Jeanne et de Josée Laval, mais plus juste de la trouver émouvante.

Tout cela, dans la nuit de Montjuich, Jeanne Laval a dû le répéter à son mari. Qui saura à quel moment Pierre Laval s'est rallié à cette position ? Quand Maurice Gabolde, vers 1 heure du matin, frappe à la porte des Laval, il trouve Pierre et Jeanne totalement transformés. Le ménage résigné est devenu un couple résolu. A ses amis accourus — les frères Bonnard, Néraud — Laval fait part tranquillement de sa décision : il ne partira pas cette nuit et il va notifier au gouvernement espagnol sa décision de rentrer en France. Les autres se récrient, Laval leur coupe la parole. Sur son ordre impératif, Gabolde doit sur-le-champ s'asseoir devant la machine à écrire et dactylographier la lettre que lui dicte le Président. Le visage fermé, Jeanne Laval écoute attentive-

1. Albert Naud : *op. cit.*

ment les phrases qu'égrène la voix sourde et traînante. Elle hoche la tête : elle approuve.

Gabolde tend la lettre tapée à Laval qui la relit et signe. De nouveau, c'est un concert de protestations, de supplications même.

— C'est décidé, tranche Jeanne Laval.

Laval explique que les fonds secrets qu'il a emportés vont être remis au consul de France à Barcelone, ce qui impressionnera favorablement le gouvernement français.

Les militaires chargés de conduire les Laval à l'aérodrome font leur apparition. On leur communique la nouvelle. Eux aussi adjurent le Président de ne pas commettre cette erreur. Auprès de Laval, dit Gabolde, « nos paroles furent impuissantes comme le furent aussi celles des militaires espagnols ».

— Ecoutez, Président, dit Gabolde, réfléchissez au moins jusqu'à demain !

— Non, non ! s'écrie Mme Laval. La lettre doit partir tout de suite !

A 2 heures, le Gouverneur, venu prendre congé de Laval, apprend que tout est remis en question. Il joint ses exhortations à celles des Français et des Espagnols. Laval lui remet la lettre qui scelle son destin.

Le 1er juin, à Madrid, le cortège funèbre de feu Jacques Truelle quitte l'ambassade de France. Signe qui ne peut tromper personne, le gouvernement espagnol a décidé de rendre à la dépouille de « l'incertain délégué » les honneurs dus à un ambassadeur. M. de Lequerica, ministre des Affaires étrangères, conduit le deuil. Dans le cortège, piétinent M. Miguel Primo de Rivera, ministre de l'Agriculture, M. del Castillo, sous-secrétaire d'Etat aux Affaires étrangères, M. Alberto de Alcocer, maire de Madrid, le duc d'Albe, ambassadeur à Londres, M. Sanz, directeur général des prisons — il n'est là que pour représenter le ministre de la Justice —, le baron de Las Torres, chef du protocole, le général

Orgaz, représentant le Haut Etat-Major, le général Ungria, directeur de l'Ecole du haut Etat-Major, José Francès, secrétaire perpétuel de l'Académie des Beaux-Arts. Vient ensuite le corps diplomatique au grand complet, conduit par le Nonce. Tout ce monde va suivre, à pied, le corbillard jusqu'à la gare de Atocha — qui n'est pas précisément à côté de l'ambassade. Les honneurs militaires y seront rendus, avec drapeau et musique, par une compagnie du régiment d'infanterie n° 38, en présence du général Anselmo Arenas, commandant général du Génie. On ne peut faire mieux — ni davantage.

Le cortège s'étire sur la célèbre place de Cibeles. Don José Felix de Lequerica chemine à côté de Mgr Boyer-Mas. Jusqu'ici les deux hommes n'ont échangé que des paroles de circonstance, mais Lequerica semble désireux d'entamer un dialogue.

— Pauvre Truelle ! fait-il avec componction.

Avec une componction identique, Mgr Boyer-Mas approuve.

— Il était très estimable, poursuit Lequerica.

Mgr Boyer-Mas approuve encore.

— Mais il mettait une grande bonne volonté à paraître désagréable.

Mgr Boyer-Mas n'approuve pas.

— Est-ce que vous accompagnez le corps à Paris ?

— Oui. M. Sivan [1] reste ici et j'accompagne le corps avec André Roger [2].

M. de Lequerica se recueille. Puis :

— Eh bien, je vais vous charger d'une mission. Je ne peux pas vous l'écrire. Bidault ne mettra pas votre parole en doute.

Mgr Boyer-Mas ouvre toutes grandes ses oreilles.

— Enfin Laval a compris, dit Lequerica. L'Espagne était bien le dernier pays où il devait chercher refuge. C'est précisément parce que je suis son ami que je ne puis rien pour lui.

---

1. Conseiller à l'ambassade de France.
2. Secrétaire d'ambassade.

Il vient de m'écrire une lettre, que je viens de recevoir, où il me dit qu'il est décidé à rentrer en France. Maintenant, il est bien entendu que je ne le laisserai pas partir par la route car, du côté de Perpignan, on serait capable de le lyncher. Il prendra un avion et il partira dans la direction qu'il voudra. Nous l'ignorerons.

M. de Lequerica reprend son souffle. Mgr Boyer-Mas se borne à attendre la suite d'un aussi beau discours. Elle vient, cette suite :

— Et maintenant, que désormais on nous envoie un ambassadeur qui sera accrédité. Peu importe qu'il soit choisi dans la carrière, ou non. Peu importe son appartenance politique. Pourquoi pas Blum, par exemple ? Nous donnerions le placet.

Voilà. M. de Lequerica a tout dit : puisque nous vous expédions Laval, donnez-nous un ambassadeur. Mgr Boyer-Mas a parfaitement compris [1].

Le 2 juin au matin, la dépouille mortelle de Jacques Truelle parvient à Irun où, de nouveau, les honneurs lui sont rendus. Le dimanche 3, au matin, Mgr Boyer-Mas arrive à Paris. Il est reçu, à la fin de la matinée, au Quai d'Orsay, en compagnie d'André Roger, par Jean Chauvel.

M. Chauvel paraît cinquante-cinq ans. Sobre dans sa tenue, il l'est aussi dans son langage. Il écoute la relation de la mort de Truelle, celle des obsèques. Au moment où, logiquement, Mgr Boyer-Mas en arrive au message que Lequerica l'a chargé de transmettre, une porte s'ouvre : paraît un petit homme aux cheveux noirs plaqués sur une tête ronde, des yeux sombres, vifs, inquisiteurs, une bouche autoritaire, un peu maussade : c'est Georges Bidault, ministre des Affaires étrangères. Le petit professeur d'histoire a fait du chemin depuis qu'il rédigeait, avant guerre, les éditoriaux confidentiels de la confidentielle *Aube*. La démocratie chrétienne — et son courage — l'ont conduit à la présidence clandestine du Conseil National de la Résistance puis, par la grâce du

1. J'ai retranscrit ce dialogue sous la dictée même de Mgr Boyer-Mas, lequel utilisait les notes qu'il avait prises à l'époque.

général de Gaulle, au fauteuil de Vergennes. Chacun s'accorde à reconnaître qu'il ne mène pas trop mal une barque toute gaulliste. Sa politique, il la résume volontiers à coup d'aphorismes, parfois obscurs, parfois saugrenus. Le plus célèbre :

— Il est plus facile de se laver les dents dans un verre à pied que de se laver les pieds dans un verre à dents.

Georges Bidault vient d'entendre Mgr Boyer-Mas prononcer le nom de Lequerica. Son sourcil s'est froncé, sa bouche a esquissé une moue qui veut tout exprimer, sauf de la sympathie. Il invite Mgr Boyer-Mas à continuer. Quant à lui, il reste debout. Lorsque l'ecclésiastique a terminé, la moue de M. Bidault s'est accentuée. Il dit, de sa voix coupante :

— Les Espagnols n'ont pas à nous poser de conditions. Ils n'ont qu'à nous remettre Laval, un point c'est tout.

Mgr Boyer-Mas se garderait bien de répondre. Ce dont il est sûr, maintenant, c'est que les Espagnols se leurrent quand ils croient se servir de « l'affaire de Laval » comme d'une monnaie d'échange. Ce dont il est sûr, aussi, c'est qu'aux yeux de Georges Bidault, les droits de l'exil sont tenus pour quantité négligeable.

L'ecclésiastique va passer toute la semaine à Paris et assister — naturellement — à l'office célébré à Saint-Pierre-de-Chaillot à la mémoire de Truelle. A la fin de la cérémonie, Bidault s'approche de lui :

— Je veux vous voir avant votre départ.

De fait, le ministre le recevra le samedi suivant, à 17 h 30. Mgr Boyer-Mas plaide pour l'Espagne, assure qu'elle a été calomniée, tente de démontrer que des relations amicales avec ce grand voisin serviraient les intérêts français. De nouveau, la moue défavorable :

— Vous savez, Monseigneur, que je n'aime pas l'Espagne.

Avisant sur le bureau ministériel le missel quotidien de dom Lefebvre, l'ecclésiastique se hasarde à répliquer :

— Ce langage n'est pas chrétien, même quand on parle de

nations. Au surplus, j'ai entendu parler d'un autre personnage qui n'aimait pas l'Espagne, mais qui s'en est beaucoup occupé.

Les sourcils de Bidault se haussent, interrogateurs.

— Richelieu, monsieur le Ministre.

Georges Bidault éclate de rire. Ce jour-là, on ne parlera même pas de Laval. Du côté français, on attend la livraison de l'inculpé. Le départ d'Espagne de Pierre Laval ? Une affaire classée.

Après la nuit presque blanche du 31 mai au 1er juin, les « hôtes » de Montjuich se sont retrouvés à la table du petit déjeuner. Les traits tirés, le teint brouillé. Après un moment de silence, Laval, d'une voix presque basse, a dit :

— J'ai eu tort.

Il a ajouté :

— Je n'aurais pas dû écrire cette lettre.

« La journée du 1er juin fut bien triste, dit Maurice Gabolde. Laval se repentait de sa lettre de la nuit. »

Peu à peu, ses amis ont compris qu'il n'avait pas cédé seulement aux exhortations de Jeanne Laval, mais qu'il avait tenté de jouer un jeu ultime. Puisque le gouvernement espagnol s'était engagé à ne jamais le remettre aux Français, il déclarait, lui, Pierre Laval, qu'il ne partirait pour aucun pays, sauf pour la France. Ce qui était acculer le gouvernement espagnol à une impasse. Un jeu trop subtil : on pouvait le prendre au pied de la lettre ? Les dernières heures l'en ont convaincu :

— J'ai eu tort.

Tout ce qu'il a gagné, c'est un nouveau délai. Pour combien de temps ? « Les 3, 4 et 7 juin, dit Maurice Gabolde, je tapai de nouvelles lettres demandant au gouvernement espagnol l'autorisation de prolonger un peu son séjour à Montjuich jusqu'à la rédaction définitive de son système de défense. Ce fut accordé et je travaillai à mettre au net des pages de son écriture presque illisible. Cela dura jusqu'à la fin de juillet. »

Deux mois d'une angoisse chaque jour renouvelée. A aucune des lettres — si pressantes — de Laval, Lequerica n'a répondu. Que fera-t-on de lui ? Que doit-il faire lui-même ? L'opinion de Jeanne Laval n'a pas changé : elle conseille toujours le retour en France. Gabolde, Bonnard s'y opposent avec passion. Laval voudrait consulter sa fille, son gendre. Il ne sait où ils se trouvent. C'est au général de Chambrun, père de son gendre, qu'il s'adresse :

« Mardi, 5 juin 1945

« Mon Général,

« Vous connaissez par la radio ma situation. J'ignore où sont les enfants : à Paris ? aux Etats-Unis ? ou même en Italie, m'a-t-on dit ?

« J'attends la réponse, que vous aurez ensemble concertée, pour me dire par une lettre si je peux ou non rentrer immédiatement ou surseoir à mon retour. C'est un conseil dont j'ai absolument besoin et que vous me donnerez d'après tous les renseignements que vous possédez. J'agirai selon votre opinion.

« Nous avons été très malheureux en Allemagne. Notre pensée a été sans cesse auprès de vous tous.

« Ma femme et moi, nous vous disons toute notre affection et nous vous embrassons tous les quatre.

Signé : Pierre Laval

P.S. — J'embrasse bien fort ma petite Josée et mon petit Bunny [1]. Votre maman est courageuse, elle vous embrasse tous bien fort... »

Miracle ! La lettre parvient à son destinataire. Plus de vingt jours plus tard.

Aussitôt, le général de Chambrun répond — et avec quelle netteté : « Jamais je n'aurais éprouvé moins d'embarras tant la réponse *s'impose* à qui observe chaque jour ce qui se passe en France. Vous devez rester là-bas et attendre le jour où ceux qui ont défendu pied à pied le pays pendant les dures

1. Nom donné à René de Chambrun par sa famille.

années de l'occupation pourront parler librement sans se voir condamnés d'office... Le conseil que je vous donne, avec la certitude de ne pas me tromper, est celui que vous donneraient tous vos amis du Palais. A cet égard, rien n'est plus significatif que la vaine protestation solennelle et unanime que le Conseil de l'Ordre du Barreau de Paris a élevée, il y a quelques mois, auprès du Gouvernement contre les cours illégales de justice, les jurés partisans et la suppression actuelle des droits de la défense... » Après avoir affirmé que ce conseil lui serait donné par tous ses amis politiques, tous ses collaborateurs, le général indique qu'il a même parlé de « l'hypothèse d'un retour possible à quelques amis américains qui sont revenus à Paris ». Eux non plus n'hésitent point : « Tous m'ont dit que votre retour en ce moment serait une pure folie. » Le général incite Laval à rester « quelque temps en Espagne en conservant le courage, la patience et le calme qui ne vous ont jamais fait défaut ». Sa conclusion : « Je sais votre amitié pour l'Espagne... et quelque chose me dit qu'un jour viendra où vous serez aussi heureux d'avoir profité de l'hospitalité espagnole et que l'Espagne le sera de vous l'avoir donnée. »

La lettre du général de Chambrun est datée du 30 juin. Dans les premiers jours de juillet, elle est remise à Lequerica par une personne à qui, avec un empressement tout amical, le ministre demande des nouvelles des Chambrun. Jamais la lettre ne parviendra à Laval [1].

L'eût-il reçue que cela n'aurait rien changé. Pierre Laval n'est plus maître de son destin.

Au moment où l'horizon semble irrémédiablement fermé, une offre est faite à Laval. On lui propose de le faire évader.

Sur cette tentative inconnue, j'ai recueilli en Espagne et en France des informations circonstanciées. Je me suis entre-

1. C'est du moins ce que Laval affirmera à ses avocats. Je dois signaler que M. Paul Néraud m'a déclaré que cette lettre était bien parvenue à son destinataire. Il se souvient même qu'elle avait été dissimulée dans une boîte de poudre Azym.

tenu avec une personnalité qui fut directement mêlée à l'affaire. On m'a livré les noms des instigateurs du complot. Je me suis engagé à ne jamais les citer. En revanche, il m'est permis de révéler les détails du projet.

A l'origine de tout, s'est trouvé un membre influent de la Phalange de Barcelone. On sait que la Phalange, composée d'abord de combattants franquistes de la guerre civile, s'est peu à peu transformée en « Mouvement » politique et social, dont la prétention a été longtemps d'exercer en Espagne le rôle qu'avait joué le parti fasciste dans l'Italie de Mussolini. Après avoir connu son apothéose dans les années 40, la Phalange a vu son rôle s'amenuiser d'année en année.

Vis-à-vis du séjour en Espagne de Laval, l'attitude des chefs de la Phalange s'est révélée au moins réservée. Léon Degrelle vient d'y surgir, arrivant de Norvège à bord d'un avion allemand qui, faute d'essence pour gagner le prochain aérodrome, s'est abattu au large de San Sebastien. Degrelle, décidément servi par une chance insigne, a gagné la côte à la nage. Une pression diplomatique intense s'est exercée pour que, dans les plus brefs délais, fût livré le chef des SS Wallonie. Le gouvernement espagnol s'apprêtait à obtempérer quand la Phalange est intervenue : « Degrelle est un camarade de guerre ; nous nous sommes battus côte à côte sur le front russe. L'envoyer à la mort serait entacher l'honneur de nos armes. » Un Conseil des ministres « particulièrement agité » s'est tenu à Madrid. Face aux arguments des *civils* — « pouvons-nous risquer l'intervention étrangère et la guerre civile, la réinstallation du Frente Popular, pour sauver un étranger du peloton d'exécution ? » — la Phalange n'a pas cédé. Degrelle est resté en Espagne, s'est mis dans les affaires, a marié sa fille en uniforme de général SS et y est mort.

Et Laval ? Des émigrés français, ex-doriotistes ou ex-déatistes, ont-ils fait savoir à la Phalange que le vieux parlementaire de la méprisable « IIIe », le « Républicain musclé » de l'Occupation, ne valait pas la peine que l'on se préoccupât de son sort ? Ce que l'on constate, c'est que la Phalange n'exerça à aucun moment, en ce qui concerne Laval, de pression comparable à celle qui avait sauvé Degrelle.

Ce que n'a pas fait la Phalange en tant que mouvement organisé, un phalangiste a voulu s'en charger pour son compte personnel. Il s'est ouvert de son projet à deux Français résidant à Barcelone dont l'un, au moins, devait une partie de sa carrière à Laval. Il n'a pas eu à insister : ces Français sont prêts à tout pour sauver Laval. Le phalangiste prend langue avec des officiers de la garnison de Montjuich. Ceux-ci ont assisté non sans tristesse aux démarches officielles qui tendaient à convaincre Laval de quitter l'Espagne.

Confusément, ces officiers sentent que cet acte politique ressemble à une mauvaise action. Auprès d'eux, comme toujours, Pierre Laval a fini par se rendre populaire : quelques mots prononcés à bon escient, un sourire, un regard amical. Conquis, les soldats de la garnison viennent, le soir, chanter des *coplas* pour distraire le prisonnier.

Aux ouvertures qui leur sont faites, les officiers répondent avec empressement. Faire évader Laval ? Quand on voudra. Prudent, l'un d'eux vient tout de même poser la question à Laval : serait-il disposé à s'évader ? Laval ne répond ni oui ni non. Dans la meilleure tradition des romans d'aventures, on l'avertit que l'un des conjurés français lui enverra un livre en sollicitant sa dédicace. Si le Président se rallie au plan d'évasion, il devra le renvoyer signé. Le livre parvient à Montjuich, et repart à l'adresse de l'expéditeur. Sur la page de garde, celui-ci peut lire : *A mon ami X...* (signé :) *Pierre Laval.*

Laval est donc d'accord.

Il s'agit de passer à l'action. Un troisième Français entre dans le complot. Il réside à Lisbonne et se charge de contacter — secrètement — les autorités portugaises. On lui fait connaître que, si l'entrée éventuelle de Laval au Portugal s'accomplit aussi discrètement que la démarche, on fermera les yeux sur la présence sur le sol portugais de l'ancien chef du gouvernement de Vichy. De fait, le Portugal qui a manifesté ouvertement pendant la guerre — et de bien des façons — sa sympathie pour la cause alliée, se trouve dans une situation très différente de celle de l'Espagne : il n'a pas, comme celle-ci, à faire oublier un passé regrettable. Aux éventuelles pressions alliées, le Portugal pourra opposer, en toute sérénité, le langage des grands principes.

De jour en jour, le plan se précise. Après avoir quitté le fort de Montjuich, Laval sera abrité dans la famille de l'un des officiers du fort qui, marié, couche en ville. Il sera ensuite conduit près de Badalona, où on lui aménagera un rez-de-chaussée dans une petite villa. S'il apparaît que les recherches officielles sont conduites avec une mollesse révélatrice, Laval continuera de se cacher en Espagne. Sinon, par des relais déjà ménagés, on le fera passer au Portugal.

Reste l'étape importante : comment quitter le fort ? J'entends encore Abel Bonnard me dire, dans la petite chambre madrilène qu'il louait chez une vieille dame :

— Rien ne lui était plus facile que de passer par la porte !

Un corps de garde qui ferme les yeux et le tour était joué. Sans doute mais, pour les militaires, c'était là avouer une complicité. Comment prévoir les répercussions sur leur hiérarchie ? Les officiers semblent avoir préconisé une autre solution dont m'a entretenu Maurice Gabolde : « Il fallait descendre par des cordes le long des murailles. » Prisonnier à Sainte-Marguerite, le maréchal Bazaine — autrement corpulent que Laval — n'avait pas hésité à se jeter dans le vide.

Quand on demande à Pierre Laval de fixer la date de l'opération, il secoue la tête :

— Non, merci. Tout ça n'est pas pour moi.

« Tout ça » ? Les cordes, la muraille ? Il n'y a rien là qui puisse effrayer le robuste Auvergnat que demeure Laval. C'est à tout autre chose qu'il pense. S'il a estimé que l'aventure irlandaise pouvait se terminer d'une façon préjudiciable à sa dignité — celle d'ancien Président du Conseil de France dont il parle et parlera si souvent — qu'en serait-il de cette évasion digne de Michel Zevaco ?

Durant le trajet de Wilflingen à Feldkirch, alors que la Delahaye faisait halte dans la campagne, Laval avait tiré de la voiture un sac de voyage et, devant un Boudot n'en croyant pas ses yeux, il avait sorti une perruque — des cheveux blancs jaunâtres à la Briand — ainsi qu'une fausse barbe de même couleur. Il les avait essayés puis, se tournant vers son chauffeur :

— Qu'est-ce que vous en pensez, Boudot ?

— Ça me fait rire, Monsieur le Président.

— Eh bien, moi aussi.

Plus tard, Mme Laval fera allusion devant Alfred Mallet à ces propositions d'évasion, dont il semble d'ailleurs, qu'elle ait méconnu le sérieux. Elle s'écriera :

— Pensez-vous ! Se cacher ! Je m'y serais toujours opposée [1] !

Quant à Laval, il confirmera à Yves-Frédéric Jaffré :

— Un ancien président du Conseil, en des circonstances comme celles où j'étais, ne doit pas se comporter comme un commis-voyageur qui se trimballe à travers le monde...

Alors, il a dit aux « conjurés » :

— Non. Merci. Tout ça n'est pas pour moi.

Tous les ans, vers le 20 juillet, il est de tradition en Espagne que le gouvernement quitte Madrid et se rende à Saint Sébastien. Cela s'appelle la *Jornada*, autrement dit week-end, à cela près que ce week-end dure deux mois. M. de Lequerica boucle ses valises lorsqu'il apprend, le 21 juillet, par un coup de téléphone, qu'il n'est plus ministre. Son successeur, déjà désigné, se nomme Alberto Martin Artajo. Il est connu comme leader de la « démocratie chrétienne » espagnole, dans le sens où on peut l'entendre là-bas. Artajo devient responsable de « l'affaire de Laval ». Il n'a pas été *l'ami* de Laval, lui. Il n'a pas à se poser les mêmes problèmes que Lequerica. Il se borne à constater que l'on a signifié, le 2 mai, à Laval qu'il ne pouvait être accueilli en Espagne. Le mois de juillet va s'achever. Laval est toujours à Barcelone.

1. Témoignage de Alfred Mallet à l'auteur.

Le lundi 30 juillet, au matin, le commandant Gonzalo, chef de la Sûreté militaire de la Capitainerie Générale, se présente à Montjuich. Il annonce à Pierre Laval qu'il aura à prendre, l'après-midi, l'avion préparé à l'aérodrome.

La boucle est bouclée. Le calme de Pierre Laval est impressionnant, celui de Jeanne Laval tragique. « M. Correa m'a dit plus tard — racontera Maurice Gabolde — qu'il n'avait pas eu la force de venir lui-même et le général Solchaga qui, en arrivant à la fin de la guerre civile à la frontière du Perthus, avait embrassé le général français Fagalde venu le féliciter de sa victoire, n'avait pas pu non plus saluer un homme qu'il considérait comme un " bon Français " et qui marchait à sa mort. »

Une fois de plus, Jeanne Laval rassemble les bagages. Le voyage qui se prépare sera le dernier qu'accompliront ensemble Pierre et Jeanne. Le sait-elle ?

Imagine-t-on ce que fut le dernier déjeuner qui rassemblait Laval, sa femme, Gabolde, les Bonnard, Néraud ? A aucun moment il n'est question de l'Irlande. A quoi bon ? La décision de Laval est sans appel. Les pilotes allemands reconduiront l'avion dans leur pays. A l'arrivée, on fera de lui ce que l'on voudra.

La banalité des propos. L'accablement que l'on dissimule de son mieux. Les silences — terribles — pendant lesquels on n'entend plus que le bruit des couverts heurtant les assiettes. Les efforts pour faire revivre la conversation. « Je disais de ces choses — s'est souvenu Abel Bonnard — que l'on dit pour ranimer l'espoir » :

— Vous allez chez les Américains. Peut-être vous garderont-ils...

Lui, de sa voix traînante :

— Pensez-vous ! Ce n'est qu'un détour pour aller à l'abattoir !

D'évidence, ce mot d'*abattoir* l'obsède.

Le lecteur doit savoir que, de l'épisode qui va suivre, je suis resté pendant de longues années le seul détenteur. Un jour que j'interrogeais Paul Néraud sur les souvenirs de son odyssée lavalienne, il s'est penché vers moi :

— Je vais vous raconter ce que personne ne sait. C'est le plus terrible moment de ma vie. Auparavant, vous devez me jurer que, de mon vivant, vous ne publierez rien.

Ce serment, je l'ai tenu. Paul Néraud n'est plus. Je me sens donc autorisé à livrer cette information au public.

Le déjeuner vient de s'achever. Avant le départ définitif, le Président se retire discrètement : précaution naturelle avant un voyage dont on ignore la durée. Autour de la table, la conversation a repris, à la fois tendue et déprimée.

Le temps passe. Néraud regarde sa montre. Il y a plus de vingt minutes que Pierrot a quitté la table. Cinq minutes encore et l'ami de toujours s'inquiète d'une défaillance de dernier moment. Lui aussi garde le souci, de la part du Président, d'une nécessaire dignité. Devant la porte close des toilettes, il appelle.

— Vous êtes là ?

Pas de réponse. Il frappe. Le silence. Sans trop d'espoir, il saisit la poignée. Elle tourne. La porte n'est pas verrouillée. Il la pousse et découvre Laval debout devant lui.

— Qu'est-ce que vous faites là ?

Laval lève vers lui sa main qui tient un revolver. Il secoue la tête et, d'une voix brisée, explique :

— C'est plus fort que moi. Je ne parviens pas appuyer sur la détente.

Néraud ne trouve aucune parole à opposer à un tel désespoir. Laval lui tend son revolver.

— Faites-le, vous.

Néraud étouffe un sanglot. De la tête il fait non, non, non...

— Je vous en prie, implore Laval.

— Ne me demandez pas une chose pareille ! crie Néraud.

Lentement Laval baisse la main, range le revolver dans sa

poche. En passant devant son ami, il hausse les épaules en signe d'impuissance. Les deux hommes rejoignent la tablée où leur retour est à peine remarqué.

« Le départ de Montjuich de M. et Mme Laval, m'a dit Maurice Gabolde, eut lieu à 3 heures de l'après-midi. Ils nous embrassèrent, serrèrent les mains du colonel Gomilla et des officiers du régiment en garnison au fort qui sortaient de la guerre civile et avaient les larmes aux yeux, ainsi que les soldats. »

Le temps est superbe.

La voiture démarre. La pente raide sous la voûte. Le pont-levis. La grande ville est là, à droite, cette fois en plein jour.

On gagne l'aérodrome, se souviendra le journaliste espagnol Tarin Iglesias, « par un mauvais chemin vicinal déboisé dont les ornières donnent davantage l'impression de voyager à dos de chameau qu'en automobile ».

Un cordon de soldats des forces de la Quatrième Région aérienne isole la partie militaire de l'aérodrome. L'accès est rigoureusement interdit. Pourtant Tarin Iglesias et son photographe Carlos Perez de Rozas ont pu s'introduire sur le terrain. A 16 heures, ils voient arriver une « petite voiture marron ». S'y trouvent les bagages de Pierre Laval et de son épouse, « comprenant quatorze valises, quelques caisses de conserves et des bouteilles d'eau minérale qui, par une ironie du sort, portent l'étiquette *Eau de Vichy* ».

Un peu après 17 heures, arrivent plusieurs voitures officielles venant de Montjuich. De l'une d'elles, descendent Pierre et Jeanne Laval. Sur la piste, le *Junker* est apparemment prêt à décoller. Tarin Iglesias observe Laval, « tout à fait serein », s'approcher comme pour inspecter l'avion. Böhm et Funck, pour leur compte, apparaissent prêts à tenter une nouvelle aventure, à voler aussi loin que le permettra le rayon d'action de l'appareil : le Portugal ? l'Irlande ? L'Egypte ? Pourquoi pas ? D'autant plus qu'ils redoutent, en arrivant en Allemagne, d'être jetés par les Américains en camp de concentration, condamnés aux travaux forcés, peut-être fusillés [1]. Le commandant Gonzalo tient à redire ce qui a été énoncé tant de fois :

— Vous pouvez prendre la route de votre choix. L'ordre du Gouvernement espagnol que je dois exécuter est seulement de vous faire abandonner notre territoire avec l'appareil dans lequel vous êtes venu. C'est tout.

Gonzalo insiste pour que Mme Laval reste en Espagne où elle pourrait « s'installer en toute liberté ». Elle refuse. Le Président constate :

— Ce que l'on fait avec moi n'est ni plus ni moins qu'un crime [2].

Sous l'appareil, la trappe est ouverte, et l'échelle descendue. Jeanne grimpe la première, suivie de son mari. Les moteurs commencent à ronfler. Tout de suite, dit Tarin Iglesias, « on constate que le droit marche à un rythme inférieur au gauche ». L'un des pilotes allemands saute à terre et déclare que « l'avion a besoin d'être vérifié ». Un jeune capitaine de l'aviation espagnole monte à bord et s'affaire à régler le moteur. N'en pouvant plus, Laval demande à quitter l'appareil : la température y atteint 60 degrés ! Le journaliste le voit descendre de l'avion « comme s'il sortait d'une douche, la chemise déboutonnée et une épaisse sueur sortant par tous les pores de la peau ».

A 18 h 40, on annonce que l'appareil est en état de marche. Une fois encore Laval et sa femme grimpent dans l'appareil. Une fois encore on referme la trappe. Le *Junker* roule sur la piste. Un peu plus loin, il s'arrête et, lentement, revient vers son point de départ.

Une panne de freins !

Par l'échelle métallique, Pierre et Jeanne Laval, de nouveau trempés de sueur, redescendent à terre. Les pilotes allemands protestent avec véhémence. Les militaires espagnols

1. En fait, ils furent très bien accueillis par les Américains et entrèrent par la suite dans l'aviation civile des Etats-Unis.

2. Juan Sariol et Jaime Arias : *op. cit.*

décident qu'une vérification complète de l'appareil doit être entreprise. Le départ n'aura donc lieu que le lendemain matin. Pierre Laval demande à retourner à Montjuich. Refus. A l'aérodrome, on affecte au couple une petite chambre à deux lits.

Jusqu'à l'heure du dîner — fixée à 22 heures — Laval se promène devant les bureaux. Dans un espagnol que les officiels jugent presque parfait, il s'entretient avec eux. « Il semble, dit un témoin, qu'il quitte ce pays avec beaucoup de tristesse et d'amertume. » On sert le dîner dans le bureau du commandant de l'aérodrome. Tarin Iglesias note : « Dîner léger, omelettes et raisin. Pour Mme Laval, eau de Vichy. Pour Laval, vin rouge. Des cafés pour chacun. Pendant le dîner, on écoute la radio française. Musiques et nouvelles. Nostalgie. Les dernières informations annoncent que Laval s'est enfui de Barcelone à bord d'un avion pour une destination inconnue. Décidément, la radio est bien informée. »

Avant de passer à table, Laval s'aperçoit qu'il a oublié son dentier au fort de Montjuich. On envoie quelqu'un le chercher. Il commande vingt paquets de tabac espagnol *Triton*. Le dîner achevé, le couple se retire dans sa chambre. Le lendemain, on ne trouvera aucun des deux lits défaits.

Pierre Laval passe la nuit à écrire. Des lettres dont on a dit qu'elles étaient adressées au général Franco, à Lequerica, au président Truman, au général de Gaulle. Tarin Iglesias — qui est resté près du bâtiment — croit savoir qu'il a aussi rédigé son testament. « Son épouse l'observe, assise sur un des lits, un mouchoir dans ses mains croisées, sereine. De temps en temps, elle échange quelques paroles avec son mari. » L'Espagnol jette parfois un coup d'œil indiscret par la fenêtre : « Laval fume et écrit. De temps en temps, il sort et passe dans le jardin comme pour ordonner mentalement ses idées. Son aspect est dur. C'est celui d'un homme qui ne se livre pas facilement, qui lutte, qui se défend. Puis, il retourne dans sa chambre et continue à écrire, et ceci jusqu'à l'aube. » Au milieu de la nuit, il a demandé un verre d'eau pour prendre un médicament qui apaise ses douleurs d'estomac.

6 heures du matin. Les pilotes allemands inspectent l'avion de fond en comble. Tout est prêt pour le départ. Jeanne « est encore plus tranquille que la soirée précédente ». On lui apporte un document qui précise qu'« en raison de sa santé délicate, un voyage en avion est contre-indiqué ». Elle accepte de le signer mais, auparavant, elle écrit : « Merveilleux pilotes, avion sans garantie. »

Le jour se lève. Il fait très frais. Laval et sa femme se dirigent vers l'avion. « Je m'approche du Président. Il sourit de temps en temps, scrute l'horizon, ayant l'air de chercher ce que lui apportera cette nouvelle journée pleine d'incertitudes. Il me donne un autographe, c'est-à-dire qu'il appose sa signature sur l'une de mes cartes. Les aviateurs souriants sont les premiers à monter dans l'appareil. Ils prennent solennellement congé de tous, comme s'ils allaient au combat... Mme Laval monte à son tour ; Laval serre fortement ma main et se décide à monter. La porte de la carlingue se ferme. »

L'avion a décollé. Au-dessus de l'aérodrome, le pilote exécute un magnifique tour d'adieu, comme le faisaient, pendant la guerre, les avions de combat. L'appareil — tache brillante dans le soleil levant — disparaît dans le lointain. Il est 6 heures 40 du matin.

Sur les remparts de Montjuich, Paul Néraud a vu lui aussi se lever le soleil. Un avion s'approche du fort : le *Junker*. Il vole si bas que Néraud voit, distinctement, par le mica de la trappe, Pierre Laval agiter la main. Lui-même répond par de grands gestes. C'est le dernier adieu des deux amis.

Cinq ans plus tard, rencontrant Mgr Boyer-Mas à Saint Sébastien, lors de Conversations catholiques internationales, Martin Artajo lui dira :

— Le remords de ma vie sera d'avoir laissé partir Laval pour la France.

Et, pensif, il ajoutera :

— Sans compter qu'on ne m'a pas été très reconnaissant de cette opération...

En Autriche, un officier français, Yves Perrussel, va prendre en charge Pierre Laval. On lui doit le récit que voici : « J'étais, à cette époque, chef de la Sécurité publique en Autriche. A la suite de négociations qui se déroulèrent en Espagne, le commandement français en Autriche fut avisé par divers télégrammes, datés des 29 et 30 juillet, que Laval, accompagné de sa femme, quitterait Barcelone sur un avion *Junker 88* qui atterrirait dans une zone s'étendant de Botzen [Bolzano] à Munich et au Pays de Bade.

« L'avion quitta Barcelone à 17 h 40, le 31 juillet [1]. Après accord avec le commandant américain dont dépendait la zone où devait avoir lieu l'atterrissage, il fut convenu que Laval et sa femme seraient conduits par des officiers américains à la limite de la zone française, à l'est d'Innsbruck. L'avion se posa dans la soirée sur un terrain voisin de Linz.

« Il était 22 heures lorsque le convoi arriva à quelques kilomètres d'Innsbruck. Laval et sa femme me furent remis par le major Herry E. Wood. Je procédai à l'arrestation de Laval qui fut conduit à la Klosterkaserne, tandis que sa femme était gardée dans une chambre voisine par ma femme, qui avait été arrêtée à Tunis, en janvier 1943, par la police de Vichy et libérée en mai 1945 du camp de Ravensbrück.

« Après inventaire de ses bagages et fouille, Laval fut interrogé par moi durant une partie de la nuit. Le lendemain matin, un avion français nous transporta au Bourget. J'accompagnai Laval à Fresnes, où je le remis, ainsi que Mme Laval, à M. Pierre Béteille, président de chambre à la Cour d'appel, chargé de l'instruction [2]. »

---

1. Lettre à *Candide* du 31 octobre 1963. L'heure du départ de Barcelone, donné par Me Perrussel, est le résultat d'une confusion. En fait, l'avion ne s'est pas rendu directement à Linz. Il y a eu dans la journée une première étape autrichienne.

2. Jeanne Laval passera quelques semaines en prison et sera libérée.

Il aura donc fallu que cette vie d'exception — dans les multiples acceptions du terme — conduise Pierre Laval dans une prison. C'est sur un homme à bout de forces que se referme la porte d'une cellule de la 3e division. Elle ressemble à toutes les autres. Pas de privilège pour Laval. Placé en haute surveillance, il aura droit à une promenade quotidienne, dans un périmètre délimité par les planches d'une palissade propre à saper tout moral.

S'est-il effondré sur sa couchette, a-t-il sombré dans l'évasion d'un lourd sommeil ? Est-il au contraire resté éveillé, tentant une fois encore d'évaluer les perspectives d'un avenir hypothétique ?

A 7 heures, le 3 août, le fracas d'un wagonnet, circulant sur des rails dans le couloir, réveille tout le monde. La porte s'ouvre.

— Laval !

On lui tend un gobelet dont on lui annonce qu'il deviendra le sien, on l'emplit d'un liquide noirâtre baptisé café. Il a droit aussi à un morceau de pain. On lui annonce que les repas seront servis à 11 heures et 17 h 30 : soupe ou pommes de terre, viande deux fois par semaine. Laval ne cessera de se plaindre de la nourriture « infecte » de Fresnes, tempérée il est vrai, chaque semaine, par la réception d'un colis par principe toujours éventré.

La porte s'est refermée. Le prisonnier s'aperçoit alors que la pièce dispose, non pas d'un soupirail, mais d'une véritable fenêtre, bien sûr garnie de barreaux, grâce à laquelle on dispose d'une vue étendue sur les cours de la prison. Tout cela se révélera très bruyant : l'habitude est de s'interpeller à grands cris d'une fenêtre à l'autre. Ainsi les informations circulent-elles dans la prison.

Peu à peu, il aménage ce qui sera son dernier asile. Il dispose d'une table, d'une chaise, d'une tinette sans couvercle, plus tard d'un réchaud sur lequel il fera lui-même sa cuisine. Sa pelisse est suspendue à l'étagère.

Ce matin-là, à peine a-t-il eu le temps d'entreprendre l'inventaire des affaires et papiers qui lui ont été laissés —

surtout des papiers — et la porte s'ouvre devant lui. Le directeur de la prison l'invite à s'habiller. On va le transférer au Dépôt.

Stupeur de l'intéressé. Question. Réponse :

— Vous allez témoigner au procès Pétain.

Témoigner ! A peine arrivé ! Sans disposer des dossiers si laborieusement élaborés à Montjuich. Sans même pouvoir revêtir un costume convenable et du linge propre. Le directeur ne lui laisse pas le temps de se récrier et l'informe que, la veille, à l'audience du 2 août, le premier président Mongibeaux a annoncé son retour à Paris et, en vertu de son pouvoir discrétionnaire, fixé son audition pour le 3, à 13 h 30. Il faut donc se hâter. Laval doit endosser le costume fripé qu'il a porté depuis le départ de Barcelone et nouer une cravate blanche défraîchie.

Après un passage rapide au Dépôt — le temps des formalités — deux gendarmes l'emmènent à travers un Palais de justice investi par une police renforcée, jusqu'à la 1re Chambre de la Cour. Par la même petite porte franchie, lors de la première audience, par le Maréchal, le public voit un Laval « comme une bête blessée et non comme une bête de combat », surgir dans l'« arène » : le mot viendra sous la plume de plusieurs journalistes. « Une atmosphère de grande première ». La nouvelle s'est ébruitée du retour de l'Auvergnat et, dans cette salle quotidiennement remplie au-delà du possible, on aperçoit quand même de nouveaux visages.

Parmi ces derniers arrivants, la fille tant adorée : Josée, comtesse de Chambrun, fine et altière, aussi brune que son père l'a été. Que de sentiments contrastés dans son regard ! Amour pour l'homme qui est là, victime — elle en sûre — d'une criminelle erreur ; orgueil de savoir qu'il rivera leur clou à tous ces imbéciles ; colère pour ceux qui ont fait de lui un accusé.

En le voyant entrer, quelqu'un dit :

— Il a l'air d'avoir passé la nuit dans le train.

Josée pourra, lors d'une interruption d'audience, rencontrer son père. Bouleversantes, après une année de séparation, les retrouvailles de ces deux êtres unis par des liens si ardents.

Isorni, qui d'abord n'a éprouvé que commisération sur l'homme « hésitant, paralysé par la détresse », n'en revient pas : « Dès qu'il eut pris la parole, il recouvre son assurance, sa force de persuasion, sa supériorité. »

Dans l'assistance Albert Naud découvre son futur client et assiste à la stupéfiante résurrection dont il va donner le spectacle : « tour à tour pathétique, drôle, émouvant, finaud, s'aidant de la voix qui n'est pas sans beauté, s'aidant de ces mains merveilleuses pour affirmer, réfuter, blâmer, convaincre ». Il expose, explique, montre. On retrouve, quasiment fasciné, cette gouaille qui plaisait tant, avant guerre, à ses électeurs d'Aubervilliers et cette voix qui, pendant les années sombres de l'Occupation, ébranlait parfois des hésitants. Même les jurés résistants se penchent pour mieux l'entendre. Et le premier président. Ces monologues durent trop longtemps, Mongibeaux hasarde, peu soucieux de la faute de français :

— Je m'excuse de vous interrompre...

Je m'excuse !

Après avoir, au cours de la nuit du 3 au 4, couché au Dépôt — ce qui n'est pas précisément une partie de plaisir —, on le reconduit à Fresnes. Il y rentre rasséréné. Cette « répétition » le persuade qu'il obtiendra, lors de son procès personnel, une audience immense. La défense qu'il présentera au tribunal convaincra l'opinion et, sous la pression de celle-ci, la Haute Cour l'acquittera. La famille vibre à l'unisson. René de Chambrun, son gendre, confie :

— Le beau-père veut un grand procès où toute la lumière sera faite !

Place du Palais-Bourbon, domicile des Chambrun, comme jadis le Comité de Salut public, on siège en permanence. La certitude du génie de « Papa » habite si totalement la famille qu'elle tarde à lui trouver des avocats.

Lorsque s'engage l'instruction, Laval se voit toujours privé de défenseurs. Ne voulant pas rééditer l'erreur de Pétain, il refuse de comparaître devant le juge Béteille. Il réclame à cor et à cri les dossiers si laborieusement élaborés, à Montjuich, en compagnie de Gabolde, ex-garde des Sceaux et dactylographe. Béteille s'en moque : les dossiers ne sont pas perdus, on les a saisis dans ses bagages, ils se trouvent sous scellés.

Le bâtonnier Poignard intervient. Il désigne Albert Naud et Yves-Frédéric Jaffré qui jouissent de la juste réputation accompagnant les anciens secrétaires de la Conférence du stage ; en 1934, ils en ont été l'un le premier, l'autre le second. Ils s'adjoindront Jacques Baraduc.

Dans les premiers jours d'août, le juge Béteille reçoit les avocats de Laval. Il prévoit vingt-cinq interrogatoires. Le 24 août, Laval rencontre enfin les trois défenseurs désignés. L'homme qu'ils découvrent est malade. Pour soigner son ulcère à l'estomac, il n'use que d'un remède unique : de la poudre Azym dont une boite ne le quitte jamais. Albert Naud s'est demandé si cet ulcère ne s'était pas transformé en cancer : « Son teint gris-verdâtre de certains matins, sa maigreur, sa mauvaise haleine m'ont toujours laissé je ne sais quelle impression de pourriture intérieure. » Pour l'occasion, on lui a attribué une autre cellule. Naud, Baraduc, Jaffré recueilleront des impressions si fortes de leurs séjours dans la cellule enfumée de Fresnes — malgré l'ulcère, leur client fume toujours cinq paquets par jour achetés au marché noir — qu'ils publieront tous trois leurs souvenirs [1]. Ils n'oublieront jamais leur client, marchant de long en large dans l'espace étroit, s'emparant dès leur entrée de la parole et, les ayant réduits au rang de public muet, la conservant jusqu'à leur sortie. « Un soliloque de cauchemar », confiera Albert Naud. De bout en bout, leur client va les dominer.

Peut-être pour son malheur.

1. L'ouvrage d'Albert Naud, en bien des endroits, atteint une qualité littéraire d'exception.

Une note saisie dans ses bagages à son arrivée en France résume assez bien toute l'illusion de l'ex-chef du gouvernement de Vichy : « Le paradoxe est étrange. Me voilà conduit devant des juges pour me justifier d'une politique et d'actes qui devraient me valoir la reconnaissance du pays. Qu'il s'agisse de la période antérieure à la guerre ou qu'il s'agisse de la période douloureuse de l'Occupation, j'ai conscience d'avoir pleinement accompli mon devoir. »

Dans sa prison de Fresnes, Laval — qui déteste écrire — noircira des centaines de feuillets.

— J'écris davantage qu'un académicien ! s'exclamera-t-il.

Ces pages, destinées à soutenir sa défense devant la Haute Cour, seront à l'origine de l'ouvrage *Laval parle* paru en 1947 en Suisse. Elles tournent autour d'un thème unique : la démonstration quasiment scientifique selon laquelle sa politique était la seule que l'on pût mener pour le bien des Français. Non seulement il ne doit pas en rougir — pourquoi, mon Dieu ? — mais il a le droit d'en être fier. Alors les arguments s'enchaînent. Il les projette dans une telle lumière que celle-ci finit par effacer à ses yeux les ombres dont ses adversaires voudraient l'accabler. Le dogme établi, lu et relu, dit et redit, lui apparaît si fort qu'il en est lui-même devenu le premier convaincu.

Sur ses murs, l'Italie fasciste a vu sans cesse fleurir cette proclamation : MUSSOLINI A TOUJOURS RAISON. On ne serait guère étonné si l'on apprenait que Laval avait apposé sur une paroi de sa cellule : LAVAL A TOUJOURS EU RAISON. Croit-il que les dossiers rendus inaccessibles ne renferment aucune pièce accusatrice ? De « cette stupéfiante sérénité », Fred Kupferman, historien prématurément disparu, a présenté une analyse qui ne peut que retenir l'attention : « Certain de sa vocation de sauveur, Pierre Laval a beau parler de sa souffrance, il bénéficie d'une sensibilité émoussée, d'une mémoire complaisante et d'une vanité de politicien qui n'écoute plus les contradicteurs. » Laval balaie tout ce dont on lui fait grief : le STO, la Milice, les Juifs, le soutien donné à la LVF, les mots d'ordre sans cesse quémandés auprès des Allemands. Il répète avec une certitude toujours accrue : « Il n'est pas un domaine où je ne puisse démontrer, établir et prouver que l'Occupation aurait été beaucoup plus cruelle si je n'avais pas été là. Je ne redoute rien d'une opinion mieux informée. J'ai trop travaillé, j'ai trop lutté, j'ai trop souffert. Je veux qu'éclate la vérité. »

Il devait comparaître vingt-cinq fois devant le juge Béteille. Le 10 septembre, lors du cinquième interrogatoire, le magistrat dicte à sa greffière cette phrase qui figure au procès verbal : « En raison de l'heure tardive, l'interrogatoire est renvoyé à une date ultérieure. » Les avocats attendent que l'on fixe celle du sixième interrogatoire. Il n'y en aura pas. Le juge Béteille est parti en vacances. Au moins les avocats pourront-ils consulter les pièces qui devaient représenter le fondement des futurs interrogatoires ? Impossible : le juge a emporté la clé de son bureau.

Qui plus est, la presse annonce que l'instruction est close. Close ! Toute protestation est inutile. Le procès s'ouvrira le 5 octobre. Les avocats protestent, s'agitent furieusement. On n'a pas laissé à leur client « la faculté de communiquer avec ses ministres internés à Fresnes ; on ne l'autorise pas à puiser dans les archives de Vichy ; il doit travailler avec des notes rédigées de mémoire et quelques numéros de *l'Officiel* conservés dans sa serviette ». Eux-mêmes, les défenseurs n'ont pas eu communication des dossiers de l'accusation, ils n'ont pu faire citer les témoins à décharge, ni même préparer leur plaidoirie !

Ils réclament un ajournement. Il leur sera refusé.

Le jour de l'audience, Naud, Baraduc et Jaffré font porter au président Mongibeaux une lettre qui évoque avec force le degré d'impuissance auquel ils sont parvenus : « Nous avons constaté l'impossibilité matérielle absolue où nous sommes d'assister utilement notre client à l'audience. Une instruction préalable et complète était nécessaire, indispensable. On nous l'avait annoncée et promise. Elle a été brusquement terminée malgré nos protestations. Nous craignons que la hâte apportée à ouvrir les débats soit inspirée non par des préoccupations judiciaires, mais motivée par des raisons politiques. » Les avocats vont se référer à une déclaration faite la veille à la presse par le premier président Mongibeaux selon laquelle il avait l'intention de siéger « le matin, l'après-midi et le soir afin que le procès fût terminé pour les élections [1]. »

Prenant acte d'une situation aussi exorbitante, Naud, Baraduc et Jaffré déclarent qu'ils ne se considèrent pas en état de défendre Pierre Laval. « C'est avec tristesse que nous renonçons à la mission qui nous était confiée. Nous vous exprimons tous nos regrets de ne pouvoir apporter à l'œuvre de justice une contribution que nous aurions voulue conforme aux traditions de notre Ordre. »

Le 5 octobre 1945, Laval comparaît devant la Haute Cour. Il n'a même pas été possible de récuser certains jurés ; il en fallait trente-six et trente-six sont présentés. D'où un nombre déséquilibré de communistes dans le jury. Quand on consulte l'ensemble de la presse du lendemain, une impression étrange se dégage : les journalistes, comparant ce procès à celui du Maréchal, conviennent qu'ils ont, cette fois, ressenti l'impression de se tromper de salle. Considérant le banc vide derrière Laval — celui des avocats —, ils ne peuvent s'empêcher d'évoquer les maîtres du barreau qui, sans désemparer, ont soutenu Pétain de leur présence et de leur talent. Et lui, Laval ? Madeleine Jacob se fait l'écho du malaise qui s'empare de l'assistance : « Cravate blanche immaculée, l'homme est seul dans l'arène [2]. » Seul devant ses juges comme devant l'opinion. Le président Mongibeaux lit la

1. Souligné par nous.
2. Encore l'arène !

lettre des Mes Naud et Baraduc qui expliquent leur décision. Mornet répond : « L'instruction n'a pas été brusquée. Elle a commencé il y a cinq ans, le jour où avec Pétain, Pierre Laval s'est emparé du pouvoir. » Laval lève ses deux poings et, de toutes ses forces, les abat sur ses dossiers. La colère tord sa bouche et contracte son visage : « Vous étiez tous aux ordres du gouvernement, même vous, Monsieur le Procureur général[1] ! »

Furieux, un juré, premier d'une meute impitoyable, crie à l'accusé :

— Un peu plus de modestie, fourbe !

Mornet clame que la Haute Cour est légalement saisie et que le jury doit se garder de tenir compte des déclarations de Pierre Laval. Celui-ci veut répondre. Mongibeaux s'y oppose. Ce qui lui attire cette réplique de l'accusé, lui-même avocat et ancien garde des Sceaux :

— L'accusé doit parler après le procureur général. Vous savez bien que c'est dans le code.

— Vous venez de parler.

— Je n'ai pas parlé, je n'ai rien dit.

— J'estime que vous avez parlé.

— Si je ne peux pas répondre à M. le Procureur général...

— Monsieur le greffier, veuillez lire l'arrêt de renvoi et l'acte d'accusation.

— Il est lamentable que je ne puisse pas répondre !

— C'est peut-être lamentable. J'en prends la responsabilité.

Bruits dans la salle.

— Je vois bien... vous en prenez de lourdes.

Tel est le ton que d'emblée l'on a adopté. Il ne changera plus. Le greffier lit l'acte d'accusation. Laval reprend la parole et cherche à expliquer qu'il faut se remettre dans le climat de l'époque, tenter de comprendre. Gouverner un pays occupé ne présentait rien de commun avec les conditions qui s'offraient à un pays libre. Il se hasarde à parler des malheurs

1. *Franc-Tireur*, 6 octobre 1945.

que d'autres que lui, « par leur folie, leur maladresse et leur inexpérience », ont attirés sur la France.

Outré, le premier président l'interrompt :

— Vous êtes l'objet de deux accusations. Je vous demande de parler de ces deux accusations.

— Je demande deux choses : complément d'information, une remise !

— Est-ce que vous me laisserez parler ?

— Evidemment je n'ai pas le moyen de vous en empêcher.

— Je vous ai déjà adressé deux avertissements. Voulez-vous qu'au lieu de vous en faire un troisième, je vous fasse expulser ? Je vous dis que si vous n'avez pas d'avocat, ce n'est pas de notre faute.

Laval frappe sa serviette sur son pupitre.

— Condamnez-moi tout de suite, ce sera plus clair !

Le premier président. — Gardes, emmenez l'accusé !

Dans le public, un jeune homme applaudit Laval.

Un juré. — Arrêtez-le !

Le premier président. — Arrêtez immédiatement le perturbateur et conduisez-le au Dépôt !

M. Prot, juré. — C'est la cinquième colonne, la clique !

Un juré. — Il mérite, comme Laval, douze balles dans la peau !

Le premier président. — Demain nous appellerons le premier témoin. Je ne poursuivrai pas un interrogatoire dans ces conditions et l'audience se poursuivra en l'absence de l'accusé.

Comment éviter une éventualité qui marquerait pour la justice française un précédent dont nul n'aurait à s'honorer ? *Le Monde*, très hostile à Laval, pose la question : « On imagine difficilement, dans une France républicaine, un procès se dérouler en l'absence à la fois des défenseurs et de l'accusé, si ce n'est un procès de contumace. »

Dans *Combat*, Claude Roy, après avoir évoqué le malaise qu'il a d'abord ressenti — « pendant un bref instant, la gorge se serre. Il y a ce type tout seul au milieu de la grande salle » —, crie sa colère : « La France voudrait parler. Mais ils [Mongibeaux et Mornet] ont la parole. Pourquoi Laval est-il ici ? Honte, trahison, oui. Mais la trahison de Laval, pour évidente qu'elle soit, n'est pas le crime d'une heure, d'une minute, une belle trahison de mélodrame. Il n'y a pas eu un instant précis où, avec un rire caverneux, Laval a dit : " Ha, ha ! Et maintenant je trahis ". Ce n'est pas si simple. » C'est cela que le procès devait éclaircir. Et, pour juger un homme à qui l'on reproche de n'avoir jamais dit non, on a nommé « deux hommes qui ont dit oui toute leur vie ». Pour Claude Roy, « le premier président ressemble à une femme à barbe en manteau de fourrure. Le procureur, lui, en robe rouge, fait penser aux types que les grands magasins habillent en Père Noël. Que viennent-ils faire ici ? »

Pour mettre fin à cette situation intolérable, le bâtonnier Poignard adjure les avocats de Laval de revenir à la barre. Et Laval avec eux. Mongibeaux, cible atterrée de ce flot de critiques, consent à tout.

A l'audience du 14 octobre, tout le monde est en place. Plein d'espoir. Le président, le procureur, les avocats — et l'accusé. L'interrogatoire reprend sans nervosité. Mongibeaux laisse Laval s'expliquer sans l'interrompre. L'accusé en profite. On le voit d'abord méfiant, puis tranquillisé, puis trop à l'aise. Il aborde cent sujets en même temps. Il retrouve le ton qui lui est habituel, familier, gouailleur, souvent drôle. On rit. Laval assure ses avantages. Il veut lire une lettre qu'il vient d'adresser au garde des Sceaux pour réclamer un supplément d'informations. C'en est trop pour Mongibeaux depuis longtemps exaspéré. Il reproche à Laval de prolonger délibérément les débats. L'accusé rétorque que c'était son droit de lire une lettre qu'il n'avait pu lire la veille.

Le premier président. — Vous l'avez lue.

Pierre Laval. — C'est entendu.

M. Bedin, juré. — C'est la troisième fois que vous le dites. C'est suffisant.

Pierre Laval. — Je ne croyais pas que sa lecture...

M. Biondi, juré. — Vous n'avez pas répondu à la question de M. le Président.

Le premier président. — Je vous ai posé une question précise ; je vous ai demandé comment vous avez pu vous maintenir auprès du Maréchal dans l'atmosphère d'hostilité qui régnait à Vichy ? J'ai dit que c'était probablement...

Il faut lire, dans la sténographie, l'intégralité du dialogue qui se poursuit [1]. Entre Mongibeaux et Laval, les répliques se croisent, de plus en plus nerveuses, acerbes, hachées.

Le premier président. — Dans cette situation qui est la vôtre, vous vous croyez assuré de l'impunité ?

Pierre Laval. — Je ne me crois pas assuré de l'impunité, mais il y a quelque chose qui est au-dessus de nous tous, au-dessus de vous, au-dessus de moi, c'est la vérité et c'est la justice dont vous devez être l'expression...

M. Bédin, juré. — Elle passera, la justice !...

Un autre juré. — Elle passera la justice.

Pierre Laval. — Elle passera, oui !... Mais la vérité subsistera.

Un juré. — Elle sera française !

Le premier président.— Quelqu'un aura le dernier mot : c'est la Haute Cour.

Pierre Laval. — Vous l'avez !

Le premier président. — Réfléchissez bien à l'attitude que vous prenez !... Vous ne voulez pas répondre à mes questions ?

Pierre Laval. — Non, monsieur le président, devant votre agression, devant la manière dont vous m'interrogez. Vous formulez les questions et les réponses.

Bruits divers dans la salle.

Le premier président. — L'audience est suspendue. Emmenez l'accusé !

Les magistrats se lèvent. Les jurés parlementaires les imitent et se mettent à invectiver l'accusé que l'on emmène. Dans le tumulte qui s'élève dans la salle, le compte rendu a

1. *Le Procès de Pierre Laval* (1946). Jean-Marc Varaut en a publié d'abondants extraits dans son livre *Le Procès Pétain.*

retenu quelques-unes de ces invectives sans pouvoir en identifier tous les auteurs :

— Salaud !

— Tu gueuleras moins fort dans quinze jours[1] !

— Douze balles !

— On vous a déjà jugé, et la France aussi !

L'audience est reprise. L'accusé ne reparaît pas. Il a adressé au président ces quelques lignes.

« Monsieur le président, la façon injurieuse dont vous m'avez posé les questions tout à l'heure, et les manifestations auxquelles se sont livrés certains jurés me montrent que je peux être la victime d'un crime judiciaire. Je n'en veux pas être le complice. J'aime mieux me taire. »

Il ne reviendra pas sur sa décision. Quand le garde des Sceaux Pierre-Henri Teitgen convoquera ses avocats afin qu'ils le persuadent de reprendre sa place au procès, il répondra : « Si je ne me présente plus à l'audience, je serai condamné. Si je désire poursuivre ma défense, je serai également condamné. »

Peut-on lui donner tort ?

On ne lui adressera plus de citation à paraître. Le 9 octobre, Mornet prononce le réquisitoire. Il suffit d'un court délibéré pour que la condamnation à mort soit prononcée.

Le général de Gaulle, lui-même ébranlé, a par écrit posé la question à Pierre-Henri Teitgen : « Convient-il de recommencer le procès ? » Teitgen a répondu qu'il estimait « en conscience », que « la condamnation prononcée » était « au fond parfaitement justifiée », et qu'en conséquence « cette condamnation devait être ramenée à exécution ».

La condamnation, Laval l'a apprise dans sa cellule du Dépôt où on l'a maintenu dans l'hypothèse d'une possible

1. Il s'agit du juré Germinal.

reprise du procès. Quand Baraduc entre, Laval fume « nerveusement ».

— La mort ? demande-t-il.

— Oui.

A l'instant, il s'est mis à écrire à Josée. Un peu plus tard, quand Me Henri Tard, huissier audiencier et M. Maurice, directeur de la police municipale viennent l'aviser officiellement de la condamnation, il écrit toujours. M. Maurice, par humanité, tente de le convaincre que l'arrêt ne sera pas exécuté. Il hausse les épaules :

— Pensez-vous ! Ils vont me fusiller entre deux portes, à la sauvette !

Dans la matinée du samedi 13 octobre, il est reconduit à Fresnes. On l'enferme dans une cellule du quartier des condamnés à mort. On le revêt de la tenue obligée pour ceux qu'attend la peine capitale : veste de bure grossière — qu'il porte néanmoins sur sa chemise de soie —, pantalon « mexicain » en droguet gris avec, sur le côté, du haut en bas de chaque jambe, une rangée de boutons « permettant de se déculotter sans se débarrasser des chaînes [1] ». Seule son écharpe tricolore le distingue des autres condamnés. A Jaffré qui, pour la première fois, le voit dans cet « uniforme », il lance :

— Regardez-moi bien, Jaffré. Vous reverrez d'autres présidents du Conseil... Vous n'en reverrez jamais dans la position où vous me voyez. Pourtant je ne me suis jamais senti aussi grand.

Sur la petite tablette qui lui tient de bureau, il écrit à Léon Blum, à de Gaulle — mais ce brouillon ne sera pas envoyé — et rédige aussi un texte intitulé *Pendant la veillée de la mort*. On y trouvera ces lignes : « On m'a toujours combattu par le mensonge et j'aurais fait tomber le mensonge. Ma personne, qu'on a truquée pour me faire haïr, aurait fait place à l'homme qui se présente à visage découvert et que connais-

1. Henri Amouroux : *La page n'est pas encore tournée* (1993).

sent bien mes adversaires. C'est celui qu'on redoute et dont on a voulu éteindre la voix. » Il achève ainsi : « J'attends et je recevrai la mort avec sérénité, car mon âme survivra. J'aime mieux la mort que les chaînes. »

Dans l'après-midi de ce samedi, Baraduc le rejoint. Sur un ton qui n'appelle aucune contestation, Pierre Laval l'informe :

— Je *ne veux pas* qu'ils me défigurent. Je ne reconnais ce droit qu'à la terre.

Les heures passant, une question :

— Est-ce qu'on fusille le dimanche ?

— Non, sûrement pas.

— Alors, ce sera pour lundi.

Les avocats restent silencieux. Ils le croient aussi.

Me Jaffré passera toute la journée du dimanche avec son client qui, déjà, n'est plus pour lui un client. D'un commun accord, les trois défenseurs ont prévu de ne jamais, ce jour-là, laisser seul l'homme qui va mourir. On a décidé de se relayer mais la plus longue veille reviendra à Jaffré. Il faut lire sous sa plume émouvante l'évocation des heures qui s'écoulent entre ces deux hommes qui parlent, parlent jusqu'au moment où ils ne trouvent plus rien à se dire [1].

Naud, lui, s'est chargé d'une autre veille : près de son téléphone. Et voici la sonnerie attendue autant que redoutée. Naud a lui-même retranscrit le dialogue qui s'est engagé.

– Maître, je suis chargé de vous informer que l'exécution de Pierre Laval aura lieu demain matin.

— Ah ! très bien.

— Rendez-vous demain matin, à 8 heures, devant le Palais, une voiture vous est réservée. Au revoir, maître.

— Au revoir, monsieur.

A la même heure, Me Baraduc reçoit une communication identique. Les deux avocats se retrouvent à Fresnes. Faut-il

1. Yves-Frédéric Jaffré : *op. cit.*

le lui dire ? Terrible question. Ils concluent qu'ils n'en ont pas moralement le droit.

D'ailleurs leur irruption dérange plutôt Laval en train de dicter à Jaffré. Repris d'un fol et chimérique espoir, il accélère sans cesse son débit :

— Il faut faire vite. Il faut joindre le général de Gaulle, Léon Blum, Herriot, Mayer, Cachin, tous les gens que j'ai connus, alerter le monde entier. Ils ne peuvent pas me tuer comme cela. Allez vite, vite, prenez du papier.

Les feuillets s'accumulent. « Un cauchemar », diront-ils tous les trois. Naud sent qu'il faut interrompre cette « pathétique comédie ». Il annonce qu'il se fait tard. Il doivent regagner Paris pour mettre au net toutes ces notes.

Tous les quatre, les voilà debout. Laval a soulevé ses chaînes avec la ficelle qu'il y a attachée. Il serre les mains. Jaffré se souviendra de « quelque effusion ». Naud lui voit des « yeux désespérés » à la recherche de la vérité. Baraduc se souviendra d'un sourire forcé qui recouvrait un « jeu parfait ».

— Alors, à demain matin, venez de bonne heure.

— Nous serons là à 8 heures, dit Naud.

— Mais le parloir n'ouvre qu'à 8 heures et demie.

— Nous serons tout de même là à 8 heures.

Un silence.

Laval a compris.

Lundi 15 octobre 1945, 8 h 20, Fresnes, quartier des condamnés à mort. Le traditionnel et lugubre cortège — magistrats et avocats vêtus de noir, directeur de la prison, surveillants en casquette — s'avance à pas de loup vers la cellule de Pierre Laval.

Silence absolu. Les portes des cellules sont toutes fermées et, sur les judas, on a rabattu un petit volet.

Le cortège des hommes en noir s'arrête devant une porte devant laquelle attendent, de part et d'autre, deux gardiens. Les vêtements suspendus à un cintre lui-même accroché à un clou dans le couloir, sont ceux du condamné : son costume bleu à rayures. Brusquement, l'un des gardiens ouvre la porte. Un vieillard osseux, dont l'anachronique barbe blanche semble toujours pointer vers un ennemi invisible — le lecteur aura reconnu le Procureur général Mornet — s'avance sur le seuil de la pièce étroite. Les murs suintent d'humidité. Allongé sur son lit, Laval repose. Mornet s'avance d'un pas pour prononcer la phrase rituelle :

— Pierre Laval, ayez du courage.

Me Baraduc doit le frôler pour entrer dans la cellule : « Laval est couché, accoudé à droite, tourné vers le mur. Il nous regarde sans rien dire. » Naud voit Laval « s'enfoncer davantage dans son lit, comme un homme qu'on éveille et qui refuse de se lever ». Etonné, Mornet jette un coup d'œil aux avocats. Naud se sent saisi par une peur immense. « L'espace d'une seconde, j'imaginai un Laval effondré, hurlant de terreur, refusant de mourir, et que des hommes aux mains tremblantes et dures traîneraient au poteau. » Il croit nécessaire d'intervenir :

— Pour vous, pour vos avocats, pour l'Histoire, soyez courageux !

Un reproche dans les yeux noirs. Baraduc entend Laval répondre avec douceur :

— On ne me dit pas des choses comme ça, à moi !

Alors, raconte Me Jaffré, il se passe « une chose que d'abord personne ne comprend. Le condamné, allongé sur sa couche, a ramené sur lui ses couvertures. On le voit remuer, mais sans pouvoir proférer une parole ». « Un mouvement de bête qui se pelotonne », dit Naud qui, cette fois, crie, nettement hostile :

— Je vous en prie, monsieur, un peu de dignité ! Il ne vous reste qu'à bien mourir.

Lentement, la tête de Laval émerge des couvertures. Les yeux qu'il tourne vers ses avocats sont vitreux. On voit s'échapper de sa main une boîte de poudre Azim et une ampoule de verre. Il râle. Sa bouche est « ouverte et gargouillante ». Au cou, l'écharpe que Jeanne Laval a tricoté, avec tant d'amour à la fois et d'impatience, à Sigmaringen et Wilflingen.

— Paul ! vite ! vite ! appelle Naud.

Le docteur Paul, illustre médecin-légiste, est à la porte de la cellule. « Bedonnant et léger », il se précipite, prend l'ampoule échappée de la main de Laval et la porte à ses narines :

— Cyanure, dit-il simplement.

Tous les officiels présents restent pétrifiés. Quelques secondes s'écoulent sans que personne bouge, sans que nul dise un mot. Puis, Naud aperçoit sur la tablette de la cellule deux lettres, bien en évidence. Sur l'une des enveloppes, ces mots : « Pour mes gardiens ». Sur l'autre : « Pour mes avocats ».

Naud déchire l'enveloppe de la seconde, cherche davantage de lumière, s'avance sur le pas de la porte et se met à lire, d'une voix altérée :

« A mes avocats, pour les informer. »

« A mes bourreaux, pour leur répondre. »

Les râles de Laval deviennent intolérables. Naud déchiffre à haute voix des phrases dont les assistants ne saisissent que des bribes :

« ... le général de Gaulle n'hésite pas à ordonner mon assassinat. Ce n'est pas une exécution puisque l'arrêt qui me frappe n'est pas un jugement. On m'a fermé la bouche à l'audience, on veut éteindre ma voix pour toujours... »

Parmi les magistrats, parmi les surveillants, une immobilité absolue.

« Je n'accepte pas la souillure d'une exécution, puisqu'il s'agit d'un meurtre. J'entends mourir à ma manière, par le poison, comme les Romains. C'est mon dernier acte pour protester contre la sauvagerie... »

A l'avance, Laval disculpe ses avocats, ses gardiens, ou l'un des prisonniers de Fresnes, de lui avoir fourni le poison : « Ce poison a voyagé — j'espère qu'il ne sera pas éventé — car il a dû souvent changer de refuge ; ma grosse pelisse, dans sa poche intérieure, lui fut souvent hospitalière, et ma serviette, qu'on respecta toujours, l'accueillit parfois quand il était mieux empaqueté. »

A une ou deux reprises, Naud doit s'arrêter, tant il est ému. Il reprend :

« Des soldats fusillent par devoir... Ils n'auront pas à tirer sur un homme qui doit mourir parce qu'il a trop aimé sa patrie... Je demande qu'on me laisse mon foulard tricolore... Je désire le garder pour le grand voyage... »

Le râle de Laval est devenu horrible à entendre. « Et pourtant, dit Me Jaffré, c'est sa propre parole qui retentit dans la cellule » :

« J'adresse mon dernier salut à la France que j'ai servie. Ma dernière pensée est pour elle. »

Un silence encore. Le Procureur général Mornet, le premier, ose le rompre. Il s'avance vers Pierre Laval, l'observe avec une attention vigilante :

— Il faut le soigner, dit-il en se tournant vers le docteur Paul.

Celui-ci fait mine de ne pas entendre. Il se penche vers Naud et murmure :

— J'autopsie les morts, je ne soigne pas les vivants.

Mornet fait appeler le directeur de la prison et lui commande d'alerter — « sans perdre de temps » — les médecins de l'infirmerie. Le docteur Paul s'est penché de nouveau sur le mourant. Il lui tâte le pouls :

— La vitalité de cet homme est prodigieuse. Le pouls est inexistant mais, par moment, il semble reprendre.

Sur l'étagère, des cartouches de cigarettes. Sur la tablette, des photographies de Chateldon : Mme Laval sur la terrasse, Josée.

Apparaissent, tout affairés, le docteur Masmonteil, médecin-chef de l'infirmerie, le docteur Leuret, des infirmiers, une infirmière, Mme Farsy, une religieuse, sœur Philippe de Néri, d'autres. On bascule dans l'horreur. « Je vois Laval, dit Naud, les yeux chavirés, le visage livide et les cheveux collés sur le front par la sueur qui coule. J'entends son râle puissant de paysan qui meurt, un râle qui se répercute dans toute la division toutes les dix ou quinze secondes avec une régularité de machine. Je vois des hommes vêtus de blanc, des bonnes sœurs au visage fermé, saisir Laval, le relever, découvrir son échine misérable et la présenter à la piqûre des médecins. Puis c'est un tuyau de caoutchouc long et souple comme un serpent qui entre de force dans la bouche de Laval. Ce tuyau une fois disparu aux trois quarts dans le corps du moribond, le lavage d'estomac commence. Une affreuse puanteur envahit la cellule, les litres d'eau se succèdent et les bassines, à terre, se remplissent de vomissures qui, mal ajustées, se répandent sous nos pieds. »

A 9 h 15, Mornet appelle au téléphone la préfecture de police. Il dicte un « message verbal » qui devra être transmis d'urgence au garde des Sceaux : « Un incident grave s'est produit ce matin à la Prison de Fresnes. A peine étais-je entré dans la cellule de Pierre Laval et lui avais-je annoncé qu'il y avait lieu pour lui d'avoir du courage qu'il a absorbé le contenu d'une ampoule contenant de la strychnine. Depuis une demi-heure, il paraît être entre la vie et la mort. Cependant, à l'instant, on m'annonce que son pouls remonterait un peu. En tous cas, pour l'instant, si l'absorption du poison n'était pas suivie de décès, il me paraît intransportable sur le lieu de l'exécution. »

« La question se pose de savoir s'il en sera autrement d'ici quelques heures [1]. »

Strychnine, cyanure ? C'est le docteur Paul qui a raison. Pierre Pignard, commissaire de police de la circonscription de Choisy-le-Roi, s'est rendu sur les lieux en même temps que les magistrats. Entré dans la cellule en compagnie du docteur Paul, il s'est saisi de l'ampoule suspecte qui avait roulé à terre. Il l'a envoyée d'urgence au laboratoire de la Faculté de Pharmacie de Paris. Celle-ci, signale-t-il dans son rapport, « a téléphoné peu après qu'il s'agissait de cyanure de potassium [2] ».

1. Ce document figure dans les archives personnelles de M. Henri Amouroux qui a bien voulu amicalement me le communiquer ainsi que les rapports — restés inédits — que l'on va lire plus loin.
2. PV n° 1 507, 15 octobre, 11 h 30.

La lutte contre la mort — dont le succès se changera en une autre mort — dure deux heures. Il suffit de deux lavages d'estomac pour épuiser un malade. Pierre Laval en subit dix-sept. On lui fait passer plus de quatre-vingts litres d'eau dans le corps.

Vers la fin de la première heure, le Procureur général Mornet a abordé Me Naud avec une figure toute de compassion et de dignité :

— Maître, lui a-t-il dit, votre client n'est pas juridiquement mort, son cœur s'est remis à battre. Alors, je dois faire exécuter l'arrêt. Ne croyez-vous pas que, par humanité, il serait préférable de faire cela tout de suite ?

Me Naud se tait. Il veut savoir jusqu'où ira le procureur. Celui-ci poursuit, avec la même bienveillance attristée :

— Nous pourrions attacher Laval sur un brancard, comme ça (il fait un geste de la main) et il serait fusillé, sans nouvelle souffrance.

Les yeux de Me Naud flamboient :

— Votre souci d'humanité vous honore, monsieur le Procureur général ; au surplus vous avez déjà fait fusiller quelqu'un dans des conditions analogues, ce qui vous rend la chose plus familière qu'à moi. Pour ma part, voici ce que j'ai à vous répondre : si vous faites cela, je le dirai, si je le puis, au monde entier. Je dirai que c'est vous qui l'avez voulu ainsi. Je considère que, si Laval doit mourir des balles du peloton, ce doit être en pleine possession de sa lucidité et de son contrôle.

M. le Procureur général n'insiste pas.

— Je vous proposais cela par humanité, conclut-il benoîtement.

Vers 10 h 30, l'un des médecins sort dans le couloir en criant :

— *Il est sauvé !*

De fait, Laval a repris connaissance. Naud, Baraduc, Jaffré l'entourent. Ils se penchent vers lui. Laval les reconnaît, prononce quelques mots inintelligibles.

— C'est un prêtre qu'il veut, traduit Baraduc.

Le père Mourren, aumônier de la prison, s'approche du lit :

— Monsieur Laval, je suis votre aumônier. Me reconnaissez-vous ?

— Oui.

— Monsieur le Président, c'est peut-être le moment de prier et de demander à Dieu le pardon des fautes que vous avez pu commettre.

— Oui.

Ce « oui » est prononcé d'une voix douce — qui soudain s'affermit pour ajouter :

— Il faudrait bien que les autres aussi demandent pardon à Dieu...

— Voulez-vous recevoir l'absolution ? demande le prêtre.

— Oui.

— Vous le désirez ?

— Oui.

Laval et le père Mourren restent seuls.

Quand, ayant achevé sa mission, le prêtre ouvre la porte, le commissaire Pignard se glisse auprès du quasi-mourant. Il questionnne :

— Depuis combien de temps possédez-vous ce poison ?

— Longtemps.

— Le possédiez-vous avant votre rentrée en France ?

— Oui.

Suite du rapport Pignard : « Plusieurs autres questions lui sont posées quant à la provenance du poison, le condamné ne répond pas. En notre présence, monsieur Laval s'adresse alors à son avocat et lui réclame à plusieurs reprises un revolver pour mettre fin à ses jours. [...] Nous saisissons sur une applique une boîte de produit pharmaceutique " Azym " paraissant pleine et encore recouverte d'un emballage qui semble être celui d'origine et qui ne paraît pas avoir été ouverte, le papier d'emballage étant en effet intact. On nous fait connaître qu'une boîte identique vide de produit mais contenant de la ouate a été emmenée par le directeur de la prison entre les mains de qui nous la saisissons par procès verbal séparé. »

L'ampoule également saisie est en verre. Elle mesure 2 cm^3 de diamètre et 4 centimètres de hauteur. Elle contient « d'assez nombreuses particules d'un corps blanchâtre. L'extrémité supérieure est brisée au col. Il se dégage de ce flacon une odeur d'amande amère ». Quant à la boîte de poudre Azym ouverte saisie également, « elle présente elle aussi une légère odeur d'amande amère ». Le plus remarquable est que « le coton placé à la partie supérieure de cette boîte conserve une forme circulaire de couronne » et que la boîte « était dans cet état lors de l'entrée des magistrats dans la cellule à 8 h 20 ». Difficile de ne pas conclure que l'ampoule, elle aussi de forme circulaire, a été glissée dans l'ouate.

Le surveillant Hénoux confirme que le condamné était régulièrement fouillé, y compris à chaque visite de ses avocats. « La dernière fouille s'est faite la veille à midi. » Le mercredi précédent, à 17 heures, on a remis à Laval sa pelisse, conservée antérieurement au vestiaire des détenus où elle avait été fouillée lors de son entrée. Avant de la remettre à Laval, Hénoux l'a également fouillée. Il précise : « Quant à la boîte de produit " Azym ", Monsieur Laval en usait pour son affection d'estomac. D'ailleurs, il en avait une ample provision. »

La conclusion s'impose. De son propre aveu, Laval a reconnu que l'ampoule avait séjourné longtemps dans sa pelisse. Elle ne s'y trouvait plus. La meilleure des cachettes était une des boîtes Azym passée inaperçue au milieu de « l'ample provision ». Qui aurait songé à les fouiller toutes [1] ?

1. D'où vient que le cyanure n'ait pas procuré à Pierre Laval une mort immédiate ? La comparaison des témoignages conduit à penser qu'il a brisé le col de l'ampoule pour en absorber le contenu. L'effet ne s'est produit que par digestion. Il en eût été autrement si Laval avait écrasé l'ampoule entre ses dents. Le cyanure aurait immédiatement pénétré dans le sang par les blessures produites. La mort aurait été instantanée. Apparemment personne ne l'avait mis au courant de l'usage classique du cyanure.

On avait fixé le lieu de l'exécution au fort de Châtillon. La décision vient d'être prise, étant donné la faiblesse du condamné, de l'exécuter dans l'enceinte de la prison.

L'aumônier sort de la cellule. Un gardien apporte ses vêtements à Laval. Il faut l'habiller. Une « difficile opération, dit Baraduc, interrompue par de terribles nausées. Laval se lève pour essayer de vomir et se rassied après avoir craché ».

— J'ai soif, dit-il. Je me sens brûler.

M. Luizet, préfet de police, observe ce tableau : une religieuse tenant, l'une après l'autre, les jambes de Laval et lui enfilant son caleçon, puis ses chaussettes.

— Ah ! dit la sœur, si le bon Dieu nous voit en ce moment, il ne doit pas être fier de nous.

— Vous n'avez pas de réflexion à faire, tranche le préfet.

— Je n'ai qu'un patron, il est au ciel, réplique la sœur.

La porte s'ouvre, brusquement.

— Qu'il s'habille, vite ! Et plus d'histoires !

C'est M. Amor, directeur des Services pénitentiaires. Laval intervient d'une voix si forte qu'elle surprend ses avocats :

— Est-ce l'heure de déjeuner qui vous presse, monsieur ?

— Mais sûrement pas, répond le directeur interloqué.

— Ah !... J'avais cru. Vous ne savez pas comment meurt un ancien président du Conseil de France ?

Silence du directeur.

— Vous avez bien cinq minutes à me donner pour me permettre de redevenir décent !

— Certainement, monsieur...

Survient le colonel commandant le service d'ordre. Visiblement, il n'approuve rien de tout cela. Mais il doit obéir.

— Monsieur, lui dit Laval d'une voix faible, mais « nette et assurée », je serai un condamné obéissant. N'usez pas de brutalités envers moi.

— Je vous garantis, Monsieur, que vous ne souffrirez pas.

— Je le sais bien. Mais je ne veux pas être traité brutalement.

Il est secoué de hoquets. Il cherche encore à vomir, n'y parvient pas. C'est fini. Laval est habillé. Il réclame un miroir. On ne peut trouver qu'une petite glace de poche prêtée par un gardien. Jaffré lui tend son peigne. Il se coiffe avec soin.

Il réclame sa canne, son chapeau. Jamais, depuis tant d'années, il n'est sorti sans l'une et sans l'autre. L'air embarrassé, les avocats se regardent. Quelques jours plus tôt, à la demande de Josée, ils se sont fait remettre ces deux objets par le gardien-chef et les ont emportés. Jaffré l'explique à Laval qui enveloppe ses défenseurs d'un regard de reproche :

— Tout de même, j'aurais bien pu avoir mon chapeau...

Soigneusement, il s'est entouré le cou de son écharpe tricolore. On lui enchaîne les poignets. Il s'appuie sur ses avocats, quitte la cellule. Lui emboîtent le pas Mornet, Bouchardon, Amor, Luizet, des dizaines d'autres. La marche à la mort a commencé. Sa jambe droite, frappée de paralysie, ne le soutient plus. Sept fois, a rapporté Me Naud, Laval s'arrête, boit un verre d'eau d'une bouteille qu'a emportée Jaffré. Sept fois il vomit. Sept fois le cortège s'immobilise derrière cet homme plié en deux, secoué de spasmes et hoquetant.

Le fourgon cellulaire. Ses avocats l'y hissent, l'un poussant, l'autre tirant. Il s'assied sur une chaise que porte un gardien depuis le départ de la cellule. Un moment, comme indifférent à tout, il se tient prostré. L'aumônier lui entoure les épaules. Laval relève la tête. Sur son visage, une larme roule.

— J'ai de la peine, murmure-t-il, pour ma femme et pour ma fille.

Après un parcours très bref, le fourgon stoppe devant un terrain où habituellement les femmes des gardiens font sécher leur linge. A la hâte, une planche a été plantée dans la terre. Les croque-morts et le corbillard sont déjà là. Le cercueil aussi.

Le peloton s'est mis en place. En un temps où l'armée française s'habille à l'étranger, les soldats portent des casques anglais.

— Puis-je commander le feu ? demande Laval.

— Non, le règlement l'interdit.

— Pucheu a obtenu cet honneur.

— Je ne puis vous y autoriser, dit l'officier commandant le peloton. Un commandement militaire est nécessaire dans votre intérêt, pour que tous les soldats tirent en même temps et que vous ne souffriez pas.

— Ah ! très bien...

Laval est nu-tête, les mains dans les poches de son manteau. Il regarde en direction du mur d'enceinte.

— Où sont les magistrats ?

D'une voix plus forte :

— Où sont MM. les magistrats ?

On voit Mornet et Bouchardon — dissimulés par le corbillard — s'avancer, le visage décomposé, vers Laval. Ils se découvrent.

— Vous avez voulu ce spectacle, lance Laval. Eh bien ! acceptez-le jusqu'au bout.

Il embrasse le Père Mourren. Il embrasse ses avocats. Quelques pas pour aller jusqu'au poteau improvisé. Il les accomplit « avec naturel, dit Baraduc, ni trop lentement, ni trop vite. Plutôt lentement, posément ».

Il s'adosse à la planche. On apporte la chaise.

— Non, dit Laval. Un président du Conseil de France meurt debout.

Il s'adresse aux soldats :

— Quant à vous, je vous plains d'être les complices innocents d'un crime politique. Je meurs parce que j'ai trop aimé ma patrie. Je vous demande de tirer au cœur.

— En joue !

— Vive la France !

— Feu !

Laval est tombé sur le côté droit. Un sergent lui tire le coup de grâce. Une balle en plein front qui le défigure.

On se hâte de porter le corps dans le cercueil. Quand on l'y dépose, le cadavre de Pierre Laval a d'ultimes soubresauts.

INDEX

TABLE

"Morts par milliers"

C'était le XXe siècle

Tome 3 : La guerre absolue

Alain Decaux

La Seconde Guerre mondiale est allée bien au-delà des événements de 1914-1918. Voici, présentés dans toute leur vérité, des faits et des hommes profondément ancrés dans la folie de cette époque tourmentée. Parce que le mal y atteint un degré insoutenable, Alain Decaux qualifie cette période de "guerre absolue" : des millions de gens sont morts dans des conditions effroyables. Ce furent les cinq années les plus sanglantes de l'Histoire du XXe siècle. Il ne faut pas l'oublier.

(Pocket n°10703)

"Sanglants récits"

C'était le XXe siècle

Tome 1 : De la Belle Époque aux années folles

Alain Decaux

Les grandes mutations du XXe siècle sont masquées par les fêtes de la Belle époque et des années folles. Aucun homme ne semblait se douter de l'horreur qui allait suivre. Pourtant, de 1905 à 1932, des événements tragiques et des hommes célèbres ont marqué le monde. Le coup de feu de Sarajevo conduit l'Europe au mas-sacre. Jaurès est abattu au café du Croissant. Un serial killer nommé Landru avoue. Sacco et Vanzetti sont condamnés. Une ère sanglante et cruelle commence…

(Pocket n°10579)

Achevé d'imprimer sur les presses de

BUSSIÈRE

GROUPE CPI

à Saint-Amand-Montrond (Cher)
en octobre 2003